版权声明：

Copyright © Ulrich Krotz and Joachim Schild 2013

Shaping Europe: France, Germany, and Embedded Bilateralism from the Elysée Treaty to Twenty-First Century Politics was originally published in English in 2013. This translation is published by arrangement with Oxford University Press. China Social Sciences Press is solely responsible for this translation from the original work and Oxford University Press shall have no liability for any errors, omissions or inaccuracies or ambiguities in such translation or for any losses caused by reliance thereon.

《锻塑欧洲：法国、德国和从〈爱丽舍宫条约〉到21世纪政治的嵌入式双边主义》于2013年首次以英文出版。此简体中文版由牛津大学出版社授权出版。中国社会科学出版社对翻译质量全权负责，牛津大学出版社不对该翻译版中存在的任何错误、疏漏、失准、歧义以及与此相关的任何缺陷承担责任。

锻塑欧洲

法国、德国和从《爱丽舍宫条约》到 21 世纪政治的嵌入式双边主义

SHAPING EUROPE

France, Germany, and Embedded Bilateralism
from the Elysée Treaty to Twenty-First Century Politics

[德] 乌尔里希·克罗茨（ULRICH KROTZ） 著
[德] 约阿希姆·希尔德（JOACHIM SCHILD）

赵纪周 译 赵晨 校

中国社会科学出版社

图字：01-2019-1789号

图书在版编目（CIP）数据

锻塑欧洲：法国、德国和从《爱丽舍宫条约》到21世纪政治的嵌入式双边主义／（德）乌尔里希·克罗茨，（德）约阿希姆·希尔德著；赵纪周译；赵晨校．—北京：中国社会科学出版社，2020.12

书名原文：Shaping Europe: France, Germany, and Embedded Bilateralism from the Elysée Treaty to Twenty-First Century Politics

ISBN 978-7-5203-7336-4

Ⅰ.①锻… Ⅱ.①乌…②约…③赵…④赵… Ⅲ.①国际关系—研究—法国、德国 Ⅳ.①D856.52②D851.62

中国版本图书馆CIP数据核字（2020）第186482号

出版人	赵剑英	
责任编辑	刘凯琳	李凯凯
责任校对	周昊	
责任印制	王超	

出　　版	中国社会科学出版社	
社　　址	北京鼓楼西大街甲158号	
邮　　编	100720	
网　　址	http://www.csspw.cn	
发 行 部	010-84083685	
门 市 部	010-84029450	
经　　销	新华书店及其他书店	
印刷装订	三河弘翰印务有限公司	
版　　次	2020年12月第1版	
印　　次	2020年12月第1次印刷	
开　　本	710×1000　1/16	
印　　张	24	
字　　数	406千字	
定　　价	139.00元	

凡购买中国社会科学出版社图书，如有质量问题请与本社营销中心联系调换
电话：010-84083683
版权所有　侵权必究

中文版序言

非常高兴我们关于法德双边关系及其在欧洲角色的合著《锻塑欧洲》能在中国出版及与中文读者见面。对此,我们感到十分骄傲。法德双边合作是欧洲一体化的基础。我们相信,只要法德两国之间这对重要关系保持稳固和韧性,欧洲一体化就能够经受住时间的考验。我们希望本书中文版的出版,能够增进中国读者对法德双边关系的了解,能帮助中国读者认识它对欧洲自20世纪50年代以来所开启的一体化进程的重要意义。

我们写作本书的初衷有二。其一,2013年适逢《爱丽舍宫条约》签署50周年,1963年该条约的签署标志着第二次世界大战后法德和解阶段的圆满结束,这一条约将两国从政治上进行了相互绑定。回顾《爱丽舍宫条约》是回看过去半个世纪以来,欧洲一体化框架内法德关系发展和研判法德合作对欧洲一体化历程影响的良机。其二,在欧洲政治研究界曾流行一种较为普遍的观点,即随着欧盟多轮扩大,它已经变得越来越异质化,法德双边主义也已弱化或日渐式微。对此,我们一直持有异议。在我们合著的这本书中,我们将向读者展示法德这对非比寻常的双边关系、法德两国在欧洲的独特作用以及它们直至今天仍然具有的重要意义。诚然,历史上法德关系的紧密联系程度和所发挥的效能是有起伏的,法德双边关系在欧盟不同政策领域的重要性及其对欧洲决策的影响力也存在很多差异。我们也同意一个已经扩大了的欧盟不一定仍会延续以法德为核心,法德的核心地位也有可能改变,但这不能否认法德关系过去的确为欧洲注入了稳定与团结。这一切最好留给历史学家们来总结。

当前,国际体系、欧盟及其成员国都正处于一段充满重大动荡与混乱的时期。第二次世界大战结束后由美国建立起的国际秩序中很多关键要素和机制遭遇侵蚀,美国变得更加保守和内向、中国日渐崛起、俄罗斯致力于复兴。过去十年里欧盟内部出现了危机与分裂,英国决意离开欧盟(英国"脱欧"），欧盟很多成员国内部都存在民粹主义的挑战，一个世纪前"西班牙流感"暴发之后再次发生的最具破坏性的疫情（"新冠肺炎疫情"——译者注），所有这一切就是今天呈现在人们眼前的一系列基本挑战。欧洲以及欧盟是否能够经受住这些考验，在很大程度上取决于法德两国。在进入21世纪第三个十年之际，如果法德两国在欧洲的领导力不能持续或是获得重建，至少就目前看欧洲一体化和欧盟必定会徘徊在以下两种极端情况之间：一端是一个不情愿的德国尽管拥有资源优势但却面临其他成员国的强烈质疑；另一端则是欧洲一体化陷入停滞状态，不断挣扎但难以摆脱困境。危机时期的德国和法国能够成为一股团结的力量吗？它们能如同以往那样对欧洲发挥独特关键作用吗？

嵌入式双边主义

为了理解法德关系的特殊性及其在欧洲的角色，我们提出了一个概念——"嵌入式双边主义"。它指的是深植于法德双边关系之中的制度性质。这一概念强调形成法德双边主义的正式制度至关重要，确定并常规化的习惯和进行非正式合作的规范也具有重要意义。

正如本书第二章、第三章、第四章所论述的那样，法德两国之间特殊双边关系的建立与界定，包括三项主要内容或者说三大"基石"。第一，法德两国建立起了特别紧密的政府间联系与合作网络。这些双边机制与联系是在1963年法国总统府爱丽舍宫签署的《爱丽舍宫条约》基础上不断发展出来的，该条约将法德两国长期捆绑在一起。几十年来，在这种双边政府间框架下，按照《爱丽舍宫条约》的预期，法国总统和德国总理、两国外长和防长之间形成了一种稳定、经常而且高度规制化的会晤机制。两国外交部的政治主管每月举行一次例会，两国总参谋部的高官每两月会晤一次。半年一次的法德政府间磋商——自2003年以来改为法德联席内阁会议，使得两国政府的各部委机构能够定期就双边关系和欧洲事务进行磋商。第二，通常由国家资助的教育交流、文化机构与合作组成的密集网络支撑并巩固了法德两国政府之间的机制化互动。例如，自1963年以来，法德青年办公室已经组织了约900万法德两国青年到对方国家进行长期合作和交流。法德两国城市和市政当局之间建立了约2200对"姐妹城镇"关系，这一密集的交流网络将两国及民众在地方一级相互联系起来。法德联合创办的电视频道——Arte，以独特的法—德共同视角介绍公共事务和文化。第三，法德两国经常举办以双边关系为主题的象征性庆祝活动，这些活动形式多样，如举行各种纪念仪式，既有对1945年以前法德之间灾难和血腥冲突进行的共同回顾与反思，也有对第二次世界大战结束以来两国和解与成功合作成就的认可。

在法德双边关系层面上，"嵌入式双边主义"是指两国政府间和跨政体关系已经达到很高的机制化程度，拥有正式和非正式实践的坚实基础，并形成了相当稳定的共同预期。在欧洲层面上，法德特殊关系也已深嵌于欧盟的制度环境和政策机制之中。

我们认为，法德双边关系是形成秩序的一项根源，也是欧洲多边政治的一个稳定性因素。"嵌入式双边主义"描绘了欧洲政治中位于欧盟—布鲁塞尔层面"之下"的国家间与跨政体关系深化的典型特征。这个概念也阐释了双边关系同它为之做出巨大贡献的欧洲多边一体化之间的相互关系。

此外，法德两国都对它们的双边关系会对欧洲一体化和欧洲政治发挥何种作用和影响拥有基本共识。这一点，尤其体现在法德是欧洲一体化"引擎"或"发动机"、它们是欧洲团结的捍卫者等共同理念上。秉持这些理念，就意味着法德两国肩负特殊责任——特别是危机时期需要它们共同在欧洲层面上寻求妥协方案，对欧洲事务做出决定性应对。

欧洲最近面临的两项挑战，即适应英国"脱欧"的影响以及应对新冠肺炎疫情危机，将进一步凸显法德关系在欧盟政治乃至整个欧洲事务中的作用。在国际形势和欧洲政治进一步动荡的背景下，英国"脱欧"的意义和影响，以及由新冠肺炎疫情引发的深刻经济、社会和政治危机，将成为检验法德特殊关系影响力能否持续甚至强化，以及法德嵌入式双边主义可否在欧洲发挥核心作用的重要案例。

锻塑欧洲

在20世纪下半叶，法国和德国经常扮演非常重要的角色，是锻塑欧洲，并最终导致欧洲联盟建立的推动欧洲一体化的基本力量。然而，在过去几十年中法德嵌入式双边主义在不同时期、不同政策领域的作用和影响却存在显著差异。在法德两国对长期目标拥有共识，只是就实现目标的适当途径存在分歧的领域，它们发挥的作用和影响更为强大——货币合作和一体化就是最有说服力的例子。当然，法国总统和德国总理之间这种顶层关系的质量也起着重要作用，例如，法国总统瓦莱里·吉斯卡尔·德斯坦（Valéry Giscard d'Estaing）与德国总理赫尔穆特·施密特（Helmut Schmidt）以及后来弗朗索瓦·密特朗（François Mitterrand）和赫尔穆特·科尔（Helmut Kohl）都曾在两国关系紧张时期发挥了十分关键的影响。我们也十分强调相互兼容、利益互补以及日益强化的合作规范的重要性。是它们奠定了双边关系的基础，使得法德双边关系的质量不会跌落到政府高层关系水平之下。

法德两国政府曾经多次成功发起关于一体化的倡议，共同充当欧洲事务的议程制定者，提出过制度改革和政策方面的重要建议，并成功扮演促成妥协的调解人角色。它们在特定的欧盟政策领域中发挥了巨大影响，尤其是在20世纪50年代欧洲一体化奠基和60年代关税同盟建立时期。在后来欧洲一体化重获新动力时期，法德双边主义也发挥了重要作用，有时候它们的作用甚至极为关键，如在20世纪80年代中期以后，为消除成员国之间原有的贸易壁垒、振兴欧洲经济，欧共体所提出的建设单一市场倡议的落实过程中。法德两国作为欧共体内两大经济强国，在20世纪80年代末和90年代初共同努力推动建立货币联盟，最终《马斯特里赫特条约》（以下简称《马约》）为迈向共同货币的历史性一步奠定了基础。

不过，在欧洲一体化进展甚微的其他时期，法德则较少能够在其中发挥"引擎"作用。这样的例子，包括国际经济发生动荡和欧共体成员国之间经济发展水平参差不齐的20世纪70年代，以及1993年《马约》生效后的一段时期，欧洲联合进程在经过一系列大胆的整合步骤之后，出现了"一体化疲劳"症。

法德两国在不同时期塑造欧洲的能力有很大差别，它们在不同政策领域影响欧洲事务的程度也显著不一。在过去的几十年中，法德两国的影响力在欧洲"宪政"中发挥了特别重要的作用，包括它们通过历次一体化条约制定和改革塑造了欧洲政治的基本轮廓；对共同农业政策（该政策曾长期是欧洲一体化的中心议题，占据欧共体预算中最大份额）的干预；以及在早期推进货币一体化时推出的举措。从20世纪70年代初创建货币联盟的第一批计划起，自欧共体最初建立欧洲货币合作与汇率协议以来，在建设货币联盟的漫长过程中，法德两国始终发挥着核心作用。此外，法德两国不但在最初创建欧共体和《罗马条约》（1957年签署并于1958年实施）谈判的最后阶段发挥了重要作用，还在共同体与联盟法律基础的制度演进和变化中发挥了强大的法德塑造力。

在法德两国达成基本妥协之后再向欧洲推动的情况下，欧洲一体化既实现了制度化政府间合作（1974年成立欧洲理事会，定期举行国家元首和政府首脑峰会），也实现了欧共体议会化的进程（欧洲议会得以直选，欧共体也越来越多向欧洲议会授权），两者得到平行发展。这种欧共体和欧盟核心机构同步发展的模式，成为贯穿欧洲一体化条约扩展和修订历史的主线。这一进程最终推进了1992年《马约》的签署，此次会议也做出了建立货币联盟并引入"欧元"作为共同货币的历史性决定，法德两国对欧洲一体化的影响达到了史上最高水平。事实证明，从议程设置到谈判阶段再到马斯特里赫特峰会结束建立"欧盟"的谈判的整个过程中，法德两国发挥了关键性的作用。

欧元危机和安全与防务合作

马斯特里赫特峰会和2004年、2007年欧盟两次扩大之后，随着波罗的海国家、中东欧国家以及马耳他和塞浦路斯加入欧盟，有学者指出法德两国在欧盟内部事务上的影响力有所下降或减弱。的确，在共同努力谈判和批准《马约》之后，法德双边关系由推进欧洲一体化进程的积极力量变为经常带有防御性质的联盟，法德两国多次采取行动维护国家自主性和国家利益。例如，在欧盟东扩的背景下，法德两国为维护其作为老成员国在共同农业政策中的利益，不愿改变既有的财政补贴现状。2005年，它们削弱了规范成员国财政政策的欧洲财政规则（对1997年通过的《稳定与增长公约》进行改革），而此前在2003年两国都曾经违反了欧盟一致通过的财政规则。值得肯定的是，德国总理安格拉·默克尔与时任法国总统尼古拉斯·萨科奇——所谓的"默科齐"（Merkozy）组合为应对这场痛苦而旷日持久的欧元危机而不懈合作，法德两国的欧洲领导角色有所再度重启。德国因其强大的经济实力发挥了"高级合伙人"的作用，而法国仅扮演"次级角色"，这对法国来说是相当少见和不适应的。

20世纪50年代"欧洲防务共同体"（EDC）建设彻底失败之后，北约、跨大西洋关系以及民族国家层面的决策在传统的"高级政治"领域发挥了最为重要的作用。在外交、安全和防务政策领域，整个20世纪下半叶欧洲一体化的成果乏善可陈。不过，这种情况逐渐发生改变——特别是从21世纪初开始。欧盟的共同安全与防务政策（CSDP），因其含有包括使用武力在内的实质性内容，已经成为其外交、安全与防务核心事务中的显著特征。

CSDP行动已同过去明显不同，欧洲首次既不通过美国领导下的北约，也不组建临时性的国家联盟，而是作为一个整体向世界展现自身的军事力量和影响力。自2003年欧盟在波黑首次开展CSDP行动以来，它已经执行了约35次军事行动和民事任务，保护欧洲边界安全和稳定周边，并尽可能对外拓展其睦邻关系。这些行动中，有些规模虽然很小（就军队或文职人员数量而言）而且范围有限，特别是民事任务特派团。但其他一些行动的规模较为可观，例如确保贸易线路和打击非洲之角海盗的军事行动，或稳定欧洲南部边缘并确保地中海地区欧盟边界的军事行动，都标志着泛欧洲安全事务已步入新阶段。一般情况下，大多数CSDP行动都需要法德两国的许可和支持。如果两国做出共同承诺，那么CSDP行动无论是实质内容、规模还是影响力都能得到保证。

在2014年乌克兰冲突以及随后发生的国际危机政治中，德国自第二次世界大战以来首次在重大国际安全危机中扮演主要角色。在2015年2月关于"新明斯克协议"13点计划的谈判过程中，德国总理默克尔发挥了重要作用，乌克兰、俄罗斯、德国和法国的领导人通过该协议达成妥协，提出各方采取措施结束在乌克兰东部与俄罗斯接壤的顿巴斯地区（Donbass）的武装冲突。德国在制定与实施欧盟对俄关系议程中处在中心地位。

在乌克兰危机等事件中，德国表现出其在外交与安全事务领域更显著的领导作用，也体现了法德双边主义所具有的韧性和适应性。德国希望身边有法国的支持，因为它仍不愿单方面采取行动，而且法国的参与有助于欧洲其他国家加入。德国在外交与安全事务中对担任领导仍缺少经验，这使得法德双边关系在这一领域免遭领导权之争的威胁和挑战。甚至随着欧洲在对外政策、外交和安全领域出现了新方式和新内容，新时代法德关系以及两国各自和共同能发挥的作用似乎有了新可能和新选项。

特别是在跨大西洋关系经常性紧张并有日趋加剧趋势的背景下，美国粗暴地执意让欧洲人自己承担更多安全与防务责任（这当然并非特朗普政府首创），英国"脱欧"和俄罗斯的复兴，欧洲安全事务的这些新局势和新挑战可能会进一步增强法德关系在安全和防务等欧盟政策领域中的重要性。无论会产生何种结果，无论法国、德国的行动和法德的共同决定成功还是失败，都会对欧洲未来的外交政策、安全和防务方面的立场及其在世界上的整体作用产生至关重要的影响。

展望第七个 10 年

到 2023 年 1 月，《爱丽舍宫条约》会迎来签署 60 周年纪念日，欧洲的法德"嵌入式双边主义"将步入第七个 10 年。欧洲人当前面临的两个最迫切和最严峻挑战：一是应对新冠肺炎疫情带来的多重灾难；二是处理英国"脱欧"事宜并巩固"后脱欧"时代的欧盟，都需要法德两国继续或者说重续其重要性，都要求法德这对特殊双边关系充分发挥其作为欧洲核心的作用。要想强化欧洲在其他政治关键领域的一体化，也同样需要法德发挥核心作用，这包括：（1）巩固和推进欧盟安全与防务政策；（2）增强欧洲作为世界政治行为体的地位；（3）进一步发展和扩大欧洲的对外关系并寻求其在世界政治中的适当角色和地位，尤其是要不断发展欧洲与中国的关系。

在欧洲新冠肺炎疫情肆虐的初期，欧盟内部南北成员国之间以及法德之间的分歧曾有所加剧。南欧国家特别是意大利和西班牙成为疫情重灾区，而它们应对经济和社会遭受破坏的财政资源和手段却严重不足。在九国联名请求欧盟统一发行由所有成员国共同担保的主权债券——"新冠债券"（Corona bonds）时，法国首次公开充当了南方国家联盟的领导者，同多年以来都坚决拒绝债务共担的德国站在了对立面。

不过，仅仅过了几个星期，法国就再次与德国达成妥协转向携手合作。2020 年 5 月 18 日，两国政府提议设立一项高达 5000 亿欧元的欧盟抗疫复苏基金，向那些受此次危机影响最严重的欧盟成员国提供资助和支持。这让众多决策者和观察家大为惊讶。由于德国总理默克尔和法国总统马克龙果断商讨并共同提出了这项倡议，又一个法德新词（neologism）——"默克龙"（Mercron）迅速成为欧洲的标准词汇。不过，这份"默克龙"提案遭到奥地利、荷兰、丹麦和瑞典等富裕小国的抵制。法德这一联合倡议的命运以及从更广泛的意义上来说两国在应对新冠肺炎疫情对欧洲及其未来带来多重挑战中能共同发挥何种作用，将成为考验法德核心在或许更加异质化的欧盟中是否可以发挥引领作用的新试金石。

同样地,应对英国"脱欧",并稳定"后脱欧"时代的欧盟,也需要一个有效和强大的法德核心。英国的退出意味着欧盟失去了一个支持自由市场的成员国,英国一向主张深化欧盟单一市场,坚持开放型国际贸易,经济与文化均极为全球化。但英国不仅反感欧盟的进一步集权、对欧盟层面的监管与一致化持怀疑态度,而且也反对北约在欧洲的作用空心化。今后,德国、爱尔兰和荷兰等以支持自由市场的成员国在同更倾向于经济干预主义、强调规制和再分配作用和不愿支持自由化议程的欧盟国家博弈时,将失去英国这个盟友。此外,法国也失去了唯一一个与其在外交与安全事务上均具有全球战略眼光,在国际舞台上都愿意使用军事手段来增进其利益和宣扬其价值观的欧盟伙伴。法国(及其他国家)还失去了一个欧盟内的盟友,英国有时在一定程度上其实可以帮助软性平衡更强大的德国,制衡其影响力。

尽管如此,英国退出欧盟却会把法国、德国和法德联合进一步推向舞台中央,并促使法德努力达成双边妥协。对于巴黎和柏林所代表或号召的不同集团和联盟来说,法德妥协既要切实可行又能够被其他成员国所接受;而作为整体的欧盟如果要采取行动并向前迈进,法德之间达成妥协无疑将更为关键、不可或缺。因此英国"脱欧"强化了欧盟其他大国的作用。这样一来,法德"嵌入式双边主义"很可能将在欧洲进一步发挥其历史作用,尤其是在欧盟安全与防务等英国曾发挥过重要作用的政策领域。

应对新冠肺炎疫情的不利影响、管理英国"脱欧"和"后脱欧"时代的欧盟、巩固和发展欧盟的对外关系及其在国际政治与安全事务中的作用,诸如此类的事例再次凸显了法德"嵌入式双边主义"在欧洲的核心作用。欧洲的立场、举措和成就,将建立在法德两国成功敲定协议和达成妥协的基础之上。倘若法德核心做不到团结一致,那么一切都可能无从谈起。

我们深感荣幸——《锻塑欧洲》一书的中文版将呈现在中国读者面前。在当前国际局势持续发生深刻重大变化之际,中国与欧洲之间无论是在经济与政治,还是在学术与文化领域的联系似乎都越来越紧密。欧洲政治并非仅仅是指欧盟政治。欧洲政治(甚至欧盟事务)也不单纯属于布鲁塞尔机制与欧盟各机构的产物和成果。相反,它们同欧盟成员国还有着重要而多样的关系,包括超国家机构与成员国,或是成员国之间的特殊联系，例如法德关系以及它们在欧洲内部单独和共同发挥的作用。欧盟设在布鲁塞尔的机构与成员国政治之间的联系，可谓千丝万缕、彼此交织。这些联系共同构建了欧洲政治以及作为整体的欧洲政体。本书如果能够有助于中国读者加深理解欧盟与其成员国之间复杂的相互影响，客观评价法国、德国和法德关系作为欧洲核心的作用，我们将十分欣慰。

　　乌尔里希·克罗茨，欧洲大学学院（EUI）政治学院教授，罗伯特·舒曼高级研究中心项目主任
　　约阿希姆·希尔德，德国特里尔大学比较政治学教授

译校者序
法德"嵌入式双边主义"的韧性*

欧洲一体化是人类历史上的伟大实验,法国和德国从"世代仇敌"变成联盟式的合作伙伴,① 被喻为一体化的"引擎"或"发动机"②。但法德关系非常重要而且显而易见,以至于人们很少对其进行深度研究。③ 我们认为,如何理解法德关系的特殊性及其对欧洲一体化的重要性,既需要进行历史考察,也需要理论阐释。意大利欧洲大学学院(EUI)教授乌尔里希·克罗茨和德国特里尔大学教授约阿希姆·希尔德合著的《锻塑欧洲:法国、德国与从〈爱丽舍宫条约〉到 21 世纪政治中的嵌入式双边主义》(以下简称《锻塑欧洲》)④ 创造性地提出了"嵌入式双边主义"(embedded bilateralism)的概念,阐释了自 1963 年法国总统夏尔·戴高乐和联邦德国总理康拉德·阿登纳签署《爱丽舍宫条约》(全称为《德意志联邦共和国和法兰西共和国关于法德友好合作的条约》)至 2013 年的半个世纪中,法德两国为何能够长期保持团结而构建一种特殊双边关系,并且能够共同在不同时期、不同政策领域对一体化进程和欧盟发挥具有锻塑性的作用和影响。《锻塑欧洲》一书在一定程度上弥补了现有理论关于法德双边主义本质阐释相对不足的缺憾,为读者提供了一幅关于法德特殊双边关系

---

* 作为译校者,我们感谢乌尔里希·克罗茨教授和约阿希姆·希尔德教授提供的大力帮助。

① Carine Germond and Henning Türk, eds., *A History of Franco – German Relations in Europe: from "Hereditary Enemies" to Partners*, Palgrave Macmillan, 2008.

② Robert Picht and Wolfgang Wessels, eds., *Motor für Europa? Deutsch – französischer Bilateralismus und europäische Integration*, Bonn: Europa – Union – Verl, 1990; David P. Calleo and Eric R. Staal, eds., *Europe's Franco – German Engine*, Washington, D. C.: Brookings Inst. Press, 1998.

③ David P. Calleo and Eric R. Staal, eds., *Europe's Franco – German Engine*, Washington, D. C.: Brookings Inst. Press, 1998, p. 21.

④ Ulrich Krotz and Joachim Schild, *Shaping Europe: France, Germany, and Embedded Bilateralism from the Elysée Treaty to Twenty – First Century Politics*, Oxford: Oxford University Press, 2015.

及其对欧洲多边事务作用和影响的全景图,既具有理论意义,也具有重要的史学价值。国外有学者认为,《锻塑欧洲》是一部"关于法德关系和欧洲一体化史研究的必读书"[①]。

本书将首先介绍"嵌入式双边主义"概念及其内涵,阐释法德特殊双边关系如何"锻造而成",它与世界其他国家间关系的区别;然后结合"嵌入式双边主义"对一体化相关理论流派和观点的扬弃,论述法德关系对欧洲一体化的重要意义及具体影响方式;最后论述法德"嵌入式双边主义"面临的考验,考察它能否在多变的世界格局和欧洲形势下继续保持韧性。

一 法德关系为何特殊?"嵌入式双边主义"视角的解读

在近代历史上,法德两国经历了拿破仑战争、普法战争以及两次世界大战的相互厮杀,彼此之间可谓仇怨深重。但第二次世界大战结束后,法德两国却在不到20年的时间里就实现了历史性的民族和解[②],并且形成了推动欧洲一体化的"法德轴心"。在国际关系理论三大流派中,现实主义更适合解释国家之间的冲突,而制度主义和建构主义则能更好地解读为什么国家之间会进行合作。为了阐释法德关系的特殊性,《锻塑欧洲》提出了"嵌入式双边主义"概念,认为其包括三大要素:(1)规制化政府间主义(regularized intergovernmentalism);(2)象征性行为和实践(symbolic acts and practices);(3)准公共基础(parapublic underpinnings)。[③] 这些要素混合了制度主义和建构主义国际关系理论的一些重要特征,强调制度、观念和心理情感等在法德关系中的重要性,因此我们可以将"嵌入式双边主义"视角下的法德关系理解为一种"高度制度化、以规范为根基并通过

[①] Andriy Tyushka, "Book Review of Shaping Europe", *Political Studies Review*, Vol. 13, No. 4, 2015, p. 615.

[②] 和春红:《宿敌变伙伴:法德走向战后和解的原因浅析》,《法国研究》2011年第4期。国内外对法德和解研究的主要文献,参见和春红《国内外关于法德和解的研究综述》,《法国研究》2014年第2期。

[③] Ulrich Krotz and Joachim Schild, *Shaping Europe: France, Germany, and Embedded Bilateralism from the Elysée Treaty to Twenty-First Century Politics*, Oxford: Oxford University Press, 2015, p. 5.

共有价值观念建构而相互交织在一起的国家间关系"。

(一) 规制化政府间主义构建法德合作机制

规制化政府间主义,是指国家之间在政府层面上建立起来并定期运作的紧密联系与合作机制网络。根据克罗茨和希尔德的观点,规制化政府间主义具有五个主要特征:第一,有关各方之间的外交政策互动日益规范化;第二,参与规范化政府间事务的人员代表国家或地区(国家)性质的政府组织;第三,参与政府间规制化的官员包括政府的最高层,如法国总统和德国总理;第四,规制化政府间主义通常伴随着国家之间外交政策互动和沟通的加强;第五,规制化政府间主义通常适用于双边或"少边"(minilateral)外交关系。其中,前三者是界定规制化政府间主义的最关键特征;后两者相互关联,但并非界定规制化政府间主义的必要标准,因为有些多边互动也可算作规制化政府间主义的形式。从实践的角度看,规制化的政府间外交关系既可以通过正式签订国际条约来实现(如战后的法德关系),有的则在很大程度上是通过非正式的规制化政府间模式建立的(如美英"特殊关系")。①

综合上述,《爱丽舍宫条约》签署以来法德关系中的一系列独特政治实践,符合规制化政府间主义的特征。例如,法国总统和德国总理、两国外长与防长之间已经形成了一种高度规制化的定期会晤机制;两国外交部的政治主管、总参谋部的高官举行的例会分别为每月一次和每两月一次;法德政府间磋商(2003年改为法德联席内阁会议)则为每半年一度,这使得两国政府各部委机构之间能够定期就双边关系和欧洲事务进行商讨。作为这些双边联系和机制网络建立的依托,1963年签署的《爱丽舍宫条约》构建了法德双边关系的主要框架,至今仍是法德推进政府间合作的重要法律基础。作为《爱丽舍宫条约》的升级版,2019年1月法德签署的《亚琛条约》,旨在促进两国之间的跨境合作、改善双方在应对气候变化和恐怖主义等方面的协调并加强两国的经济与防务关系等,有利于"法德轴心"共同应对英国"脱欧"、民粹主义等问题带来的挑战。

近60年来,规制化政府间主义构建和强化了法德政府间合作机制,不

---

① Ulrich Krotz and Joachim Schild, *Shaping Europe: France, Germany, and Embedded Bilateralism from the Elysée Treaty to Twenty-First Century Politics*, Oxford: Oxford University Press, pp. 52–53.

但有助于两国在具体政策决策方面的沟通,还催生了很多更具普遍意义的长期结果:(1)法德两国政府之间的政策互动已经变得标准化和常规化;(2)法德两国外交人员和其他政府部门的官员之间建立起密切联系并被社会化;(3)催生法德关系的社会意义和目标,例如创造并不断复制关于正常和偏差的界定标准、构建关于法德关系的合理期望和规范目标以及培养法德两国的集体认同等。因此,规制化政府间主义最重要、最持久的影响,或许就在于其帮助巩固了法德特殊双边关系的机制基础,使得两国在过去半个世纪里能够团结聚力、共克时艰。

(二)象征性行为与实践昭示法德团结和友谊

象征性行为与实践,是指政府官员代表本国开展的富含象征意义或极具标志性的国际交往活动,特别是国家最高领导人的主旨演讲、就任后的首访、在特殊时间或地点单方做出的举动或共同出席的活动,以及两国联合创建并遵循的出访惯例、双方政府设立颁发的重要奖项等。长期以来,法德关系中的一系列象征性行为与实践都昭示了两国的团结与友谊。例如,每年1月的《爱丽舍宫条约》签署周年纪念等重大活动仪式、法德领导人对第二次世界大战之前两国之间战争与冲突频仍的血腥历史进行的共同回顾,以及对战后两国达成和解与友好合作成就的认可与表彰等。

克罗茨和希尔德认为,当代法德关系的实质性意义显现于1958—1963年。在这一时期,时任法国总统戴高乐和时任联邦德国总理阿登纳通过一系列振奋人心的表态和演讲,为法德早期接近创造并注入了新意义,也改变了整个社会的期待。[1] 尽管1870—1945年法德之间爆发过数次血战,但回溯到中世纪的法兰克王国时期,法德却同为法兰克人,在8世纪则是加洛林王朝(全盛时期称"查理曼帝国")的两个有机地理区域。历史虽然久远,但"一切历史均为当代史",政治家对历史的运筹至为重要。作为战后法德特殊关系的开创者,戴高乐和阿登纳都做出了富有政治智慧的抉择。例如,1962年7月阿登纳访问法国并与戴高乐一起在兰斯大教堂聆听弥撒,这一举动在法德和解过程中就极具象征意义——因为兰斯大教堂不但是法兰克王国创建者和首任国王克洛维一世(Clovis I)的受洗之地和法

---

[1] Ulrich Krotz and Joachim Schild, *Shaping Europe: France, Germany, and Embedded Bilateralism from the Elysée Treaty to Twenty-First Century Politics*, Oxford: Oxford University Press, 2015, p. 75.

国多位皇帝的加冕地，也是法德两国的共同祖先法兰克人融入基督教文明的起点。通过媒体报道这些象征性举动，他们成功地将历史资源转化为法德共同体意识，影响法德两国民众对各自的认知，为法德友好引入历史血脉和由此产生的合法性——同为法兰克人的后裔，法德两国不应该"兄弟阋墙"。又如，1962年9月戴高乐访问联邦德国期间，用德语对德国年轻人发表了著名的"路德维希堡演讲"。他在演讲一开始就表示"我祝贺你们所有人"，"我因为你们是年轻的德国人而祝贺你们，你们是伟大的德国人民的儿女"。话音一落，全场静默无声——第二次世界大战结束后的德国不仅国土被分割占领，在精神上也因纳粹发动战争而背上了沉重的负罪感，从1945年到20世纪60年代的一代人是以压抑和自卑的心情度过自己的青年时代①，那一时刻陡然听到戴高乐给出"伟大的德国人民的儿女"的定位，令他们瞬间不知所措。戴高乐的演说令现场听众深受鼓舞，在青年人心中播撒了法德团结的种子。

自20世纪50年代末开始，不论两国国内政治、欧洲地区事务或全球国际形势是否变化和动荡，法德作为莱茵河两岸的邻国经过一代又一代双方领导人的不懈努力，用一系列象征性和标志性的行为与实践等符号记录了彼此之间的和解与友谊，培育了一种基本的"同属彼此"感（sense of belonging together）。这些象征性行为将法德友好的信念深植于两国人民心中，成为法德"嵌入式双边主义"的重要内涵。"它们虽然无法直接解决眼前的政治问题，也没办法直接获得特定利益、制定政策或是明确立场，却有助于界定国家间关系的意义和目的。"② 2019年，法德选择在德国亚琛签署《亚琛条约》同样富有象征意义——亚琛被认为是中世纪欧洲首位"神圣罗马皇帝"查理曼的出生地，其后数百年间神圣罗马帝国皇帝都曾在此加冕。这类案例表面上看似彼此孤立，但实际上具有重要的内在联系——它们贯穿于法德关系发展历程之中，但已经超出了日常政治范畴，通过构建一种将当前与过去相互联系起来、有利于团结合作的历史或文化大背景，为法德双边关系赋予了特殊价值。

---

① 关于这段历史期间的德国国民心理，季羡林先生的《留德十年》自述中有亲身体验和生动的描述。参见季羡林《留德十年》，中国人民大学出版社2004年版。

② Ulrich Krotz and Joachim Schild, *Shaping Europe: France, Germany, and Embedded Bilateralism from the Elysée Treaty to Twenty-First Century Politics*, Oxford: Oxford University Press, 2015, p. 76.

(三) 准公共基础延续法德关系价值和意义

国际关系中的准公共基础,是一种摆脱了国家—社会或公共—私人这种二元差别的特殊跨境活动。这类活动既不属于政府或官方的公共范畴,也不属于私人范畴的跨国社会与经济活动,但它们确实在国家间关系之中发生并存续,是国家间关系的有力支撑者。然而,欧洲研究学者很少系统探讨法德双边关系中的"准公共基础"这一重要内容,也没有深入探究其对法德关系韧性与适应性的影响。[①] 就法德关系而言,准公共基础是指自1963年《爱丽舍宫条约》签署后,在两国官方或国家政府间关系层面之下形成的一种较为稳固、但既非公共关系也不是严格意义上的私人间交往的制度化关系基础,主要包括:(1) 通常由法国、德国或法德共同资助的青年与教育交流;(2) 两国城市或城镇之间结成的"友好关系";(3) 成立了众多致力于发展法德关系的机构与协会等。此外,官方支持的媒体和为表彰对法德关系发展做出重大成就或突出贡献者所设置的奖项等,成为对上述三项主要内容的补充。由所有这些要素组成的密集交流网络,作为支撑或巩固法德两国政府之间机制化互动的"准公共基础",被称为法德共同构建的一种特殊的"欧洲化"(Europeanization)。[②]

自20世纪60年代以来,法德两国政府共同设置的"法德青年办公室"(OFAJ,也被称为"法德青年协会"或"法德青年社")发展出两国之间有史以来最紧密的青年交流活动,超过750万法德年轻人参加了多达30万个交流项目,使其成为"有史以来规模最大的人口流动";使用两国语言学习,并在对方国家度过数年大学时光的法德大学生每年达到1万人;法德两国地区(包括省级、市级和县镇级)之间缔结的友好关系达到2200对,这些姐妹城市中,很多城市会以对方城市的名字命名自己城市的街道或广场,或是设立带有对方国家风格的路标,路标上指明通往友城的地理方向,标明两地之间的距离;法德两国政府还资助成立研究两国关系的研

[①] Ulrich Krotz and Joachim Schild, *Shaping Europe: France, Germany, and Embedded Bilateralism from the Elysée Treaty to Twenty – First Century Politics*, Oxford: Oxford University Press, 2015, p. 98.

[②] Ulrich Krotz, "Parapublic Underpinnings of International Relations: The Franco – German Construction of Europeanization of a Particular Kind", *European Journal of International Relations*, Vol. 13, No. 3, 2007, pp. 385 – 417.

究所，表彰为两国关系做出贡献的人物，协同开设了名为"艺术"（AR-TE）的文化电视频道，以法德视角观察和探讨世界事务。这些沟通交流和文化建构实践，都在潜移默化中增进了两国民众对法德友谊的认同和期待。

　　准公共基础有助于增强法德双边关系的持久性和韧性：（1）为法国、德国以及法德共同举办的各种活动提供资源、搭建论坛或平台，为增进法德关系输入能量；（2）培养致力于发展法德关系的人员，尤其是将两国年轻人加以社会化，使其对法德关系持有共同或近似的价值观并能够代代传承；（3）创造、延续和传播法德关系的价值规范和社会意义，界定人们为法德关系发展而奋斗的目标，认可或奖赏为法德关系发展所做的努力、成就或贡献等。尽管准公共基础对法德关系的实际作用尚存在一定的局限性①，但它通过多种方式构建或塑造的关于法德关系正常发展的标准或期望，有可能给官方或政府层面的实践带来某种社会乃至政治压力。比如，法德两国领导人或政府在推进官方关系的过程中，可能需要考虑能否在政策或行动方面"推陈出新"以使其外交行为和目标在一定程度上符合或满足社会公众的期望，从而使法德关系发展的合法性不断得到强化。

　　综上，法德"嵌入式双边主义"是指1963年法德签署《爱丽舍宫条约》以来双边关系所特有的根深蒂固的制度性质，强调正式条约制度、常规化运作机制以及价值规范等共同对法德特殊双边关系形成并得以长期发展的重要意义和作用。这些以《爱丽舍宫条约》为核心的制度、价值和规范等要素使得法德这对"宿敌"最终转变观念，彻底实现和解，并且超越了现实主义的绝对利益逻辑，以自上而下的多层机制培养相互认同，维系双边关系不会出现破裂，避免敌对情绪影响到国民心理。事实上，"嵌入式双边主义"的三个内涵——规制化政府间主义、象征性行为与实践以及准公共基础，如果分开来看，在其他一些国家间关系中也有不同程度的体现。比如，在当今世界双边乃至多边关系中国家或政府领导人定期会晤机制十分常见，部长级的战略对话已成为很多国家之间进行交流合作的"准国际机制"；1970年联邦德国总理维利·勃兰特在波兰华沙犹太隔离区起义纪念碑前下跪致歉的举动，其轰动性和象征意义至少不亚于1962年阿登

---

① Ulrich Krotz and Joachim Schild, *Shaping Europe: France, Germany, and Embedded Bilateralism from the Elysée Treaty to Twenty - First Century Politics*, Oxford: Oxford University Press, 2015, pp. 108 - 113.

纳与戴高乐在兰斯大教堂聆听弥撒以体现"法德和解"的行为；中国与日本实现邦交正常化之后开展了很多青年交流活动，如2007年的"中日文化体育交流年"和2008年的"中日青少年友好交流年"等。但总体上看，世界主要力量之间、德国与波兰以及中日之间的关系尚未达到法德关系发展的高度。

从国际关系理论的角度看，现实主义国际关系理论重视国家之间发展的不均衡，对国家之间为什么合作的解读并不深刻，尤其难以对法德长期保持团结做出合理解释。进攻性现实主义甚至认为，随着冷战结束以及苏联——这个法德共同敌人的消失，欧洲格局和法德关系会"回到过去"[①]。但事实证明，法德两国长期保持团结，更没有回到战争的状态。《锻塑欧洲》认为，"嵌入式双边主义"概念可以阐释法德关系的特殊性。首先，在法德关系中各种合作规制、象征符号和准公共基础三者已经成为有机结合的内嵌要素；其次，法德关系的规制化、制度化和交流网络建设等程度都很高，以至于虽然不能完全排除两国合作中的功利主义或工具性因素，但历史、机制和规范等因素已经能够对法德关系起到"托底"作用；再次，这些因素经受住了时间的考验，已经形成历史惯性，能够为法德双方面临挑战或存在分歧时提供解决问题的路径；最后，这些规制、价值与规范等要素不但具有内在功能而将法德两国长期绑定在一起，还对欧洲一体化产生了外部影响或实效，使得由《爱丽舍宫条约》及其修订与补充条款确立的新型法德关系作为一个整体成为推动欧洲一体化的"法德轴心"。因此，"嵌入式双边主义"概念，强调合作机制、价值规范、象征符号以及共有观念和集体认同等对法德特殊关系的重要性，融合了制度主义和建构主义分析路径，以"折中"[②]的方法提炼出规制化政府间主义、象征性行为和实践以及准公共基础作为"嵌入式双边主义"的三要素，较为全

---

① John J. Mearsheimer, "Back to the Future: Instability in Europe after the Cold War", *International Security*, Vol. 15, No. 1, 1990, pp. 5 – 56.

② 本书第一作者乌尔里希·克罗茨教授，在康奈尔大学攻读博士学位期间师从国际关系理论建构主义学派的代表人物之一彼得·卡赞斯坦，卡赞斯坦教授正是"分析折中主义"的提倡者。参见 Peter J. Katzenstein and Rudra Sil, "Eclectic Theorizing in the Study and Practice of International Relations", In Christian Reus – Smit and Duncan Snidal, eds, *The Oxford Handbook of International Relations*, New York: Oxford University Press, 2008, pp. 109 – 130; Rudra Sil and Peter J. Katzenstein, *Beyond Paradigms: Analytic Eclecticism in the Study of World Politics*, Basingstoke: Palgrave Macmillan, 2010;［美］鲁德拉·希尔、彼得·卡赞斯坦：《超越范式：世界政治研究中的折中主义》，秦亚青、季玲译，上海人民出版社2013年版。

面、深入地阐释了法德为何能够长期保持友好合作关系，即法德"嵌入式双边关系"的强大韧性。

二　法德轴心为何重要？"嵌入式双边主义"对一体化理论的贡献

如前所述，"嵌入式双边主义"的主要理论依据是制度主义和建构主义。实际上，这一概念糅合了国家政府、制度合作、象征符号、跨国社会和价值规范等众多要素，因此它既与功能主义、政府间主义等欧洲一体化的经典理论不同，也不属于一体化研究的某些理论流派（如多层治理、"德国霸权论"），而是一种新型的折中一体化理论。我们认为，如果说法德实现和解与保持团结是"嵌入式双边主义"的对内成果，那么欧洲一体化就是它的对外呈现。但现有的欧洲一体化主流理论极少对法德轴心作为整体发挥的作用做出评估，也没有解释法德两国为何能够在一体化进程的很多关键时期或阶段协调立场，进而引领其他成员国共同致力于实现一体化的目标。《锻塑欧洲》将"嵌入式双边主义"外化至欧洲范围，对法德双边关系如何塑造欧洲一体化进行了历史考察，为欧洲一体化理论做出了贡献。具体来说，法德"嵌入式双边主义"强调大国作用、制度框架限定下的博弈，并认为法德关系乃是欧盟层面与成员国层面之间存在的特殊中间层次。下面，我们将对照功能主义、自由政府间主义和多层治理这三种主流一体化理论，对法德"嵌入式双边主义"的外化功能或影响加以阐述。

（一）大国更关键：弥补超国家主义的解释力不足

《锻塑欧洲》将法德视为一体化的核心，认为法德政府间合作关系在欧盟决策中处于比其他成员国更高的地位。基于这样的立场和出发点，克罗茨和希尔德提出的"嵌入式双边主义"明显带有国家中心主义论的色彩，这样它就同功能主义、新功能主义等理论的超国家主义观点出现了分野。

兴起于20世纪50年代的功能主义（functionalism）是欧洲一体化最重要的理论渊源，在一体化研究界曾经产生深刻影响。根据厄恩斯特·哈斯（Ernest B. Haas）、戴维·米特兰尼（David Mitrany）、莱昂·林德伯格

(Leon N. Lindberg) 等主要代表人物的观点,欧洲一体化作为一种不断演变、自我强化的进程,能够产生重要的"外溢"(spill over)效应——包括"功能溢出""政治溢出""经济溢出"和"技术溢出"等。① 20 世纪60 年代,在经历法国发起的"空椅子危机"②之后,功能主义者开始意识到成员国的作用,但他们对功能主义进行改进,提出了超国家机构(如欧共体委员会)和技术官僚发挥"企业家精神",引导各国政府转让主权的"新功能主义"③。在对(新)功能主义进行修正、完善的基础上,菲利普·C. 施密特(Philippe C. Schmitter)后来又发展出新—新功能主义理论,重新审视功能主义的基本设想、概念和假设以及其中存在的问题,分析了欧洲一体化进程为何在 20 世纪 80 年代得到恢复的原因。④ 针对原先的"溢出"效应,新—新功能主义进行了新的解释,认为在一体化进展到某一阶段时,外部环境压力与合作进程中的矛盾有可能促使参与者寻求其他方式或策略来实现其原先的目标,从而导致出现与"溢出"效应背道而驰的"回溢"现象。

  但总体上,各类功能主义及其衍生出的超国家治理理论均重视超国家机构的作用,聚焦布鲁塞尔,将欧盟视作一个以欧盟机构为更高层级的政治系统,却以一种多边主义的视角平等对待欧盟理事会中的各成员国政府。在克罗茨和希尔德看来,理事会并非一个平等机构而是存在现实的等级差别,除了正式投票权重之外(德国和法国因人口数量拥有较多票数,德国最多),法德的实际权力和影响力也超过了其他国家,因此事实上处于比其他成员国更高的地位,但它们之间的关系则相对平等。"嵌入式双边主义"理论承认超国家治理形式一旦被确立和制度化后将对成员国产生

---

① Ernest B Haas, *The Uniting of Europe: Political, Social and Economic Forces 1950 – 1957*, Stanford: Stanford University Press, 1958; David Mitrany, *A Working Peace System*, London: Royal Institute of International Affairs, 1943; Leon N. Lindberg, *The Political Dynamics of European Economic Integration*, Stanford: Stanford University Press, 1963; 房乐宪:《新功能主义理论与欧洲一体化》,《欧洲》2001 年第 11 期。

② 1965 年,为抵制欧洲经济共同体部长理事会表决机制欲由全体一致改为多数同意即可获得通过的尝试,法国驻欧共体代表连续六个月缺席了欧共体会议,导致了著名的"空椅子危机"。

③ Joseph S. Nye, *Peace in Parts: Integration and Conflict in Regional Organization*, Boston: Little Brown and Company, 1971; Wayne Sandholtz, *High – Tech Europe: The Politics of International Cooperation*, Berkeley, 1992.

④ Philippe C. Schmitter, "Neo – Neo – Functionalism: All over Again?", European University Institute, No. 7, 2002.

制约性的影响，但强调欧盟大国——特别是法德两国在建立超国家治理形式上发挥了更显著的作用。①《锻塑欧洲》一书详细描述了"嵌入式双边主义"如何对欧洲一体化进程的兴起、基本制度化及其演进目的和方向所发挥的重大作用。在谁是欧洲一体化的核心行为体这一问题上，"嵌入式双边主义"理论无疑属于政府间主义阵营，赞同国家是推动一体化的中心力量的观点。按照斯坦利·霍夫曼（Stanley Hoffmann）的说法，民族国家非但远未"过时"（Obsolete），反而仍非常"顽强"（Obstinate）。② 在欧洲事务上，法国和德国更是成员国中的关键国家，所谓"无法德，事不成"，法德两国不支持的欧洲一体化动议是难以通过的，"反法德，更不行"，违反法德两国意愿的一体化提案要想变成欧盟政策更是难上加难。超国家治理理论者，如利斯贝特·胡格（Lisbet Hooghe）和加里·马克斯（Gary Marks），曾列举过一些关于欧盟委员会提案有违法德利益仍获欧盟理事会通过的案例③，但此类情况在一体化历史上并不多见。

（二）法德为主导：聚焦双边合作对欧洲具体政策演变的影响

政府间主义理论流派中，安德鲁·莫劳夫奇克（Andrew Moravcsik）于20世纪90年代在其代表作《欧洲的抉择》中提出的"自由政府间主义"理论最为全面。④ 该理论结合制度经济学的发现考察分析了欧洲一体化的进展与成就，强调经济利益特别是商业利益是欧洲各国决定转移主权给欧盟的决定性因素。莫劳夫奇克认为，成员国的经济利益、政策偏好以及"代理妥协"谈判方式等因素，是一体化前进和欧盟制度不断完善（如条约修订、改革等）的主要动力。例如，当法、德、英三国的偏好（如经济利益）趋同时，就有可能达成欧洲层面的主要协议。按照自由政府间主义的理论逻辑，一体化的进展与成就，乃是成员国基于自身利益和政策偏

---

① Ulrich Krotz and Joachim Schild, *Shaping Europe: France, Germany, and Embedded Bilateralism from the Elysée Treaty to Twenty - First Century Politics*, Oxford: Oxford University Press, 2015, pp. 12 – 13.

② Stanley Hoffmann, "Obstinate or Obsolete? The Fate of the Nation - State and the Cases of Western Europe", *Daedalus*, Vol. 95, No. 3, 1966, pp. 862 – 915.

③ Liesbet Hooghe and Gary Marks, "*Multi - Level Governance and European Integration*", Lanham: Rowman and Littlefield, 2001.

④ Andrew Moravcsik, *The Choice for Europe: Social Purpose and State Power from Messina to Maastricht*, Ithaca: Cornell University Press, 1998；[美] 安德鲁·莫劳夫奇克：《欧洲的抉择——社会目标和政府权力：从墨西拿到马斯特里赫特》，赵晨、陈志瑞译，社会科学文献出版社2008年版。

好,通过政府间谈判达成妥协所产生的结果,而超国家机构则常常在其倡议或提案遭成员国反对或否决之时被边缘化。

"嵌入式双边主义"在很大程度上借鉴了自由政府间主义,例如莫劳夫奇克关于国内偏好形成过程、政府间谈判等方面的观点,只是"嵌入式双边主义"更加细化,更重视法德两国的领导角色。克罗茨和希尔德认为,在欧盟政治和具体政策领域的谈判中,当法德面临重大的利益或偏好分歧时,一方(或双方)可能愿意放弃某些利益或偏好而率先达成双边妥协,然后在欧洲层面的谈判中结成同盟,并带领其他成员国一起努力实现一体化的某个(或某些)目标;或者,它们分别代表对立意见或政策分歧的两端,选择与其他成员国结成联盟关系,再通过分歧双方之间的谈判形成欧洲层面的方案——这种做法,符合"代理妥协"的逻辑。而且,当法德拥有共同利益或偏好趋同时,它们作为核心国家在政府间谈判中对那些不情愿的边缘国家特别是小国会共同做出一定的让步,从而能够在欧洲层面达成最具广泛性的共识。

但"嵌入式双边主义"与自由政府间主义并不相同,例如:(1)前者关注的是作为欧盟核心成员的法德两个大国,后者则以法、德、英三国作为研究对象;(2)前者集中讨论的是法德合作对欧洲具体政策演变的影响,后者研究的内容是法、德、英三国围绕条约制定或修改而在决策过程中进行的"大博弈"(big bargains);(3)自由政府间主义(以及以斯坦利·霍夫曼为代表的现实主义政府间主义)把法国和德国分别纳入欧洲层面的制度环境,而"嵌入式双边主义"特别强调法德之间众多双边制度与规范对两国关系的长期绑定,并将法德双边关系整体视为一种已深度嵌入欧洲多边合作框架内的次级体系。

(三)法德关系是整体:强调法德立场在欧盟决策层次中的独特重要性

"嵌入式双边主义"视法德关系为一个整体,是嵌入于欧洲多边框架内的一个独特的中间层次——克罗茨和希尔德称之为"法德层次"。例如,他们认为国家如法德是一体化的主体,但并未完全否定超国家机构和"企业家精神"的作用,而是强调超国家和政府间这两种治理形式是平行发展与强化的,法德两国作为欧共体/欧盟核心国家在条约改革各阶段达成的妥协,恰恰反映了一种关于超国家治理与国家间治理的特殊混合。

不过,这种特殊混合与"多层治理"理论并不能简单相提并论或混为一谈——后者强调超国家行为体与欧盟决策程序的重要性，重视非国家行为体的作用以及不同地区层次行为体的多重互动。"多层治理"理论一方面认为欧盟内部在政策制定与协调上越来越具有"多层次性"；另一方面则认为成员国在很多领域不再拥有政策制定与实施上的绝对控制权。对此，克罗茨和希尔德认为，尽管"多层治理"理论承认成员国政府仍然能够发挥重要作用或影响，但欧盟体系的多层次特征不应被视为欧盟唯一的最重要特征。各种行为体在不同治理层次上会相互影响，使得欧盟很多政策的制定都具有联合决策的特点——在此类决策中，欧盟较高层级的决策取决于较低层级行为体的赞成。而法德"嵌入式双边主义"应该被整体视为欧盟这一多层次区域政体中的一个特殊而重要的组成部分，是欧洲政治中"多层治理"的一个重要层次。①

按照克罗茨和希尔德的观点，法德双边关系既不隶属于成员国内部政府与利益集团等行为体就欧盟事务应采取何种立场而谈判的国内层次，也不是法德与作为一个整体的其他所有成员国以及这两个国家与超国家行为体进行博弈的欧洲层次，而是处于二者之间的一个中间层次——"法德层次"。政府间主义理论强调国家和政府间合作对一体化的作用，却遗漏或忽略了法德双边关系这个中间层次。例如，莫劳夫奇克的自由政府间主义全面论述了从1955年欧洲煤钢共同体成员国外长墨西拿会议以来法、德、英三大国在欧洲条约制定与修改谈判中的五次博弈，却没有讨论法德特殊双边关系。② 克罗茨和希尔德认为，至少在研究法德两国的欧洲政策及其对欧洲决策结果的影响上，如果忽视法德关系这一层次的分析，就无法正确理解法德两国政府如何将国内偏好转化成为在欧洲层面谈判中的立场与行为。因为，在法德政府间合作这一中间层次上，有时候其中一方或双方未必会改变自身偏好，但在国内决策时将对方的偏好考虑在内，从而在促成欧洲层面的谈判或妥协之前预先形成一种协调或共同的"法德立场"，这恰恰体现了法德特殊双边关系的内在价值。法德政府间合作的紧密程度、规范性和制度化，是两国塑造欧洲政治和欧盟政策、推动一体化前进的重要因素。

---

① Ulrich Krotz and Joachim Schild, *Shaping Europe: France, Germany, and Embedded Bilateralism from the Elysée Treaty to Twenty – First Century Politics*, Oxford: Oxford University Press, 2015, p. 13.

② Ibid., pp. 13 – 15.

总体上看,《锻塑欧洲》一书在阐释法德"嵌入式双边主义"对欧洲的影响时,也与对内解释法德和解时同样采用了折中主义的路径。它不否认新功能主义和治理理论强调的布鲁塞尔欧盟机构对欧洲一体化产生一定作用,但依旧认为成员国,特别是法德两国在欧盟制度框架之下所起的作用更为关键;它认可自由政府间主义的国家博弈和妥协逻辑,但认为法德两国的"代理妥协"并不限于经济领域,外交与安全政策领域也同样适用;"嵌入式双边主义"还认为规范和情感等建构主义因素同样重要,维护好法德关系的坚定信念同法德间牢靠且通畅的沟通制度常常使法德两国在欧洲事务上克服国家利益分歧,战胜经济或政治理念差异,多次在欧洲一体化关键事务上站在一起,共同领导欧洲克服危机,艰难前行。尽管法德在欧盟一些重大决策中并未对设置议程发挥领导作用(如20世纪80年代德洛尔领导的欧共体委员会是建设欧洲单一市场的核心推手,英法两国在20世纪末和21世纪初对欧洲防务一体化的领导作用更为明显,2013年后法德在银行业联盟和欧元债券问题上迟迟无法达成一致意见),但在共同农业政策、申根协定、货币合作与一体化等领域以及应对欧债危机和难民危机等关键时刻,法德能够率先协调立场,然后采用"代理妥协"的方式让其他成员国认同或接受法德达成的双边妥协方案,最终形成欧盟层面的具体政策,充分显示了法德"嵌入式双边主义"所独有的领导力和韧性。

三 结语:法德"嵌入式双边主义"的未来

法德通过签署《爱丽舍宫条约》等方式实现了彻底的相互和解,解决了两国"不再战"的问题,以共同融入欧洲和领导欧洲的方法解决了困扰世界一个世纪之久的德国实力在欧洲过于突出的"德国问题"。早在20世纪50年代,卡尔·多伊奇(Karl Deutsch)等学者所著的《政治共同体与北大西洋地区:历史经验中的国际组织》一书就曾经强调了核心国家、"核心政治单位"以及"核心区"的重要性,认为它们具备的能力值得关注。[①] 法国和德国是欧洲大陆的核心国家,正确认识和评价法德关系,是观察、分析欧盟与欧洲一体化发展趋势的重要视角。而理解法德关系的根

---

① Karl W. Deutsch, et al., *Political Community and the North Atlantic Area: International Organization in the Light of Historical Experience*, Princeton, NJ: Princeton University Press, pp. 38, 137 – 139.

源,有助于解释这一双边关系的未来发展。① 我们认为,从理论角度看,《锻塑欧洲》提出的法德"嵌入式双边主义",能够从制度主义和建构主义的视角比较有力地解释法德为何能够长期保持团结以及它们为何能够共同在欧盟和欧洲一体化多边框架中发挥领导作用,弥补了现有主流一体化理论在阐释双边关系如法德关系方面的研究成果相对匮乏的不足。从现实角度来看,自《爱丽舍宫条约》签署以来的60多年,法德"嵌入式双边主义"的确体现出其能够抵御国内、地区与国际等各类风险冲击的韧性:一方面,法德两国长期保持团结,双边关系并未走向破裂更没有倒退至战争的状态;另一方面,法德双边合作在欧盟决策与欧洲一体化政策的多边框架内发挥了关键的引领性作用与锻塑性影响。

但同时,我们认为法德"嵌入式双边主义"未来要延续其曾经的韧性,当前至少面临内部和外部两方面的潜在风险。首先是内部风险,即法德间因实力不平衡日益加剧而导致法德关系破裂的风险。在很多国际关系学者特别是现实主义者看来,国家间的权力平衡是一个重要问题。例如,斯坦利·霍夫曼认为,作为欧洲一体化基础的"法德轴心",它们之间的关系实际上是一种"不均衡的均衡"(法语: équilibre des déséquilibres)②: 在法国的政治优势和德国的经济实力之间所形成的某种权力均衡。在冷战期间,法德"嵌入式双边主义"能够维持良好运行的基本条件之一乃是两国之间实力上的某种平衡。但20世纪90年代德国统一后,德国的经济实力和政治影响力日益增长,法国的经济改革则长期停滞,这导致欧洲内部的力量对比结构发生重大变化。德国是否有可能或已经重新崛起为主导欧洲命运的霸权性力量,成为引发持续关注的重要课题。有研究者认为,日益强大的德国似乎根本没有意识到其在欧洲的重要角色或者对这种角色仍然感到陌生和不适,是一个"不情愿的霸权"(reluctant hegemon)或"非自愿的霸权"(hegemon against its will)。③ 2009年欧债危机爆发后,德国

---

① Emmanuel Mourlon‑Druol, Rethinking Franco‑German Relations: a Historical Perspective, *Policy Contribution*, Issue No. 29, November 2017.

② Stanley Hoffmann, "La France dans le nouvel ordre européen", *Politique étrangère*, Vol. 55, No. 3, 1990, p. 504.

③ William E. Paterson, "The Reluctant Hegemon? Germany Moves Center Stage in the European U‑nion". *Journal of Common Market Studies* 49, Annual Review, 2011, pp. 57 – 75. Christoph Schönberger, "Hegemonie Wider Willen: Zur Stellung Deutschlands in der Europäischen Union". *Merkur: Deutsche Zeitschrift für Europäisches Denken*, Vol. 66, No. 1, 2012, pp. 1 – 8.

因其经济实力超群,在希腊债务问题上的领导力更为凸显,但批评声音也接踵而至,批评者认为强调稳定文化的德国式自由秩序(ordo – liberal)原则超越了其在一体化问题上"亲欧洲主义"(pro – Europeanism)的承诺①,以至于默克尔政府的紧缩政策束缚住了欧洲经济的复苏。尽管"德国霸权论"不符合法德"嵌入式双边主义"的逻辑,但如果法德之间的实力对比进一步失衡,那些自20世纪60年代《爱丽舍宫条约》签署以来曾经为法德和解与合作而设计的各种制度以及形成的行为规范,将可能无法有效抑制住"德国霸权",甚至导致欧盟领导权由"法德"模式变为"德法"模式。②

其次是外部风险。随着欧盟的不断扩大,其内部形成了新的可能挑战法德轴心的国家集团或联盟——例如由波兰、捷克、斯洛伐克和匈牙利四国组成的"维谢格拉德集团"(Visegrád bloc),以及荷兰、瑞典、丹麦、芬兰、爱尔兰、爱沙尼亚、拉脱维亚和立陶宛8个北欧国家组成的"新汉萨同盟"(Hanseatic League)。2007年成立的"维谢格拉德集团"认为自己代表东欧,旨在维护东欧利益;而2018年成立的以荷兰为首的"新汉萨同盟"推崇自由贸易、严守财政纪律,要求南欧重债国进行结构性改革、控制预算和加强财政自律,它们希望在英国退出欧盟后以联合的方式变为欧盟内的"新不列颠",抗衡法德轴心。因此,欧盟内部多样性和异质化特征加剧,增大了法德以双边关系引领欧洲事务的难度。③

不过,近年来世界格局的演化以及英国退出欧盟导致欧洲地区格局发生的结构性变化,反而有可能促使法德两国进一步维护和发展双边关系,

---

① Simon Bulmer, "Germany and the Eurozone Crisis: Between Hegemony and Domestic Politics." *West European Politics*, Vol. 37, No. 6, 2014, pp. 1244 – 1263.

② 《锻塑欧洲》提出的法德"嵌入式双边主义"更强调历史、制度与规范等因素对法德双边关系的绑定或约束,而且该书采用了"法德"而非"德法"的措辞。国内学者熊炜指出,德国维持法德轴心是为了从法国"借权威"领导欧洲,以克服自身权威不足且无法在短期内通过常规渠道得到弥补的困难。本书认为,这种从德国视角观察德法关系、分析德法扮演欧盟领导角色模式的观点,明显体现了德国的欧洲政策更具务实主义色彩。参见熊炜《"借权威"与妥协的领导——德法合作的欧盟领导权模式》,载《世界经济与政治》2018年第6期。还有学者指出,在欧债危机背景下的欧盟经济政策决策中,德国的主导性影响力不断扩大,导致法德之间经济权力结构严重失衡而呈现出"法国主张、德国内核"的特征,"法德轴心"甚至有可能转为"德法轴心"。参见张骥《欧债危机中法国的欧洲政策——在失衡的欧盟中追求领导》,载《欧洲研究》2012年第5期。

③ Joachim Schild, "Mission Impossible? The Potential for Franco – German Leadership in the Enlarged EU", *Journal of Common Market Studies*, Vol. 48, Issue 5, 2010, pp. 1367 – 1390.

有利于它们继续共同锻塑和领导欧洲一体化。① 美国霸权的进一步衰落和特朗普政府对欧洲的蛮横态度、中国的持续崛起以及俄罗斯影响力的回归，均为法德继续保持紧密合作和欧洲团结增加了地缘政治紧迫感；英国"脱欧"使得欧盟内的"三驾马车"只剩下法德两国，对欧洲一体化半心半意、处处掣肘的英国退盟也更方便法德轴心"双轮驱动"，以更低的交易成本为欧洲迈向更加独立自主的方向注入动力。

国内有研究认为，法德的共同领导角色就是《锻塑欧洲》提出的"嵌入式双边主义"，2017年马克龙当选法国总统并发起"重塑欧洲"倡议后，法德轴心"重启"迎来了契机，但从意愿和能力两方面来看，法德轴心在欧元区改革、难民体系改革和欧洲共同安全与防务政策推进等方面只能发挥有限的领导作用。② 但2020年3月新冠肺炎疫情在欧洲集中暴发后，法德"嵌入式双边主义"再现其强大韧性。例如，法德两国出动直升机和军用运输机将法国危重新冠肺炎病人转运至医疗设备和物资储备较充足的德国城市抢救，这种转运和救治行动在过去曾长期沦为双方交战战场的法德边境地区（如斯特拉斯堡）更为普遍，反映出法德友谊和价值规范的嵌入深度。为尽快恢复受疫情冲击的欧洲经济，德国放弃了多年来坚决反对欧盟"共同举债"的传统立场，最终与法国再次联手共同倡议欧盟设立5000亿欧元的"复苏基金"。马克龙继承了法德关系的传统，于6月29日访问德国，成为疫情暴发以来首位访德的外国领导人。他与默克尔重申了"法德轴心"对欧盟经济复苏计划的重要性，显示了法德在欧盟和欧洲一体化再度面临危机和挑战之时共同发挥欧洲领导作用的意愿与担当。7月21日，经过长达4天的欧盟史上"最长峰会"，法德最终与"节俭四国"（Frugal Four，包括奥地利、荷兰、瑞典和丹麦）达成妥协，促使欧盟通过了高达7500亿欧元（3900亿欧元无偿援助和3600亿欧元的低息贷款）的复苏基金。截至目前（2020年8月），法德在抗击新冠肺炎疫情、恢复欧洲经济的行动中发挥了主导作用，成为体现法德"嵌入式双边主义"韧性的新例证。

---

① Ulrich Krotz and Richard Maher, "Europe's Crises and the EU's 'Big Three'", *West European Politics*, Vol. 39, No. 5, 2016, pp. 1053-1072; Ulrich Krotz and Joachim Schild, "Back to the Future? Franco-German Bilateralism in Europe's post-Brexit Union", *Journal of European Public Policy*, Vol. 25, No. 8, 2018, pp. 1174-1193.

② 参见郑春荣、张凌萱《法德轴心"重启"的限度探析》，《欧洲研究》2019年第6期。

历史与事实一再证明，法德双边合作是欧洲一体化的基础，如果法德之间不能达成共识，一体化就难以向前推进。在既有一体化理论关于双边关系的明确阐释相对匮乏的情况下，克罗茨和希尔德创造性地提出了"嵌入式双边主义"这一概念，在历史回顾的基础上专门对法德关系及其塑造欧洲的作用进行了一种既有理论视野又加以精确界定的阐释，认为法德"嵌入式双边主义"经受住了时间的考验，不但已经具备强大的适应能力并拥有了自身生命力，而且能够在欧盟面临危机或一体化遭遇挫折的情况下展现出强大韧性。但同时，《锻塑欧洲》及其提出的"嵌入式双边主义"概念还存在某种缺憾。首先，作者将1963年签署的《爱丽舍宫条约》视为法德"嵌入式双边主义"的起源，却忽视了1945—1963年的法德关系发展史，也没有论述法兰西第四共和国时期戴高乐主义的影响。该书对1963—2013年法德关系及其对欧洲的塑造进行了静态的历史考察，对未来法德关系及其领导欧洲的模式等问题的探讨相对不足。其次，《锻塑欧洲》将法德视为欧共体/欧盟核心大国，并强调法德轴心在一体化中的主导作用，但对英国、中小成员国（或集团）以及它们对一体化的作用和影响不够重视，也没有将法德关系同英德、英法等关系进行比较分析。再次，"嵌入式双边主义"坚持将法德两国看作一个整体，并将法德双边合作界定为嵌入欧盟和一体化多边框架内的中间层次，但这一逻辑有可能导致人们把法德团结视为欧洲政治现实中的一种"常态"（normality），甚至对法德在欧洲事务中的共同领导角色持有过高期望。最后，《锻塑欧洲》认为"嵌入式双边主义"也适用于研究除法德关系之外的其他双边关系，这一点是值得商榷的——至少在欧洲这种由法德共同扮演领导者的模式，未必适应于其他双边关系或其他区域合作。比如，由于经济体量、政治影响、军事实力、国际地位等差异，加拿大并非也不可能成为与美国平起平坐的北美地区领导者，美加关系的"平等"与"紧密"程度显然远低于法德关系。

我们认为，在《爱丽舍宫条约》签署后的半个多世纪里，法德两国各自拥有并可用于发挥共同领导作用的权力资源与权威，以及超国家层面的欧盟机构、法律和规制等都已发生很多变化。在欧盟内部法德之间以及它们与其他成员国之间利益冲突和偏好分歧的加剧，有可能导致达成欧洲层面共识的过程更为艰难。但只要法德关系自身能够保持稳固，未来法德"嵌入式双边主义"就有望经受住时间的考验，继续在引领其他成员国推进欧洲一体化的过程中保持和发挥强大韧性。从某种意义上说，或许正是由于经过各方博弈达成的欧洲妥协，才有可能使法德"嵌入式双边主义"在欧洲扮演的领导角色更具合法性，从而催生出更加成熟和稳健的一体化多边合作。不过，当前欧洲的形势与《锻塑欧洲》出版之时已有诸多不同，特别是2020年1月英国正式退出欧盟不但再次凸显了国家权力的顽强，也使得法德"嵌入式双边主义"塑造欧洲的韧性格外令人关注。对于法德关系和欧洲一体化的研究者而言，"未来的一体化理论应当更加全面、深入地检视民族国家在欧洲融合的历史上所发挥的重要作用，不管是正面的还是负面的"[1]。而对于后脱欧、后疫情时代的法德乃至欧盟各国来说，"一体化的内在目标究竟为何"[2] 仍将是它们必须面对和回答的重大问题。

赵纪周　赵晨
于中国社会科学院欧洲研究所
2020年8月　北京

---

[1] 梁雪村：《欧盟为什么需要民族国家？》，《欧洲研究》2020年第1期。
[2] 同上。

前　言

在欧洲一体化的历史和政治中，法国和德国发挥了关键的中枢作用。然而，吊诡的是，系统性阐述法德双边关系和欧洲多边一体化进程之间现实联系的研究成果却极为缺乏。对此，我们提出了一种可称为"嵌入式双边主义"（embedded bilateralism）的研究方法，从经验和历史的角度对过去半个世纪中法德双边关系，以及法德两国在塑造欧洲方面的共同作用进行了详细的考察。

本书探讨了从《爱丽舍宫条约》（Elysée Treaty）签署到21世纪这段时间，有关法国和德国在欧洲的两个关键问题：（1）为什么法国和德国能够在过去50年间国内局势经常发生深刻变化、彼此之间存在持久分歧以及国际格局发生重大转型的情况下，依然能够保持尤其紧密的团结关系？（2）为什么在不同政治领域和时间点，法德两国的联合力量对塑造欧洲政治体制和欧洲政策所发挥的影响是如此不均衡？

对于第一个问题，《锻塑欧洲》一书认为，正是法德两国的行为和实践所产生的"规制化的双边政府间主义"（regularized bilateral intergovernmentalism）、象征性行为和实践（symbolic acts and practices）以及准公共基础（parapublic underpinnings），使得这一双边关系具有了可抵御历史变迁的韧性，并能够适应政治变化。关于第二个问题，本书认为，双边、国内、欧洲地区和国际层面上有限几个因素通过不同的组合方式，造成政策领域在不同时间的差异。上述因素加在一起，构成了法国和德国对欧洲影响的条件和模式。

《锻塑欧洲》一书通过理论建构、历史重释和实证分析，将关于欧洲一体化、欧盟政治与决策、法德关系以及法国和德国政治的研究同国际关系和政治科学中的理论概括和概念提炼充分结合，以解答上述研究问题。

目　录

引言　法国和德国在欧洲 …………………………………………（1）
　　塑造欧洲Ⅰ：变革与转型中的双边关系韧性 ……………………（3）
　　塑造欧洲Ⅱ：欧洲历史中的法国与德国 …………………………（7）
　　嵌入式双边主义 …………………………………………………（10）
　　嵌入式双边主义与欧洲一体化理论 ……………………………（14）
　　本书的结构 ………………………………………………………（20）

第一章　区域双边政治与政策的形成 ……………………………（22）
　　区域政治中的领导角色 …………………………………………（23）
　　双边制度结构与对权力的考量 …………………………………（34）
　　国内差异与共同行动 ……………………………………………（42）
　　地区与世界：欧洲逻辑与国际结构 ……………………………（48）
　　本章小结 …………………………………………………………（55）

第二章　规制化双边政府间主义 …………………………………（57）
　　规制化政府间主义 ………………………………………………（58）
　　作为主框架的《爱丽舍宫条约》…………………………………（60）
　　不同政策领域中的规制化政府间主义 …………………………（69）
　　影响与局限 ………………………………………………………（75）
　　本章小结 …………………………………………………………（81）

第三章　加洛林符号与含义 ………………………………………（83）
　　象征性行动与实践 ………………………………………………（85）
　　法德关系的意义和目的：它意味着什么又为何是重要的 ………（88）

意义的起源 …………………………………………………… （91）
重现、延续和佐证 …………………………………………… （97）
意义：塑造标准与绑定预期 ………………………………… （110）
本章小结 ……………………………………………………… （112）

第四章　双边关系的准公共基础 ……………………………… （114）
（法德之间的）准公共互动 ………………………………… （116）
前所未有规模的人员互动 …………………………………… （119）
镇、市与地区间的结对关系 ………………………………… （122）
研究机构与协会 ……………………………………………… （126）
效果与局限性 ………………………………………………… （130）
本章小结 ……………………………………………………… （134）

第五章　政体塑造Ⅰ：区域制度建设 ………………………… （136）
起点："邦联模式"还是"欧洲合众国" …………………… （136）
意识形态分歧严重的戴高乐时代 …………………………… （139）
制度务实主义：赫尔穆特·施密特和吉斯卡尔·德斯坦 …… （140）
1985—2009年间的条约改革：走向混合制度体系 ………… （142）
本章小结 ……………………………………………………… （162）

第六章　政体塑造Ⅱ：扩大的政治 …………………………… （165）
英国的成员国申请与1973年的欧共体北扩 ……………… （166）
1981年和1986年欧共体在地中海方向上的扩大 ………… （172）
1995年"欧洲自由贸易联盟"国家加入欧共体 …………… （175）
2004年和2007年欧盟两次东扩 …………………………… （178）
本章小结 ……………………………………………………… （188）

第七章　创建、塑造和限制欧洲市场 ………………………… （191）
经济思想与物质利益 ………………………………………… （191）
"共同农业政策"的核心问题 ……………………………… （195）
创建和塑造共同市场 ………………………………………… （202）
限制市场的影响 ……………………………………………… （213）

本章小结 …………………………………………………… （217）

第八章　货币合作与一体化 …………………………………… （221）
　　法德之间的分歧 …………………………………………… （222）
　　首次失败：维尔纳计划 …………………………………… （224）
　　首次成功：欧洲货币体系 ………………………………… （226）
　　从合作到一体化：经济与货币联盟 ……………………… （230）
　　规则制定与规则破坏：《稳定与增长公约》 ……………… （241）
　　危机期间的领导力 ………………………………………… （244）
　　本章小结 …………………………………………………… （255）

第九章　外交与安全政策 ……………………………………… （258）
　　战略取向和安全利益 ……………………………………… （259）
　　渐行渐远：戴高乐时期 …………………………………… （261）
　　塑造欧洲外交政策机制 …………………………………… （263）
　　给欧盟加上防务维度 ……………………………………… （269）
　　欧洲外交政策和ESDP（进行中的）行动 ……………… （274）
　　本章小结 …………………………………………………… （282）

结语　欧洲的嵌入式双边主义 ………………………………… （285）
　　团结在一起：双边关系的韧性和适应性 ………………… （286）
　　对欧洲政治和政策的影响 ………………………………… （288）
　　法国、德国和欧洲的嵌入式双边主义：过去、现在和未来 …… （292）

参考文献 ………………………………………………………… （297）

缩略语 …………………………………………………………… （337）

致　谢 …………………………………………………………… （341）

译者后记 ………………………………………………………… （343）

引　言

法国和德国在欧洲

　　法国和德国在塑造欧洲方面发挥了关键作用。然而，针对法德双边主义和欧洲多边一体化现实联系的系统性研究却极为匮乏。但法德双边关系与它们在欧洲中的角色很明显是同一枚硬币的两面，是应该给以充分认识和进行探讨的。

　　本书提供了一种研究方法，我们称之为"嵌入式双边主义"（embedded bilateralism）。我们在对国际关系和政治学一般性概念和理论思考的基础上，从实证和历史的角度详细考察了法德双边关系以及法德两国在欧洲共同发挥的作用。自20世纪50年代和60年代初以来，法德之间已经建立起一种新的双边联系机制，我们首先对这一双边秩序以及制度塑造、组织、扩展与巩固，以及演变过程进行详解。与此同时，我们也把法德双边主义置于更广泛的欧洲一体化背景之下加以考察。

　　本书解释了为什么法国和德国在国内和国际形势发生重大转变，并在国内状况迥异的情况下，仍然能够团结在一起，同时也解释了这种双边关系如何能够持久地塑造欧洲。它分析了法德两国对欧洲地区性政体（regional polity）和欧盟（EU）政策关键方面的共同影响，并且解答了为什么在不同政策领域和不同时期中，这种共同影响却又有很大差异（尽管重要）的问题。我们认为：忽视法德双边关系的特殊性以及两国在欧盟中的共同作用，就错失了过去半个世纪以来欧洲政治与历史的关键特征。

　　1963年1月22日，法国时任总统夏尔·戴高乐（Charles de Gaulle）和（联邦）德国时任总理康拉德·阿登纳（Konrad Adenauer）及其外交部长们，一起签署了《德意志联邦共和国与法兰西共和国关于法德合作的条约》（*Treaty between the Federal Republic of Germany and the French Republic on the Franco - German Cooperation*)。① 该条约通常被称为《爱丽舍宫条约》——因其是在巴黎的法国总统府签署而得名。这份文件的签署标志着第二次世界大战结束之后的法德和解阶段正式结束。② 同时，正是《爱丽舍宫条约》将两国政府之间紧密和规范的联系制度化，并构建起法德双方之间前所未有规模的交流互动，从而开启了法国和德国关系发展的一个新时期——这一时期法德两国常常一起被称为"中心节点"（linchpin）、"伴侣"（couple）或"不可或缺的联盟"（indispensable alliance）等。③

作为新法德关系的核心，《爱丽舍宫条约》对塑造欧洲做出的决定性贡献表现在两个方面：第一，通过一种无论从历史还是政治意义上来说都具有创新性的方式，它将法国和德国长期捆在了一起。在几个世纪的对立或战争之后，法德两国之间的关系因之获得与以往截然不同的界定，事实证明这种新型关系经受住了历史的考验，从第二次世界大战结束历经冷战一直延续到21世纪始终保持着韧性，适应了历史的变迁。第二，这一新的双边关系使得法国和德国成为欧洲的中心锚地。《爱丽舍宫条约》与《巴黎条约》《罗马条约》等后续条约一道，构筑和更改欧盟的基本法。法德之间的这种连接也成为整体的欧洲秩序的一根基本支柱。

在冷战期间，法德间的这一新型双边关系的内容得到扩展，两国在欧洲一体化中的地位也得到了巩固。法德合作和欧洲一体化也都经受住了1989年欧洲巨大分裂的考验。在动荡不断的后冷战时期以及初具雏形的"后后冷战"全球政治时代中，它们也都继续存续并向前发展。④

在《爱丽舍宫条约》签署30周年之际，有观察者称其为"世纪条约"

---

① Traité entre la République fédérale d'Allemagne et la République française sur la coopération germano - française/Vertrag zwiscen der Bundesrepublik Deutschland und der Französischen Republik uber die deutsch - französische Zusammenarbeit. 该条约的完整文本仅有数页，并被大量重印。如 Dokumente, Documents, and Deutsch - Franzosisches Institut Ludwigsburg 1993, 136 - 145 and Ménuder 1993b, 85 - 89；也可查阅网络文献，如 http：//www. botschaft - frankreich. de/spip. php? artikel271。除非另有说明，本书中所有关于法语和德语表述的英语翻译均由作者完成。

② 除《爱丽舍宫条约》一词外，还有许多其他简短表述的标签，包括《法德合作条约》（*Franco - German Cooperation Treaty*）、《法德友好条约》（*Franco - German Friendship Treaty*）或仅称《法德条约》（*Franco - German Treaty*）。从历史更长时期探讨从19世纪到21世纪以来法德关系的研究，见 Krotz 2014。

③ 依次引自 Friend 1991；Leblond 1997；Leimbacher 1992b。

④ 关于欧洲与"后后冷战"，参见 Abdelal and Krotz 2014；Krotz and Maher 2012。

(treaty of the century)。① 还有人称，它已经成为"法德关系的大宪章"（Magna Carta of Franco – German relations）②，或者用长期担任德国总理和该条约实践者的科尔的话来说是"欧洲的基础"（a foundation for Europe）。③ 的确如20年前一位资深欧洲观察家所言，法国和德国之间建立的新关系标志着"后来西欧全部历史的基石"④。

本书的构思和写作，主要围绕两个具有导向性的问题。第一个问题与法德双边关系在充满动荡、变革和分裂的世界中的长久性（longevity）有关：尽管国内或国际局势经常发生剧变而且两国之间长期存在社会—政治差异，但为什么法国和德国能持续团结在一起？第二个问题关注的是法德两国在欧洲一体化进程中的共同作用：哪些因素可以解释法德双边关系在不同政策领域和不同时期对塑造欧洲政治与政策的差别性影响？从更广泛的意义上来说，弄清是什么将世界上某些国家团结起来以及某种具有特殊韧性的双边关系为何对一个区域政体或多边国际组织的形成与政策会产生不同影响，对于国际关系与政治学研究而言也是重要的一般性问题。

对于上述两个问题，我们努力做出详尽的解答。在这个过程中，我们坚持采取了一种以问题为导向而且充分建立在历史、理论和谨慎进行概念化基础之上的分析方式。为实现这一目的，本书在第一章中提出了概念和理论框架，旨在为后面章节从实证和历史角度来探讨这两个问题。对于双边的法德关系和多边的欧洲层面，我们给予了同样的关注，本书提出的"嵌入式双边主义"研究视角，揭示了欧洲一体化其他研究视角所忽视或遗漏的自20世纪50年代末期以来欧洲政治的重要特征。

塑造欧洲 I：变革与转型中的双边关系韧性

本书要回答的第一个问题是，在《爱丽舍宫条约》签署以后的50多年时间里，法国和德国为什么能继续团结在一起。换言之，究竟是什么原因使这一在欧洲核心尤其紧密而且重要的双边关系具有持久性和显著的适

---

① Fischer 1992.
② Koenig 1997, 70.
③ Kohl 1992.
④ Friend 1991, xix.

应性？

有很多原因可以使我们认为法德双边关系并不会具有韧性和持久性。这些原因可分为三大类：一是国内因素，即法国、德国或两国同时国内出现变化；二是双边因素，即法国和德国之间在国内政治、战略、经济和文化上的持久差异；三是外部因素，即区域或全球政治结构发生巨变的背景。

这些假定的国内因素主要包括：（1）政府和关键人物的变动，例如莱茵河两岸的法国总统、总理或德国总理、部长们更换；（2）法德两国政治领导人之间的"化学反应"（chemistry），关键人物之间有时候无法保持亲密关系；（3）法德两国的执政党之间存在意识形态分歧；（4）出现法国"左右共治"（*cohabitation*，原文为斜体——译者注）那样的政府组合（governmental constellations）。[①] 尽管法德关系有时候会经历坎坷，但事实证明它对于领导人更替与执政党轮换都具有很高的适应性。[②]

长期以来，从历史和经济角度来看法德两国被认为存在以下几个方面的难以同化的国内分歧：（1）两国国家政体基本性质及其在社会[③]与国内政治制度[④]方面的结构性特征差异；（2）两国对欧盟拥有不同的政治理念；[⑤]（3）两国分属不同类型的资本主义国家（包括国内经济结构、增长模式、经济与货币文化以及贸易政策偏好）；[⑥]（4）两国在政治文化[⑦]以及关于"自我"的国内建构（domestic constructions of self）方面各异；（5）两国在外交政策取向、角色模式、风格、优先事项和安全观上的巨大分歧。[⑧] 的确，从很多方面来看法国和德国乃是"不可能的伙伴"（improbable partners）。[⑨]

从外部看，重大国际事件的发生或发展，例如深远影响国际体系的结

---

① Leuffen 2009；Krotz 2010，pp. 169 – 170. 在"左右共治"的政府组成中，法国总统和法国总理以及政府部长可以来自不同的政党，这是法兰西第五共和国政体允许的，法国的选举有时候也的确会产生这种结果。

② Brigouleix 1987；Guérin – Sendelbach 1993，29；von Münchhausen 1997.

③ Kaeble 1991.

④ Lasserre, Neumann, and Picht 1980.

⑤ Jachtenfuchs 2002.

⑥ Hall and Soskice 2001；Schmidt 2002；Boyer 2005.

⑦ Schild 2002.

⑧ Vaïsse 2009；Krotz forthcoming. 关于这些长久以来存在的分歧概括，参见表 1.8。

⑨ Calleo 1998，1.

构性转变——包括冷战的结束、德国统一时的信任危机、法德两国之间微妙权力分配关系的变化、欧盟的连续扩大或全球化的不断扩展与强化——并未从根本上弱化法德之间密切关系的生命力。

在《爱丽舍宫条约》开启新的法德关系后半个世纪的时间里，国内变化、持久分歧或外部转变，并没有像很多人当初预计或担心的那样使法德关系的坚韧程度严重受损。① 我们经常可以看到，上述三类因素中任何一类因素都几乎均未对法德双边主义产生影响。尽管莱茵河两岸的这两个邻国之间仍存在明显的国内差异，但事实证明法国和德国依然能够发展和巩固其密切合作的双边关系网络。

实事求是地说，在两国经历国内重要变化和外部局势发生剧烈转型的时期，法德关系中也出现过一些摩擦或严重危机。但法德双边关系并未破裂或松散到一种边缘化或无关紧要的境地。事实证明，半个世纪以来法国和德国有能力发展和维持正如联邦德国前总理维利·勃兰特（Willy Brandt）所说的某种"基本谅解"（entente élémentaire）。②

国家之间的团结，绝非自然而然的事情。实际上，20 世纪末和 21 世纪初发生的事件和历史经验提醒我们，不要假设社会世界（social world）的某些部分会自然产生，历史也警告我们不要在出现局部的世界社会化时将其视为理所当然的现象。③ 那些曾经组成《华沙条约》（Warsaw Pact）和"经济互助委员会"（Comecon）的实体（entities）并没有抱成一团而是已经四分五裂，苏联也走向了解体。德意志民主共和国（GDR，以下简称"民主德国"或"东德"）分解为 5 个联邦州（länder）而加入了原德意志联邦共和国（FRG，以下简称"联邦德国"或"西德"）。北大西洋公约组织（North Atlantic Treaty Organization，以下简称 NATO 或北约）和跨大西洋关系明显弱化了。曾经的捷克斯洛伐克以和平方式分裂为两个主权国家。南斯拉夫在一场世界末日般的大规模暴乱中解体，并导致数百万人流离失所。曾经团结在一起的国家，有可能会以一种令人不安的速度崩溃。相比之下，法国和德国之间的关系并没有破裂，两国仍然团结在一起。

本书认为，法德关系的特殊性可以解释欧洲内的这一双边联系为什么如此坚韧。它在现实中自有一套制度——既是一种国家间的制度安排，同

---

① 如 Ziebura 1978b。
② Schwarz 1990。
③ 参见 Ruggie 1998a；Ruggie 1998b；Deutsch 1954；Deutsch et al. 1957。

时如就准公共基础而言，它还具有"跨政体"（transpolity）的特征。这种双边关系是以《爱丽舍宫条约》为基础而不断演化和巩固出来的，《爱丽舍宫条约》几经扩展和补充，迄今仍是法德关系发展的支柱。随着时间的推移，法德关系自身已经拥有了一种双边意义的"生命"并释放出独特的活力。

这种双边的制度现实不能被归纳为法国或德国的国内政治，也不仅仅是更广泛的以欧洲共同体（EC，以下简称"欧共体"）/欧盟为中心的欧洲一体化框架的一种子集（subset）或产物。事实上，在第二次世界大战结束后的大部分时间里，是欧共体/欧盟的一体化更多地依赖于某种法德关系，而不是与之相反的情况。① 在广泛的意义上，法德保持紧密关系并非对世界政治发生各种外部变化的反应。冷战时期的两极化战略格局、超级大国间的竞争以及世界分裂为两大对立的阵营——就像冷战的结束、1990年的德国统一或者在后冷战世界中美国成为单极（及其明显的衰落）那样，对法德关系产生了影响，但却并非决定性的影响。

为了正确理解当代欧洲政治中这一双边制度现实的政治和历史实质，以及解释其在过去50—60年中的演变和巩固，我们提出三个不同的一般性概念：规制化的政府间主义（regularized intergovernmentalism）、象征性行为和实践（symbolic acts and practices）以及国际关系的准公共基础（parapublic underpinnings）。我们认为并非利益互补，或者利益趋同，而是上述三个概念才能够定义处在欧洲中心位置的法德关系，这三种类型的双边实践才是法德关系的主要建筑。第2—4章阐释了这些概念，并区分了它们所包含的行为和实践。我们认为，从概念和史实角度正确理解这三种实践是解释长期以来法德关系韧性的关键。这些具有普遍性意义的概念既可使我们聚焦于法德关系的特殊制度实质，探索这一关系的逻辑，也可让我们检验所有这三种行为与实践能够产生何种效果、具有怎样的政治意义。

当然，我们并不认为上述三种实践中的任何一种政治实践是法德关系独有或者说对其他双边具有排他性。② 事实上，我们的观点与此正好相反：这些概念对于正确理解其他国家之间的双边或多边关系的诸多方面都具有价值。不过，法德关系以及欧洲政治的这个方面的特殊之处在于，上述三

---

① Friend 1991；Haglund 1991；Leblond 1997.
② 可参见 Krotz 2002a；Krotz 2002b；Krotz 2002c；Krotz 2007；Krotz 2010。

个概念所阐释的实践以特定的方式结合在一起，法德关系案例中，这三类类型的实践也是以特殊的方式进行了制度化的互动。正是这种特殊的混合体（mélange）使得法德双边关系免受国内和国际形势变化的影响，并为法德两国处理国内分歧提供了制度化平台，从而防止双边关系的降温或破裂。

第2—4章所揭示的这种牢固的双边制度结构，再加上它具有的多种政治意义，使得法国和德国团结在一起并将两国用一整套关系锚定在欧洲大陆的核心，从而对欧洲产生了深刻的塑造作用。法德双边关系的制度现实是欧洲的地区一体化，但它是一种特殊的一体化：一方面，它发生在以布鲁塞尔为中心的欧盟多边框架之外；另一方面，它支撑着这种一体化并成为欧盟最重要的次级体系（subsystem）。[①] 然而，欧洲一体化领域的学者却在很大程度上忽视了对它的系统性研究，或许这是由于对布鲁塞尔的重点关注长期占据该领域研究的主导地位的缘故。

塑造欧洲Ⅱ：欧洲历史中的法国与德国

本书要探讨的第二个问题，乃是法国和德国在欧洲一体化历史和当代政治中共同发挥的作用：法德双边关系对欧洲政治和欧盟政策的形成产生了哪些影响，而这些影响为何因决策类型、欧盟政策领域和时期的不同而表现得如此不均衡？

在欧洲层面上，长期以来的传统观点认为：在欧共体/欧盟框架内，"无德法，事不成；反德法，更不行"（nothing goes without, nothing against Germany and France）；"法国和德国形成共同立场或许不是'为欧洲'（for Europe）而行动的充分条件，但一定是必要条件"；或者，一般来说，除非法德这对"伴侣"（couple）是满意的，否则什么事情都不能取得进展。这类传统观点存在的时间可谓久矣，但经常面临政治与学术上的挑战。例如，近年来有观点称在东西方冲突结束和欧盟连续扩大之后，法国和德国共同塑造欧盟政治的能力有所下降。[②] 还有学者指出，法德关系对欧盟政

[①] de Schoutheete 1990.

[②] 例证可见 Cole 2008a。

治的影响力取决于具体的政策领域和制度环境（institutional setting），制度环境不同会相应有很大的差异。①

本书认为，我们需要从双边、国内、欧洲和全球四个层面解释法国和德国在欧洲的影响力变化、领导力及其环境塑造（milieu - shaping）能力。② 我们认为，法德这一特别的"双边"关系的整体质量与韧性是两国在欧盟占有中心地位的关键因素。不过，要想全面、合理地解释法德两国在不同政策领域影响力的差异并明晰随着时间推移可能发生的变化，我们必须考量法德双边合作紧密程度的变化，以及其他分析层次上的影响因素。在双边层面上，我们还探究了法国和德国之间微妙转换的双边权力分配（distribution of power）以及欧洲内部总体的均势，在多大程度上成为决定法德双边关系的质量及其在欧洲内部影响力的关键因素。③ 遵循这样的思路，一些观察家已经杜撰出"炮弹与马克之间的平衡"（balance between bomb and mark）④ 这样的类比。在欧洲的中心地带，一个从铁幕和冷战分裂下解放出来的重新统一的德国出现的确深深地影响到法德双边关系及其在欧洲发挥作用。

关于国内层面因素（沃尔兹所说的"第二意象"因素），法国和德国有很多重要的结构和文化特征差异，这也影响到它们塑造区域环境（regional milieu）的能力：（1）两国国家政体的核心特征，它们对欧盟的政体理念；（2）两国的经济结构和文化；（3）两国长期以来的外交政策取向，等等。我们探究了这些国内特征与双边关系的相关性（包括其随着时间推移所发生的演变），以阐释法德两国塑造欧洲政治和具体领域的欧洲政策能力。为了理解这些相关的国内层面因素，我们广泛参考了比较政治学、比较政治经济学和比较外交政策等方面的各种文献。

鉴于上述结构性与文化性差异的背景，我们特别讨论了究竟是"趋同视角"（convergence perspective）还是"交换视角"（exchange perspec-

---

① Webber 1999a.
② 政治分析中的"层次分析法"，可参见沃尔兹的经典论述。Waltz 1959；Singer 1961；Waltz 1979。
③ 令人遗憾的是，长期以来人们在国际关系研究中习惯用"均势"（balance of power）来表达"权力分配"（distribution of power）的意思。因而在本书后面的一些论述中，我们也采用了"均势"（balance of power）这一传统用语。
④ Moïsi 1998.

tive)① 能够更好地解释法国和德国影响欧洲层面上事务的能力。"交换视角"的观点认为，偏好互补但未必趋同对国际合作极为重要，所以法国和德国能够共同塑造欧洲的区域政治。② 借鉴国际谈判的理论，要关注的主要问题乃是法国必须向德国提供什么，以及德国必须用什么作为交换（反之亦然）。相反，"趋同视角"的观点认为，主要成员国之间的趋同偏好乃是欧洲一体化取得重大进展的前提。③ 因此，我们必须提出这样一个问题：为了确保双边合作和欧洲一体化的成功，法国必须变得更像德国，或者德国必须变得更像法国吗？

在探讨本书的第二个主要问题时，我们还探讨了政治领导人特别是相关官员的角色（"第一意象因素"）。虽然我们的分析始于对具有持久性的制度性、结构性或深嵌的文化性质的因素的考量，但对行为体这一重要的第一意象因素也给予了充分关注。④ 为了达到这一目的，我们首先，特别关注的是个别政治领导人的作用、其特殊倾向及其所选择的政治策略。其次，我们关注了特定领导人之间的这种"法德伴侣"（Franco-German couples）角色——这种角色似乎尤其促进了法国和德国在欧洲的共同作用。其中最杰出的代表，包括戴高乐—阿登纳、施密特—吉斯卡尔·德斯坦、密特朗—科尔、迪马—根舍以及近年来的默克尔—萨科齐。

在欧共体/欧盟的区域层面上，我们借用历史与社会学制度主义分析的观点，审视了构造欧盟及其前身机构前所未有的紧密框架中的内在与制约逻辑。法国和德国不仅影响了欧洲制度化的方式，长期的"欧洲制度化"（institutionalization of Europe）⑤ 进程反过来也影响和限制着成员国能够在哪些领域塑造欧洲的结构与政策。的确，在一个不断扩大的联盟中，各成员国中行为体因各自特殊偏好而不断变化的组合也是欧洲层面的一个重要影响因素⑥，正如我们从自由主义理论假设

---

① Cole 2001, 32-35; Jones 2001, 63-70.
② Baldwin 1998.
③ Moravcsik 1998.
④ 关于个体领导人的特定意义和"第一意象"的理论，参见 Byman and Pollack 2001。
⑤ Stone Sweet, Sandholtz, and Fligstein 2001. 这些学者提供了一种关于欧洲政治的社会学制度主义观点。关于欧洲一体化历史与政治的历史制度主义的观点，参见 Pierson 1996; Smith 2004。
⑥ Scharpf 1997.

中所看到的那样,"相互依赖的国家偏好模式对国家行为施加了一种具有约束性的限制"①。

除这些双边、国内和区域层面上的因素之外,我们还研究了国际或全球层面上的("第三意象")力量的影响。因此,我们将冷战的结束视为世界政治中的重大结构性变化之一,并探讨了从冷战的两极战略格局向美国单极格局(American unipolarity)②的转型是否从总体上破坏了,或者正好相反,推动了法德两国之间在双边和欧洲层面上的更紧密合作,尤其是在外交与安全政策领域。

因此,通过广泛而折中地借鉴制度主义、现实主义和自由主义理论各流派的观点,我们一方面分析了在密切而强劲的双边主义与持久的双边主义之间尚有待于探讨的联系;另一方面则分析了其在更广泛的欧盟框架内的作用与可能产生的影响。我们希望获得一种具有理论视野和概念精确的历史解释。③ 第五章至第九章即采用了这一分析框架,对以下具体政治问题进行实证研究:欧洲政体基本形成、深化和扩大(第五章和第六章),欧洲单一市场的建成和雕琢(第七章),货币领域的合作与一体化(第八章)以及欧洲外交与安全政策(第九章)。

嵌入式双边主义

我们以"嵌入式双边主义"来概括法德双边联系的本质及其在区域一体化中的作用和地位。一方面,嵌入式双边主义抓住了这一高度制度化、以规范为根基和相互交织在一起的国家间关系的本质;另一方面,这一概念解答了法德双边关系与欧洲多边政治之间的相互关系——前者是后者的

---

① Moravcsik 1997, 520.
② Krauthammer 1991; Wohlforth 1999.
③ 关于本书的第二个主要问题——法德两国对欧洲影响的差异,我们的解释方法类似于近年来被称为"分析折中主义"(analytic eclecticism)的分析方式。见 Katzenstein and Sil 2008; Sil and Katzenstein 2010。

组成部分之一，并对后者的建构发挥了重大影响。①

法德双边主义对欧洲地区一体化进程的兴起、基本制度化及其目的和方向上的意义做出了重大贡献，而反过来，这种区域一体化环境又使得法国和德国协调起来努力将它们之间的双边行为规范化和制度化，并将更多的参与者和政策领域纳入双边磋商与合作的机制。法德双边互动不仅对两国关系本身产生了建构性的影响，而且塑造了欧洲层面上的结构与互动。反过来，后者又框定、塑造和约束了前者。因此，嵌入式双边主义视角提供了一种全面的关于法德双边秩序构成、历史和政治的观点。与此同时，它使得对欧洲政治中法德双边关系的研究具有了普遍意义。

我们认为，法德两国的嵌入式双边主义只是制度化多边框架或区域一体化环境中（可能）诸多经验现象中的一个重要案例，其他案例包括如英美关系、西德和美国在北大西洋区域和北约中的关系等。② 这种紧密制度化并具有规范性基础的双边关系，不仅对双方的外交政策具有战略意义，它还成为多边机制框架中的一种主要的国家间双边关系——在本书中的法德关系就是如此。嵌入式双边主义视角还具有附加价值，它所强调的很多国际组织或多边机制中的秩序和政治维度，或是超越或者低于建构和稳定行为体互动和期望的一般性原则、规范和规则。嵌入式双边关系——例如欧洲的法德关系，对国际机制、国际组织或区域政治的正常运作和保持韧性似乎是不可或缺的，但遗憾的是，迄今为止它们尚未得到充分研究，理论化的程度也极为不足。

就双边关系而言，嵌入式双边关系与其他类型的关系存在三个方面的不同。首先，这类关系从本质上来说不是临时的（ad hoc），而是具有长期性并纳入日常化管理，可为双方创造可靠的期望。

---

① 因此，嵌入式双边主义在国际关系和政治学学科中有较普遍的基础，但它既不同于其他关于欧洲一体化或区域政治的一般观点——下面将会涉及，也不同于法德双边关系研究的主要观点，这一领域的研究从未有此种角度的论述。关于法德关系的细致而又独具特点的论述，包括 Simonian 1985；Laird 1989；Friend 1991；Friend 2001；Soutou 1996；Ziebura 1997；Hendriks and Morgan 2001。有些研究，如 Webber 1999a 和 Cole 2001 明确将其论述置于国际关系和欧洲一体化理论的框架之内，但没有提出不同的研究方法。而有些研究，如 Pedersen 1998 和 Hewel 2006，沿用了现实主义的传统理论，当然前者增加了一个新的提法——"观念现实主义"（ideational realism）。除上述研究外，还有海量大都独具特色的以法语、德语为主的文献。它们通常包含丰富的描述而且信息量很大，往往涵盖了关于欧洲之中法德关系或法德两国的非常具体的内容，但完全或几乎全部与国际关系、政治学或欧洲一体化研究中更加广泛意义上的概念或理论问题没有任何关联。

② 关于"战略三角"，见 Haftendorn et al. 2006。

其次，这类关系具有其自身的制度性、历史性或规范性。它们并非一种绝对的基于效用的工具，不能将其仅仅理解为是出于利益趋同或互补的目的。就法国和德国而言，工具性因素当然是奠定双边关系及其对欧洲作用的稳固和持久的基础。然而，只有考虑到其强大的历史和规范性基础，才能正确理解这类双边关系对双方和多边环境的重要性。双方的政治精英都认为，维持双边关系的长期性和凝聚力是本国外交政策的基本战略因素之一，也是它们超越了党派分歧的"国家理性"（Staatsräson）的重要组成部分。双方的行为体也都承认这类双边关系的内在价值。因此，在双边关系可能遭受危害的情况下，他们会努力维持这种双边结构，有时甚至故意放弃某些具体和短期的国家利益。针对法国和德国来说，这有助于解释为什么法德关系总"在其中一方或双方政府认为政治上非常重要或是具有爆炸性的问题上被激活"[①]。

最后，为了维护双边关系所"嵌入"的多边框架，特别是在前行艰难之时，双方愿意共同承担责任，凝心聚力为多边合作提供领导力，引导其前进方向。上述三个特征综合起来，使得欧盟内部的法德双边关系明显有别于其他双边关系——尤其是法英或英德关系。[②]

一位经验丰富的欧洲政治实践者曾经恰当地指出了欧共体内部次级体系（subsystem）的重要意义——各组成部分之间保持特殊关系，这些关系具有持久性、程式化和有效性，能对整个体系产生有效影响。他还认为，法德合作是唯一能够符合其标准的双边关系——达到了"比、荷、卢"经典三边合作案例的水平，即比利时、荷兰、卢森堡三国之间的合作（Benelux cooperation）。[③] 这样一种次级体系的存在，会对更广泛的体系产生影响。海伦·华莱士（Helen Wallace）强调，"如果某个特定双边联盟拥有持久而且可预测的特征，那么谈判进程就会发生变化"[④]。

同样地，当政治学者道格拉斯·韦伯（Douglas Webber）探讨某一具体政策领域中的法德关系时，他警告不要"忽略欧盟内部决策过程的整个层面：一方面是各国之间的决策；另一方面则是欧盟或欧洲层面的决

---

① Webber 1999b, 48.
② 关于欧共体内不同双边关系的比较，见 de Schoutheete 1990, 111-113。
③ de Schoutheete 1990. Philippe de Schoutheete 男爵是一位比利时前外交官，曾于 1987—1997 年担任比利时常驻欧盟代表。
④ Wallace 1986, 156.

策——欧盟成员国政府组成的各小集团之间进行双边、三边或多边政策谈判的非正式层面"。他还认为："在这一层面上进行的谈判、磋商与会谈,与发生在其他层面上的这些行为相比,可能没有那么具有可见性——因此对其加以研究也没有那么容易,但这并不意味着它们对欧盟政策结果的影响并不重要。"① 对此,我们表示赞同。

吉尔伯特·齐布拉（Gilbert Ziebura）,一位对第二次世界大战以来法德关系历史做出开创性研究的学者,认为法德双边主义是一个容纳欧盟内部利益而非仅为协调法国和德国利益的平台。"基本上,我们应该把这视为法德'双驾马车'（tandem）的主要任务。"② 其他学者也试图解读法德关系在欧共体/欧盟内部的具体作用和功能,将其视为欧洲一体化的"中心节点"（linchpin）或欧洲大厦的"黏合剂"（cement）。③ 阿兰·朱佩（Alain Juppé）——法德关系的高级别实践者之一,曾将法国和德国称为"聚合欧洲的特许守护者"（privileged guardians of European coherence）。④ 上述法德关系领域的学者和实践者所提出的这些隐喻性说法,都或多或少地指向一种事实,即法德两国的嵌入式双边主义为欧洲的秩序和稳定提供了某种重要因素,是位于布鲁塞尔的欧洲机构正常运作的基础,也是它们不可或缺的支柱。

在本研究中,我们发现有大量的证据表明政治领导人们非常清楚法德双边主义所发挥的这种关键作用。我们还能够证实,他们理解法德双边关系的性质对欧洲一体化的动力和质量的重要意义。有时候,他们是通过艰难的教训才了解到这一事实的。

我们提出的嵌入式双边主义视角,包含许多能观察到的、具有政治意义和分析价值的经验启示,包括:

• 在欧洲谈判之前法国和德国共同确定立场的案例,而且法德的共同立场有可能不同于那些完全通过国家层面的偏好汇集而提出的立场;

• 法国和德国在欧洲一体化中有积极主动表现;

• 每当在涉及欧洲的问题上出现严重双边分歧和冲突时,法德两国就采取一系列双边行动;

---

① Webber 1999b, 47–48.
② Ziebura 1997, 335.
③ Friend 1991; Brigouleix 1987.
④ Juppé 2004, 9.

● 出于其对维护欧洲一体化负有特殊、具备历史基础的责任的共同理解，两国在欧洲危机管理活动中发挥显著的作用。

尤其当政治风险很高、有高层决策者参与决策的时候，我们更能看到这样的行动和行为。

嵌入式双边主义与欧洲一体化理论

本书提出的嵌入式双边主义，既不同于欧洲一体化的经典理论，也不属于一体化近期的理论流派——例如，以布鲁塞尔为中心的观点、多层治理路径（multilevel governance approaches，MLG）、政府间主义的各派观点、"德国作为霸权"（Germany as hegemon）的视角以及近年来关于欧洲一体化衰退的思考。我们不寻求以它取代现有关于欧洲一体化、欧盟赋权（empowerment of the EU）、欧盟政策常规进程和欧盟决策的宏观理论视角。实际上，在许多方面，嵌入式双边主义这一概念是对这些视角和其他社会科学研究方法的补充。但我们确实认为，对于欧洲一体化为何并以何种方式能够（或未能）向前推进，嵌入式双边主义视角提供了一个更丰富、更有根据以及在分析上更令人满意的解释，从而揭示了欧盟体系在某一特定时期的运作情况。通过聚焦于一种重要的双边关系，嵌入式双边主义引起了对欧洲事务的一项重要内容的必要关注，并增加了一种重要但被有所忽视的分析层次。[1]

以布鲁塞尔为中心的观点

以布鲁塞尔为中心的政治系统论[2]，属于比较政治学，而非国际关系的研究方法。它以一种平等的多边主义方式看待欧盟理事会中的每个成员国政府。改写一下乔治·奥威尔（George Orwell）的话，似乎有些国家不

---

[1] 我们的框架有助于将嵌入式双边主义视角置于对当今欧洲一体化或欧洲地区政治的一般方法和思考中。关于欧洲一体化和地区政治的各种理论方法的概述，参见 Rosamond 2000；Pollack 2005；Hooghe and Marks 2008；Bieling and Lerch 2006；and Wiener and Diez 2009。关于欧盟自成立以来的演变、扩展和多样化研究的讨论，参见 Keeler 2005。

[2] Hix and Hoyland 2011.

会比其他国家更平等。① 这类研究方法经常忽视理事会中除正式投票权重之外所存在的权力和影响等级问题。不过,在一体化历史中的关键时期,法国和德国实际上要比其他国家处于更加"平等"的地位。即使现在,也依然如此。

新功能主义及其衍生理论超国家治理理论的主要关注点也聚焦在布鲁塞尔层面。这两个理论框架集中研究的是国家间相互依存日益增加所产生的政治后果、参与跨国互动的社会行为者(societal actors)对欧洲层面规则或政策的需求之间的相互影响以及由欧洲层面上的超国家行为者所提供的关于这些政策的供给。②

我们对这类视角关于超国家治理形式兴起的研究同样感兴趣,也赞同它们关于超国家治理形式一旦被确立和制度化后将对成员国产生重要制约影响的评价。然而,我们认为大的成员国——特别是法国和德国在建立这种超国家治理形式上首先发挥了更重要的作用。此外,我们强调超国家和政府间这两种治理形式的平行发展与强化:如果不考虑在条约改革各阶段法德两国作为欧共体/欧盟两个核心国家所达成的宪法妥协,就无法正确理解这种关于超国家治理和国家间治理的特殊混合。

多层治理理论

"多层治理"的研究视角强调的是在民族国家层面之上的超国家行为者和决策程序的重要性,看重民族国家层面之下行为体的作用,以及不同地区层次行为体之间的多重互动。这种研究方法认为,随着政策制定和协调变得越来越具有"多层次性",欧盟内的民族国家在许多领域不再拥有政策制定和实施上的绝对控制权。③

"多层治理"的观点虽然明确承认成员国政府起着非常重要的作用,但将欧盟体系的多层次特征视为"欧盟唯一的最重要特征"④。我们在考虑不同治理层次之间复杂的相互影响时——不仅仅是在布鲁塞尔层面上的,

---

① 奥威尔在《动物庄园》中的名句:所有动物天生平等,但有些动物要比其他动物更加平等。这里暗指法德两国实际上与其他欧盟成员国的地位不同。——译者注

② Haas 1958; Haas 1961; Sanholtz and Stone Sweet 1998; Stone Sweet, Sandholtz, and Fligstein 2001.

③ 关于该研究方法的重要论述,参见 Marks, Hooghe, and Blank 1996;也可参见 Hooghe and Marks 2001; Jachtenfuchs 2001; Kohler – Koch and Rittberger 2006。

④ Jachtenfuchs and Kohler – Koch 2004, 103.

借鉴了这一重要见解。沙普夫（Scharpf）也特别强调了这一观点，认为欧盟大部分的政策制定都具有联合决策的特点——在这类决策中，欧盟较高一级的决策取决于较低层级行为体的同意。①

在某些方面，嵌入式双边主义可被视为欧洲政治中"多层次治理"的一个方面。然而，这一研究方法强调的是欧盟这一多层次区域政体的一个特殊的、极为重要的部分。此外，尽管在多层次治理视角中超国家主义占据突出地位，但法德双边主义在很大程度上与民族国家及其外交政策和外交机构有关。因此，嵌入式双边主义包括以国家为中心的政治的重要方面——这与"多层治理"理论的发展相对立。

政府间主义各流派的观点

由于我们集中关注的是欧盟内部两个核心成员国的重要作用，因此我们对欧洲一体化的理论分析显然与政府间主义的不同流派有关——无论是经典现实主义②，还是自由政府间主义模式。③ 我们借鉴了斯坦利·霍夫曼（Stanley Hoffmann）关于政府间主义的开创性观点，强调各国之间的结构和文化差异以及霍夫曼所谓的"国情"（national situations）区别（见第九章）。在一些重要领域——特别是外交和安全政策领域中，霍夫曼所发现的"多样性逻辑"（logic of diversity）确实长期阻碍了法德合作和欧洲一体化。

此外，我们注意到了安德鲁·莫劳夫奇克（Andrew Moravcsik）对国内偏好形成过程的研究——虽然我们不可能在本研究所涵盖的广泛政策领域和时间阶段中详细阐述这种过程。在政府间层面的问题上，莫劳夫奇克主要关注的是法国、德国和英国这三个在欧洲最具影响力的国家（Big Three）与欧洲一体化之间的政治关系。按照他的观点，当法、德、英三大国的偏好趋同时，一体化就会取得进展，它们就有可能达成关于欧洲的主要协议，以管理它们之间日益增长的经济相互依赖关系。然而，我们认为，这种视角忽略了一个重要因素，即机构的政治战略设计和领导力——我们必须将它考虑在内，才能解释议程设置、联盟组建是如何成功的，也才能明了怎样通过妥协达成重大协议。此外，我们不像莫劳夫奇克那样更

---

① Scharpf 1988; Scharpf 2001.
② Hoffmann 1964; Hoffmann 1966; Hoffmann 1982.
③ Moravcsik 1991; Moravcsik 1993; Moravcsik 1998.

专注于"大博弈"(big bargains)——关于制定或修改条约的决策过程，而是集中讨论法德关系对欧盟条约重大修订之外的具体政策演变的影响。①

在另一个主要观点上，嵌入式双边主义与现实主义和自由政府间主义都有所不同。我们重视以特殊方式把法国和德国联系在一起的密集的双边制度和规范环境，而非仅仅是将法国和德国分别纳入欧洲层面的制度环境。我们同意马克斯·韦伯（Max Webber）的观点——他将法德关系视为"欧盟政策过程中的一个独立层次，它既不隶属于各国政府与本国利益集团和其他国内行为者就欧盟事务应采取的立场进行讨价还价的国内层次，也不是法德与理事会内部作为一个整体的其他成员国政府以及与超国家行为者进行谈判的欧洲层次问题……"② 就目前来看，政府间主义理论遗漏了这种中间层次。例如，莫劳夫奇克关于从墨西拿（Messina）以来欧洲基本条约和条约修订重大谈判的全面论述中，并没有讨论法国和德国之间这种牢固的特殊关系。

忽视这种中间层次的分析会付出一定的代价，至少在研究法国和德国的欧洲外交政策及其对欧洲层次结果的影响时是这样，它使得我们无法正确理解法国和德国政府将较深层的国内偏好转化为欧洲层面上的谈判立场和行为的方式。法国和德国对其双边关系内在价值的重视有可能产生这样的情况，即"一国政府对另一国政府表现出的尊重或顺从（deference），或许会使其就欧盟事务有时持与国内政治考虑所支配观点相反的立场"③。但这并不一定意味着其国家偏好发生了改变。

不过在有的时候，比如法德政府在欧洲层面谈判开始之前，当两国政府就本国立场汇集国内各方意见时，法德特殊双边关系的影响是可以被察觉到的。"法德两国之间的战略关系在于，一方在制定自己的政策时也将对方的偏好考虑在内"——这一重要见解还不仅仅适用于目前正在被研究的欧洲政治建设这一特定领域。④ 在确定本国立场时相互考虑到对方的偏好、将双方利益都容纳进来，并在欧洲层面决策形成之前预先安排——这一切都需要加以关注，因为所有这些行为都是在国家层面偏好形成与欧洲层面谈判行为并形成结果之间的重要中间因素。有没有这些行为最终导致

---

① 关于欧盟内部历史形成、政策塑造和政策制定决策的区分，参见 Peterson 1995。
② Webber 1999b, 48.
③ Ibid.
④ Jachtenfuchs 2006, 318.

的结果是不一样的。

"欧洲一体化理论几乎未对双边关系做出过明确阐释。"① 但我们通过考察法德合作在欧盟体系内的影响,增加并强调了双边这一独特的分析层次。多层治理与政府间主义不同流派的观点,都未能抓住国家间双边关系的独特现实以及由法德嵌入式双边主义对更广泛的欧洲项目所发挥的促进和稳定一体化的特殊功能。

作为霸权的德国

近年来很多著述都认为,欧盟事务越来越具有一种特征——德国成为欧洲的核心国家或者说德国霸权。② 在第二次世界大战结束后欧洲一体化的前几十年里,德国看起来似乎将永久地处于分裂状态,作为冷战前沿的国家,一个半主权(semi–sovereign)的西德不是一个合适的区域霸权竞争者。③ 但德国统一之际,在对德国在欧洲的(潜在)力量进行了一些令人警醒的评估之后,这个问题开始(或者说再度)出现于20世纪90年代的学术讨论中——很多观察者都指出德国具有"主导性和日益增长的——巨大影响力",并将德国在欧洲东部的地位描绘为霸权。④ 到世纪之交,关于欧洲的德国霸权或德国的支配地位问题的研究已经非常普遍。⑤

德国统一后的二十多年里,越来越多的学者认为德国在欧洲的地位和作用具有霸权性质,强调了德国的规模、实力、影响、地理位置的重要性和债权国信誉等。⑥ 地区霸权论认为,未来数十年的欧洲事务,特别是在经济、财政与货币领域,德国有望逐渐发挥核心作用。显然,这一德国霸权或者说德国作为在部分整合的欧洲中的核心国家,同19世纪六七十年代到第一次世界大战结束期间崛起的德国很难进行类比。尽管它可能仍是一

---

① Cole 2001, 22.

② 一体化经典理论虽然几乎并未专门思考德国问题,也并没有仅从纯武力,或者只从物质性权力角度进行分析,但1957年卡尔·多伊奇(Karl Deutsch)等学者所写的《政治共同体与北大西洋地区》的确也强调核心国家、"核心政治单位"或者"核心区"的重要性,看重它们具有的能力。读者可比较该书第38页和第137—139页的内容。

③ 关于1945年前的德国霸权,见Voegelin 1941;Dehio 1948,第4章。

④ Markovits and Reich 1993;引自第277页和第287页;关于东欧,见第282至第285页。同一时期关于德国在世界、欧洲和东欧的状况,类似的分析思路见Waltz 1993,特别是第62—76页。

⑤ Hellmann 2000;Sperling 2001。

⑥ 有关实证研究,参见Crawford 2007;Paterson 2011;Müller–Brandeck–Bocquet 2012;Schönberger 2012。

个"不情愿的霸权"(reluctant hegemon)或"非自愿的霸权"(hegemon against its will)——对其在欧洲地区的重要性感到陌生、不适甚至根本没有意识到[①]，但德国作为霸权或核心国家已经不再是一种完全不现实或难以置信的前景。

我们认可德国在欧洲的影响力和重要性明显增强，特别是在经济和货币事务方面；而且我们发现有充分的证据表明，法德两国对欧洲政治决策过程和结果的控制发生了变化，在货币领域尤其如此。然而，我们也发现，处于欧洲核心的法德关系依然强劲而且关键。如果它们的特殊关系被侵蚀或出现破裂，法国和德国都将遭受损失。只要这种判断符合逻辑，作为霸权的德国就不是描述欧洲或解释地区政治与决策的最恰当观点。

欧洲一体化的衰退或瓦解

在21世纪还出现了另一种关于欧洲事务的宏大观点——欧洲计划出现了显著弱化的趋势，或预计其将衰退（degeneration）或瓦解（disintegration）。[②] 这种观点的最突出代表来自结构现实主义——它将冷战期间的欧洲一体化解释为一种主要针对苏联威胁而做出的反应。[③] 按照这种观点，战后欧洲一体化的最强大动力也随着苏联的解体而消失了。如果这种外部刺激不复存在，欧洲一体化将会出现衰退、随后就很可能瓦解。

关于这种衰退立场的其他支持者虽然对总体前景的预测相同，却对欧洲一体化的衰落提出了不同原因。例如，经济史学家尼尔·弗格森（Niall Ferguson）指出了欧元和欧元区基本设计上的缺陷，并预计经济与货币联盟（Economic and Monetary Union，以下简称 EMU 或"经货联盟"）的衰退意味着更多一体化领域的合作也将坍塌。[④] 而其他一些学者则已经开始从更一般的角度对一体化的瓦解进行理论分析，探讨去一体化倾向的潜在原

---

① 依次可参见以下论文的标题，Paterson 2011；Schönberger 2012。

② 尽管欧洲一体化遭遇过严重挫折，例如20世纪60年代的"空椅子危机"及20世纪70年代到80年代中期的"欧洲硬化症"（Eurosclerosis）或"欧洲疲劳"（Eurofatigue）时期，但此类观点在冷战时期仍然很少，或者属于非主流观点。对此，可比较其他学者的观点如戈登斯坦较为肯定地认为，一体化陷入"停滞"（stalling）而非"衰退"（degeneration）或瓦解（disintegration）。

③ 参见 Rosato 2011a；Rosato 2011b。关于其逻辑推论的讨论及对其的批评，见 Krotz and Maher et al. 2012。米尔斯海默20世纪90年代关于欧洲危在旦夕的辩论逻辑实际上是 Rosato 推导的前身。参见 Mearsheimer 1990a。

④ Ferguson and Kotlikoff 2000；Ferguson 2011。

因——例如,欧盟因扩大而破坏了内部的稳定性或国家边界的弱化激发民族主义。①

嵌入式双边主义承认在《关于建立欧洲煤炭和钢铁共同体的巴黎条约》(ECSC)签署之后的大约60年时间里,欧洲一体化面临着一系列严重危机,换言之,欧洲区域政治总体上或许已经进入或即将总体进入一个新阶段。然而在我们看来,法德双边关系在危机和困境中依然强劲而且继续运作——依然能够有针对性地解决麻烦(trouble-shooting)和管控危机。本书强调了欧洲政治的这一关键方面,同时也从更广泛的角度对欧洲的未来持一种更加开放的(而且不那么武断的)立场,这使得本研究同关于欧洲一体化将衰退或瓦解的观点明显不同。

本书的结构

第一章提供了概念和理论框架,以全面回答我们在本书中提出的两个问题。它简要介绍了旨在理解法德双边秩序并解释这一特殊关系韧性与适应性的一些概念。通过综合在双边、国内、区域欧洲以及国际层面上的因素,此章建立了一个框架以解释为什么法国和德国对欧洲的综合影响在不同政治领域和时期的变化存在巨大差异。为此,此章还区分了在区域政治中不同类型的双边联合领导角色,并回顾了长期以来法德两国在欧洲事务中权力和权威的共同来源的演变。

第二章至第四章详细考察了法德双边秩序的主要组成部分、逻辑、对法德双边关系及其在欧洲作用的政治影响。其中,第二章简要回顾了《爱丽舍宫条约》及其扩展条款和增补内容,并论述了法德规制化政府间主义在不同时期和政策领域的性质和发展与巩固过程。第三章探讨了了不起的象征性行为和实践网络——这些行为和实践是构成法德双边现实必不可少的内容,有其独特的影响和政治含义。此章反思了戴高乐和阿登纳在1958—1963年所做的激动人心的表态和演讲——通过这些具有象征意义的表态和演讲,戴高乐和阿登纳奠定了法德关系的新时代,还汇集了自那一

---

① Vollaard 2008, especially 19-26. 除了对欧洲一体化的健康状况或欧盟的聚合力的讨论,还有从更广泛的文化、艺术、知识、经济和政治方面衰败的论述,可参见 Barzun 2000;Laqueur 2012。

时期之后不断出现的富有特殊的加洛林（Carolingian）式社会意义和目的的众多象征性行为和实践。① 第四章论述了在过去五六十年里支撑和滋养了法国与德国国家间联系的庞大准公共基础网络，如既非官方也不是严格意义上私人的一些跨境活动，包括由州资助的大规模青年交流、市政和地区实体之间的伙伴关系以及众多致力于法德关系事务和以其为目标的各种机构和机制。

第五章至第九章论述了法德两国在塑造欧洲政治和欧共体/欧盟重要政策领域的过程中所扮演的角色及其影响。其中，第五章和第六章关注的是法德两国对立宪政治（constitutive politics）的参与——它们在塑造欧共体/欧盟的基本规则、规范和制度框架以及在界定欧洲政体职能和区域范围方面的作用。这两章评估了两国在设计和随后改革欧洲基本机构方面做出的贡献以及它们对欧共体/欧盟不断扩大的影响，涵盖了欧共体/欧盟在深化与扩展这两方面的重要情况。第五章更具体地考察了在连续的条约改革中关于政体建设的制度方面，以及法国和德国如何能够解决它们之间关于政体理念的分歧。第六章研究了法国和德国在欧共体/欧盟连续扩大问题上的作用。第七章至第九章详细分析了法国和德国自1963年以来如何能够在欧洲政策制定的核心领域留下它们的印记。第七章分析了法德两国在欧洲单一市场创建以及市场塑造和限制活动方面的贡献。第八章分析了法国和德国在货币一体化中发挥关键作用的主要表现，以及它们在应对当前主权债务危机方面采取了何种举措。第九章论述了历经长期艰难困苦而诞生的外交政策机制、欧盟在防务政策维度上的突破以及在该框架内实施的外交和安全政策行动。

在结论章节中，我们在前述研究的基础上总结了关于本书所提出的两个问题的主要发现和论点，然后简要思考了法德嵌入式双边主义在欧洲的发展现状、其继续前行的相关问题以及法德两国在过去、现在和未来所共同面临的挑战。

---

① 加洛林王朝是公元8—10世纪统治法兰克王国的封建王朝，领土包括现德国、法国及部分意大利领土。加洛林式这里意指对法德统一时期的历史记忆及产生的亲近和自豪感。——译者注

第一章

区域双边政治与政策的形成

本章提供了实证研究章节的概念工具和理论框架，以此来回答从《爱丽舍宫条约》签署以来关于欧洲的法国和德国的两个主要问题：为什么法国和德国在经常发生高度动荡的长时期中能够继续保持团结？为什么法德关系对欧洲一体化进程和内容的影响会因政策领域、决策类型或时期而会如此各异？

我们提出了一些概念，用以理解具有韧性的法德双边关系的历史和政治结构、并解释法德双边主义在一个充满波动、转型和分裂的世界中为何具有持久的生命力。这些概念——包括规制化政府间主义、主要象征性行为和实践以及国际关系的准公共基础，从本质上来说都具有普遍性。这些概念特别有助于我们理解过去半个世纪的法德双边关系实践所具有的特定历史和政治意义，并解释其特有的协调的成因。

本章还阐述了解释法国和德国在塑造欧洲一体化、欧洲政体和欧洲政策方面共同作用和不同影响的分析框架。这些解释法德发挥不同影响的因素，体现在双边、国内和欧洲以及国际体系层面。我们的讨论旨在分析所有主要因素，从而全面理解相关变量和突发事件。我们认为，只有将这些多层次因素整合到一个框架中，才能对法国与德国在半个世纪的欧洲一体化和欧盟政治中所发挥的不同程度的影响及扮演的领导角色做出令人满意的解释。本章首先概述了领导角色，更具体地说是法德两国在多边情况下的双边领导。然后，评估了法国和德国在欧洲事务中扮演共同领导角色所依赖的权力和权威资源，并讨论了法德两国的共同领导角色随着时间推移所发生的演变。

区域政治中的领导角色

欧洲政治领导角色的类型

从最基本的意义上讲，领导者"是帮助一个群体创造并实现共同目标的人"①。根据政治学者埃克哈特·吕布克迈尔（Eckhard Lübkemeier）的定义，"欧盟内部的领导角色是由那些有意愿、有能力的行为体所提供，以共同领导为表现方式，目的是督促其他成员国一起为实现集体目标而努力"②。法德两国的嵌入式双边主义在欧洲区域政治中的双边领导角色主要体现为三种基本形式：（1）推动欧洲一体化；（2）危机管理；（3）鼓励成员国进行更密切的合作（见表1.1）。

表1.1　　　　　　　　扮演欧洲领导角色的类型和方式

领导的类型和子类型	发挥领导角色的方式
推动一体化 深化一体化（新的政策领域；欧盟的新权能） 拓展一体化（欧盟的连续扩大）	议程设定和共同提案 制度性规划 政策建议
危机管理 克服欧共体/欧盟层面上的政治决策僵局 管理经济危机	建立共识
组建较小的成员国集团 成员国群体的永久差异化整合 临时性的小多边联盟（如在外交或军事行动上） 榜样领导力（双边或小集团）	组建联盟

在法国—德国—欧洲背景中的"领导角色"一词，最经常用于促进欧洲一体化。这大致包括通过欧盟在地理意义上的拓展，以及通过扩大欧洲一体化的影响范围来深化一体化进程——在新的政策领域推动一体化，或在欧盟既有权能范围内继续推动制定重要的政策。

---

① Nye 2010, 18.
② Lübkemeier 2007, 7；也见 Beach and Mazzucelli 2006, 第6页使用了类似的定义。

关于法德两国扮演欧洲领导角色的观点，大致与广为人知的法德两国是欧洲一体化"发动机"或"引擎"的说法相符。① 此种意义上的领导力主要体现在关于欧盟"历史性决策"之中，领导者通过改变决策程序、调整欧盟机构的权力平衡、重新赋予欧盟职权等方式，"改变了欧盟作为一个政府体系的运作方式"②。这种意涵上的政治领导行为给欧洲一体化指出了方向，并赋予欧盟以意义。政治领导的角色行为帮助创造了一种欧洲的附加值。领导者在实践中发挥积极的影响力，"引导集体行动而不是以否决的方式进行拦阻"③。

危机管理是欧洲领导角色的第二种类型，即努力管理、控制或克服在欧盟内部发生的紧迫或公开的危机。事实上，"领导者在某些情况下要比其他人更为重要，特别是在危机发生的动荡时期"④。从此意义上来说，领导方本质上可能是保守的，例如在防止欧洲一体化发生结构性解体方面。进一步就克服欧共体/欧盟层面的决策僵局而言，政治是危机管理中更主要的考量因素（见第五章）。欧盟危机管理也可能涉及经济问题，例如2007—2008年开始的国际金融危机和2010年爆发的欧洲主权债务危机。严重的政治和经济危机激发了对欧洲领导力的需求，而这种需求通常只有那些拥有相应影响力或权威资源的大国才有能力满足（见第七章）。

双边领导角色还可通过差异性一体化模式发挥作用。法德两国率先迈进，在欧盟成员国间创建或是参与一些小集团或次群体。这些次群体有三种类型：第一种是在欧盟条约框架内以机制化形式固定下来的常态组织，比如欧元区或申根自由旅行区国家，有一些欧盟的成员国自愿选择不加入这些集团；第二种是一些临时性或短期小团体，例如在欧盟对外关系中一些成员国组成的小多边联盟（minilateral coalition）。有时少数几个成员国在或明确或不太明确地得到欧洲机构的授权后，会代表欧盟对外采取行动。第三种领导角色类型是通过组建小集团（subgroups）的方式来发挥"榜样领导力"（Leadership by example）。在这些塑造地区事务的案例中，法国和德国或在双边层面上开启共同行动，或在欧洲条约框架外组建由部分成员国构成的小集团。如果其他成员国认为该集团是成功的或者认为自

---

① Picht and Wessels 1990; Calleo and Staal 1998.
② Peterson 1995, 72–73.
③ Underdal 1994, 178.
④ Nye 2008, 9.

己不参与其中将在政治或其他方面付出昂贵的代价，可以在之后选择加入。因此，这种类型的领导角色可能会使一个小集团不断扩大，最终将当初非正式的一体化计划被正式纳入欧盟条约的框架之内。

在欧洲的地区政治中，推动一体化、管理危机和组建成员国小集团是领导角色类型的三种不同形式。上述这些角色类型，都通过三种方式运作：（1）议程设置；（2）建立共识；（3）构建联盟。法德领导角色在议程设置方面的表现，包括对特定政治局势进行解释、界定欧盟作为一个整体或由部分成员国组成的小集团所要解决的问题。在许多情况下，法德领导角色对欧洲议程设置发挥的作用，主要是采取两国共同提交议案的形式。很多提议涉及体制创新，特别是对欧盟基本框架的修改，法德的共同提案常常是修订欧盟条约谈判的重要组成部分（见第五章）。法德所提出的实质性政策建议很多是为了塑造或重塑欧盟政策的基本特性，或是改变欧盟政策范围的职能权限（见第九章）。

在欧盟层面的谈判中建立共识，指的是领导角色的"企业家精神"功能（entrepreneurial function）。① 富有企业家精神的领导者可从谈判桌上将所有的潜在利益收入囊中，并努力克服集体行动难题。它们给谈判提供焦点议题，充当达成妥协的中间人并协助打破决策僵局。建立共识也包括塑造"代理妥协"（compromises by proxy），② 法国和德国在可接受范围内率先做出双边妥协，让其他成员国认为或法国或德国的立场已经适当地代表了它们自己的利益。

通过实施不同类型的企业家精神领导，法国和德国可成功展现它们构建联盟的艺术，使它们自己喜欢的解决方案获得支持。在这种情况下，法德双方都是强大的"获胜联盟"（winning coalitions）的组成部分。然后，它们就开始让反对派边缘化或者形成多数以压制对方（特别是在以多数决定制作出决策的欧盟制度环境中），法德还可以建立包括部分成员国的次级集团，将不愿意的国家排除在外。

领导力的资源

为了施加影响，行为体需要权力或权威。只有那些拥有资源的行为体

---

① Young 1991，293 – 298.
② Koopmann 2004，13.

才能担任领导。显然，经过时间考验的法德双边关系的韧性及其联合行动的能力，是法德嵌入式双边主义在欧洲生命力（viability）必不可少的（indispensable）部分。此外，有三种较为传统的权力和权威资源对法德两国在欧洲的领导角色和影响上也是至关重要的：（1）物质性（"硬"）权力资源；（2）制度性权力资源；（3）非物质性（"软"）权力资源（见表1.2）。①

物质性权力资源（Material power resources）是支撑法德在欧盟内寻求领导角色或影响力的一组重要资源，包括国民经济的规模和效益——这些可以通过国内生产总值（GDP）、经济增长率、出口业绩等指标来衡量。例如，经济资源可以用来创造激励和提供转移支付（side payments），以吸引那些不情愿的伙伴一起合作。其他一些传统意义上的硬权力资源则包括人口规模和军事实力。

表1.2　　　　　　　　　领导力资源类型

物质性权力资源	制度性权力资源	非物质性的"软"权力资源
国内生产总值； 经济竞争力； 人口数量； 军事资产	欧盟层面：如投票权重 双边层面："规制化政府间主义"机制	欧盟层面的合法性和声誉； 国内政治支持基础； 观念的力量

大量事实表明成员国的权力资源对它们在博弈中获胜至为重要——特别是在欧洲理事会的讨价还价当中。② 这一点，既适用于总体结构性权力（aggregate structural power），即"一个国家的资源和实力总和——包括领土、人口、经济实力、军事能力、技术发展、政治稳定和行政能力"，也适用于解决具体问题的权力，即"在特定政策领域的资源"③。如果技艺高超的谈判者能够将结构性物质类权力资源转化为议价能力（bargaining pow-

---

① 下面的论述摘自 Schild 2010 and Lübkemeier 2007，8-12。关于国际关系和政治生活中更一般性的关于权力的研究，见 Baldwin 2002；Barnett and Duvall 2005；经典研究见 Weber 1978（1921）；Lukes 1974。

② Tallberg 2008。

③ Tallberg 2008，688-689。

er),我们就可以称之为"结构性领导力"(structural leadership)。①

权力和权威的制度性资源(Institutional resources of power and authority)是另一种资源类型。欧盟的决策结果并不仅取决于各成员国之间物质性权力分配情况。法国和德国能否在欧洲层面上发挥领导力和影响力,诸如在欧盟理事会的投票权重、欧洲议会议员的(相对)数量与各成员国担任欧盟委员会委员的情况等制度性权力资源也相当关键。② 只要欧盟的决策程序不采用国际组织式"一国一票"严格平等原则,而是采取某种多数主义原则时,法国和德国在人口权重方面的优势就会凸显,它们就因此具备了制度性领导力的资源。此外,这种资源也扩展到双边层面。法德双边关系的稳定性和适应性本身,特别是法德"规制化政府间主义"的顺利和有效运行,为巴黎和波恩/柏林在欧洲层面的领导角色和权力提供了宝贵的双边机制性权力资源。

权力和权威的非物质性或"软"资源(Non-material or "soft" sources of power and authority)是最后一种资源类型。③ 领导者需要追随者。因此法德两国在其欧洲伙伴中扮演领导角色的合法性高低至关重要。这种合法性以及对法国和德国担当双边领导角色的接受在很大程度上取决于其他成员国对法德两国政府利用领导力资源和权力实现更广泛的欧洲目标的信任程度。领导角色的合法性在很大程度上也取决于领导者是否愿意遵守共同体规则。在一个规则约束的体系中,领导角色越是坚持法规化的标准,就越能够得到认可。

法国和德国国内公众支持法德两国积极领导欧洲的程度也是一种重要非物质性权力资源。国内公众舆论、媒体报道和党派支持或者至少是允许的态度为法德两国作为欧洲领导角色的行动创造了有利的国内环境。另外,领导者应该知道其前进的方向:在很大程度上,政治领导力也取决于成员国在欧盟所面临的最重要挑战及其未来状况等问题上能否形成系列基本共识。

---

① Young 1991, 287 – 288.
② 当然,我们也并不认为德国的政府官员、德国籍欧洲议会议员和委员会委员会代表国家利益而一致行动。
③ 关于"软权力"的论述,参见 Nye 1990;Nye 2004。

领导力资源的演化

显然,来自所有这些资源的政治权力和权威并非总是一成不变的。自1963年《爱丽舍宫条约》签署以来的半个世纪内,法国和德国各自在物质性或有形的领导力资源方面的变化,相对来说小于制度性和非物质性资源的变化。法国和德国在欧盟内部扮演领导角色的制度性权力资源,同其非物质性的"软"权力基础一样,在这半个世纪里发生了重大波动。

就其物质实力基础而言,德国和法国按其国内生产总值(GDP)来看直至近年来仍然是欧盟最重要的经济体,在2007年占欧盟27国全部国内生产总值的35%(见表1.3)。法德两国作为欧元区的经济核心,其国内生产总值占欧元区国内生产总值的48%。同样地,由于大多数新加入欧盟成员国的国防开支水平较低、军事实力有限,因此欧盟的连续扩大并没有明显影响法国和德国在军事资产、特别是在危机管理领域的军事和民事能力的相对权重(见表1.4)。[①] 1973年英国加入欧共体后,法德两国在军事资产方面的权重有明显变化。法国和德国的国防开支占欧盟27国国防支出总额的37%,法国、德国和英国三大成员国的国防开支占欧盟国防开支总额的57%;而在1990年,法德两国、法德英三国的国防开支在欧盟12国国防开支总额中的比例分别为48%和69%。

表1.3　　　　法国和德国GDP占欧共体/欧盟GDP总量的份额　　　　(单位:%)

年份 国家	1970	1973	1981	1986	1995	2004	2007
法国	28	23	22	20	18	16	15
德国	40	33	29	27	29	21	20
法国+德国	67	56	52	48	46	37	35

资料来源:世界银行。

相比之下,自20世纪60年代以来,法德两国在欧洲决策机构中的制度性权力资源出现了明显收缩的趋势。首先,两国在欧盟理事会中拥有的加权投票总份额已经大幅减少,从1963年《爱丽舍宫条约》签署时的

---

① Hewel 2006, 104-109.

47%下降到今天（此处指2013年——译者注）的约17%（见表1.5）。在20世纪80年代的欧盟南扩之前，法德两国的加权投票总额尚可以阻止有效多数表决（qualified majority decisions），而且在欧盟15个成员国中仍享有非常接近构成拥有否决权的关键少数所需的投票权重（法德两国共享有总票数——26票中的20票，即成为拥有否决权的关键少数所需的77%的投票权重）。

表1.4　　法国和德国的军事开支占欧盟军费开支总额的比例　　（单位:%）

国家 \ 年份	1990	1995	2000	2005	2010
法国	24	25	23	22	21
德国	24	20	19	16	16
英国	20	19	18	19	20
法国＋德国	48	45	42	38	37
法国＋德国＋英国	69	64	59	57	57

资料来源：斯德哥尔摩国际和平研究所（SIPRI）（http://milexdata.sipri.org）。

但后来情况已经有所不同了（法德两国阻止某项决策需要获得81票中的58票，或者说占比64%）。此外，法德两国的人口总和（占欧盟总人口的29%）尚不足以构成一个有否决权的关键少数（blocking minority）——如今，这一要求需要占欧盟总人口38%以上的几个成员国才可以实现。2014年11月1日起生效的《里斯本条约》(*The Lisbon Treaty*)规定的双重多数要求（55%的成员国，且占欧盟总人口的65%），只会部分地抵消法德两国在欧盟理事会中的机制性权力的损失。此外，届时（2014年11月1日以后——译者注）法德两国人口的总和占欧盟总人口35%，拥有构成有否决权之关键少数的83%。但同时，在采取有效多数决策模式的情况下，必须至少有4个成员国联合起来才能否决欧盟理事会内部的某项决策。

同样地，在欧洲议会中拥有席位的法国议员和德国议员的比例，从20世纪60年代在欧洲经济共同体（EEC）中所占的51%，已经下降到2009年第7届欧洲议会中的23%。此外，随着2004年11月《尼斯条约》(*Treaty of Nice*)生效，由巴罗佐（Jose Manuel Durao Barroso）担任主席的欧盟委员会（Barroso Commission）开始履职，法国和德国失去了由本国人担任的欧盟委员会副主席（second Commissioner）职位。

表1.5　　1957—2014年法国和德国在欧盟机构中的代表权

	欧洲经济共同体（EEC）	欧共体（EC）/欧盟（EU）				欧盟（EU）			
	1957年	1973年	1981年	1986年	1995年	2004—2013年			2014年后
	6个成员国	9个成员国	10个成员国	12个成员国	15个成员国	25个成员国	27个成员国	28个成员国	28个成员国
	—	—	—	—	—	2004年5月1日至10月31日	《尼斯条约》2004年11月1日	《尼斯条约》2007年1月1日	《里斯本条约》2013年7月1日	《里斯本条约》
欧盟理事会									
加权投票数（法国+德国）	8 (4+4)	20 (10+10)	20 (10+10)	20 (10+10)	20 (10+10)	20 (10+10)	58 (29+29)	58 (29+29)	58 (29+29)	2 (1+1)
总投票数	17	58	63	76	87	124	321	345	352	28
法国+德国加权投票数占总票数的百分比	47%	34%	32%	26%	23%	16%	18%	17%	17%	7%**
有效多数票	12/17	41/58	45/63	54/76	62/87	88/124	232/321 13个成员国，62%的人口	255/345 14个成员国，62%的人口	260/352 15个成员国，62%的人口	15 MS & 65% EU pop（来自4MS）15个成员国和（来自4个成员国）占比65%的欧盟人口
法国+德国加权投票数在构成具有否决权的关键少数中的百分比	133% [8/6]	111% [20/18]	105% [20/19]	87% [20/23]	77% [20/26]	54% [20/37]	64% [58/90]	64% [58/91]	62% [58/93]	83%

续表

	欧洲经济共同体（EEC）	欧共体（EC）/欧盟（EU）				欧盟（EU）			
	1957年	1973年	1981年	1986年	1995年	2004—2013年			2014年后
	6个成员国	9个成员国	10个成员国	12个成员国	15个成员国	25个成员国	27个成员国	28个成员国	28个成员国
	—	—	—	—	—	2004年5月1日至10月31日	《尼斯条约》2004年11月1日	《尼斯条约》2007年1月1日	《里斯本条约》2013年7月1日	《里斯本条约》
欧盟理事会									
欧洲议会议员总数	142	410	434	518 567	626	732	732	785 736	748	751
法国和德国议员的比例	51%	40%	37%	31% 33%	30%	24%	24%	23% 24%	23%	23%
欧盟委员会委员数量	2*	2	2	2	2	2	1	1	1	1
人口规模									
法德两国人口占比	(1960) 59%	(1973) 44%	(1981) 43%	(1986) 36%	(1995) 38%	(2004) 31%	(2004) 31%	(2007) 29%	(2013) 28%	< 28%
欧共体/欧盟总人口（百万）	(1960) 172	(1973) 256	(1981) 271	(1986) 322	(1995) 371	(2004) 458	(2004) 458	(2007) 493	(2013) ca. 500	>500

注：* 1967—1970年，法国和德国共有三名欧共体/欧盟委员会的委员。**非加权投票。
资料来源：欧盟委员会、欧洲议会及欧盟统计局（Eurostat）。

综上，影响法德两国在欧盟理事会日常决策的正式制度性权力已明显减弱。但它们所享有的那些非正式的制度性权力资源却未必减少。随着欧盟规模不断扩大及其政策权限的日益增加，欧盟内部的谈判变得比以往更加复杂。为了降低因参与者众多、议题繁杂和多层次谈判而带来的交易成本，非正式的政治领导模式和机制显得格外具有诱惑力。

处于枢纽地位的欧盟大国如欲成功构建联盟，会比小国更经常在决策过程中使用非正式的"预先烹饪"(pre-cooking)的办法,将自己置于中心位置。欧洲层面上的这种非正式决策,在欧盟东扩过程中经常采用,它部分抵消了法国—德国在欧洲议会——欧盟理事会——欧盟委员会这一正式的欧洲三角制度框架中因代表性减弱而导致的损失。

  法德领导角色的非物质性资源也随着时间的推移而发生了变化。法国和德国的欧盟伙伴目前都愿意接受这样一种观点,即法德密切合作以及它们在欧盟的共同领导本身是一件好事情,但这种情况不能被视为理所当然。法德两国在欧洲事务中的接近(proximity)常常引发关于欧盟内部存在某种"督政府"(directoire)的警告。不过有时候,特别是在欧洲一体化的某个(些)关键阶段,其他成员国也会抱怨法德的领导力发挥不足。有一种观念很普遍,即法国和德国对保持欧盟发展不偏离正轨负有特殊的责任。① 但在今天这种观念已不再流行。欧盟东扩是这种观念发生变化的主要分水岭。在2004年和2007年先后加入欧盟的新成员国,对第二次世界大战之后法德和解以及两国在共同体建设的前几十年中扮演共同领导角色多么重要,有着与西欧国家并不同的记忆。对于它们来说,法国和德国扮演特殊角色、负有特殊责任的观点绝非理所当然。因此,在欧盟新成员国中,法德两国寻求领导角色的愿望享有合法性较低。而且,由于东欧曾受苏联影响长达半个世纪,这些新成员国对欧盟内部出现任何一种使它们能够回想起大国额外收益(perquisites)的联盟模式都非常敏感。欧盟东扩进程"具有核心收缩而外沿拓展的特征"②,使得法德两国的共同领导比以前更加吃力(more demanding)。

  然而,有着不情愿接受法德领导诉求的绝不仅限于东欧的新成员国,因为欧盟国家的欧洲民众(EU-Europeans)有时也因法德两国为了完全利己的国家目的滥用权力而受罪。2005年关于《稳定与增长公约》(Stability and Growth Pact,以下简称 SGP 或"稳定公约")的改革,就是反映欧盟内部分歧的典型案例之一(见第八章)。

  国内对欧洲政策和目标的支持,是领导角色诉求的另一种非正式资

---

 ① 在希拉克总统和施罗德总理于2003年1月22日参加在巴黎举行的纪念《爱丽舍宫条约》签署40周年活动后发表的联合声明中,庄严地重申这种自我形象(self-image)和"角色示范或榜样"(role model)"对推动欧洲建设取得重大进展——特别是在过去20年里——发挥了主导性的作用"。参见 http://www.ambafrance-uk.org/40th-anniversary-of-the-Elysée.4066.html。

 ② Paterson 2008, 107.

源。关于欧盟一体化问题的公众舆论和媒体报道、广大民众中存在哪些种类和语调的政治言论以及政党的不同立场都有可能加强或削弱法国和德国共同扮演的欧洲领导角色。

例如，欧盟委员会每年两次的"欧洲晴雨表"（Eurobarometer）调查显示，法国人和德国人不再是最热切的欧洲一体化支持者（见图1.1）。自20世纪90年代中期以来，法国公众对欧盟成员国资格的支持率已降至欧盟平均水平以下，这种情况也曾出现在90年代后半期的德国，当时该国民众就放弃德国马克（D-Mark）问题展开了激烈争论。此外，在法国和德国，大多数人对欧盟东扩感到非常不安。事实上，在所有欧洲人当中，法国人和德国人对欧盟扩大问题的态度最为怀疑（见第六章）。

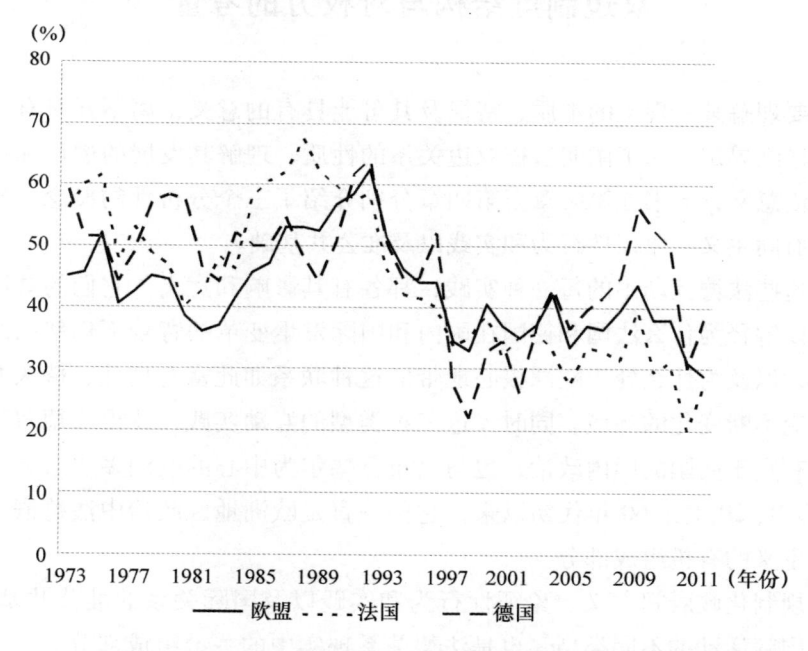

图1.1　1973—2011年法国和德国对欧盟成员国资格的净支持情况
注：竖轴代表认为是"好事情"的答案减去认为是"坏事情"答案。
问：一般来说，您认为（您的国家）所拥有的欧洲共同体/（共同市场）成员国资格是……？
资料来源：Eurobarometer。

当前各政党对欧洲一体化的支持情况，无疑比20世纪80年代更能说明问题。如今，欧洲面临的问题与20世纪60年代、70年代和80年代相比都更为突出。自20世纪90年代初以来，以政党为基础的疑欧主义论调

（party - based euroskepticism）上升。主流政党关于当前欧洲的论述更加谨慎并且以维持现状为政策取向（status quo oriented），它们对欧洲一体化新举措的支持面临比以往更多的条件限制（conditional）。①

关于欧盟事务的公众舆论和党派立场所呈现出来的上述总体趋势对法德两国政府实现领导欧洲的雄心有两个方面的重要启示：第一，它们需要根据其积极和支持一体化的欧洲政策基调，相应改变计算国内成本—效益的方法；第二，国内支持率上升（如在20世纪80年代）或下降趋势会增强或削弱该国在欧洲层面谈判中所处的权力地位。②

双边制度结构与对权力的考量

要理解某一现象的本质、特征及其可能具有的意义，离不开对有关概念的仔细界定。为了阐明法德双边关系的性质、理解其发展的逻辑和蕴含的政治意义，本书在第二章至第四章分别介绍了三个分析性的概念：规制化政府间主义、象征性行为和实践以及准公共基础。

这些法德互动中的每一种实践，都各有其影响和意义。它们的共同作用可以解释为什么法国和德国在国内和国际发生变革的背景下仍然团结在一起，以及为什么处于欧洲核心地带的这种联系如此富有韧性、持久并能够适应不断变化的环境。同时，这三种类型的互动实践，使得法德双边关系既有别于两国的国内政治，也与以布鲁塞尔为中心的欧洲多边事务有所不同。自20世纪60年代初以来，它们一直是欧洲地区政治中法德嵌入式双边主义的有机组成部分。

规制化政府间主义、象征性行为和实践以及国际关系的准公共基础，既是国际活动的不同类型，也是法德关系现实中的关键组成部分。在这三个方面，法德之间内容丰富和规模巨大的互动可能不同寻常，在经历了20世纪下半叶和21世纪的第一个十年之后，法德双边的整体关系得到了很大发展。但是，上述三个概念所阐释的每一种实践都绝非仅限于研究法德关系，也不构成法德关系所独有的特质。它们都是一般性概念。但它们有助

---

① 法国情况，见 Schid 2009；Rozenberg 2011；德国情况，见 Schieder 2011。
② Tallberg 2008.

于揭示一种具有历史和政治意义的特殊的制度性关系，有助于评估其超越权力问题的因果关系和政治含义。当然，权力问题——包括权力的分配和变化——仍然是法德双边关系中的重要问题，也是一个需要从双边层面进行探讨、可以影响法国—德国在欧洲扮演不同角色和发挥不同作用的关键因素。

规制化政府间主义

规制化政府间进程是公共或官方机构中代表国家或国家实体的个人进行互动和沟通的特定模式。通过特定的实践方式，国家之间的行为和政策程序相互联系并交织在一起。在过去几十年里，《爱丽舍宫条约》及其历次修订和补充都一直是法国—德国规制化双边政府间主义的核心。最初参加两国之间每半年举行一次的首脑会议的人员，除法国总统、总理和德国总理之外，仅限于外交、国防和财政等主要部门的部长及其助手。不久之后，参与法德首脑峰会人员的广度和深度都有了显著增加。到 20 世纪 70 年代，几乎各部部长、各部委的公务员，包括顾问和工作人员都会参加法德峰会，每个国家的参会者都超过 100 人。早在 2003 年法德正式举办"部长理事会"之前很久，法德两国间就一直在举行内阁联席会议。除这些综合性的峰会之外，两国外交部长相互间通常保持常设性联系关系。在《爱丽舍宫条约》正式条款规定之外的规制化政府间主义，还主要包括主管各政策领域的关键人物之间的系列非正式会议，以及两国军队之间的联系。

随着时间的推移，这种规制化双边政府间主义已经将法德两国之间的行为标准化，确立（和预先制定）了双方交往的程序，并形成了一系列关于双边关系发展的惯例。其步骤和要求把法德两国政府的公务员和外交人员绑定到双边关系上，这些人员的工作任务和身份定位都深受影响。同时它也形成了判定何为正常的底线，使人们理解了何为共同实践，何为背叛行为。

通过所有上述方式，这种强化版的规制化政府间结构使得法德两国外交关系在一定程度上拥有了某种自主性和免疫能力，可以经受住国内政局变迁和国际局势动荡所带来的消极影响。规制化政府间主义为法德两国的外交和政府间关系提供了显著的稳定性，从而帮助法国和德国在面临最严重的国内和国际危机或双方之间存在分歧和紧张的情况时仍然能够保持团结。本书第二章将系统地探讨法德双边关系的独特现实及其影响和意义。

象征性行为与实践

第二次世界大战结束之后法德关系发生的转变,得益于一些具有影响力的政治领导人的不懈努力。其中最突出的代表性人物,乃是法国前总统戴高乐和德国前总理阿登纳,他们之间具有象征意义的交往为两国关系中创造出前所未有的社会意义和目标。这些新的重大意义可追溯到1958—1963年两位政治家在访问对方国家的过程中所做出的一系列激动人心的表态和演讲。在戴高乐和阿登纳之后,法德两国的历任领导人以及各自政府的许多代表,也都继续通过系列具有象征性的行为,不断地复制、维持和佐证两国关系的重要意义。其中一些活动是常规动作,例如各种关于《爱丽舍宫条约》签署周年的纪念和庆祝活动或两国主要领导人物发生更替后都选择到对方国家进行首次访问。但也有额外的举动,比如1984年德国时任总理科尔与法国时任总统密特朗在凡尔登的墓地上相互牵手的举动,就是法德关系整体结构中具有非凡意义的事件之一。

国家之间的重大象征性行为和实践是一种独特的国际活动,不同于其他国际关系或外交政策行为,例如危机外交、战略谈判或各种单边活动。法德关系中的象征性行为,通常反映的是曾经充满战争和苦难的血腥历史的终结、法国和德国之间的文化姻亲关系(cultural affinity)或关于法国和德国作为欧洲一体化和政治重要推动者的观点。更为重要的是,法德之间的这些象征性行为和实践通过各种方式产生了社会意义,并具有社会目的:它们产生了关于正常和偏差、何为正常期望和正常需求的判断标准;它们确立了关于某一(些)特定政策成功或失败的参照依据;它们还提供了关于共同归属问题的历史或规范理由。通过所有上述方式,这些象征性符号所产生的意义和目的使得法德关系随着时间的推移仍然能够稳定发展。

本书第三章追溯了促使法德两国关系最初具备意义和目标的一系列象征性行为,分析了复制和延续这种意义和目标的众多实践活动,还考察了这些象征性行为所产生的效果。"重大象征性行为和实践"这一概念和分析工具,提供了一幅关于在法德关系中存续了半个多世纪的一整套象征性行为的全景图,从而使我们能够理解这些行为从整体上产生的社会意义和独特效果。此章的学术贡献,在于提供了一种从概念上理解各种象征性公共行为的方法，并将关于这些行为的考察整合成一种对法德关系历史的连贯叙述。

准公共基础

国际关系中的准公共基础是一种跨越国界的互动，它既不属于国家构成的公共世界（public world），也不属于社会私人领域（private realm）。这种实践活动不是国家之间的公共互动形式，因为它的参与者并非国家或政府的代表。不过，他们也不能被完全理解为私人个体或集体行动者，因为这些行动并非私人社会的自发行为，相反，它们在很大程度上是由国家资助或组织的。没有国家的资助或公共组织的支持，这些活动几乎不可能存在。

法德关系中的准公共基础包括广泛的青年和教育交流活动，仅法德青年办公室（DFJW/OFAJ）自1963年以来组织的交流活动就有750多万参与者，在法国和德国的城镇与地区单位之间建立了大约2200对"友好关系"以及很多致力于法德事务的机构和协会。此外，还有其他各种各样的准公共元素，包括官方支持的大众传媒机构，以及旨在推进法德关系而设立的众多奖项，都成为法德关系准公共基础内容的重要补充。因此，法国和德国之间的关系，绝非只是两国之间的官方关系和两国公民社会或经济层面的私人间跨国交往。法德关系的第三个基础就是由两国政府资助和组织的法德民众之间的联系，这种联系虽然创立者和资助者是政府，但也拥有自主性，并逐步变为一种新事物。

法德关系中的准公共基础具有部分重叠的效应：（1）它们为法德联合的事业能得到最广泛的欢迎而提供了资源；（2）它们将那些参与者社会化，从而培养了一批未来在公共（和私人）机构从事国际事务的人才；（3）它们还能产生一种共同归属感，从而形成关于集体认同的基础；（4）准公共基础特别是连同象征性行为和实践还使法德双边关系自身成为一种宝贵的并且值得捍卫的机制。正如本书第四章中将要详细论述的那样，这些准公共基础嵌入并稳定着法国与德国之间的关系，并以它们独有的方式推动法德关系的持续发展。

概念和因果意义

第二章至第四章的概念阐述，提供了一些可以充分和恰当地理解过去

50—60年里的法德秩序，以及研究法德秩序的各种影响和意义的工具。这些章节的概念创新、历史重构和实证分析，涉及"构成"理论化（"constitutive" theorizing）和因果解释两个方面。构成性研究（constitutive inquiry）旨在分析自然界或社会世界中的实体（entities）构成状况，方法是提炼出使该事物成为它本身（而非其他事物）的独特属性。它意求抓取现象的本质、组成并定义其特征，所以概念分析或概念塑造都是颇为典型的构成性研究。① 这种分析通常都是某一特定类型的实证研究。② 仅仅对观察结果做出少许描述难以称得上是构成性分析，它既需对与所思考的概念相关的经验事实或历史进行考察，还应抓取出该现象所具有的独特特征。③

构成性和概念性的研究经常可为创新因果解释铺平道路，它可勾画出具有因果联系的相关问题，这些问题是无法通过其他方式来回答的。④ 如果我们不首先准确指出法德秩序的主要组成部分，就无法如实地重建这一双边关系的历史和政治，也不可能对关于法国和德国在欧洲的角色的两个问题——本书写作的出发点——进行认真的讨论。

法德规制化政府间主义、法德双边关系中的象征性行为和实践以及法德关系的准公共基础，这三者都各自有其因果影响和意义（第二章至第四章将展开论述）。表1.6概述了德法双边秩序的主要组成部分、每个组成部分的主要实践和行动以及这种双边制度结构的具体影响与一般意义。

总的来说，这三个主要组成部分中的互动行为和实践，意味着两种主要的长期因果关系。在过去的半个多世纪里，二者都对欧洲产生了重大影响。它们都与本书的两个核心研究问题相对应，而且都与法德嵌入式双边主义在欧洲的两面性紧密相关：（1）在国内、地区和全球政治环境和经济状况剧烈演变或发生根本改变时，它们也使这种双边制度结构仍具有很高的韧性，从政治上适应各种变化；（2）它们在欧洲建立起的这种双边关系，一方面有别于纯粹的法国和德国政治；另一方面也与以布鲁塞尔为中心的多边欧洲一体化或区域政治有所不同。因此，恰当把握法德双边秩序

---

① Wendt 1998, 101 – 117; Wendt 1999, 77 – 88, 165 – 177; Tannenwald 2005, 13 – 42; Goertz 2006, 特别是第1章。

② Wendt 1998, 105 – 115; Wendt 1999, 83 – 88, 171 – 178; Tannenwald 2005, 37 – 49.

③ 按照这种观点，它们所包含或要求的概念和实证工作是："关于本体论的理论：它们是关于……某现象的构成要素的理论。"参见 Goerts 2006, 5。

④ 关于构成性和因果性解释之间关系的各种立场的讨论参见 Tannenwald 2005, 33 – 41。

的本质和逻辑，也可以让我们综合考察法德两国对塑造欧洲政治的影响，以及它们在不同时间对不同欧洲政策的作用。

表 1.6   **法德双边秩序的组成**

组成部分	现象、实践、行动	单独的影响	总体的影响
规制化政府间主义	·《爱丽舍宫条约》及其在各政策领域的扩展和增补条款 ·半年一次的首脑会议或部长联席会议的筹备工作和内部协调 ·在《爱丽舍宫条约》之下和之外的规制化政府间主义	·行为标准化、规划程序、形成惯例 ·外交人员间的联系和社会化 ·意义生成：制定正常与偏离正常的标准 ·在国内、国际形势变化或转型的情况下仍然保持团结	·法德关系的历史韧性和政治适应性 ·将双边关系嵌入欧洲政治，有别于法国和德国的国内政治，也有别于多边的、以布鲁塞尔为中心的欧洲一体化
主要象征性行为和实践	·起源于戴高乐—阿登纳的象征主义：科隆贝、兰斯及其他领导人互访等 ·经常的象征性行为：条约周年纪念；"首次访问的象征性"的传统 ·作为整体组成部分的单个事件：1984年科尔和密特朗在凡尔登握手；施密特和吉斯卡尔在查理曼大帝宝座前；1994年和2003年等法德军队于法国国庆日在香榭丽舍大街举行庆祝游行，等等	·规范与偏离的塑造标准；正常期望和要求 ·确立评判具体政策成败的参照依据 ·解释共同归属 ·通过注入稳定的社会意义和目的来巩固双边联系 ·为双边事务提供资源	
准公共基础	·大规模青年交流（仅DFJW/OFAF就有750万参与者） ·约2200个城市和区域伙伴关系 ·机构和协会主办活动 ·媒体机构、法—德奖项等	·培养人员并使其社会化 ·社会意义与目的：培养集体认同、双边关系价值的观念萌芽 ·稳定与持久	

权力问题与权力转移

许多人认为，欧洲一体化的历史意义是避免欧洲民族国家之间、特别是法德之间权力斗争的悲剧再次发生：作为一项和平工程，欧洲一体化使得成员国之间发生战争不再具有现实的物质基础，而且在政治和战略上不可想象。然而，从第二次世界大战结束不久成立欧洲煤钢共同体（ECSC）到今天，关于权力平衡或均势（balance of power）的考虑在欧洲政治或法德关系中从未缺席。对权力的考量可能会提升，但也可能会降低法德进行双边合作及其塑造欧洲的能力。

对于法国而言，无论是在历史上还是在当前，欧洲一体化框架发挥作用的方法一直都是通过包含超国家因素的紧密的欧洲合作，来实现坚决拴住德国（1990年前为西德）和管控其权力的目的。这也符合当下德国（以及以前的西德）的传统及基本外交政策利益，即把自己稳固可靠地纳入欧洲（以及跨大西洋）的多边机制结构中。西德政府的这一基本外交政策选择安抚了其邻国，使得欧洲不会组建反对西德的同盟，而且，按照第二次世界大战后西德首任总理阿登纳的观点，"保护德国人不受自己的伤害"①。一位长期观察德国和欧洲事务的人士认为，这种通过一体化实现睦邻友好和自我控制的模式是一种"一体化平衡"（integrative balancing），而不是"合作"和"敌对"类型的平衡。②

因此，法德两国对权力的这种具有互补意义的考量可能已经使两国在为一个共同的欧洲目标而努力。不过，自《爱丽舍宫条约》签署以来，德国的逐渐崛起打破了法德之间微妙的双边平衡，对欧洲一体化进程产生了重要影响。从20世纪50年代初欧洲一体化进程开启到戴高乐结束其总统任期（1958—1969年），在双边层面上法国无疑相对于德国处于优势地位。在欧洲舞台上法国处于领先地位，而西德则是一个从属者。

到20世纪60年代末，法德两国之间出现了一种从政治意义来说更加平衡的关系。斯坦利·霍夫曼将这种新模式称为"失衡的平衡"（法语：équilibre des déséquilibres，英语：balance of imbalances），即德国是一个工业和金融大国，法国则是一个保持优势外交地位的农业与军事大国。③ 这种"失衡的平衡"状况一直持续到20世纪80年代末。随后，东西方之间的冲突宣告结束以及德国的重新统一消除了对德国主权的一系列限制，并

---

① Baring 1969, 57.
② Link 1997.
③ Hoffmann 1990, 504.

催生了这样的观念或认知，即这种"介于炮弹与马克之间的平衡"① 逐渐被一种更有利于德国而非法国的不对称的双边权力关系所取代。

在权力转移朝着更有利于德国方向发展的情况下，法国有两种基本应对选项：（1）通过更深层次的一体化来控制德国，从而加强法德之间和欧洲的相互依赖关系并接受超国家治理的新元素；（2）通过某种（"软的"、制度性的或其他的）平衡加以控制，可能再加上寻求更多的法国独立性和单边操作空间（unilateral room for maneuver）。②

在过去，法国或法德两国关于推动欧洲一体化的重要倡议，的确与法国对德国实力增长的认知密切相关。例如，根据"舒曼计划"（the Schuman Plan）签订的《关于建立欧洲煤钢共同体的巴黎条约》（The Paris Treaty on the ECSC），以及倡导成立一个一体化的欧洲防务共同体（European Defense Community，EDC）的"普利文计划"（the Pleven Plan），都是这样的情况。法国于1950年提出这些一体化方案的背景，乃是当时美国需要一个经济强大的西德盟友，而且美国因为东西方冲突想要重新武装西德。

20世纪60年代末国际货币体系动荡、西德首次秀出了其经济肌肉（见第八章），法德关系发展也进入了一个新阶段：由专横的法国领导的时期已经结束。时任法国总统乔治·蓬皮杜（Georges Pompidou）发现，法国不得不面对一个经济体量不断上升、外交政策更加咄咄逼人和积极有为的西德，当时西德总理维利·勃兰特（Willy Brandt）开始推行"新东方政策"（Ostpolitik）。在1969年的欧共体海牙峰会上，蓬皮杜做出了选择：既要通过深化欧洲一体化来控制德国，同时法国不再否决英国加入欧共体的申请，以在欧洲内部创造一种平衡德国影响的可能，让法国增加一个可能反对西德权力愿望的潜在盟友。

1990年德国统一似乎会打破符合德国意愿的法德之间"失衡的平衡"。这是一个关键时刻（a moment of truth），也是对法德双边关系及其与欧洲联系韧性的严峻考验。③ 拴住并控制住一个会变得更强大的德国，就是1992年《马斯特里赫特条约》（Maastricht Treaty，以下简称《马约》）签署前谈判的"游戏名称"（the name of the game）。当时法国总统弗朗索

---

① Moïsi 1998.
② Sauder 1997.
③ Bozo 2005.

瓦·密特朗（François Mitterrand）决定将建立货币联盟作为其欧洲政策的首要目标。因此，1989—1991年发生的剧变反而加强了法国和德国长达30年的双边关系；而且还大大加快了建立欧洲货币联盟的步伐。但是，权力对比关系的转变也会导致双边关系出现紧张局势，并令欧洲一体化陷入僵局。这一点在2000年《尼斯条约》谈判期间表现得尤为明显——当时德国总理格哈德·施罗德（Gerhard Schröder）要求在理事会的表决机制改革方案应更加体现德国的人口优势，对此法国总统雅克·希拉克（Jacques Chirac）表示不可接受，因为这有可能打破法国和德国在欧洲制度体系中所遵循的代表性历史对等原则（historical parity）（见第五章）。

在本书的第五章至第九章中，我们充分关注了权力因素的影响，以及法国和德国之间在双边权力分配上的变化。权力对比关系的转变为法德两国领导人在欧洲层面上的合作提供了不断变化的激励和约束。但如何应对这些挑战，政治领导人可能会做出不同的且无法准确预测的选择。

国内差异与共同行动

在重要的欧洲问题上，法国和德国几乎很难自动达成一致意见。它们在塑造欧洲政治或欧盟主要政策领域目标方面的许多不同偏好，来源于形成其各自国家利益和政策的国内因素（"第二意象"，second-image）。这些因素包括各种各样的"国内结构"（domestic structures）以及这些制度性、物质性和文化性结构随着时间推移所发生的演变：两国国内政治制度和政策风格的基本特征、不同的经济结构和资本主义类型以及由各国历史构建关于自我的认知。根据上述差异，学者们提出了"交换视角"（exchange perspective）和"趋同视角"（convergence perspective）两大类观点，以期对法德在欧洲的合作和联合领导进行理论化解读。此外，法德两国特定领导人（传统上称为"第一意象"，first image）的个性、目标和策略，以及"法德伴侣"（Franco-German couples）这一反复出现的主题，进一步解释了法德两国在塑造欧洲政治和欧洲特定政策方面的能力差异。

第一章　区域双边政治与政策的形成

欧洲政策偏好的国内来源

在过去大约 40 年的时间里——至少在 1990 年德国统一之前，或再往后一段时间，"半主权的"（semisovereign）① 的德意志联邦共和国与法兰西第五共和国高度中央集权和权力集中的政治体制形成了鲜明的对比。② 前者，因其权力分散和寻求共识的特征，被称为"谈判型民主"（德语：Verhandlungsdemokratie，英语：democracy of negotiation）。③ 后者由于其"英雄主义"（heroic）色彩与自上而下的法国政治决策风格，体现了多数主义民主政治模式（the majoritarian model of democracy）的许多特点。④

法国和德国政治制度背后的不同宪制原则和政治思想，对两国塑造欧洲区域政治形态方面的偏好具有很大影响。⑤ 几十年来，德国历届政府中的政党都试图将联邦思想"上传"（upload）到欧洲这一区域层面。相比之下，法国各届政府则致力于维护"一个统一而不可分割的"（one and indivisible）法兰西共和国的主权，坚持以政府间主义作为指导欧洲政体构建的蓝图（见第五章）。

在政治经济领域，法国和德国代表着不同类型的资本主义（见第七章）。它们的增长模式不同，而且在贸易政策偏好以及货币文化等方面都有差异。在 20 世纪 70 年代初"布雷顿森林体系"（Bretton Woods regime）解体以后，西德的出口导向型增长模式（export-led growth model）与德国马克保持强势地位长期联系在一起。这种方式实际上降低了西德国内面临的通胀压力。相比之下，从欧洲经济共同体成立之初开始，法国就一直深受高通胀率的困扰。结果，1958 年法国法郎与德国马克的平价比（0.99）到 1999 年欧元发行时已贬值至 1 法国法郎兑 0.30 德国马克。⑥ 直到 1983 年法国经济政策发生 U 形转弯转向紧缩，法国政府一直倾向将通胀视为刺激经济增长所需的必要代价。而在西德，1923 年和第二次世界大战后恶性通胀的惨痛经历使其国内普遍坚决认为货币应当保持稳定。所有这些历史

---

① Katzenstein 1987.
② Knapp and Wright 2006.
③ Lehmbruch 2003.
④ Lijphart 1999.
⑤ Jachtenfuchs 2002.
⑥ 可参见由德国中央银行提供的历史汇率数据，http://www.bundesbank.de/statistik/statistik zeitreihen.php? lang = de&open = devisen&func = list&tr = tr = www - s332 - b01011 - 1。

经历、国内结构或国内经济政策取向等方面的差异，意味着法国和德国会在一系列经济问题上有不同的偏好，比如如何在"消极"（创造市场）和"积极"（指责和限制市场）的一体化形式间保持平衡；① 欧洲贸易政策应持自由贸易取向，还是应当共同体优先；欧洲货币政策应保持稳定，还是应促进增长（正如第七章和第八章所讨论的那样）。

在外交、安全与防务政策等领域，法德两国各自总体取向的关键部分，以及国家传统也造成两国间的疏离。② 法国的外交与安全政策形象通常是：一个曾经的世界大国，雄心勃勃、积极主动并拥有联合国安理会的常任理事国席位和核力量。尤其在安全和防务领域，法国一直寻求高度独立，与美国和北约经常麻烦不断。在渴望发挥全球性影响的同时，法国传统上重点关注的地区是法语非洲（francophone Africa），在那里它经常奉行干涉主义的军事政策。

与此形成鲜明对比的是，特别是在冷战期间，学者们将联邦德国称之为一支"民事力量"（civilian power）。尽管统一后的德国在外交和安全问题上与之前西德越来越不同，但它在军事上仍非常谨慎，既缺乏拥有否决权的联合国安理会常任理事国席位，也没有发展核武器的计划。从冷战期间西德几乎完全依赖美国的安全保护开始，德国一直寻求在北约内部进行紧密的跨大西洋合作。从地理上看，在冷战期间德国的活动范围主要限于欧洲和北大西洋地区，而且它更加重视同中东欧国家和俄罗斯的关系。

如第九章所述，法德两国之间在战略取向和安全观念上的分歧是导致欧洲外交与安全政策发展缓慢且经常出现波折的深层原因，而且这些分歧也极大地影响到 20 世纪 90 年代中期以来的泛欧形象塑造及欧洲政策的实施——那时的欧洲刚刚开始对外展示出自己虽仍脆弱，但日益团结的全球行为体的形象。

表 1.7 概括了法国和德国之间长期的结构和文化差异。虽然这些差异当中有很多在今天已不像冷战期间、第二次世界大战前或在 19 世纪那样明显③，但仍然对法德联合领导的能力产生着重大影响。

---

① Scharpf 1996.
② Sauder 1995; Soutou 1996; Krotz forthcoming.
③ Kaelble 1991.

表1.7 国内结构：法国与德国之间的差异

		法国	德国
政治方面	国家政体和政治风格	具有英雄主义领导风格的多数民主	"半主权"的共识民主或"谈判民主"
	关于欧盟的经典政治理念	政府间主义	联邦主义
经济方面	资本主义类型	国家（强化型）资本主义	有管理的资本主义
	增长模式	以国内需求为导向	以出口为导向
	货币文化	增长比物价稳定更重要或同样重要	稳健
	贸易政策	贸易保护主义	自由贸易主义
外交政策取向和传统方面	外交政策角色	（"残存的"）世界强国	民事力量，不情愿的中等军事力量
	国际地位	联合国安理会常任理事国并拥有核武器	不是联合国安理会常任理事国成员；没有发展核武器的计划
	与美国和北约的关系	寻求独立与北约的关系充满冲突	安全依赖，北约为首选/北约中的最佳盟友
	地理方向优先	南（马格里布；法语西非）	东（中东欧；俄罗斯）
	对外军事干预政策	干涉主义实践	低调的外部干预政策

交换与趋同视角下的双边合作与欧洲领导角色

鉴于上述国内结构的差异与分歧，学者们提出了两种总体观点以从理论上解释法德合作和联合领导在影响欧洲事务中的不同经验现实："交换视角"（exchange perspective）和"趋同视角"（convergence perspective）。前者认为，"这种关系建立在交换方式的基础之上；法国希望从德国那里获得自己想要的东西，德国则希望从法国那里获得自己想要的东西"。后者认为："这种关系建立的基础在于趋同模式：法国和德国希望自己变得更像对方。"①

根据交换的观点，人们可以假设偏好——无论是来自物质利益、价值、规范还是认同——并不需要趋同，而只是通过互补就足以使得双边协

---

① Jones 2001, 64.

作或合作行为帮助法德两国发挥共同的地区领导角色。根据这一逻辑，法德两国在欧洲层面谈判中的潜在偏好或初始立场的差异，为它们提供了相互交换让步的机会，从而在双边层面上达成协议。然后这些协议可在特定条件下促使欧洲层面上达成一揽子协议。这里需要考虑的两个主要问题是：法国向德国提供什么以及德国用什么来作为交换？法国和德国之间相互交换让步的结果，如何能同其他成员国的偏好相一致或相适应？

"代理妥协"[1]的概念可以解释为什么法德之间的妥协经常被欧盟其他成员国所接受。法国和德国领导欧盟的能力，依赖在某一政治谈判进程之初双方差异的结合——这种差异也是其他成员国之间分歧的反映，同时也取决于法德两国有多大能力以双边让步交换同反对者集团搭建起桥梁。其他成员国是否愿意接受欧洲决策的这种双边"预先烹饪"的结果，并不仅仅要看法国和德国的权力资源有多少。两国在谈判前进行的准备工作，可以降低复杂多边谈判交易成本从而提高谈判效率。不过，只有当其他成员国认为法国或德国能够代表它们的偏好，或者其他成员国对眼前的政治问题并无强烈的偏好时，"代理妥协"才能成功。

与此相反，趋同的观点则认为，利益、政策模式、价值和/或认同的融合有利于欧洲多边主义框架内的双边合作。根据这种观点，"法德关系之所以能够持续并蓬勃发展，原因在于法国和德国的政策立场随着时间推移而逐渐接近"[2]。例如，安德鲁·莫劳夫奇克对从《罗马条约》到《马约》期间的一系列历史性决策所进行的考察，对后续研究产生了深远的影响。据此，欧洲一体化的主要驱动力乃是商业利益的趋同："当这种利益发生趋同时，一体化就会被推进。"[3]

按照这种视角，法国和德国之间的偏好趋同是法德在欧洲事务中共同发挥影响的先决条件。偏好趋同使它们能够推动欧洲议程，并利用转移支付来吸引，或以排斥其参加来威胁不情愿的合作伙伴。这里我们不禁要问：为了确保双边合作的成功和法德在欧洲的共同影响力，法国需要变得更像德国或者德国要更像法国吗？能否找到关于政策学习、政策转移或者某种"法国和德国之间政策范式和理念相互交流"[4]的案例？这些双边的

---

[1] Koopmann 2004, 13.
[2] Cole 2001, 34.
[3] Moravcsik 1998, 13.
[4] Cole 2001, 64.

政策偏好趋同足以支持达成关于欧洲的协议吗？

当然，上述两种观点并不一定相互排斥。相反，它们可以通过多种方式结合在一起，这些方式有助于解释法德在欧洲的影响力和领导角色的不同方面。我们还发现，法德两国之间不同程度的偏好趋同或分歧，能够在政策过程的不同阶段发挥影响。法国和德国需要一定程度的偏好趋同以确定合作的方向，这一点在问题确定和议程设置阶段尤其重要。此外，法国和德国的不同取向和偏好，有利于在政策形成阶段建立共识。当法国和德国最初就持有不同立场时，双边的"代理妥协"才会出现，然后再被多边化。

榜样示范式的领导角色（leadership by example）、在成员国小集团（subgroups of Member States）框架内共同推动差异性一体化（differentiated integration）的能力以及在外交与安全事务方面的小多边同盟或小众同盟中采取行动，都是以法国和德国之间偏好和（或）国家政策的趋同为前提条件的。

最后，在欧洲层面上组建成员国的"获胜联盟"，乃是基于法德两国在政策或制度偏好方面的趋同，这时并非遵循"代理妥协"的模式。在这些情况下，法国和德国不会与对立阵营之间搭建桥梁，而是利用它们的结构性权力或通过转移支付或采用排斥加以威胁的方式，来克服来自其他成员国的反对。

政治领导人与"法德伴侣"关系

国内结构——无论是制度、物质还是文化方面，均可为政治决策者提供资源、带来机遇抑或进行制约、激励其行动或是令其垂头丧气。然而，为了全面理解欧盟中的法德领导角色，我们在实证分析中也应适当注意关于行为体（agency）第一意象因素的重要性：政治领导人如何使用资源？他们如何努力改变或是缓和国内的制约因素，以便自己更容易达成目标？鉴于此，我们也将探讨政治领导人尤其是相关事务负责人的作用。①

在过去半个世纪的法德关系发展历程中，这些第一意象的调整（modulations）主要分为两种类型：第一种是较为传统的做法，我们关注了个体政治领导人的角色、其特殊的爱好和憎恶、理念和个性。我们对处于重要

---

① 关于个体领导者和"第一意象"理论的偶然相关性，参见 Byman 和 Pollack 2001。

政治地位的领导人的政治策略和风格进行了仔细考察。例如，如果主要"大"国愿意同其他国家（尤其是中小型的成员国）分享领导权，乐于为紧密磋商投入时间和精力，并给那些潜在或可能的追随者提供"发声机会"①，那么在一种像欧盟这样的权力分散的政治体系中，领导者的雄心或抱负将更容易被接受或认可。

在过去半个世纪中，许多主要以历史和经验事实为导向的法德关系观察家已经发现法德领导人之间产生化学反应的重要性，他们指出有无这种化学反应会影响到法德两国之间的合作。这显然与"法德伴侣"（Franco – German couples）的提法相关——这指的是那些显著提升法德在欧洲领导角色的法国和德国领导人之间紧密的私人与政治关系。关于这种"法德伴侣"关系的最突出例子，包括戴高乐—阿登纳（De Gaulle – Adenauer）、②吉斯卡尔—施密特（Giscard d'Estaing – Schmidt）、③密特朗—科尔（Mitterrand – Kohl）、④迪马—根舍（Dumas – Genscher）⑤以及在欧元区危机爆发后出现的默克尔—萨科齐（Merkel – Sarkozy）——常常被称为"默克齐"（Merkozy）。⑥

"法德伴侣"的角色属于第一意象范畴，因为它涉及作为个体的人、他们的角色以及他们的影响。同时，"伴侣"（couple）也是一种牢固的双边机制，一种文化组织形式，这种对"伴侣"的定义在过去五六十年中已是一种主流观点。从层次分析法来看，恰当的概念名称乃是（政治性和寓意性的）第一意象的双边主义（first – image bilateralism）。

地区与世界：欧洲逻辑与国际结构

除双边和国内的因素之外，法德塑造欧洲秩序和欧盟政策的能力还取

---

① Grieco 1995, 34.
② Legoll 2004; Schwarz 1991.
③ Miard – Delacroix 1993, Weinachter 2004.
④ Saunier 2008.
⑤ Krotz 2010, 161 – 163.
⑥ Schäfers, Schubert, and Mussler 2011; Müller – Brandeck – Bocquet 2012.

决于欧洲区域层面的因素和力量和整个国际体系结构。① 在欧洲层面，这些因素包括：（1）过去半个世纪以来欧洲超国家治理兴起所产生的影响；（2）欧洲地区政治中不同的行为体组合（actor constellations）。

区域治理逻辑

回看《罗马条约》签署以来欧洲区域政治的发展，超国家治理——"欧盟在给定政治领域制定具有约束力规则的权能（competence）"②——明显扩张。这一长时段的更广更深入的超国家治理趋势，意味着从《爱丽舍宫条约》签署之时欧洲经济共同体更多在政府间意义上的运作，逐渐发展成为一种总体上不那么"以国家为中心"（state - centric）③ 的多层次治理体系。作为一种"广泛而深入的制度化进程"④，欧洲治理的这一演变已经越来越限制了欧盟那些最强大成员国的行动自由。各成员国——无论是个体的还是作为一个集体，都不再像20世纪60年代初那样，能够控制一体化进程的范围和速度，决定一体化的结果。

超国家治理的兴起，导致欧盟成为一种前所未有的制度化程度极高的体系——其程序越来越正式，而且有了"更硬的"（harder）欧盟法的支撑。因此，从历史制度主义的角度看，欧盟的演进已经变得越来越具有路径依赖（path dependent）特征。⑤ 随着时间的推移，在许多政策领域要想改弦更张就意味着必须付出越来越昂贵的成本。这种路径依赖一旦启动，就会涉及沉没成本（sunk costs）、长期的制度与行政惯例，出现一套稳定的政策网络体系（拥有相关利益的行为体会在其中互动以制定具体政策），通常其效果比较积极正面，伴随合作的深化和参与者数量的增多，收益也会不断增加。⑥

就法国和德国塑造欧洲一体化进程的能力而言，这种制度化和超国家治理的长期发展轨迹意味着什么？一般来说，欧盟的制度和程序具有一种驯化权力功能（power taming function）。成员国物质性权力资源的总和并不

---

① 关于地区，地区逻辑，以及一般意义上的地区主义，参见 Katzenstein 2005; Solingen 1998. 国际关系中有关体系，或体系层面（第三意象）的论述，见 Singer 1961; Waltz 1979。
② Sandholtz and Stone Sweet 1998, 1.
③ Marks Hooghe, and Blank 1996.
④ Caporaso 1998, 334; 也可参见 Stone Sweet, Sandholtz, and Fligstein 2001。
⑤ Pierson 1996.
⑥ Caporaso and Stone Sweet 2001, 230 - 232.

会简单转化为在欧盟决策过程中的有效影响力。不过，欧盟的制度结构和决策程序不仅随着时间的推移而发生变化，在不同政策领域甚至同一政策领域之内也存在很大差异。

同样，权力资源影响欧盟政策输出结构的方式也各不相同。对于法德的共同领导能力，制度主义的观点认为，"这一切'都取决于制度结构'"①。更准确地说，法德这两个大国，被视为欧盟成员国中实力最强大的国家，只会对欧盟制度形式化的程度产生影响，欧盟决策过程中超国家机构——欧洲议会、欧盟委员会和欧洲法院（ECJ）——拥有正式权力，法德的作用体现在对这些超国家机构及超国家决策模式的影响力上。

在假设所有其他条件都相同的前提下，以下几种情况最有利于欧盟大国，以及法德联合发挥作用：

• 政府间决策程序。与第一支柱中的"共同体方式"（community method）相比，欧盟委员会、欧洲议会和欧洲法院在政府间决策程序中，形式上没有很大权力。

• 在政府间主义内部，欧洲理事会和政府间会议（IGC）中的决策将允许法德两国发挥更大影响，因为在这些场合，政治远没有像在理事会中那样被正式化，而且更少受到决策程序详尽规则的约束；精确的程序规则实质上是一种保护国家间平等权利、从而保护中小型成员国权利的有力工具。

• 按照共同体支柱内的政府间主义逻辑，基于咨询程序产生的决策很容易受到大国以及法德两国的影响。在《里斯本条约》生效之前，这一程序拒绝欧洲议会行使任何否决权——例如，关于共同农业政策（CAP）的决策。

• 相比之下，当政策制定被主要让渡给超国家行为体时，大成员国发挥影响的可能性最小。竞争政策被授权交给欧盟委员会、货币政策委托给欧洲中央银行制定就是很好的例子。

有意思的是，在过去几十年里，欧共体/欧盟主要法律中的正式制度演变，对法德领导力产生了相互矛盾的影响：一方面，适用共同体方式（欧盟委员会负责提出倡议；欧洲理事会决策采用有效多数投票（qualified majority voting，QMV）机制；欧洲议会获得共同决策权（co-decision rights）；欧洲法院行使法律监督权）的政策领域已经大大扩展——从而削

---

① Webber 1999a, 7.

弱了法德双边主义对布鲁塞尔的日常决策尤其是立法政治（legislative politics）的影响。另一方面，欧洲理事会职能和权力的不断增加，有利于大成员国施展权力——从而增加了法德影响和领导欧洲事务的可能性。

随着成员国数量的增加，在欧洲层面上进行谈判的交易成本不断上升，这使得正式决策之外的非正式政治磋商成为一种趋势。考虑到这些成本，在正式的（欧洲）理事会会议（(European) Council meetings）之外的那些非正式的"预先烹饪"决策变得越来越重要，它有助于欧盟部长理事会（the Council）和欧洲理事会（the European Council）内部顺利做出决定。这种趋势有利于大成员国，特别是像法德两国之间有着特殊的联系——围绕种关系有可能建立起获胜（或排他性）联盟。①

因此，仔细考察欧洲的地区制度环境就会发现，由于欧盟内超国家治理日益加强，欧盟成员国数量逐步扩大，总体上法德两国的共同影响力呈下降趋势——这无疑非常明显。不过，法德两国塑造欧洲事务和结果的能力，取决于选取政策领域的具体制度结构。那些以共同体方式进行日常立法决策的情况，未必适用于政府间决策、行政性政策制定或构成性政治（constitutive politics）。

欧洲区域政治中的行为体组合

决定法德两国塑造欧洲一体化和地区政治能力的第二个主要因素，与欧洲政策制定中的不同"行为体组合"（actor constellations）② 有关。它尤其体现为欧洲理事会中的成员国政策偏好分布以及谈判各方的战略选择。我们根据与法德两国对欧洲决策或多或少关联的结构性条件，对成员国政策偏好分布进行了分析。我们认为可将行为体组合的情况划分为两种基本类型：（1）至少在最初，法国和德国分属对立的阵营；（2）法国和德国在某一特定问题或政策方针上的立场一致，共同反对某个或某些其他成员国组成的议题联盟。

---

① 参见 Tallberg 2008. 约阿希姆·比特里希（Joachim Bitterlich）——赫尔穆特·科尔（Helmt Kohl）政府时期的欧洲事务首席顾问（1987—1993）以及国际和安全事务首席顾问（1993—1998）——指出，在国家元首或政府首脑及其外交部长密切协调之下进行的（法国、德国、英国、意大利和西班牙）五大国之间的非正式磋商，是20世纪90年代欧洲决策准备工作中的重要组成部分。Bitterlich 2005，111。

② Scharpf 1997，第4章。

法德分属对立阵营

当法国和德国处于相互对立的阵营时,情况并不像通常认为的那样简单。关于欧洲理事会决策的研究,经常模糊地假定"法德轴心"(Franco - German axis)的运作意味着法德双方没有政策偏好差异或只是略有分歧。① 但是根据这种观点,如果法德两国的政治目标或政策偏好有重大差异,它们就无法塑造欧洲政治的结果,或者仅能产生轻微影响。

对于这种论断,我们并不赞同。相反,我们支持一种不同的、与直觉相悖的观点:"吊诡的是,法国和德国在某一议题上的政策偏好分歧越大,就越有可能出现以下情形:只要法德双方形成共同立场,这种立场将被'多边化'并被欧盟整个接受。"②

如何理解这一明显的悖论?从理论上讲,法德双边谈判(或前期准备阶段)和妥协,成为一种降低(欧盟内部多边)谈判交易成本、提高谈判效率的手段。如果起初双方分别属于不同的成员国联盟,法德达成的妥协结果,其他国家也可以接受。这就是"代理妥协"的逻辑。③ 但是,欧洲决策的这种双边准备模式,非常依赖欧盟理事会中不同政策偏好的分布状况。如果欧盟理事会谈判背后的政治冲突结构是单一维度④——欧盟理事会成员国分化成为两个明显不同的议题联盟,而法国和德国分属这两个相互对立联盟,"代理妥协"模式较易出现。这种状况下,其他成员国会认为法国或德国能够在某种程度上代表它们,从而接受法德双边妥协所达成的主要内容。此时无论谈判桌前有多少成员国,"代理妥协"有助于降低交易成本的说法都会很有市场。这也意味着,欧盟扩大未必一定会稀释法德两国的影响力。

如果欧盟理事会谈判中的政治冲突是一种二维或多维的结构,那么法德要发挥领导力的条件就不太有利。例如,欧盟理事会和欧洲议会关于社会政策领域的谈判就出现了非常复杂的结盟模式:既有加大一体化同保持

---

① 参见 Selck and Kaeding 2004,92,此文献为该逻辑提供了案例。
② Webber 1999a,16.
③ Koopmann 2004.
④ "单维"中的"维"通常是构成欧盟内部政治冲突的基本分界线,例如保持国家独立—加大一体化、意识形态上的左—右分裂或存在于较富成员国与较贫穷成员国之间的南北/东西差异。有关辩论的概述,参见 Steenbergen 和 Marks 2004。

民族国家独立的对立阵营，也有意识形态上左—右分裂同时经济更发达的国家和不太发达的成员国也各自形成集团。

法德在特定政策问题上趋于一致

当法国和德国同处一方阵营时，欧洲层面的行为体组合会更加复杂。在这种情况下，"代理妥协"的逻辑不再适用，但法国和德国仍有可能成功推销它们的议程，并实现其利益：第一，即使无法决定决策内容和细节，但它们依然有可能为欧洲设置议程。第二，在一定条件下，它们的联合影响力会变得非常强——特别是当法德两国决意要做领导，而且它们又在该议题领域拥有很多资源的时候。在这些关于"结构性领导力"的案例中[1]，领导者能够将结构性权力资源转化为议价能力或谈判筹码（bargaining power）。关于货币合作和一体化的谈判，就足以充分说明这一点（见第八章）。第三，如果法德两国的偏好趋同，但遭到来自对抗联盟的抵制，法国和德国或许会寻求推进差异性一体化，在欧盟条约框架之下或之外推动在成员国次集团（subgroups of Member States）内部的合作。

表1.8是对欧洲关键政策制定过程中各国间比较稳定和持久分歧的一个选择性概览。本书通过第五章至第九章的案例研究，详细考察了在欧洲内部出现分歧时，法国和德国属于共同阵营或对立方的具体情况。

表1.8　　　　　　　　　　欧盟中的对立者联盟

问题领域	对立者联盟
机构设置和决策程序	政府间主义者 VS. 超国家主义者/联邦主义者
内部市场	自由市场主义者/去监管主义者（de-regulators）VS. 干预主义者/监管主义者
预算政治	净贡献者（Net contributors）VS. 转移联盟（transfer coalition）
贸易政策	自由贸易主义者 VS. 重商主义者
社会政策	高监管标准的较富裕成员国 VS. 低监管标准的较穷成员国
CFSP/ESDP	大西洋主义者 VS. 戴高乐主义者
同近邻地区的关系	向东看的成员国 VS. 向南看的成员国

---

[1] Young 1991.

冷战的终结

冷战的结束标志着世界政治的深刻变化。苏联和华沙条约组织的解体以及国际格局由冷战时期的两极战略对抗演变为后冷战时期备受争议的美国单极化，深刻改变了世界和欧洲政治的战略态势。① 许多学者和观察者——不仅仅是那些深受结构现实主义思想影响的人们——都认为法德双边关系本身以及更广泛的欧洲政治不可能不受1989—1991年发生的世界及欧洲巨变的影响。

一些结构现实主义学者认为，欧洲一体化包括法德双边关系将会遭到削弱，可能因之而收缩；甚至有人预测危险的大国竞争将在多极欧洲复活。② 然而，这并没有成为欧洲政治发展的现实。正如第二章至第四章所详细论述的那样，事实已经证明法德双边关系在冷战结束并引发全球和区域层面发生重大变化的情况下仍具有较强的韧性。尽管经历了一系列困难与挑战，欧洲一体化仍在继续前进。欧盟不断扩大和深化，其成员国从12个增加到了27个。欧盟还建立了货币联盟，在很大程度上改进了司法和内务合作，并实施了它的首批军事行动。

事实上，在许多方面，冷战格局的终结为法德两国从双边和欧洲层面加强外交与安全政策合作提供了新的机遇。例如，冷战时期西德的安全严重依赖美国提供的保障，这极大地限制了它在外交和安全政策方面的行动自由，在东西方冲突加剧的冷战时期，法国和德国的战略处境明显处于不平衡状态。自1966年法国退出北约军事一体化机构以来，法德两国与北约的关系有差异，奉行的军事战略也不同，这些在20世纪80年代末之前一直是阻碍法德两国之间以及欧洲在安全领域深化合作的重要因素。德国在1990年实现重新统一，西德不再是冷战前沿国家，再加上"2+4"方案最终解决了德国统一的国际关切，让德国摆脱了"半主权"国家身份。

之后随着东西方冲突的结束和美国单极霸权的迅速崛起，欧洲失去了其对美国的核心战略重要性。美国在处理原南斯拉夫急剧解体——欧洲再次爆发战争——问题上的不情愿表现，表明其战略优先选项已经更迭。此

---

① Waltz 1979；Krauthammer 1991；Wohlforth 1999.
② Mearsheimer 1990a；Mearsheimer 1990b；Waltz 1993；Rosato 2011a；Rosato 2011b.

外，尤其是在2001年的"9·11"事件之后，美国的单边主义倾向似乎日益增长[①]——许多欧洲人认为这伤害了自己的情感，这就更加强烈地刺激了法国、德国以及欧洲其他国家进一步推进欧洲合作，以寻求增强欧洲战略自主的愿望。

所有这些发展，或直接或间接同冷战结束相关，促使欧洲人终于真正迈出了发展（泛欧）外交、安全和防务政策的实质性步伐，尽管这项政策依然脆弱，尚不完整。[②] 在冷战期间，摆脱对美国安全依赖的战略独立乃是法国戴高乐主义者们的梦想，但对西德来说则无异于一种噩梦；而在1990年之后，建立一支"欧洲力量"（Europe puissance）逐渐追求欧洲自己的大战略，已经明确成为欧洲人的战略抉择。[③]

本章小结

法德两国在欧洲的领导力取决于双边关系，两国共同的物质性权力资源、机制性权力和权威资源，以及非物质性资源或者说"软实力"。本书提出三个概念——规制化政府间主义、主要象征性行为和实践以及准公共基础，旨在帮助我们解释过去50年里法国和德国为什么能够一直保持团结。这些概念使得我们可以把握从1963年《爱丽舍宫条约》签署以来，法德两国之间主要的双边实践，并理解处于欧洲中心地带的这种双边关系为何长久地保持韧性，能够适应时代变迁带来的冲击。不过，法德轴心对欧洲的影响，在不同的时间阶段和问题领域都存在很大差异。除了双边层面的权力问题之外，在国内、欧洲区域和国际等层面上的一些关键因素，也是法德两国塑造欧洲政体和欧洲政策能力不均衡问题不可或缺的原因。表1.9概括了可以解释为何法德两国对欧洲政体和欧洲政策的形成发挥不均衡影响的主要因素。

[①] Ikenberry 2002.
[②] Smith 2004; Jones 2007; Cremona 2008; Krotz and Maher 2011.
[③] Link 2006, 58–87.

表1.9　　　　法德两国在欧洲的领导力：主要解释因素

分析层次	主要解释因素
双边	制度的逻辑、韧性和适应性； 权力考量：两国权力关系的变化
国内	政体的基本特性； 资本主义类型与经济政策偏好； 外交政策取向
地区	整体上转向更具超国家性质的治理； 欧洲区域政治中的行为体组合（constellations）与联盟模式
国际	冷战的终结； 国际格局从战略性两极对抗转向具有争议性的单极独霸

第二章

规制化双边政府间主义

规制化政府间主义是一种独特类型的国家间实践，在此模式中政治程序和政策过程以特定方式相连，并在过程中相互交织在一起。本章引入此概念，以更准确地概括和考察法德政府之间的关系，并用它来评估法德关系的意义。规制化双边政府间主义是法德关系的核心构成要件，也是欧洲嵌入式双边主义的一个重要组成部分。自半个世纪前形成以来，它已对法德双边秩序的持久运作及对欧洲一体化和区域政治产生了重大的影响。

战后法德关系的起起落落一直吸引着媒体记者、决策者和欧洲事务观察家的目光。尽管这对关系经历多次紧张，但危机总是重回同样的解决轨道，因此许多人认为法德两国之间自20世纪60年代以来已是一种特殊关系。多年来，关注法德关系的人士已对法德政府间交往的细节和具体特殊之处做过详尽的描述。一些法律学者也试图从理论和概念上把握法德政府间存在的各种规制化国际法律结构和机制，但这些结构和机制很难从符合国际法概念的角度来理解，它们既不是联邦式，也非邦联式，同时也不属于国际组织。①

不过，现有的法学界、国际关系和欧洲政治学界还没有出现一项可对法德间的这种联系进行综合论述的研究，也没有一个恰当的概念能概括双边关系所具有的总体影响力。显然，对两国政府间事务的规制化和相互联系的制度化方式缺乏精确的论述。

法德规制化的政府间主义显然已经造就了一个双边性的现实，后者反过来又成为政府间主义的发展动力。它使法德的政策磋商变得标准化和常

---

① 关于此事务上的理论和概念研究，参见 Germain 2008；Savadogo 2006. 本章的研究成果曾发表在 Krotz 2002a；Krotz 2010。

规化；它使政府官员们相互联系，进而让他们之间的关系变得社会化；它创造出很多方面的社会意义。同时，这种规制化双边主义依然具有局限性，两国经常未能实现规制化双边主义帮助创建出的理想，没有达到预期期望。尽管如此，规制化的政府间主义已经显著影响了法国和德国在各个问题领域、在特定时刻以及在特定政策问题上的政策和决策。总的来说，在过去的50年里，它为促进法国和德国的团结做出了重大贡献。

本章详细分析了过去半个世纪法德双边事务的政府间结构。它涵盖了以特定方式将法国和德国联系起来的主要方面，揭示了规制化双边政府间主义是如何成为持久的法德双边主义主要组成部分的并将法德两国牢牢地固定在欧洲的中央。

规制化政府间主义

规制化政府间主义包含许多明确的特征。它所捕捉的是一系列独特的政治实践，因而不同于其他概念及它们所阐释的实践。

主要特征

规制化的政府间主义具有五个主要特征，其中三个是基本属性，其余两个是相关特征。第一，有关各方之间外交政策互动的规范化。第二，规制化的政府间主义通常伴随着外交政策互动和沟通的加强（与不那么密切和没有规制化的外交政策或者明显是单边的外交决策相比）。第三，规制化的政府间主义通常适用于双边或"少边"（minilateral）外交政策关系。第四，参与规范化政府间事务的人员代表国家或地区（国家）性质的政府组织。第五，参与政府间规制化的官员包括政府的最高阶层。虽然参与者也包括从属级别的政府部门或机构，但它们仍属于外交政策机器或政府机构的等级体系，处在它们的交流覆盖渠道之中。

第一个、第四个和第五个特性是不可或缺的：如果没有这些特性，我们所论述的就不是规制化政府间主义。第二个和第三个特性可能并非必要：或许不紧密的多边互动也可是规制化政府间主义的一个分支。然而，作为一项原则，这五个要素通常结合起来描述规制化政府间关系。

然而，规制化政府间主义可能在不同国家间关系、不同政策领域以及不同时间点表现各异。从分析的角度看,这可能会把规制化政府间主义变成一个变量。从经验的角度看,规制化的政府间外交关系可以通过正式签订国际条约来实现(如法德关系这一案例),也可通过很大程度上为非正式的规制化政府间模式来建立(如美英"特殊关系")。

相关概念与实践中的规制化政府间主义

由于法德关系这一现象的独特性,规制化政府间主义的概念不同于学者们为了概括和理论化特定的政治形态、决策或涉及跨国或国际领域的社会活动决策现实的相关概念。

一般来说,规制化政府间主义意味着通过各种渠道加强各种形式的接触和交流。这与卡尔·多伊奇(Karl Deutsch)在政治沟通(transactionism)与控制理论(cybernetics)方面的开创性工作不谋而合。[①] 然而,多伊奇的政治沟通理论以"社会沟通"为中心,其涵盖范围更广,包含了经济、政治和社会等多个领域。与多伊奇的方法不同,规制化政府间主义发生在一种特定的社会形态之中,它所涉及的互动和交流对象仅限于高级官员、专业外交官和其他政府代表。

规制化政府间主义也不同于"跨政府主义"(transgovernmentalism)的概念,后者侧重于官僚机构、法律行政机构、法院等之间的跨国网络。[②] 与跨政府主义不同,规制化政府间主义必须涉及政府的最高层,包括国家元首、政府首脑和部长;"跨"(trans-)的元素要么缺失,要么不那么明显。

最后,规制化政府间关系不构成正式的国际组织或超国家机构。[③] 即使规制化的政府间主义产生一定的官僚化结果,例如设立了秘书处,但秘书处等机构并非独立或拥有自治权的机构,它们依然受国家或地区性政府间组织外交政策部门的管理并归其使用。这类机构对其所服务的国家或组

---

① Deutsch 1953;Deutsch 1963;Deutsch 1969;Deutsch et al. 1957.
② Slaughter 1997;Slaughter 2004.
③ 国际组织的案例参见 Simmons and Martin 2002;Barnett and Finnemore 2004;Pevehouse, Nordstrom, and Warnke 2004。

织的有关政策机构负全责。①

作为主框架的《爱丽舍宫条约》

1963年1月22日，法国总统戴高乐、德国总理阿登纳、法国总理蓬皮杜（Pompidou）、法国外长顾夫·德姆维尔（Couve de Murville）和德国外长施罗德（Schröder）在爱丽舍宫的缪拉厅（Salon Murat）签署了《德意志联邦共和国和法兰西共和国关于法德友好合作的条约》（*Treaty between the Federal Republic of Germany and the French Republic on Franco – German Co-operation*；为行文方便，除特别说明外，以下简称《条约》或《爱丽舍宫条约》——译者注）。② 阿登纳和戴高乐希望能够为法德关系注入永久性动力。他们期望通过该条约将他们的继任者与双方接近的目标捆绑在一起。顾夫·德姆维尔认为，"该条约应有助于实现"法德之间的"永久协调"，并使之"成为两国关系的基础"③。《爱丽舍宫条约》规定和形成了法国和德国之间规制化双边政府间主义的基本原则。

《爱丽舍宫条约》的签署，既是一种结束，也标志着一种新的开始。一方面，按照该条约联合签署者之一的顾夫·德姆维尔的说法，它"庄严地确保了法德之间的和解。从那时起，两国人民之间的敌意永远成为过去，这种敌意在19世纪形成，并在20世纪以两场血腥的战争达到高潮，曾经被认为是难以克服的"。因此，《爱丽舍宫条约》"最终并不可逆转地"结束了1871—1945年法德关系曾经"世代为敌"的时期，并给1945—1963年间的法德两国逐步走向和解箍上了制度性帽子。④

---

① 过去50年来，法德政府间关系的双边格局可能是规制化政府间主义最发达、最强大、最全面的表现形式，它是这一现象的典型案例。这种现象并非法国和德国所独有。这一较大现象的其他表现包括美英，法国—西班牙，德国—以色列，澳大利亚—新西兰，比荷卢三边主义以及欧盟—美国和欧盟—俄罗斯峰会磋商等案例。规制化的政府间主义似乎是区域和全球治理中越来越明显和突出的要素，也是世界组织方式的一个重要方面。对于规制化政府间主义的其他实例及其在国际事务中构建行为的明显增长，见 Krotz 2010, 147 – 149, 178。

② 关于条约的历史，其形成和签署的背景，见 Abelein 1963；Botschaft der Bundesrepublik Deutschland, Paris 2002；Fischer 1992；Konrad Adenauer Stiftung 2008；Schwarz 1991；Ziebura 1978a。

③ Couve de Murville 1988, 170.

④ Couve de Murville 1988, 170, 174；Breton 2011, 6 – 7.

另一方面,《爱丽舍宫条约》的签署也标志着法德两国关系开始逐渐规制化,愈益具有建设性,从而步入了一个在某种程度上属于彼此(belonging together)的新的历史时期。1963 年《爱丽舍宫条约》的签署,也触动了两国领导人——87 岁的德国总理阿登纳和 73 岁法国总统戴高乐——的情感。在放下笔之后,他们互相拥抱,以兄弟之吻(fraternal kiss)的方式完成了这项国际条约的签署。

《条约》内容

《爱丽舍宫条约》包括两个主要部分,再加上一份篇幅较短的"最终条款"。条约文本的开篇序言是一份简短的"共同宣言",法国总统戴高乐和德国总理阿登纳共同指出该条约具有史无前例的开创性特征,强调他们"坚信"法德和解"成就了一个历史性事件,从根本上重新界定了两国人民之间的关系"①。

该《条约》的第一条款标题为"组织",行文简洁但"非常严格"②,概述了法德政府间规制化的基本机制。其中,第 1 节规定:法国总统作为国家元首、德国总理作为政府首脑,负责监督该条约规定的执行并给予必要的指导。为此,两国领导人将经常举行必要的会议,每年至少举行两次。第 2 节规定:法德两国的外交部长全面负责本条约的适用和执行,他们应至少每三个月召开一次会议。此外,两国外交部负责政治、经济和文化事务的高级外交官则应每月举行一次会议。最后,法德两国的驻外使领馆以及两国派驻国际组织的使团,应就双方共同关心的所有问题保持联系。第 3 节规定:法德两国的国防部长至少每三个月召开一次会议,总参谋长至少每两个月召开一次会议。德国负责家庭和青年事务的部长必须至少每两个月同法国负责相关政策领域的高级专员举行一次会晤。最后,第 4 节规定:法国和德国各自设立一个本国的部际联席委员会,以整合协调法德之间的合作,并就两国如何将合作扩展至新领域提出建议。

《爱丽舍宫条约》的第二条款标题为"计划",共包括 A、B 和 C 三个部分。其中,A 部分涉及外交事务,它要求"在就外交政策所有重要问

---

① 我们这里提到的从不同角度分析《爱丽舍宫条约》的文献,参见 Botschaft der Bundesrepublik Deutschland, Paris 2002; Guldner 1989; Koenig 1997; Ménudier 1993b; Menyesch and Uterwedde 1978; Sattler 1976; Thadden 2003。

② Guldner 1989, 136.

题,特别是有关两国共同利益的重大问题做出重要决策之前,两国政府应进行相互协商,以在最大程度上形成共同的政策立场"。一些法律学者认为,这项规定是《法德友好合作条约》的核心,它"规定相互咨询义务——目的是减轻或消除咨询所涉问题中两国间存在的分歧,或者是为了在参与协商机构商讨有关第三国事务前先确立共同立场",因此是《法德友好合作条约》中最重要的安排。①

在 B 部分,该《条约》确定了法德两国在防务、安全和军备政策领域的合作目标。其中规定,在战略和战术领域,"法德两国各自的相关机构将努力协调立场,以形成共同的观念"。它明确提出将设立一个推动两国武装力量之间进行技术研究和人员交流的法德防务研究所。最后,该部分提出两国政府将致力于实现联合军备研发并共同为此提供资金。

C 部分概述了法德将在教育和青年事务领域加强合作。它规定,法国和德国将致力于加强关于对方语言的学习以及两国之间的科学交流。此外,它还宣布成立一个法德青年办公室(OFAJ),以加强两国青年之间的联系基础、增进相互了解并扩大青年团体之间的交流。

《法德友好合作条约》的第三部分——"最后条款"很简短,主要规定了该条约的"适用方式"②。它指出,两国"将迅速采取"有关该条约"直接落实的必要措施"。两国外长将在他们举行的每次会议上对落实条约内容所取得的进展做出评估。

特别是在外交与安全事务方面,《爱丽舍宫条约》规定了合作步骤。它明确了双方互动的程序,以能够在未来某个时期在各领域都产生具体的实质性成果。《条约》规定了总体目标,但具体的实质性成果将由条约规定的规制化政府间的互动产生。可以说,在时常动荡的国际局势和不断变化的政治环境中,《爱丽舍宫条约》之所以能够得以维持并表现出强大的韧性,关键在于它始终坚持重视两国合作的过程而不是结果。

扩展、补充与强化

1963 年以来,法德两国在《爱丽舍宫条约》原有规定的基础上通过四种主要方式扩大和加强了规制化政府主义。第一,它们扩大了由国家元首

---

① Sattle 1976,92。从法学理论讨论"共同利益"的文献,参见 Sattler 在此文中的第二个主要法律术语分析,Sattler 1976,93 – 94。

② Guldner 1989. 138.

和政府首脑每半年定期举行的"首脑协商"的规模。在《爱丽舍宫条约》签署后的最初几年里,法德首脑会议的参加者通常包括德国总理、法国总统与总理、两国的少数几位部长以及他们各自的工作人员。1974年7月8—9日第24次法德首脑协商之后,两国的内务部长开始定期参加协商,20世纪70年代一般有12—18名部长参加两国的首脑峰会。此后,法德两国的磋商成了几乎全政府层面的互动和沟通。除他们各自的工作人员之外,法德两国的国家元首和政府首脑还带来了本国的各部部长,随行的还有法国的部长代表(ministers délégués)、德国的国务秘书(Staatssekretäre)和部门负责人(Abteilungsleiter)。由于磋商需要涉及全政策领域中的许多具体工作,与会的也有层级较低的公务员。

参加峰会的确切人数因峰会而异。然而,在法德峰会的机制中,每个国家有100—150名或更多的"顾问、发言人、国务秘书和各种各样的其他官员"组成"令人印象深刻的团队",这种情况很快就变得很普遍。① 到20世纪80年代,法德峰会几乎囊括了从部长到一般公务员所有级别的人员。② 2003年1月,作为"《爱丽舍宫条约》签署40周年共同宣言"的一部分,法德两国正式将其"峰会"扩大更名为"法德部长理事会"。除有时候会优先考虑特定的主题或问题领域外,法德部长理事会或德法部长理事会通常由德国总理、法国总统与总理和所有部长等组成,正式涵盖了所有政策领域,形式上既有全体会议,也包括负责各政策领域的部长之间的为数众多的工作会议。③

第二,在规制化政府间主义(或现有机制的强化版)范围内设立新的职位,是《爱丽舍宫条约》增编的又一重大内容。在《法德友好合作条约》签署40周年之际(2003年——译者注),法国和德国宣布成立"法德合作总秘书处",并由法国的欧洲事务部长和德国外交部的一位国务秘书分别出任"法德合作秘书长"和"德法合作部长"。这一高级别的总秘

---

① Audibert 1998. 比如第72次协商峰会,就有180位德国人和250位法国人参加。
② Morizet 1988, 197;Sverdrup 1994, 93.
③ 比如共同宣言就重印于 Woyke(2004, 313 - 320),在线资源参见 http://www.deutschland-frankreich.diplo.de/Gemeinsame-Erklarung-zum-40, 366.html. 近年来对法德峰会和部长理事会以及讨论的重大政治话题和主要参与者的梳理与回顾,见 Wattin 2009. 2003年以来法德部长理事会的情况,参见 http://www.france-allemagne.fr/Die-deutsch-franzosischen, 0586.html. 关于新的部长理事会性质与功能的详细介绍,见 Germain 2008;Savadogo 2006;Weisenfeld 2008, 685-688。

书处，主要负责部长理事会会议的筹备、协调和后续工作，将各部部长、各个部委同两国政府首脑办公室联系起来。它们可以跨部启动或支持法德政策合作项目；发挥为两国内部和双边决策过程提供连贯性和稳健性、扩展决策过程并提高决策效率的职能。"德法合作部长"和"法德合作秘书长"分别直接隶属于德国总理府和法国总理办公室，但它们的职位和办公室都设在本国的外交部，从而进一步将法德政府间主义嵌入政治权威的最高层。①

新设立的秘书长职位代替了1963年《爱丽舍宫条约》中提出、并于1967年设立的法德合作"协调员"这一职位。最初，两国外交部各自委派一名高级外交官来担任这一职位，以加强《条约》最初确定的规范化法德政府间合作的进程。后来任命的"协调员"变成一些功成名就并受人尊敬的独立人士，他们的话具有权威分量。② 例如，从1969年11月起，具有传奇色彩的卡洛·施密德（Carlo Schmid）就担任了德国委派的"协调员"；而在20世纪80年代协调法国方面工作的安德烈·博尔德（André Bord），是第一代调解法德关系的资深人士。③

第三，秘书长们还要参加20世纪80年代后期设立的四个法德理事会的会议。增设这些理事会，是《法德友好合作条约》签订数十年以来对规制化政府间主义的又一重要扩展和加强。设立"法德防务和安全理事会"（1988年）和"法德经济和金融理事会"（1988年）这两个机构的章程被作为议定书加入了条约原始文件之中，使其成为《爱丽舍宫条约》的重要组成部分之一。法国和德国外交部长通过交换照会的方式分别在1988年和1989年成立了"法德文化理事会"和"法德环境理事会"。相对于前两个理事会，"法德文化理事会"和"法德环境理事会"这两个机构没有那么正式，其目标是在法德合作的所有政策领域"逐渐凝聚共同体精神"（increasingly condensing communality）。④ 上述这些增加的内容，一方面正式将法德双边主义扩展到1963年条约尚未明确涉及的政策领域；另一方面也把

---

① 关于总秘书处的角色和功能，特别见Lamenie 2005；Germain2008，420 – 421；Savadogo 2006，578 – 579；也可见两国外交部的网页，http：//www. france – allemagne. fr/Les – Secretaires – generaux – pour – la，1005. html。
② Menyeschand Uterwedde 1978，34；Ménudier 1982，158.
③ Paterson and Moutet 1995.
④ Bohle 1988；Bremer 1988，24，34 – 36；Dokumente，Documents，and Deutsch – Franzosisches Institut Ludwigsburg 1993，160 – 167；the puote is from Bohle 1988.

法德在《爱丽舍宫条约》已涵盖的政策领域互动逐步正规化。

最后是 2001 年 1 月开启的"布莱希姆进程"（Blaesheim process）机制，1963 年签署的《法德友好合作条约》以及之后增加的任何议定书都没有包含这一机制，所以它没有被正式纳入《爱丽舍宫条约》的框架，但它却大大加强了法德两国在最高政治层面的规范化政府间主义。随着 1998 年施罗德出任德国总理，组建红绿［德国社会民主党（SPD）与德国绿党——译者注］联合政府，法德关系在 20 世纪 90 年代末降温，麻烦接踵而来并呈现蔓延之势。2000 年，在关于将纳入《尼斯条约》的欧盟改革方案制定问题上，法德两国的分歧加剧。欧盟部长理事会（European Union's Council of Ministers，以下简称"欧盟理事会"）中投票权如何重新分配，双方意见不一。随着两国分歧升级并演变成公开冲突，有些观察人士认为自 20 世纪 60 年代以来发展起来的法德友好合作关系的总体框架危在旦夕（见第五章）。

在两国关系陷入高度紧张之际，2001 年 1 月 31 日，法国总统希拉克、总理若斯潘（Lionel Jospin）与德国总理施罗德、法德外交部长于贝尔·韦德里纳（Hubert Védrine）和约施卡·菲舍尔（Joseph Fischer）在法国布莱希姆的阿尔萨斯村（Alsatian village）就法德两国关系的现状与麻烦举行了会谈。希拉克和施罗德同意启动"布莱希姆进程"机制。从那时起，法德两国的国家元首、政府首脑和外交部长每 6—8 周举行一次会晤；两国外交部长会议也将在上述会晤之间进行，大约每月举行一次。"布莱希姆进程"机制下举行的各种会议非常谨慎，不形成工作文件、没有代表团甚至不带助手，也尽可能不让公众媒体参加。这些会谈的目的是双方交换观点和相互了解情况，特别有助于两国政府对特殊敏感性的认知、预知和提前避免触犯对方敏感点，从而在两国分歧加剧之前加以管控。① 法德两国坚定地将非正式和隐秘（seclusion）因素引入外交政策最高层级的官方会见，并形成高层官员的半永久性（quasi-permanent）磋商机制。②

这一"前所未有的节奏"运作甚佳，再加上法德国家元首和政府首脑之间举行的 5 次年度会议，以及两国外交部长之间每年多达 10 次会议，法德两国的政府间合作框架已经成型。"布莱希姆进程"——两位外交部的

---

① Rivasseau and Michaelis 2002；Hielscher 2008，30–32；Weisenfeld 2008，685–687。

② 2001 年德国总理与法国总统举行首次"布莱希姆会晤"以来的情况，参见 http://www.france-allemagne.fr/Letzte-Blaesheim-Treffen,2552.html。

发言人强调说——"或许已成为一种新型外交工具,它可能是第三个千年(21世纪——译者注)外交手段的第一次创新"①。"布莱希姆进程"还意味着,法德外交政策紧密相互交织是欧洲国际事务的长久特征,欧洲并非由一个个总是根据不同问题分化组合的机会联盟们所组成。"这一进程的初衷,不是为了具体解决某些困难或是难解的问题,而是为了在重大问题或挑战面前实现相互理解,并找到共同语言。"② 在21世纪初,"布莱希姆进程"机制很快就让法德关系重现或恢复生机。随后,法德两国就改革欧盟共同农业政策的财政、创建欧洲制宪会议以及欧盟东扩等问题都共同明确了立场。在2003年的伊拉克战争期间,法国和德国也在实践中做到了"用一个声音说话"(两国都反对美国发动此次战争——译者注)。③

半年一次的首脑会晤与部长理事会

从"法德首脑峰会磋商"到部长级理事会的大扩张,成为《爱丽舍宫条约》实践中最显著的标志。④ 首脑会议和部长级理事会的筹备工作包括"自上而下"和"自下而上"两个向度。⑤ 政府首脑或部长可以提出议题和讨论专题,两国政府各部中较低层级的行政官员也可提出他们的建议。首脑会议或部长级理事会的筹备和落实,则无论在哪个政策领域,都几乎总是在"工作"或"操作层面"上进行。上述工作涉及各个级别的人员,高至政治性任命的部级主管(他们中许多人每月定期举行会晤),低到公务员序列的德国各司(Referate)和法国各局(bureaux)工作人员。不过,两国的外交部长,甚至德国总理和法国总统也都相互通气,为法德首脑会议的磋商做准备,或针对峰会做出的决定立即跟进行动。

通常在首脑会议前约两个月,两国政府会相互探寻峰会要处理哪些具体问题和议题。法德合作秘书长(包括之前的"协调员")同两国外长一道监督筹备工作。他们整理各部门的提案,并审视法国和德国对某一问题

---

① Rivasseau and Michaelis 2002, 424.
② Rivasseau and Michaelis 2002, 423.
③ Rivasseau and Michaelis 2002; 2003a; Hielscher 2008, 30 - 32; Weisenfeld 2008, 685 - 687.
④ Deutsch - Französisches Institut and Deutsche Frankreich - Bibliothek, 1995 (and after); Savadogo 2006, 582 - 583; Wattin 2002; Wattin 2009; http: //www.france - allemagne.fr/Die - deutsch - franzosischen, 0586. html.
⑤ 以下内容引自 Germain 2008; Kaltenbach 1983a; Kaltenbach 1983b; Lamenie 2005; Lequesne 1990; Savadogo 2006; Wattin 2002; Wattin 2009; Weisenfeld 2008。

的一般性立场。在协商前大约两个星期，就会确定会议议程。部长理事会的做法更正式，会为协调双边行动制定联合工作方案［"路线图"（feuilles de route）］，这些方案最终会变成政策措施，甚至是立法。

自2003年以来，各个部长理事会都会在一天内结束，但在此之前举行的法德首脑会议时长却常被延长到两天：第一天的晚宴，除法国总统与总理和德国总理外，两国政府的一些部长也会参加，晚宴上法国总统或德国总理除对第一天会议做总结外，还会简要介绍法德关系的现状，并将其同当下时代的主要政治议题相联系。第二天，首脑会议将以国家或政府首脑和两国部长们共进早餐的方式继续举行，通常在下午的早些时候结束。除工作会议之外，首脑会议和部长理事会有时候也可能举办一些可见度很高的活动，例如"两国部长"（minister-couples）会进行一些与各自政策领域相关的实地考察。

在法德两国首脑峰会举行的同时，两国分管同一政策领域的部长以及其他不同级别的代表团也会进行会商。自20世纪80年代末以来，作为两国首脑峰会的组成部分，法德防务与安全理事会、经济与金融理事会和环境理事会也都举行了会议。在首脑会议或部长级理事会进行的过程中，国家元首和政府首脑以及部长们经常一起参加一次或多次工作会议。部长们将各自代表团会谈的结果向国家元首和政府首脑进行汇报，随后举行全体会议，法国总统和德国总理共同总结首脑会晤的成果。首脑会议或理事会会议通常以召开联合新闻发布会的形式宣告结束。此后，法国和德国的官方媒体会发表一份峰会公报，内容包括会议的主题、结果和决定。各个法德理事会也经常发表它们自己的会议声明。

之外和之下

《爱丽舍宫条约》是法德规制化政府间主义的主要框架，但它并非唯一内容。法国和德国还因拥有该条约及其补充规定之外和之下的定期接触而加强了其双边关系。《爱丽舍宫条约》"之外"的规制化政府间主义指的是《爱丽舍宫条约》没有规定，但是在《条约》涉及的政策领域内发生的经常性接触，或者是《条约》没有明确阐明的政策领域里的高层政治定期互动——这方面最引人注目的就是"非正式"会议和接触，自20世纪70年代以来，这类会议和接触明显增多。这种"简短的非正式会议"（informelle Kurztreffen）往往涉及日常政治的重要事项，可直接为筹备和落实首脑会议做准备。那些通常被官方宣布为"私人会议"的会议，往往没有正式记录。一位研究法德交往的资深分析人士指出，在 1982 年末至 1989 年间，科尔和密特朗共举行了约 80 次官方和非官方会谈。据他估计，1982—1984 年，德法两国外交部长——汉斯 - 迪特里希·根舍（Hans - Dietrich Genscher）和克劳德·谢森（Claude Cheysson），共进行了约 1000 次电话沟通。① 根舍本人的说法是，他与谢森的继任者洛朗·迪马（Roland Dumas）每周都会进行几次电话沟通。②

《爱丽舍宫条约》"之下"的法德规制化政府间主义，即《条约》所提及的政府层面之下的政策领域的互动交往，包括一系列不同的具体实践。20 世纪 80 年代，互换外交官和其他部门公务员之间的交流，以及派遣实习生到对方国家的部级官僚机构现象开始增多。③ 现在，一名法国外交官可以在德国外交部担任正式职务，一名德国外交官可以在法国外交部（Quai d'Orsay）工作一年，他们无须顾虑护照问题就可同新同事一起工作。这也就是说，德国人可以正式代表法国发言，或者作为计划的一部分，法国外交官能够在国际谈判中为德国争取利益。例如，第一位在德国外交部工作一年的法国外交官米歇尔·康纳（Michel Connan）在维也纳举行的欧洲安全与合作会议（CSCE，简称欧安会——后改为欧安组织，简称 OSCE）上正式宣读了德国立场。④ 1997 年，法德两国外交部长韦德里纳（Védrine）和金克尔（Kinkel）进一步扩大了两国公务员和外交官之间的交流。20 世纪 90 年代末以来，在驻巴黎的德国大使馆内会有一名法国高级外交官，而相应地会有一名德国人在驻波恩和柏林的法国大使馆工作。在当时，参加对方国家各部门的工作会议，也已成为法德各自大使馆高级外交官的标准做法，并已成为惯例。⑤ 联合外交代表和服务机构设置越来越多，包括在俄罗斯、澳大利亚和中国等国设立辅助领事职位，在世界各地设立法德联合名誉领事，这些《爱丽舍宫条约》框架规定"之下"的举

---

① Ziebura 1997，328 - 329。
② Genscher 1995，215。同样地，勃兰特总理和蓬皮杜总统之间关于德法两国对欧洲政策的筹划有大量书信往来，参见第 6 章，第 171 页注释 2。
③ 关于在整个等级制体系中法德间的规制化工作关系，包括局级、处级等中间层次和"工作"和"操作层面"关系的描述，特别见 Hartmann 1997，46 - 56，89 - 97；Cerf 2011。
④ Rosenzweig 1988。
⑤ Botschaft her Bundesrepublik Deutschland，Paris 2002，15；Leimbacher 1992b；Froehly 1998，28；法德两国公务员和外交官在不同部委和更多部门的交流，参见 Cerf 2011。

措都是对两国外交"规范化"的补充。①

总之,《爱丽舍宫条约》框架之外和之下的额外法德政府间主义进一步增强了该《条约》规定的有效性。1989 年 4 月第 53 次法德首脑会议之前,法国外交部长洛朗·迪马(Roland Dumas)在德国外长根舍面前发表了一次讲话。他的讲话显示出,到 20 世纪 80 年代,在《爱丽舍宫条约》规定的范围内外,规制化政府间主义已经达到的密度。

> 再有不到三小时的时间,在科尔总理和密特朗总统的监督下,第 53 次法德磋商就将开始。25 位部长将同时开启他们之间的双边讨论。我们,副总理先生,将提前一点开始;在这之后,我们将开始会谈。我最好说更准确地说是"继续会谈",因为我们三天前刚在格林纳达见过面,两周前在波恩见过面。总统先生也仅在几天前才在巴伐利亚会见了总理。我如此详细地描述这一点,是因为想强调波恩和巴黎之间已经发展出一种经常性的对话。这已经发生在政府各个层面,涉及所有问题:无论在安全、双边合作、青年交流,还是共同建设欧洲领域,我们的团结精神都在深化。②

不同政策领域中的规制化政府间主义

这一部分将论述法德两国在主要政策领域的规制化政府间主义,并相应地涉及各个政策领域的双边制度化的发展,聚焦在其各等级层次之间的规制化接触是如何制度化的问题。通常情况下,两国部长是各自管辖政策领域互动的监督者。但是,法国总统作为国家元首,德国总理和法国总理作为各自政府的首脑,在他们认为合适的时间和地点参与了各种政策事务。在安全、防务和军备等传统的"高政治"(high politics)领域,他们依照各自职权参与其中。但为了达成共同的立场或将分歧最小化,任务可以委托给较低的官僚阶层,也可以向上交到较高的政府阶层。这种官僚层级的转换是法德两国规制化政府间主义加强的共同特征。在涉及重大利害

---

① Conseil des Ministres Franco-Allemand du 13 Mai 2004, 2004; Myard 2007.
② Dumas 1989, D461.

关系时，德国总理和法国总统会立刻通过不同层次的政府间沟通渠道，共同推动采取相关行动。

安全、防务与军备

由于两国历史上曾经长期敌对并多次爆发战争，法国和德国将外交、安全和防务政策作为《爱丽舍宫条约》的核心内容，其后又对该条约最初条款的规定进行深化处理。通过设立法德安全与防务常设委员会（1982年）、法德防务与安全理事会（1988年），开启"布莱希姆进程"（2001年）并在欧盟部长理事会（2003年）统一立场，法德两国在外交、安全与防务等政策领域的规制化政府间主义大为加强。①

1982年成立法德安全与防务委员会，是法国和德国对《爱丽舍宫条约》所进行的第一次重大机制扩展。在当年2月的第39次法德峰会上，法国总统密特朗和德国总理施密特同意加强两国在安全事务上的合作。同年10月，科尔当选德国总理成为施密特的继任者后，继续推进两国的安全与防务合作。1982年10月，在第40届法德峰会前夕，法德两国国防部长和外交部长首次举行了联席会议。在首脑会议期间，科尔和密特朗决定将这种联席会议规制化，纳入每半年举行一次的法德首脑会议，并设立一个常设"指导委员会"来筹备会议。由两国四个部门（法国和德国各自的国防部与外交部）的政治主管以及德国国防军总检察长（德国军队的最高官职）和法国总参谋长组成的法德安全与防务委员会，成为法德两国在安全、防务和军备领域的主要合作论坛，它不但将两国的外交部长和国防部长联系起来，还在政治和官僚层面对各自的政策进行了整合。②

据外交官冈瑟·科尼格（Günther Koenig）的报告，在该机构成立后的几年里，国防和安全委员会及其下属的三个工作组使法国和德国得以协调各自的立场，并发起了许多倡议。这些举措包括制定北约在欧洲部署中程导弹、同时寻求与苏联谈判的"双轨"决定上的联合立场，开发第二代通

---

① 法德两国在安全、防务和军备领域政府间关系的综述，参见 Bundesministerium ber Veteidigung（German Ministry of Defense）1998；Pajon 2006；Secrétariat du Conseil Franco – Allemand de Défense et de Sécurité1993；Deutsch – Französischer Verteidigungs – und Sicher – heitsrat, Sekretariat 2003。

② Leimbacher 1992a, 78 – 82；Koenig 1997, 72 – 73。

用作战直升机，复兴西欧联盟（Western European Union，WEU），在德国总理府和爱丽舍宫之间架设"红机"（red telephone/heißer Draht），关于欧安会（CSCE）和常规军备控制的联合立场，对法国可能使用战略武器的谅解和睦，法德联合培训班以及两国于1987年10月开始的主要联合演习，等等。①

1988年1月22日，在《爱丽舍宫条约》签署25周年纪念日上，密特朗总统、科尔总理、希拉克总理、雷蒙外长与根舍外长以及法国国防部长安德烈·吉罗德（André Giraud）与德国国防部长曼弗雷德·韦尔纳（Manfred Wörner）签署了建立法德国防与安全理事会的协议，该理事会成员包括法国总统和总理、德国总理、两国外交部长和国防部长以及最高军事长官（见图2.1）。② 1989年4月20日，作为定期首脑会议磋商的一部分，该理事会第一届会议召开，结束时共同主席密特朗和科尔发表了联合声明。声明宣布，法德国防与安全理事会致力于深化两国在国防和安全所有问题上的协调和一致，并加强法德之间的军事合作。理事会委员会由法国和德国的外交部长和国防部长组成，负责提出和确定双边讨论议题，以便于理事会举行会议期间讨论通过。

国防和安全委员会支持新的理事会和理事会委员会的工作。它由法国和德国外交部和国防部的政治主管、最高军事和装备官员组成，向理事会报告两国在防务、安全和军备方面合作的实施和工作情况，规划进一步合作的前景，并就此类合作向防务安全理事会提出建议。

《建立防务和安全理事会的议定书》明确了六个工作目标：（1）在防务和安全领域发展共同概念；（2）确保两国在涉及欧洲安全所有问题上不断协调和统一立场；（3）决定建立混合军事单位；（4）联合演习和联合训练军事人员，加强两军在和平时期、危机时期和战争时期相互支援的能

---

① Koenig 1997, 72 – 73.
② 该协议的完整文本，可参见 Dokumente, Documents, and Deutsch – Französisches Institut Ludwigsburg 1993, 150 – 155, http://www.france-allemagne.fr/Deutsch – Franzosischer, 0582.html. 对"法德国防与安全理事会"条款与意义的讨论，参见 Koening 1997, 73 – 85; Leimbacher 1992a, 174 – 180; Bundesminister der Verteidigung. Informations – und Pressestab. Pressereferat 1989. 本书后边的章节引用了这些资料，以及 Bremer 1988, 34 – 36; Deutsch – Französisches Institut, and Deutsche Frankreich – Bibliothek 1995 (and after), 95 – 101; Deutsch – Französisches Verteidigungs – und Sicherheitsrat 1989; Presse – und Informationsamt der Bundesregierung 1989a, 314 – 315; Presse – und Informationsamt der Bundesregierung 1997; Woyke 1989, 168。

力；(5) 提高两国军备的互操作性；(6) 进一步发展和深化军备合作。议定书第 5 条规定，在巴黎设立常设理事会秘书处，由两国的外交部和国防部高级职员和军官组成。

防务和安全理事会是"最高政治级别的联合协调、协商和决策机构"①。一名观察员指出，理事会的正式法律权力范围如此广泛，它甚至可以不经特别的议会程序而决定建立一支法德两国的联合军队。②

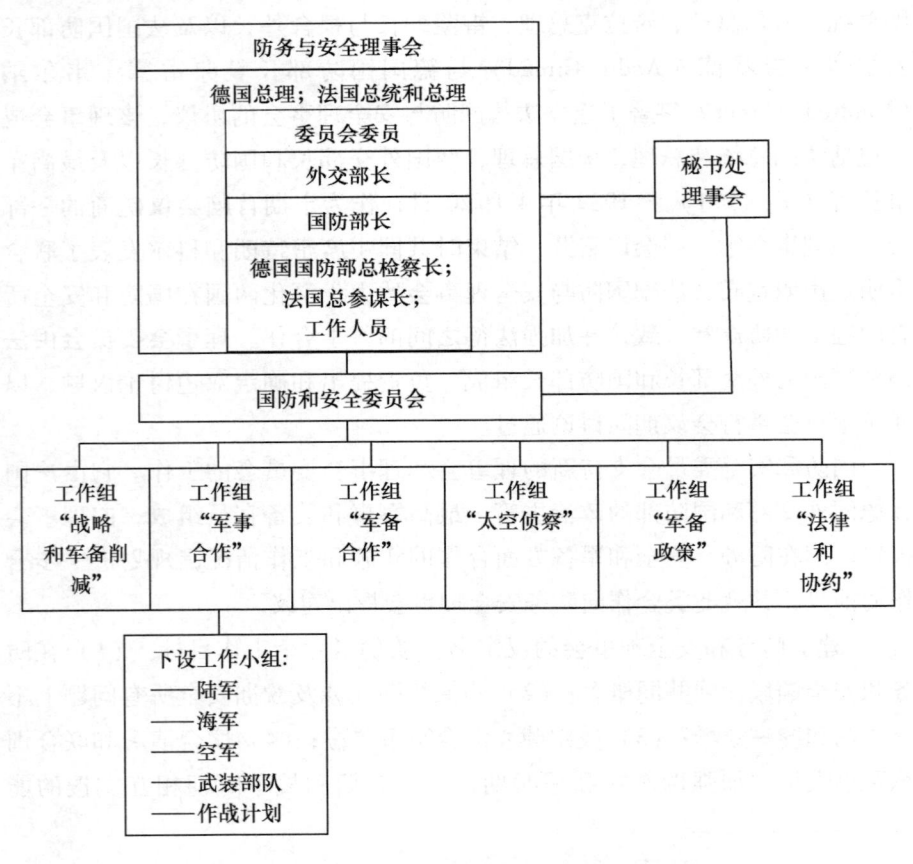

```
                    ┌─────────────────────────┐
                    │    防务与安全理事会       │
                    ├─────────────────────────┤
                    │ 德国总理；法国总统和总理  │
                    ├─────────────────────────┤      ┌────────┐
                    │      委员会委员          │──────│ 秘书处 │
                    ├─────────────────────────┤      │ 理事会 │
                    │       外交部长           │      └────────┘
                    ├─────────────────────────┤
                    │       国防部长           │
                    ├─────────────────────────┤
                    │ 德国国防部总检察长；      │
                    │ 法国总参谋长；            │
                    │ 工作人员                  │
                    └─────────────┬───────────┘
                                  │
                    ┌─────────────┴───────────┐
                    │    国防和安全委员会       │
                    └─────────────┬───────────┘
```

| 工作组"战略和军备削减" | 工作组"军事合作" | 工作组"军备合作" | 工作组"太空侦察" | 工作组"军备政策" | 工作组"法律和协约" |

下设工作小组：
——陆军
——海军
——空军
——武装部队
——作战计划

图 2.1 法德防务与安全理事会（自 1989 年以来）

---

① Press – und Informationsamt der Bundesregierung, Referat Außen – und Sicherheitspolitik 1995, 6.
② Bohle 1988. 例如，1997 年在纽伦堡举行的法德峰会上，法国和德国共同制定并发表了法德关于安全与防务的联合概念。

经济与金融

《爱丽舍宫条约》中没有具体提到经济和金融政策。然而，多年来，法国和德国的经济和财政部长以及参与政治经济事务（如农业、能源和运输）的其他部门的同事定期参加半年一次的首脑会议已是例行做法。20世纪80年代末法德经济和金融理事会正式成立后，法德开始了在这些政策领域的规范化合作。该联合理事会，最初是作为"经济和货币政策的共同协调机构"而设立的，在1987年11月的第50届法德首脑会议上，该机构与许多其他条约内容一起被继续保留。作为《爱丽舍宫条约》的一项议定书，新增加的《法德经济和金融条例》（Conseil Franco – Allemand Economique et Financier）或《德法经济与金融条例》（Deutsch – Franzosischer Finanz – und Wirtschaftsrat）正式成为《条约》内容。①

法德经济和金融理事会由德国经济部长、德国财政部长、法国经济财政部长、德国联邦银行主席和法国国家银行行长组成。该机构在巴黎设立了常设秘书处，负责筹备会议并对会议决定采取后续行动，定期向法国总统和总理以及德国总理提出报告；在1988年至2012年1月间，该机构共举行了44次会议。② 它可以就其认为相关的所有问题（如双边贸易不平衡或法德两国不同的税收和环境政策）设立临时委员会，并提出供法国国家元首和德国政府首脑决策的政策建议。③

根据《条约议定书》第1条，法德经济和金融理事会的目的是促进和加强两国在这些政策领域的合作，并协调法国和德国在国际经济和金融问题上的立场。《议定书》第4条规定它有四项具体任务：在两国年度预算在本国通过之前讨论其基本方案；讨论各自的国家经济情况和经济政策，以便尽可能密切地协调和统一法国和德国的立场；讨论两国的货币政策

---

① Deutsch – Französisches Institut 1995, 95 – 99; Guérin – Sendelbach 1993, 202 – 206. For the full protocol text, see Dokumente, Documents, and Deutsch – Französisches Institut Ludwigsburg, 1993, 156 – 159, http://www.france – allemagne.fr/Potokolluber – die – Errichtung – des, 0369. html. 相关讨论参见 Bremer 1988, 34 – 36; Frisch 1988。有关法德经济与金融关系的更广泛讨论，参见 Uterwedde 2008。

② http://www.bundesfinanzministerium.de/DE/Wirtschaft_ und_ Verwaltung/Europa/20120125 – 44 – Deutsch – Franzoesischer – Finanz – und – Wirtschaftsrat.html.

③ Ministère de l'Economie, des Finances et du Budget 1990; Conseil Economique et Financier Franco – Allemand 1994.

(这是法国建议设立该理事会的主要动机);并尽可能协调法国和德国在关于经济和金融事务的国际谈判中的立场。例如,法德理事会紧密协调法德两国的政策,以实现《马约》规定的经济趋同标准。①

文化与环境

为了在文化和教育领域发展法德合作项目,《爱丽舍宫条约》设立了文化事务专员的职位,在法国由教育和文化部长担任,在德国则由一位州部长主席(德意志联邦共和国文化事务授权代表或"文化指导")担任(这是因为在德国教育和文化事业由各州负责)。为了扩大和加强两国在这些领域的联系,并为其注入动力,1988年1月22日法德两国的外长通过换文方式建立了法德高级文化理事会(Haut Conseil Culturel Franco Allemand 或 Deutsch Franzosischer Kulturrat)。② 时任文化理事会秘书长的雅克·莫里泽(Jacques Morizet)指出,法德文化合作有一个明确的目的:防止青年一代人质疑法国和德国迄今取得的成就,避免"德国和法国的年轻人"让"两国关系平庸化"③。

法德环境理事会(Conseil Franco Allemand de L'environment 或 Deutsch Franz – Sischer Umweltra)完成了新的法德理事会的四重奏,它也同样扩展和深化了《爱丽舍宫条约》制定的政府间框架。外交部长杜马斯和根舍于1989年11月2日在波恩举行的第54次法德首脑会议磋商中设立了环境理事会。④ 成立理事会的信件里阐明它的四项具体任务:协调两国的环境政策;讨论双边环境问题;讨论法国和德国在欧盟和国际舞台上在环境政策领域的立场;制定法国和德国关于国际环境问题的联合倡议。法德环境理事会自1989年以来已举行了16次会议,首次会议于1990年2月13日在

---

① *Handelsblatt*, 4 November 1993, 1; Ohm 1993.

② Dokumente, Documents, and Deutsch – Französisches Institut Ludwigsburg 1993, 164 – 165; Deutsch – Französisches Institut and Deutsche Frankreich – Bibliothek 1995, 95, http://www.dfkr.org/. 有关"文化指导",参见 http://www.france – allemagne.fr/Die – Bevollmachtigte – der, 1138.html. 对法德文化关系的回顾,见 Werner 2008;Znined – Brand 1999, 83 – 120。

③ Morizet 1997, 117; similarly Morizet and Möller 1995. 更多关于"文化理事会"的情况,参见 Krotz 2010, 166 – 167。

④ Presse – und Informationsamt der Bundesregierung (Bulletin) 1989b, 1038;Deutsch – Französisches Institut and Deutsche Frankreich – Bibliothek 1995 (and after), 102 – 103;原始资料参见 http://www.france – allemagne.fr/Grundlagen – Errichtung – des – Deutsch, 0370.html。

巴黎举行。①

影响与局限

法德规制化政府间主义除有助于法德两国在具体政策事项上的决策外，它还具有一系列更具普遍意义和长期性的因果关系：（1）使法国和德国的双边政策互动变得标准化和常规化；（2）联结了两国的外交和政府官员并使他们社会化；（3）在很多方面都产生了社会意义和目标。通过发挥上述三种可能作用的叠加效果，法德政府间主义帮助两国巩固基础，让它们团结聚力，共克时艰。不过与此同时，法德正规政府间主义机制的局限性也逐渐凸显。②

行动的标准化与惯例的产生

规制化政府间主义在某些方面塑造了法德两国之间的互动，但在其他一些方面则并不成功。它以几种方式促使两国之间的行为标准化和常规化：首先，它帮助定义了什么叫作"惯常"，概述了处理事情的正常方式。它将议程中人们关心的问题纳入制度化关系之中。"每年召开两至三次会议，意味着官僚机构的第二层和第三层需要为会议做筹备工作；筹备者共同面对的问题从不会远离邮件收件箱的置顶位置，不会远离工作人士的脑海。即使发生领导层变动，固定的会议日程也不会让新领导人延迟与同行的磋商。"③ 将这种高度规制化的政府间主义固定在国家部级行政部门内，会对有关国家的外交决策组织产生持久的影响。④

法德政府间关系的规制化还创造了惯例。根据一项对法德关系的深入研究，这种惯例和"行为准则"，以及"人员交流"，"有助于形成一套共

---

① Dokumente, Documents, and Deutsch – Französisches Institut Ludwigsburg 1993, 160 – 161; Deutsch – Französischer Umweltrat 2008, http://www.bmu.de/files.pdfs/allgemein/application/pdf/umweltrat – dt _ fr _ uebersicht.pdf. 更多关于"环境理事会"的情况，参见 Krotz 2010, 167 – 168。
② 关于《爱丽舍宫条约》的成就、局限和不足之处，也可参见 Martens 2006；Vaillant 2003。
③ Friend 1991, 41.
④ Savadogo 2006, 581.

同的法德适当性规则"①。1997年9月在魏玛举行的第70届法德峰会结束后，法国总理莱昂内尔·若斯潘指出"法德关系的非凡之处在于它的规范性"②。一位法国官员表示："与德国人磋商的独特之处在于这些活动看起来非常正常，已是自然而然的惯例。"③ 两国协商和互动的规制化机制，使得戴高乐和阿登纳的继任者"持续常态化密切接触"④。正如科尔总理根据他的经验所说的那样，这些机制建立了"永久对话的创造性原则"⑤。

人员联系与社会化

法德的规制化政府间主义也起到联结两国人员的作用，而且随着时间推移，人员之间会被社会化，产生共同情感和理念。国家间关系要依赖人来实现。自1963年以来，规制化政府间主义以各种方式联结起了两国人员。早在1965年，法德分析学院院长阿尔弗雷德·格罗塞尔（Alfred Grosser）发现，定期正式接触会让人们"产生相识多年的感觉，拥有共同的工作习惯"，这一规律"不受日常政治的影响"⑥。只有当决策者之间具有共同的认知，他们各自的行政施策才能逐步让政策和决策更经常协调和融合在一起。⑦《条约》的条款规定："经常使高级官员聚在一起，否则他们之间可能很少有私人接触，仅靠一纸公文传达彼此关切和列出需要解决的问题是远远不够的。"⑧

这类人群的存在，降低了发生误解以及信息不足的概率。不过更重要的是，随着时间的推移，他们中一些人开始共享同样的参考框架，并对他们工作服务的对象——国家间关系产生价值。"许多高级官员由于多年从事跟法德关系密切相关工作，他们深受来自双边机构说法的影响，这些说法既不单纯是法国的理解，也不是德国自己的理解，而是法德两国的共同理解。"⑨ 在法德规制化政府间主义发展30年后，一位法国观察者总结指

---

① Sverdrup 1994, 89.
② 引自 Germis 1997。
③ Lequesne 1990, 131.
④ Ziebura 1978b.
⑤ Kohl 1988, 79.
⑥ Grosser 1965, 26.
⑦ Savadogo 2006, 580 – 581.
⑧ Friend 1991, 41.
⑨ Sverdrup 1994, 123.

出："最重要的结果是法国精英对德国的态度发生了根本改变。"① 不同级别的政府官员，不同政策领域的工作人士在一起共同工作，这样培育出的社会化效应减少了政治或行政机构官员，尤其是最高层领导变动给法德关系全面持续发展可能造成的破坏性影响。从这个意义上说："法德对话的重要性超越了政治创始人的继承问题。"②

意义的生成

最广泛也是最重要的一点是这些规制化政府间进程通过许多方式产生了具有持久影响的社会意义和目标。③ 其一，它们创造并不断复制什么是正常的，符合合法期望的标准。《爱丽舍宫条约》雄心勃勃的规定恰恰做到了这一点：它们为值得争取的合法目标制定了基本线索，引导人们的期望，并定义了什么是成就；它们塑造了规范目标，指出了何为偏离的做法。它不仅是那些相信制度化价值，认同这些社会构建期望人士的遵循基线，通常情况下，那些对这些价值观漠不关心或反感的人们，也认同这些价值观并将其作为参照依据——例如，他们曾经很有嘲讽意味地呼吁法国总统根据1963年的《爱丽舍宫条约》更好地履行其职责。④

其二，规制化政府间合作进程为自己或合作要做和做什么事，以及不应做和不做什么事提供了理由。它们决定了一些行动过程是合法的并使其变得更加直观，同时它们也让另外一些行动过程不合法或不可接受。其中一个例子就是2010年2月第12届法德内阁联席会议（Franco-German Ministerial Council）通过的"2020年议程"。这一宏伟的工作计划确定在2010—2020年的十年时间里将要执行的80个很具体的政策项目；如果没有预先存在的规制化政府间合作安排、合乎逻辑的节奏性互动、过往积极的活力以及其中蕴含的内在社会目标，提出这些项目难以想象。⑤ 如一位长期观察法德双边关系人士的敏锐发现，《爱丽舍宫条约》"在意涵上的约

---

① Bouguereau 1993.

② Pirotte 1997a, 10.

③ 比如，制度主义者James March and Johan Olesen 就曾思考过此问题，参见 March and Olsen 1989, 特别是第3章和第9章；类似论述见 Jepperson 1991；Sverdrup 1994, 10。

④ 参见 Augstein 1996。

⑤ 关于"2020年议程"的原始文件及其内容多样、范围广泛的条款，参见 Bundesregierung der Bundesrepublik Deutschland, Press - und Informationsamt 2010；Présidence de la République 2010。

束力实际上超过其规定条款"①。例如,这样一种意义和目的形成以后,可能会带来"为下次法德首脑会议再提出一些新方案的压力……最后期限可让会议取得进展,形成共同立场,因为大家都在关注法德两国提出何种新建议"②。

其三,规制化政府间主义涉及集体认同的培养基础,尽管这种基础在国际层面上还非常薄弱。③ 某些特定种类互动和交流的规制化勾画出谁属于谁,哪些又不非其从属。因此,规制化政府间合作实践有助于稳定国际秩序——这并不能理解为消除冲突,而是使国际秩序规范化。事实上,《爱丽舍宫条约》就为法德关系发展提供了"自身的有效动力"(wirksame Eigendynamik)。④

在《爱丽舍宫条约》签署20周年之际,曾长期担任法国外交部长和总理的顾夫·德姆维尔(Couve de Murville)指出:"随着时间的推移,《爱丽舍宫条约》……已经成为我们两国人民生活的重要组成部分"——"我们两国外交政策的基本要素"⑤。《条约》签署25年之后,一位法国观察者认为《爱丽舍宫条约》已是"法德政治的基本组成部分"⑥。又过了大约十年,一位德国外交官赞同地说,它"构成两国外交政策的宪法"⑦。

团结起来

通过将行为规范化和惯例化、培养人员间联系和感情、促生特定社会意义等方式,规制化政府间主义可能取得的最重要、最长期的影响,就是让法国与德国保持了半个世纪的团结。20世纪末发生的一系列事件,如苏联解体、华沙条约组织解散、东德不复存在、捷克斯洛伐克和南斯拉夫分崩离析,提醒人们不要想当然地认为当今世界的地区团结能够永远持续。但法国和德国之间的关系却在面对国内国际诸多可能变化的情况下,没有走向瓦解,反而依旧团结如常。

特别是从20世纪80年代开始,观察欧洲政治每天、每周、每月变化

---

① Friend 1991, 39.
② Sverdrup 1994, 108.
③ 对国际互动这一领域做出基础性突破的分析,见 Deutsch 1954;Deutsch et al. 1957。
④ Baums 1992, 96.
⑤ Couve de Murville 1983, 1, 12.
⑥ Morizet 1988.
⑦ 引自《法兰克福汇报》1997年7月5日第2版。

第二章 规制化双边政府间主义

的观察人士开始注意到，尽管存在公认的国家间关系动荡和国内分裂因素，但法德关系却一直坚韧。法德两国政府的变化，莱茵河两岸一方或双方核心人物的更换，对法德关系的总体影响远低于许多人最初的预期或担心。相反，事实证明，法德关系在经历了两国领导层变动之后依然具有"强大的韧性"①。

法国总统和总理、德国总理以及两国部长的更迭，并未从根本上扰乱两国关系。例如，规制化双边主义的强度和坚固使那些在上台之时并不怎么倾心于法德关系的新领导人，例如许多观察家所说的德国前总理施罗德或法国前总统萨科齐，投入其中并成为推动者。在很多情况下，规制化双边主义帮助这些领导人找到自己的方式变成法德关系的拥护者。

同样，法德政府间主义还保护法德关系免受两国政治领导人之间的"化学反应"，以及法德两国各自关键职位上的个人倾向的影响。众所周知，法德关系中存在多对"男搭档"，包括吉斯卡尔—施密特、科尔—密特朗和迪马—根舍，他们的私人关系超越了职业交往，已进入个人友谊范围。反过来，也存在很困难，且经常紧张的人际关系。然而，关键人物之间不亲近并没有从根本上破坏法德两国关系或导致其破裂。

再者，德国和法国执政党之间的意识形态异同也几乎没有影响到法德双边主义。1978 年 1 月《爱丽舍宫条约》签署 15 周年之际，吉尔伯特·齐布拉（Gilbert Ziebura）曾经警告称："人们可以设想这样一个可能发生的场景：左翼阵线在法国上台执政，而基民盟/基社盟赢得了德国国会中的多数席位。当然，《爱丽舍宫条约》将确保两国政府仍会进行对话；但这种情况下，人们如此常说的'有机联系'，还会剩下什么呢？"② 1981 年，法国左翼"阵线"开始执政；而从 1982 年开始，中右翼的基民盟/基社盟（CDU/CSU）联盟党成为德国的执政党。

法国社会党人总统密特朗（Mitterrand）和德国基民盟总理科尔（Kohl）执掌各自政府的 14 年，有时被视为是继戴高乐—阿登纳和吉斯卡尔—施密特（Giscard – Schmidt）之后的法德关系第三蜜月期，这两位领导人让两国间的政府间网络大为增强和扩展。在密特朗和科尔都卸任后，一些记者甚至提出了一个令人费解的假设，即法德关系的确需要两国政府分

---

① Simonian 1985, 7; Brigouleix 1997; Guérin – Sendelbach 1993, 29.
② Ziebura 1978b.

别由意识形态不同的政党领导。不管法国的多数部长属于戴高乐派,共产党人是否担任部长,也无论德国的外交部长是自由党还是绿党,国防部长是保守主义者还是社会民主党人士,似乎都不会对法德双边关系产生重大影响。

最后,法德两国政府内部的党派构成也没有造成双方分歧。德国联合政府中虽然包含不同党派,但这种状况对德法政府间关系的影响甚微。也许更值得注意的是,法国的"左右共治"(cohabitation)现象有增多的趋势,但它也没有破坏法德关系。法兰西第五共和国体制允许出现这种左右共治的政治结构,而且此种选举结果时有发生,即法国总统来自某一政党,而总理和部长们来自其他政治阵营。法德两国规制化的政府间主义已经证明自己足以应对这种情况。

除了帮助两国关系经受这些国内因素的考验外,规制化政府间主义还使法德两国关系经受住了各种具有潜在破坏性的国际因素的考验。其中一些明显的因素包括冷战的结束、美国单极霸权的崛起(和明显的衰落)、德国的统一、欧盟的多轮扩大以及全球化的扩展和加强,等等。

局限性

该条约的雄心之一是在法德间建立一种"有机联系",在此基础上"可以制定并行的政策……无需过度解读条约文本,你甚至可以说它的目标包括将两国的国防,甚至是军备政策融合在一起"[①]。但与此同时,法德两国规制化双边主义尚存在比较普遍的局限性,《爱丽舍宫条约》还有未实现的目标,法国和德国经常未能达到条约及后续议定书中各项规定之要求。最明显的就是双方在许多政策领域仍存在很深的在总体方向和态度上的分歧。尽管两国保持密切联系和定期合作,但两国的基本外交和国内政策取向依然有很大差异。在多个领域,法国和德国的精英和民众在看待他们作为一个整体的国家以及它们在世界上的角色时,仍然有很多不同。此外,在一些领域,双方协商的频率(如经济和文化理事会)也低于原先的设想。

法国或德国在一系列政治上极其重要的问题上,却直接自己采取措施

---

① Ziebura 1978b. 就该问题以及《爱丽舍宫条约》作为"尚未完成工程"(unfinished project)的论述,也可参见 Bresson 2011。

或宣布应对策略，之前根本没有进行过双边协商，尽管处理这些问题的政府间安排早已存在。这方面，至少有三个例子值得注意，其中最突出的是科尔总理1989年11月宣布其关于如何处理东德事态发展的十点计划，该计划的目标是促进德国的统一。① 第二个是法国在1996年取消了和平时期的义务兵役制而改为职业军人制，这一决定也没有事先同德国进行任何协商，尽管这项措施影响到法德混合旅（欧洲军团下辖的旅级部队单位，成立于1989年——译者注）的问题。② 第三个则是在2011年日本福岛核灾难发生之后，德国单方面决定加速淘汰核电，也绕开了法德环境委员会的协商程序。

本章小结

"规制化政府间主义"为有效把握和解释特定现象及其带来的独特影响提供了一个总体性概念。例如，这一概念可使我们恰当展示法德这种特殊的政府间主义关系，即这对关系中的政策进程相互联系和交织在一起，它既未构成一个国际组织，也不足以用"联邦"或"邦联"去概括。本章在概念上的贡献，在于引发人们对这一政府间关系的关注，重新建构法德和欧洲地区事务中这一段未被充分重视的历史和政治。

法德规制化政府间主义是可定义法德双边秩序的特征，也是自《爱丽舍宫条约》签署以来法德在欧洲区域政治中嵌入双边主义的一个特征。长期以来，这种处于欧洲中心的双边规制化政府间关系帮助法国和德国团结在一起，尽管国内外很多力量本可能会导致两国关系疏离或分裂。它使法德政府间事务标准化和常规化，将外交官和政府官员联结起来并使其受到社会化的影响，在很多方面都产生了社会意义。虽然存在一些明显的局限性，也经常陷入痛苦的境地，但总的来说，法德关系发展不仅经受住了1989年欧洲大分裂的考验，在当今的21世纪也仍然生机勃勃，表现良好。

2013年，在《爱丽舍宫条约》签署50周年前夕，法德规制化政府间主义已将其凝结成法国、德国和欧洲政治事务的稳定支柱。如果没有这一

---

① Bozo 2005, 139 – 147.
② Hendriks and Morgan 2001, 119 – 120.

政府间主义的牢靠守护，过去半个多世纪里，法德之间的矛盾冲突很可能会出现得更加频繁，它们之间关系紧张起来肯定会更加尖锐。

但是，规制化政府间主义并不是静态存在、一成不变的。它的存在并不意味着法德关系本身、法德在欧洲的作用或影响不会发生变化。它的作用在于确实地降低两国关系剧烈变化或突然破裂的可能性。

第三章

加洛林符号与含义

曾任法国经济部长和欧共体委员会主席的雅克·德洛尔（Jacques Delors）表示，"法德友谊有着丰富的记忆和含义，它们既重要又具有象征意义，体现了我们两国关系的特殊性质"①。"法德关系具有其独特价值，对我们两国人民都是不可替代的。"② 曾任科尔总理的外交政策顾问卡尔·拉默斯（Karl Lamers）认为："这一价值观植根于两国人民的意志之中，即在两国人民之间建立一种超越过往1500年历史的纽带，这段历史既包括和平共存、也曾有相互对抗，这一纽带要赋予两国一个共同的未来。"③ 法国时任外交部长于贝尔·韦德里纳表示："这种双边关系本身就已经是一个目标。"④

简单地说，法德间的各类关系是有价值意涵的。它们不仅仅是达到特定政策目的的工具，这一点已经广受认同。但是，如何能使国家间的双边关系充盈特殊的历史意义并让其具有特别的社会目的呢？如何延续这些意义和目的，使其制度化并超过一届届政府的任期？最重要的是，一旦它们出现，会对国际关系产生什么影响？

当代法德关系的实质性意义显现于1958—1963年。在这一时期，戴高乐和阿登纳通过一系列振奋人心的行动、表态和演讲，为法德的早期接近创造并注入了新意义，也改变了整个社会的期待。正如1945年以前，人们用历史原因来解释法德之间的敌意那样，戴高乐和阿登纳具有象征意义的

---

① Delors 1998, 3.
② Delors 1998, 2.
③ Lamers 1998b, 183.
④ Védrine 1997, 67.

举动，也可从历史角度追溯为法德和解乃至后来的诞生法德友谊的根源。①历史学家威尔弗里德·罗索（Wilfried Loth）评价说："1962 年 7 月阿登纳对法国进行国事访问，两个月后戴高乐回访德国，其间双方作出的演讲和表态使得法国总统相信，法德之间的和解已经深入两国人民之心。"② 政治学者基尔施（Gerhard Kiersch）认为，戴高乐和阿登纳的举动"拥有历史纪念价值，具有象征意义，是集体认同镜像反映出的情感的流露"③。

自此之后，一系列极具象征性的行为和实践不断再现于法德关系之中，延续并验证着戴高乐和阿登纳共同确立的法德关系的意义和目的。其中一些举措，或多或少被规制化而反复出现。纪念和庆祝《爱丽舍宫条约》签署活动的日期固定显现在日历上，包括关键公共职位变动后新任领导人首次访问对方的惯例。还包括 1984 年科尔和密特朗在法国凡尔登的令人难忘的握手，1978 年吉斯卡尔和施密特共同参观查理曼大帝的王位，1994 年法国国庆节法德两国军队在巴黎香榭丽舍大街的联合游行，等等。这些事件看似独立，但却都是一个系统整体中的组成部分。

从 20 世纪 50 年代末开始，法德两国间的示好、仪式和礼节等全套象征性举动和行为，使得两国关系获得了特定历史意义和社会目的，让人们认识到为什么法国人和德国人促进、发展或捍卫他们之间的关系是有价值的。因此，法德双边关系因象征性行为和实践而得到增强，它们有助于法德团结，不论两国国内政治、欧洲地区事务或全球国际形势是否变化和动荡。

象征性行为和实践属于一类独特的国际行为。它们无法直接解决眼前的政治问题，也没办法直接得到特定利益、定政策或是明确立场。但是这类国际行为却有助于界定国家间关系的意义和目的。它们可表明什么是"利害攸关"，或者说"关于一切"的事物，能够让合作的重要性超越每天日常政治的时间范畴。它们的效应与其他国际行动所产生的影响有所不同，也不受后者的限制。它们提供的意义和目的有助于界定和保持特定的正常标准，为特定行动的成功或失败建立参照依据，并培育一种基本的"同属彼此感"（sense of belonging together）。因此，象征性的行为和实践为当下构建了一种特殊的理解途径，并为未来指出了方向。

---

① Aron 1965, 3.
② Loth 1991b, 183.
③ Kiersch 1991, 182.

本章将探寻行为者——代表本国并行使权能的政治领导人——如何在国家之间创造（包括重建）社会意义和目的的结构。在过去60年的欧洲政治中，正是这些结构基本上确定并巩固了法德之间的双边关系。①

本章从更广泛的社会科学角度，即概念研究和史学研究方面入手关注并解释了法德之间的一类重要国际行为，而它之前却很少引起国际关系和欧洲政治学者的重视。法德间许多象征性行为和实践都被作为独立的事件很好地记录下来。个别案例研究虽然重要，但这样做的话，学者们就会将它们视作无数离散事件，而不想到它们实际上组成了能对国际关系产生明显影响的一类独特社会政治活动。

"极具象征性的行为和实践"，这一概念和概念工具提供给我们一幅跨越半个多世纪的法德关系的一整套象征性行动的全景图，使我们能够理解各单一事件之间的内在联系，并方便我们对它们进行系统性归类与分析。本章在概念上的贡献是为理解多样化公共行为提供一种方式，并将其整合为一种贯穿法德关系整体的连贯叙事。只有整体考察和理解事物的本质，我们才能把握其各个组成部分的完整意义。

象征性行为与实践

象征性行为和实践是一类独特的国际政治实践，是多主体的共同行为。它意味着单个行为通过多重连接，可以不断复制产生特定意义。

何谓象征性行为与实践

国家间的主要象征性行为和实践就是政府官员代表本国开展国际交往，其目的不是直接解决政治问题或立即为决策目标服务。相反，这种做法主要是展示共同行动的意义。它们使国家之间的双边关系具有更广泛的社会意义和目的，它们是任何时期各国做出具体选择或进行合作的基础。它们经常被比作一个更大的历史或文化背景，超出当前的日常政治范畴。因此，它们是将当前与过去相联系，并可为未来指明方向的要素。

---

① 国际关系以及其他领域的行为体—结构关系研究，参见 Dessler 1989；Giddens 1984；Wendt 1999，第4章。关于法德关系的标志和象征性，很有思想性的研究为 Mandret – Degeilh 2009a。

尽管象征性行为并不一定限于双方或少数几方之间的交流，但它在双边事务中的作用特别重要。比如说："双边关系的工作台，例如官方国事访问，就经常超出国际政治理性工作关系维度——国家行为体的当前行为在很大程度上取决于它过去的认知模式和经验。'外交政策记忆'——无论是正面的还是负面的——总会首先来自双边经验。"①

象征性行为和实践不同于其他国际行为，例如规制化的政府间关系或危机外交，它们遵循自己的日程表。这个日程往往是无序的，与正常的政府间工作关系或其他类型的国际行动或外交政策的时间不一致。它们不同于信号理论（signaling theory）的"高成本信号"（costly signals），即一个国家如欲向另一个国家表达自己的意图，可信的行动或方法是私下（private）传达信息。② 而且，它们与声誉的重要性无关。声誉理论（reputation theory）认为，各国关注的理由和目的完全不同，比如在坚定支持盟友或对于敌手的信任等问题上。③

过去五六十年间，法德两国间的交往充满了象征性的行为和实践。然而，这并不是法德两国关系的独有特点。虽然涉及多样的含义和不同种类的社会目的，但类似的象征性行为和实践同样支撑着其他许多双边国际关系。例如，美国与英国的关系也具有类似的象征，比如通过互访或者强调两国间过往的联系表明两国特别亲近。德国和以色列较为定期化的国事访问也是通过这样的象征性行动表达它们之间存在一种与众不同的特殊历史记忆。很重要的一点是象征性行为可能会被政治化。例如，新当选或已就任的美国总统首次出访是去英国、加拿大还是墨西哥，或者美国新总统接待的第一位外国政府首脑是英国首相、加拿大总理还是墨西哥总统，对于英国、加拿大或墨西哥政府来说这些都是敏感和值得关注的问题。印度和巴基斯坦在瓦加边境每天举行的封关暨降旗仪式，或者在诺曼底举行的登陆纪念活动（D – Day commemorations），虽然它们都具有象征性，但却表达和维持着完全不同的意义。④

---

① von Bredow 1996，110，109。
② Fearon 1994；Fearon 1997。
③ Mercer 1996；Downs and Jones 2002。
④ 关于印巴两国在瓦加边境举行的仪式，可参见 http：//www.bbc.co.uk/news/world – south – asia – 10722514 以及 http：//news.bbc.co.uk/2/hi/6945626.stm。

集体意向性与多种可行性

具有象征意义的国际行为和实践所催生、定义和延续的社会意义和目的，超出了原子化行动者（atomized actors）各自独立所能影响的范围。只有当行为体共同采取行动时，这种行为和做法才具有意义。在国家之间产生和扩展具有特定意义和目的的行动和实践，是一种表达集体意向性的集体行为。① 也就是说，它们是具有社会后果性的现象，不是两种不同独立意志或行动相加之和或相减之差。集体意向性是指"我们意图"（we intend），而"我意图（I intend）只是我们意图（we intending）的一部分"②。这意味着"我的行为（my doing）只是我们行为（our doing）的一部分"③。

如果我们仅把法德关系的特殊意义理解为它是由阿登纳和戴高乐创造、之后又被许多人不断地复制并将其延续至今的话，那我们就犯了短视的错误，仅仅将其归结为个人原因或是个体的行为。

对于象征性行为和实践所暗示和表达的集体意向性，参与者是否具有完全相同的工具性原因或规范性动机并不重要。从戴高乐和阿登纳开始，参与过象征性法德活动的政治领导人就有着各种各样的工具性目标和道义追求。例如，戴高乐之所以将联邦德国同法国绑在一起，很可能是为了追求建立法国领导下的西欧这一长期目标，让西欧成为世界政治的第三极、独立并肩于欧洲东部和西部的两个超级大国。④ 阿登纳发展同法国的紧密联系，其目的可能在于试图将西德与西方世界联系起来，将德国带回"文明国家"阵营，并增强德国对外关系的影响力。在他们这些各自的目的之外，真正重要的是戴高乐和阿登纳都愿意赋予法德关系一种新的、与以往彻底不同的意义，两位伟大政治人物的继任者们也都会因这一意义而致力于继续发展两国关系。

而且，无论工具性或道德动机导致何种特定的象征性行为，一旦这些

---

① 关于"集体意向性"，参见 Searle 1995, 23 – 26；以及 Ruggie 1998b, 20 – 21；Ruggie 1998c, 869 – 870. 韦伯关于"社会关系"（"social relation"或"social relationship"）概念的深入阐述，参见 Weber 1972 (1921)，第 1 章。

② Ruggie 1998c. 也见 Searle 1995, 26。

③ Searle 1995, 23。

④ Krotz and Sperling 2011, 311 – 317；Krotz forthcoming, 第 5 章。

行为和实践产生的意义和目的开始传播,它们就会形成自己的动力体系。随着意义和目的的巩固,并且随着时间的推移至少一些(some)行为和实践后来会被复制,也就是说共同的社会意义和目的在长时间之后能从单个行为和个别人获得自主性。哪怕只发生最低限度的制度化,特别是如果主导政治进程的群体开始制度化,那么象征意义和具有象征性的目的就变得具有"多重可行性"(mutipl realizable)——也就是说,它们可重复出现在个体事件或行动各种组合连接关系之中。[①] 后续行动会继续延续一种特别的意义和目的,但该社会意义和目的的延续却不会依赖于某一具体(any specific)的行为或实践。每一个行为或做法都是充分条件,但不是必要条件。

法德关系的意义和目的:
它意味着什么又为何是重要的

  法德之间当然存在日常的政治争执,但除此之外,它们之间的关系拥有一定的内在价值和内在的相关性,在解释这些价值和相关性时,至少有三个重要的规范性条件被反复提及(或单独或是结合使用)。它们是:(1)必须结束二者间的战争和痛苦的历史;(2)法德之间的文化姻亲关系;(3)法国和德国是欧洲国际事务或一体化的关键枢纽——在战后欧洲,这一点从未遭遇真正挑战。

终结战争与苦难史
("世纪敌对")

  关于建构法德关系的价值和社会目的,最主要的解释就是阿登纳在其回忆录中所说的,法德两国必须结束"将我们两国分开的数百年历史"——那曾经充满战争、冲突和相互残杀的历史。[②] "在不到80年的时间里法国和德国之间发生三次毁灭性战争,它们一定要成为这段悲惨与痛苦历史的终点",这段话是关于法德关系意义的经典引用论据。

[①] 关于"多重可行性",参见 Wendt 1999, 152–157。
[②] Adenauer 1967, 408。

法德和解的资深人士约瑟夫·罗文（Joseph Rovan）从更广泛的历史背景来观察法德关系："自查理五世（Charles V）和弗朗索瓦一世（François I）时代（époque）以来，法德之间进行了23场战争，最终形成了今天的欧洲。这些战争中，有19场发生在德国领土上，4场爆发在法国领土上。"① 正如罗文所描述的那样，从公元843年加洛林帝国分裂开始，漫长的历史中充斥着战争。弗朗索瓦一世和查理五世之间的对抗，如今常常被视为兄弟阋墙和血亲战争时代的开端。不过第一次世界大战是法德两国人民的集体记忆中，特别是法国人的心目中的一个主要结晶点（crystallization point）。这是一场真正意义上的"大战"（la Grande Guerre），从南到北纵贯欧洲大陆，迷宫般的战壕从瑞士延伸到北海，也是法德之间所有战争中最"法德"的一场：战争中，法国人和德国人冲到对方的阵地上搏斗和杀戮——面对面地开枪，手榴弹在几米距离内爆炸，刺刀或马刀的拼杀你来我往，正如从恩斯特·容格（Ernst Jünger）的作品中我们了解到的，徒手或操起任何东西都能将对方敲打至死。②

曾经的洛塔林－法兰克（Lotharingian－Frankish）中部地带上现在既居住着法国人，也住着德国人。虽然在他们心中，"曾经辉煌的加洛林（Carolingian）王朝统一的梦想从未完全消失"③，但他们要比居住在德国东部和法国西南部地区的人民，对第一次世界大战的记忆更加强烈和深刻。那里的每一个小镇，无论属于法国还是德国，都建有纪念战争"阵亡者"的纪念碑，上面刻满了阵亡者的名字，这些名单既包括1914—1918年第一次世界大战中的死者，后面又续上了从1939年开始的第二次世界大战中死去的人们。1914年，这个特殊的时间唤起了人们的记忆：1939年以及随后的数年战争是法德两国冲突和血腥记忆的延续，第二次世界大战正是源于"大战"（第一次世界大战）中孕育的仇恨。

法德关系中蕴含的此种价值有很多种表达方式。不过，夏尔·戴高乐和康拉德·阿登纳共同创造出了一种经典的法德关系模式，使其成为法德关系发展的标准参照。在1963年《爱丽舍宫条约》开篇的共同宣言中，

---

① 引自 Delattre 1997。
② Jünger 1978 (1921)；Jünger 1980 (1922)。
③ Scholl－Latour 1988, 127。

戴高乐和阿登纳强调要结束法德两国之间的"世纪敌对"①，自此以后，很多人都开始采用这一说法。② 这种长期的敌对状况必须结束，这就是第一种解释所强调的，它成为法德两国共同的社会目标，它也是1945年第二次世界大战结束后驱动国际合作、建设共同防务和巩固西欧同盟关系的动力。③

西方世界的两翼

认为法德关系具有内在价值的第二个理由，指的是法国和德国的文化是"西方"文化传统的一部分，"一种共同拥有且必须共同保护的西方文化传统"④。这一解释基于这样一种观点，即：（1）法国和德国同属于西方，或者说在两国共同经历但也存在差异的历史中，它们在文化和生活方式上都有彼此可以相互借鉴的很多方面；（2）两国的嫌隙与冲突是人为原因造成的；（3）它们共同形成了西方文化或文明的核心（或这些元素的组合）。1841年维克多·雨果（Victor Hugo）认为法国和德国"本质上都是欧洲的重要组成部分。德国是欧洲的心脏，而法国是欧洲的头颅……德国感悟，法国思考"⑤。虽然这些想法已经存在了很长时间，但直到第二次世界大战结束后它们才开始逐渐成为法国和德国之间公共话语的通用说辞。

尽管与第一个理由相比，这个解释较少被人关注和提及，但具有不同政治倾向的政党派别对此几乎没有争议，并且它们体现在文化领域中的不同方面。法国和德国的右翼、中间和左翼政党通常都援引这种关于法德统一的理论基础，包括：（1）20世纪五六十年代德国热衷存在主义的人士；（2）法国人对法兰克福学派及其不同变种的看法；（3）起源于法国的后现代主义风暴；（4）德国作家和思想家恩斯特·荣格尔（Ernst Jünger）在法国的仰慕者及其在本国的追随者，以及这些人之间的交流。

---

① 关于此引述和整篇宣言，见 Dokmente, Documents and Deutsch – Französisches Institut Ludwigsburg 1993, 136 – 137. 也参见 Kageneck 1994。

② 例如，密特朗总统和科尔总理在庆祝《爱丽舍宫条约》签署25周年之际提到了这一点。《法兰克福汇报》(Frankfurter Allgemeine Zeitung), 1988年1月23日, 第1—2版。

③ 关于大量这类强有力话语的例子，参见 Mitterrand 1989b; Chirac 1998; Delors and Lamers1998; Lamers 1998a。

④ Herre 1983, 10. 戴高乐与阿登纳在他们关于《爱丽舍宫条约》的联合声明中提及的是一种"将法国人民和德国人民联合起来——并将他们在其文化发展中联系起来的强大团结"，见 Dokumente, Documents and Deutsch – Französisches Institut Ludwigsburg 1993, 136 – 137。

⑤ Quoted in Große 1996, 327.

这种解释还有许多其他形式。法国小说家马塞尔·茹昂多（Marcel Jouhandeau）列举了一个明显的例子。他在《苏伊士占领日记》中回忆了 1944 年德国占领巴黎期间自己与让·吉洛杜（Jean Giraudoux）和恩斯特·荣格尔共进晚餐的经历："吉洛杜毫不隐瞒地直言，他认为文明的枢纽是法国和德国。如果它们被一起拯救，一切都会被拯救；但我们非常害怕这样一种未来，即如果人类有一天会落入美国或苏联的统治之下。"① 诺贝尔文学奖获得者罗曼·罗兰的表述有所不同："我们是西方的两只翅膀；如果其中一只翅膀被折断，那么另一只翅膀也将停止飞翔。"②

欧洲的两强

我们将关于法德关系的第三种解释称为"欧洲的两强"（two for Europe）。对这种传统观点人们可谓耳熟能详：在欧共体/欧盟的框架内，"没有德国和法国的团结，任何事情也做不成；同时，也没有什么能够抗衡德国和法国的团结"——虽然"法国和德国找到共同立场可能不是'欧洲发展'（for Europe）的充分条件，但却是必要条件"。也就是说，法国和德国之间的关系本质上就是有价值的，因为如果欧洲大陆这两个国家没有就根本立场达成基本协议，就不会有欧洲一体化的深化，也没有欧盟后来的历次扩大，或者不可能巩固欧洲一体化的成就——无论关于欧洲一体化的定义多么松散。"法国与德国的关系是欧洲一体化的摇篮。"③

意义的起源

被称为"双驾马车"（tandem）、"伴侣"或"伙伴"的法德关系时代，其基础是由夏尔·戴高乐和康拉德·阿登纳共同奠定的，奠定的方式是他们一系列的经常性表态、仪式、庆祝活动和演讲，始于他们在 1958 年 9 月的首次公开的私人会晤，终于两人在 1963 年签署《爱丽舍宫条约》后进行的兄弟般的亲吻。经历了几个世纪的敌对状态，1870—1945 年之间约八十年的"历史积怨"，以及第二次世界大战结束后大约 15 年的"和解

---

① Jouhandeau 1980, 165.
② 引自 Herre 1983, 206。
③ Le Gloannec 1991, 121-124.

之后,1958—1963 年的这些具有伟大意义的表态和象征性行为从社会意义上建构了一种全新的法德关系现实。在数年时间里,"两个古老的西方国家"① 为法德关系的意义转变奠定了基础,并使我们对法德合作的目标有了全新的、完全不同的理解。"通过我们,"戴高乐这样描写他与阿登纳的会晤:"法国和德国之间的关系将建立在历史未知的基础之上和氛围之中。"②

家庭会晤的意义:科隆贝双教堂镇
(1958 年 9 月)

1958 年戴高乐重新出任法国总统,就在当年 9 月戴高乐和阿登纳举行了首次会晤,此次会晤为法德关系的转型播下了种子。阿登纳当时是德国总理,他对与戴高乐的会面感到不安,他认为戴出身行伍并持反德立场,猜测戴高乐很难接近。③ 阿登纳"极其担心戴高乐的思维方式",忧虑会碰到一个极有个性的对象。④ 1958 年 9 月 14—15 日,两人在戴高乐的私宅拉布瓦瑟里(La Boisserie)见面,拉布瓦瑟里是一座石墙拱绕的乡间别墅,坐落于小镇科隆贝双教堂镇(Colombey – les – deux – Églises),位于巴黎和莱茵河之间的香槟大区东南角。

阿登纳的担忧后来被证明是没有必要的:他与戴高乐马上就相互赢得了尊重和好感。出席这场私人会晤的部长和顾问们都注意到,两人的关系迅速发展,相互之间彼此欣赏。⑤ 这次会面标志着他们之间持久友谊的开始,法德关系从此进入了一个新的历史时期。阿登纳是第一位也是唯一一位在将军的私人住所被接见的外国政治家⑥,他本人也表示很荣幸被邀请在戴高乐府邸过夜。⑦

戴高乐是一位伟大的保守主义者,他深谙政治和社会生活中的象征意义,当然明了他公开的私人邀请意味着什么。在这次会面的大约十年之后,他写道:"因为在我看来,应该给这次会面留下一个特别的印记,对

---

① Scholl – Latour 1988,58.
② de Gaulle 1970a,192.
③ Adenauer 1967,408 – 36;Schunck 1998,509 – 11.
④ Adenauer 1967,424,434.
⑤ 法国驻德国大使就有相关记录,见 Seydoux 1975,209 – 234。
⑥ Scholl – Latour 1988,58.
⑦ Adenauer 1967,424 and 434.

分别代表两国人民的这位老法国人和老德国人而言，在具有家庭氛围的家中会面要比精心布置的官邸更有意义。因此，我和妻子在布瓦瑟里（Boisserie）接待来访的德国总理以表达谦逊之礼。"①

戴高乐还进一步写到，从他和阿登纳在科隆贝（Colombey）首次会面到1962年中叶，二人互相通信约40次、举行会面15次，大多数是在巴黎（Paris）、马利（Marly）、朗布依埃（Rambouillet）、巴登－巴登（Baden-Baden）和波恩（Bonn），交谈时间共约100个小时。他们有时是与两国部长们一起，有时是家人陪伴，还有时候是彼此之间单独交谈。② 两人高调地宣扬他们之间的融洽关系，关系日益密切。这两位老政治家如此的相识相知强化了这样一种观念，即法国和德国之间的关系将建立在一个全新的历史基础之上。

35年后，法国外交史学家莫里斯·拜斯（Maurice Vaïsse）总结道，科隆贝锻造出了"挚情和非常牢固的关系"，它是法德协约的凝结剂。③

阅兵、下跪并一起祷告：阿登纳在法国
（1962年7月）

1962年7月8日，法国穆尔默隆（Mourmelon）。

1962年7月，德国总理阿登纳接受戴高乐的邀请，对法国进行正式访问。他这次访问的大部分时间由戴高乐陪同，两个重要人物公开露面的象征意义和所创造出的影响令人关注。首先是法国和德国士兵在香槟大区的军事训练场举行联合阅兵仪式，"在两国领导人的见证下，有史以来第一次法国和德国军队在一起联合阅兵"——"这清楚地表明法德两国之间的军事敌意最终消弭。"④ 正如弗朗索瓦·赛杜（Fracois Seydoux，法国驻联邦德国大使，1942—1979年在任——译者注）所描述的那样，"在穆尔默隆营地，法德两国军队并排站立，显示出了他们互为兄弟的新形象，这与过去战争岁月里的对抗形成了鲜明对比"⑤。

1962年7月8日，法国兰斯大教堂。

---

① de Gaulle 1970a, 184.
② de Gaulle 1970a, 191.
③ Vaïsse 1993/94, 964.
④ Kiersch 1991, 183.
⑤ Seydoux 1977, 13.

阿登纳此次访问的最后一站是由戴高乐陪同他来到香槟大区北部的兰斯。这个城市充满历史记忆和象征，许多事件对法国历史以及法德两国关系都具有重要历史意义。在建于公元13世纪的天主教大教堂中，在"感恩赞"（Te Deum）圣歌声中，戴高乐和阿登纳二人作为虔诚天主教徒并排跪下并一起祷告——"在西方文化的历史场景下昭示其共性，阿登纳的这次盛大国事访问最后以这种宏伟的形式宣告结束"①。

公元498年左右，克洛维斯（Clovis）及其数百名追随者都是在兰斯受洗，主持洗礼仪式的是主教雷米吉乌斯（Remigius），又称雷米（Rémi）。这一事件迄今仍然让许多人认为法国是天主教会的长女（la fille aînée de l'église）。从10世纪的卡佩王朝（the Capetians，987—1328年——译者注）到19世纪，几乎所有的法国国王都在兰斯大教堂举行加冕仪式。②

第一次世界大战期间，德国军队纵火摧毁了兰斯这座城市的雄伟教堂——哥特式建筑中最宏伟的成就之一，兰斯城外战壕纵横交错。战争结束后，兰斯变成了一片废墟，一座超过10万人口的城市仅剩8000人躲在香槟地区白垩土下的酒窖里。然后是又一场战争，1945年5月7日，就在兰斯的盟军总部——一座砖石建筑，今天这里已成为一所名为雷克·罗斯福（Lycée Roosevelt）的高中，德国将军阿尔弗雷德·约德尔（Alfred Jodl）递交了纳粹德国（纳粹称自己为大日耳曼帝国）的无条件投降书。③

所以就在这里，这片著名战场的中央地带，法德两国领导人——戴高乐和阿登纳由于一起做弥撒、并排跪下"共同祈祷"才如此引人关注。他们联合寻求两国关系的和解，探寻未来新的机制性关系的举动就将兰斯这座城市变成了一种关于全新法德关系的象征，它"建立在团结和兄弟情谊的基础之上……是另一种法德关系所包含着的和解与和平意义开始扩散的

---

① Kraus 1988, 15.

② 见 Guinle 1997。

③ 关于兰斯作为"记忆之场"（lieu de mémoire）重大象征意义的精彩论述，参见 Le Goff 1997. 除兰斯外还有很多属于法德两国共同的"记忆之场"都具有加洛林意义的象征性行为与实践，这些场所尤其反映着共同历史、共同往昔，可能还包括共同命运，其数量众多，包括凡尔登（Krumeich 1995；Peter - mann 2010），斯特拉斯堡和阿尔萨斯（Dreyfus 1995），莱茵河（Febvre 1995 (1935)；Siegers 2009），亚琛 Aachen/Aix - la - Chapella（Werner 1995），瓦尔密、凡尔赛、路德维希堡和很多其他地方。关于"记忆之场"的重要研究见 Nora 1997 (1984—1992)。关于法德记忆之场（Erinnerungsorte），见 Morizet and Möller 1995；Mandret - Degeilh 2009b；Krotz 2012。

起点"①。

与他们的首站活动一样,戴高乐和阿登纳二人都认识到后者此次访问所具有的深刻象征意义。戴高乐表示:"这次访问以兰斯为终点,兰斯既是我们两国古老传统的象征之地,也是从古代日耳曼人入侵到第一次世界大战马恩河战役两大世仇之间无数次对抗的舞台。尽管战争创伤尚未痊愈,但在兰斯大教堂,法国领导人和德国领导人团结莱茵河两岸的信众,祈祷友谊能够永远取代战争的痛苦。"②

法德友谊的胜利:戴高乐在德国
(1962年9月)

大约在阿登纳的"难忘之旅"③ 两个月后,1962年9月4—9日,戴高乐对德国进行了回访。他这次成功的访问,行程自波恩和科隆始,经过杜塞尔多夫和杜伊斯堡到达汉堡和慕尼黑,最后一站是路德维希堡。基尔希(Kiersch)称,戴高乐的这次访问是1945年以后外国政治家对德国最重要的一次访问:一次"产生认同感的国事访问"④。戴高乐所到之处均受到热情洋溢的欢迎,"象征性表态和演说"塞满了整个旅途。⑤ 戴高乐有意去接触德国各阶层的人们。在面向德国政界、工人、军队领导以及最后在路德维希堡巴洛克城堡庭院对德国青年人的演讲中⑥,戴高乐都强调了法德和解、友谊和团结所具有的非凡价值——这一主旋律(leitmotiv)贯穿了他此次访问德国的整个行程。

从在布鲁尔城堡举行的欢迎戴高乐访德招待会开始,戴高乐就强调"我们两国和解,发展友好关系,无疑是欧洲和全世界几个世纪以来所见证过最重要和最辉煌的一大事件。"⑦

在杜伊斯堡哈姆伯恩的蒂森钢铁厂,当戴高乐向该厂工人发表演讲时,他将其演讲主题提升到了一个新高度。位于鲁尔中心地带的蒂森钢铁厂颇具象征意义,这家久负盛名的军火生产商曾是德国军国主义的代表

---

① Susini 1995, 175, 185.
② de Gaulle 1970a, 191.
③ de Gaulle 1970b, 234.
④ Kiersch 1991, 182.
⑤ Loth 1991b, 15.
⑥ 所有关于法国总统此次访问德国的官方谈话、演讲和声明,参见 de Gaulle 1970c, 3-18。
⑦ de Gaulle 1970c, 4.

物。戴高乐的此次致辞与此访的其他演讲一样，全程使用德语。戴高乐大声说道："在鲁尔和这些工厂里生产的产品，今天在我的国家只会让人感到舒适和满足。"结果他的演讲被德国听众热烈的欢呼打断。"我请你们所有人和我一道，共同庆祝一个新的事件，我们现在这个时代最伟大的一个事件，德国和法国之间的友谊。"①

1962 年 9 月 9 日，戴高乐在路德维希堡发表了他此次德国之行的最后一次演讲，听众是德国青年。以面向德国青年的演讲结束这次访问，表明戴高乐将军已成功将法德两国初启的社交新时代注入了新的制度性意义。在经历了第二次世界大战和种族大屠杀所造成的物质破坏和道德坍塌之后，戴高乐的这次演讲成为外国人对德国人发表的最感人的演讲之一。

戴高乐在演讲一开始就这样说道："我祝贺你们所有人！"然后，他接着说："我首先祝贺你们还年轻。"并将话题转向把握人生以及关于未来的前景。② 然后，戴高乐再次回到了主题："我进一步再因为你们是年轻的德国人而祝贺你们，你们是伟大的德国人民的儿女。"对此，听众们不禁感到困惑——因为德国青年从未听过这样的话。而那些上了一定年纪的德国人，则禁不住回想起他们在过去 17 年里压抑的生活。说完这句话之后，戴高乐似乎停顿了很久。那些不知道如何感受或回应他的这些表述的德国青年听众，在停顿的这段时间之中，心中充满了惊讶和悲伤。接着戴高乐重复了一遍："是的！伟大的人民的孩子！他们有的时候，在历史的某个阶段，也会犯下大错，会造成许多遭谴的苦难。"

他随后就谈起德国对科学、艺术和哲学的贡献，然后感叹地说"法国人民知道如何充分欣赏这些，也同样了解它们意味着什么……为了它们，需要付出什么，遭受怎样的痛苦"。

在结束演讲时，戴高乐将他上述所有内容归于法国人和德国人以及法国和德国两国之间的关系。同时他把他此次整个国事访问浓缩，强调"法德这种团结，现在是完全自然的，当然也还需要组织。这是两国政府的任

---

① de Gaulle 1970c, 10. 值得注意的是，戴高乐这次演说的法语和德语文本的最后一句话存在差异。德语文本的最后一句话是"我们当代最伟大的事件"，而法语文本则为"最伟大的……之一"。De Gaulle 1970c, 10 – 11. 无论是什么原因让戴高乐选择在演讲中使用无条件的最高级，但这肯定不是他的口误，他在演说方面极有天分和经验。他的语言表达也没有困难。戴高乐在青年时代就在德国旅行，德语相当流利，第一次世界大战期间和之后又作为战犯在德国被关了 32 个月。见 Schunck 1991, 22 – 29。

② 整个演讲文本印于 de Gaulle 1970c, 15 – 18, 下面的引述均可见于此文本。

务。然而，最重要的是，我们需要给法德团结提供切实可行的内容。这将尤其是青年一代人的任务"。戴高乐对德国青年听众们说："（这）取决于你们和法国青年"，"让你们和我们结成的各个团体走得越来越近，更好地了解彼此，并建立起更紧密的纽带关系。"

他以其善用的提高语调方式让听众们兴奋起来，最后戴高乐总结道："我们两国的未来，欧洲团结（它一定能而且必须建立起来）的基石，实现全世界自由的最重要的法宝仍然是法德两国人民之间相互尊重、信任和友谊。"

重现、延续和佐证

社会结构存在于过程之中，且需要过程来维持其存在。作为互动和产生意义的模式，它们需要不断重复再现，否则就会枯萎、消失。最初产生于 20 世纪 50 年代末和 60 年代初的法德关系的意义，并没有随着时间的流逝而消失。大量的象征性实践已经得到了重现、延续、验证，并使法德关系的意义有所扩展。其中一些做法，如《爱丽舍宫条约》周年庆典或法德两国的新政治领导人就任后的"首次访问"等传统，或多或少地已经形成规范并反复出现。其他个别事件虽然没有那么标准化，但却也是连绵不断的双向象征性交往中内在联系的有意义的体现。[①]

作为重大事件的《爱丽舍宫条约》签署周年纪念

签署《爱丽舍宫条约》的周年纪念日是法德关系意义再创造的一个因素。这一周年纪念日被标记在两国每年的活动日程日历上。每逢《条约》签署的 10 周年、20 周年和 25 周年等"整年"时，法德政府都会举行庆祝双边成就的官方纪念活动。同时还会发行和出版各种各样的纪念性出版物——例如，报纸和杂志、学术或半学术性期刊、政府公报、报告和声明等，都会宣传法德之间合作与友谊的价值和重要意义。[②] 此外，还有一个

[①] 由于被记录下来的材料过于庞大，所以在表述时需要学科的指导。我们尝试按照学科分类对实际事件进行代表性概览。

[②] 上述出版物参见 Lapie and Schmid 1973；Lenz and Wex 1983；Barzel 1988；Bundesministerium der Verteidigung 1988；Sécretariat du Conseil Franco‑Allemand de Défense et de Sécurité 1993；Direction des Journeaux Officiels 2003。

长期以来形成的惯例，即法德两国的公众人物在法国和德国的主要报纸和杂志上发表文章——有时是他们同时在法国和德国的不同出版物上一起发声，有时是一个国家的多位领导人通过大众媒体向另一国的公众发表讲话。① 无论是通过哪种方式，所有这些公开讲话和出版物都会重温法德关系的历史价值；反思法德关系中的历史和政治问题；审视法德双边关系的各个领域；或评估两国关系的近期合作成果和表现。贯穿于这些不同出版物的一条主线，乃是一种总体上比较隐晦、但偶尔也比较明确的规范性导向，即将法德合作视为一种成就、一种"善"（good），值得人们骄傲、关心和培养。无论这些公开话语是关于赞扬法德关系的成功和成就，还是关于批评法德关系的失败以及表达失望情绪的哀叹，它们都是包含主导性社会意义和目的的话语。发表这些演说和文章的人士实际上扮演了"忠诚的监督者"角色，他们的举动是上述社会意义和目的在实践中的反映和再现。

密特朗在德国联邦议院：《爱丽舍宫条约》签署 20 周年（1983 年 1 月）。

为纪念《爱丽舍宫条约》签署 20 周年，1983 年 1 月 20 日，法国总统弗朗索瓦·密特朗来到波恩并在德国联邦议会发表了讲话——在联邦议会发表公共演讲，意味着德国对法国总统来访给予殊荣。更为罕见的是，密特朗在议会这种场合所发表的演讲——通常内容为不存在争议或自我祝贺的问题——触及一个激烈辩论中的政治问题。密特朗的这次演讲中的大部分内容涉及 20 世纪 80 年代初在德国最具争议性的政治问题：北约的"双轨"决策（NATO'S two-track decision）以及与此相关的美国在德国领土上部署中程核导弹（潘兴 2 号，Pershing II）。在此问题上，密特朗的立场非常明确，坚决支持美国在德国部署导弹。

密特朗做这样的决定非常大胆，他非常清楚近一半的德国议员，特别是他所属的法国社会党（Parti Socialiste，PS）的意识形态姊妹党——德国社民党（SPD）并不赞同美国应该在德国领土上部署导弹。② 密特朗敢于做此演讲，表明他认识到法德关系非常稳定，这种稳定性是他的信心来源，也是他在德国进行跨境政治辩论的必要条件。一个人如果对法德关系

---

① 如 Quilès and Verheugen 1997；Delors and Lamers 1998；Lamers 1998a；Chirac 2003b。
② 密特朗的演讲全文参见 Mitterrand 1983。

及其亲密程度以及可能引发潜在误解等情况没有信心，根本不会去做这种事情。人们也是这样理解密特朗的讲话的。

人们需要考虑密特朗的演讲结束之后并没有发生哪些事情：那些与密特朗意见相左的德国人，包括德国国会议员，并没有因为法国总统卷入了德国的内政而指责他，尽管他们可以以此理由去批评他的演讲和观点。相反，他们含蓄地承认，法国总统干预（甚至是这样强制性）德国国内事务的"立场"（Meinungs）或"意愿形成"（Willensbildung）的过程是合法的。正如朱利叶斯·福利恩德（Julius Friend）所指出的那样，"没有哪个其他国家的首脑能被允许如此公开地选边站队，而不受尖锐批评的"①。

不过，密特朗能把他的这次演讲变成法德关系的一种象征，还有另一个原因。他没有强调法国的诉求、法国的立场与法国的利益。相反，在整个辩论过程中他以一种独特的讨论方式展开，而没有阐述法国或德国由于各处莱茵河的一侧而可能出现的视角差异。他将整个关于导弹部署的辩论视为一种法德两国作为一个整体的内部问题——在他的主要观点陈述中，没有"我们"（法国人）和"你们"（德国人）这样的字眼，而是采用了一种显示集体身份之基础的"我们"（法国人和德国人）这样的表达方式。密特朗的这次讲话，成为法德亲近的一个里程碑：一个国家的最高领导人在涉及他国的极具争议性的国内政治问题上做出强硬表态。② 在密特朗发表演讲后的次日，1983年1月21日，德国总理科尔访问巴黎，显示了《爱丽舍宫条约》乃是法德和解的内核。③

别具风格的庆祝：《爱丽舍宫条约》签署25周年纪念（1988年1月）。

1988年1月22日，即《爱丽舍宫条约》签署25周年的日子，被变成了一种真正的法德两国的假期；这一次周年庆典活动，很好地证明了法德两国之间亲密关系和属于彼此的正常状态。两国"成功地庆祝"了《爱丽舍宫条约》签署25周年。④

官方的庆祝活动，由在巴黎荣军院圆顶教堂（Dome des Invalides，恩

---

① Friend 1991，70.

② 另一个这样的例子是在法国就欧盟马斯特里赫特条约批准问题举行公投前，德国总理科尔也进行了强制性干预，公开支持法国支持批准马约的政治阵营。参见 Delors 1998。

③ Deutsch – Französisches Institut and Deutsche Frankreich – Bibliothek 1995（and after）. 74.

④ DePorte 1991，267.

瓦立德新教堂，荣军院；原为路易十四时期建造的军队医院，现在为存放拿破仑一世棺椁的陵墓所在地——译者注）的院子里举行的军队游行拉开序幕。在法国和德国代表团的面前，法兰西共和国卫队演奏了德国国歌（法国《费加罗报》（Le Figaro）报道的标题为："比人们在德国听到的更加庄严"）；来自德国的军乐团则演奏了《马赛曲》（法语：La Marseillaise，原文为 Marseillaise——译者注），法国《人道报》（L'Humanité）的报道标题为："具有巴伐利亚风格的法国国歌。"在同期举行的第51次法德首脑峰会磋商的常规工作会议之后，在爱丽舍宫的缪拉厅（Salon Murat）举行了短暂的纪念庆祝活动——在25年前的1963年，《爱丽舍宫条约》正是在这里签署的。在缪拉厅里，科尔和密特朗在莫里斯·顾夫·德姆维尔——戴高乐时期的法国外长、同时也是《爱丽舍宫条约》的签署者之一的见证下，签署了关于建立法德安全与防务理事会（Franco-German Defense and Security Council）以及法德经济金融理事会（Franco-German Economic and Financial Council）的协议，作为两国在1963年签署的《爱丽舍宫条约》的修正案。

  随后，科尔和密特朗两人进行了一小时的闭门讨论。在下午早些时候，科尔乘车前往马提尼翁府（Hôtel Matignon，法国总理的官邸）同法国时任总理雅克·希拉克举行了一个小时的会晤。然后，科尔和密特朗在歌德体育馆（Goethe Gymnasium）和亨利四世中学（Lycée Henri IV）共同接见了法国和德国的高中生。在爱丽舍宫，庆祝活动以官方招待会的形式继续进行，密特朗邀请了大约500名"曾经为法德合作做出杰出贡献"的嘉宾。[①] 这些人当中，包括1963年《爱丽舍宫条约》的签署者、法国时任外长顾夫·德姆维尔和德国时任外长格哈德·施罗德（Gerhard Schröder），以及已经92岁高龄的恩斯特·荣格尔（Ernst Jünger，1895—1998，译者注）——他是第一次世界大战的"蓝马克斯勋章"（Pour le Mérite）获得者[②]，他受密特朗个人邀请与会。[③] 在荣军院教堂里，一场由法德青年办公

---

  ① *Frankfurter Allgemeine Zeitung*, January 22, 1988, 1.
  ② 普鲁士和德意志帝国军队最高勋章。1667年，腓特烈大帝创立该勋章，以法语命名为"Ordre de la Générosité"（勇敢勋章）。1740年，腓特烈二世将其更名为"Pour le Mérite"勋章（意为"功勋勋章"）。在1740—1810年，该勋章用于对军事和民政杰出功绩者的表彰。1810年后，腓特烈·威廉三世规定蓝马克斯勋章只能授予军事方面的突出贡献者。——译者注
  ③ 见 de Bresson 1988, 4-5; Scholl-Latour 1988, 517-523。

室组织、由法国和德国合唱团再次在法国和德国的众多贵宾出席的情况下举办的音乐会，最终为这次纪念《爱丽舍宫条约》签署 25 周年的纪念活动画上了圆满的句号。法国和德国的公共邮政机构，还都专门发行了相关的纪念邮票。①

在凡尔赛举行的法德议会联合会议：《爱丽舍宫条约》签署 40 周年（2003 年 1 月）。

2003 年 1 月 22 日，法国和德国两国的议会成员们在凡尔赛齐聚一堂，举行了历史上第一次法德议会联合会议。两国的议会和政府都希望以此行动"庄严地确认和发展《爱丽舍宫条约》"②。凡尔赛曾是法国国王的城堡，路易十四在那里举行过盛况空前的豪华庆祝活动，也是法国和德国历史上在各自取得战争胜利后互相羞辱对方的地方。1871 年 1 月 18 日，普鲁士军队打败法国后，俾斯麦在凡尔赛宫的镜厅宣布统一的"德意志帝国"诞生，普鲁士国王威廉一世加冕成为德意志帝国的皇帝。紧随其后的又一次战争（第一次世界大战——译者注）结束之后，即 1919 年 6 月，作为战败国的德国被迫在同一个地方（凡尔赛宫的镜厅——译者注）签署了条件苛刻的《凡尔赛条约》。德国代表团成员在条约上签字时戴着手套，后来烧掉了这些手套。③

2003 年 1 月，在这个"具有特别象征意义的地方纪念关于法德友谊的《爱丽舍宫条约》签署 40 周年"之际④，法国总统雅克·希拉克、德国总理格哈德·施罗德和两国议会主席在法德议会联合会议上向来自德国联邦议院和法国国民议会共约 830 名议员发表了讲话。在点明该地点（凡尔赛宫）的重要性之余，四位发言者都强调了法德和解、合作和友谊等成就的历史意义。希拉克在演讲中宣布："从现在开始，凡尔赛宫这个曾经给我们的集体记忆打上深刻烙印的地方，将象征着法国与德国之间的兄弟情谊。"⑤

第二天，即 2003 年 1 月 23 日，庆祝活动在德国柏林继续进行，施罗德和希拉克共同为一块雕刻着阿登纳和戴高乐作为朋友相互握手的牌匾揭

---

① de Bresson 1988; Presse – und Informationsamt der Bundesregierung (Bulletin) 1988, 82 – 88.
② *Süddeutsche Zeitung*, January 24, 2003, 5.
③ Gauweiler 2003.
④ Janes 2003, 1.
⑤ *Frankfurter Allgemeine Zeitung*, January 23, 2003, 1.

幕。在勃兰登堡门附近的巴黎广场（Pariser Platz），希拉克还出席了新落成的法国驻德国大使馆的正式启用仪式，施罗德和希拉克以及来自两国的约500名青年讨论了法德关系的未来。正如在1973年和1988年分别纪念《爱丽舍宫条约》签署10周年和25周年时所做的那样，为纪念《爱丽舍宫条约》签署40周年，法国和德国的邮政部门在2003年也发行了特殊的周年纪念日邮票。①

首要的事情优先："具有象征意义的首次"传统

另一组不断重塑法德意义的象征性实践，乃是各种各样"具有象征意义的首次"（symbolic firsts）。

联邦总理和共和国总统们。

几十年来，新上任的德国总理和法国总统都选择对方国家作为其就职后首次出访的目的地，这已经成为一种象征性传统。或者，新上任的官员所接待的第一个客人，就是其来自莱茵河对岸的同僚。1974年5月，德国总理赫尔穆特·施密特（Helmut Schmidt）和法国总统瓦勒里·吉斯卡尔·德斯坦（Valery Giscard d'estaing）几乎同时上任（1974年5月16日时任联邦德国财政部长的赫尔穆特·施密特被议会任命为总理，接替了此前因间谍丑闻辞职的维利·勃兰特，而5月19日吉斯卡尔·德斯坦则就任了法国总统——译者注）。德斯坦就任法国总统的当天就给施密特打了电话——"这种邀请形式在外交礼仪中非常罕见"②。不久之后，两人见了面。施密特在他的回忆录中写道："这是我们双方在就任新职务后与外国首脑的第一次会谈：吉斯卡尔接待了他的第一位外国访客，而对我本人来说则是就任德国总理后的第一次出国访问。尽管这被认为是理所当然的事情，但我们二人在这么短的时间内就举行会谈还是令欧洲公众舆论吃惊。"③

时隔七年之后，同样的情形再次发生——1981年，弗朗索瓦·密特朗（François Mitterrand，1981—1995年任法国总统——译者注）在总统选举中击败了吉斯卡尔·德斯坦，成为法兰西共和国的新一任总统。德国总理

---

① *Le Monde*, January 18, 2003, 24. 关于这种规制化双边网络在2003年1月的扩展和深化，见本书第二章。

② Ecker – Ertle 1998, 125.

③ Schmidt 1990, 168.

施密特随即访法，他回忆说："1981年5月21日弗朗索瓦·密特朗就任法国新总统；三天之后，我成了他接待的第一位来访的外国领导人。"① 一年半之后，赫尔穆特·施密特的继任者赫尔穆特·科尔打破了此前的纪录：1982年10月4日，在他当选德国总理的三天后，同时也是他宣誓就职后的第二天，科尔就动身前往了巴黎②——"对巴黎进行闪电式的访问（blitz visit）是为了强调德法紧密关系具有连续性"③。值得注意的是，当时法德两国首脑峰会磋商已定于10月21—22日举行。换句话说，作为常规的法德双边协商的重要内容，科尔在出任德国新总理后，实际上很快就会与法国总统会面。但是，对于法德标准来说，"很快"是不够的。"两国首脑第一次会面的时间，就像是一个鼓点，而这也是人们的认知……没有快，只有更快（Still faster was impossible）。"④

16年后，1998年德国社会民主党（SPD）人格哈德·施罗德在联邦选举中击败科尔；在他赢得选举三天之后，在正式就任德国总理之前，施罗德就前往巴黎进行了访问。⑤ "事实上，从法德两国的角度来看，施罗德访法几乎完全符合惯例。"⑥ 雅克·希拉克在1995年法国大选一结束，立即在斯特拉斯堡会见了德国时任总理科尔。而且，十年之后的2005年，希拉克有意将德国定为他以法国总统身份最后一次官方出访的目的地，显示了法德双边关系的重要性和示范意义——这是他第32次正式跨越莱茵河到访德国。⑦ 德国现任总理安格拉·默克尔延续了这一传统，2005年11月她在上任后不久就访问巴黎，法国是其出访的第一个国家；2009年10月默克尔连任，在宣誓开启其第二个总理任期的两小时后，她即前往巴黎进行访问。⑧ 同样地，2007年5月16日，尼古拉·萨科齐（Nicolas Sarkozy）在正式就任法国总统几个小时后就从巴黎飞往柏林，对德国进行访问；2012年5月，法国总统弗朗索瓦·奥朗德（François Hollande）也效仿了这一做

---

① Schmidt 1990, 241.
② Becker 1983.
③ Dokumente, Documents and Duetsch-Französisches Insitut Ludwigsburg 1993, 71.
④ Ziebura 1997, 328.
⑤ 参见 Woyke 2000, 173。
⑥ Altwegg 1998.
⑦ *Frankfurter Allgemeine Zeitung*, "In Straßburg." May 17, 1995, 14; Rinke 2007.
⑧ *Frankfurter Allgemeine Zeitung*, "Die erste Deise." November 24, 2005; Wiegel 2009.

法。① (5月15日宣誓就任法国总统当天的晚些时候,奥朗德就前往柏林与德国总理默克尔进行了会谈——译者注)

部长、德国总统和其他的首次活动。

遵守"首要的事情优先"(first things first)礼节的人士,远不止德国总理和法国总统两位。1992年5月18日,担任德国外长18年之久的汉斯-迪特里希·根舍(Hans‐Dietrich Genscher,1969—1974年任德国内政部长,1974—1992年(有间断地)出任德国外长兼副总理——译者注)辞职,而就在同一天,他的继任者克劳斯·金克尔(Klaus Kinkel,1992—1998年任德国外长——译者注)获得任命后即与法国外长洛朗·迪马(Roland Dumas)和法国总理皮埃尔·贝雷戈瓦(Pierre Bérégovoy;弗朗索瓦·密特朗时期的法国总理,任期仅有11个月,即1992年4月2日—1993年3月29日——译者注)会面。② 6年之后,1998年10月28日,德国新任外交部长约施卡·菲舍尔(Joseph Fischer;1998—2005年任德国外长——译者注)在其升职后的几个小时,就会见了法国外交部长于贝尔·韦德里纳(Hubert Védrine;国内有时译为"韦德林"或"魏德林""维德林",1997—2002年任法国外长——译者注)。③ 2005年11月,弗兰克-沃尔特·施泰因迈尔(Frank‐Walter Steinmeier)在就任德国外长后立即陪同总理默克尔访问了巴黎。④

"首次访问"的传统,也常包括德国联邦总统。例如,1990年德国统一后,理查德·冯·魏茨泽克(Richard von Weizsächer,1984—1994年任德国总统——译者注)的首次出访就是赴法国访问。⑤ 1994年7月,德国总统罗曼·赫尔佐克(Roman Herzog,1994—1999年任德国总统——译者注)第一次正式出访就选择去巴黎。1999年7月27日,约翰内斯·劳(Johannes Rau,1999—2004年任德国总统——译者注)首次出访的目的地

---

① http://www.bundesregierung.de/Content/DE/Artikel/2007/05/2007‐05‐16; Wiegel 2009; *Frankfurter Allgemeine Zeitung*, May 16, 2012.
② 见 Deutsch‐Französisches Institut and Deutsche Frankreich‐Bibliothek 1995 (and after), 114。
③ *Frankfurter Allgemeine Zeitung*, October 28, 1998, 1.
④ *Süddeutsche Zeitung*, "Erste Auslandsreise: Merkels Tour de Force." November 23, 2005, http://www.sueddeutsche.de/politik/2.220/erste‐auslandsreise‐merkels‐tour‐de‐force‐1.884098. 不过,2009年德国时任外长基多·威斯特威勒(Guido Westerwelle)在访问法国之前先去了波兰。
⑤ *Pariser Kurier* 40, May/June 1991.

也是巴黎。霍斯特·克勒（Horst Köhler，2004—2010年任德国总统——译者注）为了指出"德国—波兰关系尚有未充分发展的潜力"，在访法之前首先于2004年7月15日访问波兰。但是，克里斯蒂安·伍尔夫（Christian Wulff，2010—2012年任德国总统——译者注）恢复了严格的法德习俗，于2010年7月7日前往法国首都巴黎。①

还有许多其他的"第一次"实践，都是法德关系中"象征性的第一次"传统的有力补充。例如，在德国联邦议会迁到位于柏林的国会大厦后，法国总统雅克·希拉克成为第一位在新德国国会大厦发表讲话的外国政治家。在其讲话中，希拉克确认了这一具有象征意义的首次，并表示他为自己成为首位"在这里向全德国发表讲话"的外国国家元首"深受感动"，"感谢你们，我和我的同事们都不会忘记这一时刻"②。

单一事件与整体结构

除了或定期或不定期反复出现的象征性实践之外，一系列单独的象征性行为也延续和巩固了法德关系的意义。由于"单一事件"（single events）常常被人们认为是一些孤立的偶发事件，它们的意义常被低估。然而，如果将它们理解为某个（种）模式的有机组成部分，我们就会意识到它们实际上具有更为重要的意义。这些象征性行为绝不仅仅是一系列相互孤立、毫无关联的事件，而是某种被看作理所当然的正常状态的基本组成部分。这种常态已经变得如此深入人心，以至于有些象征性行为发生后几乎无人关注，当然还是有不少事件获得媒体的广泛报道。

柏林的奠基仪式（1998年7月）。

1998年7月，德国外长金克尔和法国外长韦德里纳在柏林的巴黎广场，共同为开工新建的法国大使馆"奠基"（Grundsteinlegung），该使馆位于勃兰登堡门附近，面朝以德国国会大厦（Reichstag）为中心的德国政府

---

① Hehn 1994; *Süddeutsche Zeitung*, "Raubetont gute Beziehungen zu Frankreich," July 28, 1999, 7; *Frankfurter Allgemeine Zeitung*, "Köhler: Die Geschichte wird nicht Umgeschrieben," July 16, 2004, 1, 16; http://www.france-allemagne.fr/Bundesprasident-Wulff-trifft, 5649.html.

② 希拉克在演说中提到戴高乐在德国所作的演讲，提及戴高乐所说的"我们的和解，我们之间的联盟是整个历史中最令人振奋的事件之一"。希拉克将自己也置于戴高乐将军开创的传统之中，复述并再现了其意义。引文出自希拉克2000年6月27日的演讲全文。*Le Monde*, June 28, 2000, 16-17; *Frankfurter Allgemeine Zeitung*, June 28, 2000, 10-11.

办公区。① 由于德国政府整体从波恩迁至柏林，法国大使馆也不得不随之搬迁。老的法国使馆就坐落于此，这里过去是从1961年起横贯柏林的无人区，原使馆早已夷为平地。1990年以后，法国和德国同意在此旧址上重建新的法国大使馆；随着1998年法德两国外长共同为其奠基，法国新大使馆的建设正式开始。②

香榭丽舍大道（Champs – Elysées）上的德国士兵（1994年7月和2003年）。

1994年5月，在米卢斯/阿尔萨斯（Mulhouse/Alsace）举行的第63次法德协商会议上，法国总统密特朗宣布他已邀请德国士兵与法国军队一起参加阅兵游行，庆祝法国的国庆节。③ 1994年7月14日，法德混合旅/欧洲军团（Franco – German Brigade/Eurocorps）中的法德两国士兵共同在香榭丽舍大道上举行了阅兵游行。法国士兵身着法式制服，德国士兵穿着德式制服；但他们都戴着贝雷帽，表明他们共同属于欧洲军团。在巴黎获得解放（1944年8月25日，占领巴黎的德国守军投降——译者注）五十年后，身穿制服的德国士兵重返法国首都。但他们出现在巴黎的意义却已经发生了翻天覆地的变化。现在，他们和法国军队都全副武装，并属于同一个军事单位（欧洲军团——译者注）。7月14日那一天，参加阅兵游行的法德两国军队接受了他们的政治领导人的检阅，这一幕展示了法德之间团结和亲密，壮观的场面就如在庆祝攻占巴士底狱（Bastille）。④ 9年之后，即2003年7月14日，一位担任欧洲军团司令的德国将军率领两国军队参加了在香榭丽舍大道举行的阅兵式，这种情形在法国国庆游行的历史上还是第一次出现。⑤

施密特和吉斯卡尔与查理曼大帝的宝座（Charlemagne's throne）（1978年9月）。

1978年9月14日，在第32次法德首脑会议磋商期间，德国总理施密

---

① *Di Welt*, July 11 – 12, 1998, 2.

② 在完成这一象征性举动后，两位部长还利用此机会强调"没有什么能够替代法德间的紧密关系"，见 *Frankfurter Allgemeine Zeitung*, July 11, 1998, 4。

③ Deutsch – Französisches Institut and Deutsche Frankreich – Bibliothek 1995 (and after).

④ 当天，在游行期间在天空中喷出蓝白红色的飞机中队由阿尔法喷气机组成，这是法国—德国军用飞机在20世纪60年代末和70年代的合作。见 Bittner 1986, 118 – 119; Couapel 1994。

⑤ *Le Figaro*, July 14, 2003, 5; *Süddeutsche Zeitung*, 14 July 2003, 4; *Süddeutsche Zeitung*, July 15, 2003, 1.

特和法国总统吉斯卡尔·德斯坦共同出席了在亚琛大教堂举行的一场音乐会。在查理曼大帝的宝座和棺椁面前，德斯坦说"我们法国人把他称为法兰克，而你们认为他是德国的恺撒"①，德斯坦呼吁召唤"查理曼大帝的精神"②，"以增进德意志联邦共和国与法国间的善意和相互理解"③。施密特也说这块"象征着法德两国对抗的土地"却也是"法兰西和德意志两个民族共同的历史发源地"④，他提议为"法德和平以及两国人民的友谊与合作"干杯：⑤"对待过去，最重要的就是把握好现在，并开创一个美好的未来。正是在这种共同观点，可能更是在我们的共同经历的基础上，我们（德国和法国）建立起彼此之间的友谊。"施密特表示，"事实上，自罗伯特·舒曼以来、自阿登纳以来，自戴高乐以来，我们已经形成了一种传统，它对我们两国人民……以及整个欧洲都具有很高的价值。我们应该努力保存和增进这一传统，把它作为一种具有约束力的遗产传给后人"⑥。很多观察者注意到，此次亚琛会议与之前法德关系的表现形式有相似之处，很容易让他们回忆起两次世界大战结束后戴高乐和阿登纳在法国兰斯大教堂（Reims's cathedral）共同参加活动的场面：⑦"在查理曼大帝宝座的旁边出现了类似兰斯的情形。"⑧

科尔与密特朗在凡尔登的握手（1984年9月）。

1984年9月22日，法国总统密特朗和德国总理科尔在凡尔登会面。凡尔登是第一次世界大战期间最恐怖的屠戮之地，在1916年2月至12月这段时间里，约有75万法国人和德国人在当时堪称最大规模的战斗中相互厮杀。此前，密特朗曾在新闻发布会上宣布，他打算与德国总理在凡尔登会面，通过这种仪式他和科尔将"展示法德友谊牢不可破的基础……以及我们对未来的承诺"⑨。

密特朗和科尔在凡尔登举行会面，目的是纪念在两次世界大战中阵亡

---

① Giscard d'Estaing 1978a, 950.
② Giscard d'Estaing 1978b, 953.
③ Giscard d'Estaing 1978c, 951.
④ Schmidt 1978, 949.
⑤ Schmidt 1978, 950.
⑥ Schmidt 1978, 949.
⑦ *Frankfurter Allgemeine Zeitung*, September 14, 1978, 10.
⑧ 这是一篇关于当时法德关系历史回顾文章的标题：Winandy 1978。
⑨ Archiv der Ggenwart 1984, 27726.

的法德两国士兵,并公开表达一种"跨越坟墓的和解"(Versöhnung über den Gräbern)。他们共同发表了《凡尔登宣言》(*Erklärung von Verdun*, *Déclaration de Verdun*),声称他们"在这一历史遗址联合纪念过去战斗中的死难者,他们要为此地打上新的标签,意味着两国人民从此不可逆转地走上了和平、理性和友好合作之路"①。

在香槟大区的初秋时节,法德两国领导人并排站立在古老的杜奥蒙要塞(Fort Douaumont)的墓地上,做出了上述令人激动的表态。科尔后来坚持说,他们的举动并非先计划安排,也没有经过排练,但弗朗索瓦·密特朗与赫尔穆特·科尔手拉手站在欧洲曾经最血腥之地的中央,面对着被法国国旗和德国国旗覆盖的棺椁,这一剪影深深地印在了莱茵河两岸的集体记忆之中。无论此安排是否自然发生,密特朗与科尔这两位政治家,正如他们之前的两位领导人戴高乐和阿登纳一样,都非常清楚他们做出这样举动所具有的象征性含义。对此,德国历史学家赫斯特·默勒(Horst Möller)描述了这一举动的实质内涵:

> 1984年9月22日,他们手拉着手共同面向位于凡尔登附近的那片墓地,创造了在两国历史上最具悲情色彩的地点之一进行和解的历史纪录,几乎没有任何其他地方比这里更能让人们认识到德国人和法国人有多远的距离,同时也没有任何地方比这里更让人感觉两国人更应因共同的命运而相互团结。通过这种象征性的行为,科尔和密特朗将两国敌意中一个阻隔彼此的地点变成了一个共同哀悼、同呼吸共命运的地方:他们宣称两国都已经从历史中得出结论,要停止自相残杀,并且转而着眼于联合设计它们共同的未来。②

---

① Dokumente, Documents and Deutsch – Französisches Institut Ludwigsburg 1993, 78 – 79. 《凡尔登声明》(Declaration of Verdun) 原文全文如下:"We have reconciled. We have understood. We have become friends. Today, on 22 September 1984, the chancellor of the Federal Republic of Germany and the president of the French Republic have gathered in Verrdun in order to bow down before the graves of France's and Germany's sons who fell here. With their joint honoring of the dead of past battles at this historical site they set a mark that both people irrevocably have embarked on the route of peace, reason, and cooperation in friendship." Dokumente, Documents and Deurtsch – Französisches Insitut Ludwigsburg 1993, 78 – 79.

② Möller 1998, 59. 关于与此处论述相关的凡尔登的历史和象征性意义,可见 Krumeich 1995。关于1984年科尔—密特朗的会面,Krumeich 把凡尔登称作"建设新型法德共同记忆的出发点"Krumeich 1995, 139。

密特朗和科尔都明白他们这种举动的意义，正如大约五年后（1989年左右——译者注）密特朗对记者提出的问题做出的回应所表明的那样：

记者提问：这些天，人们看到巴黎的墙上到处都张贴着一张很漂亮的、显示您与德国总理科尔携手的海报。那么，法德之间的合作是否如同这张海报所显示的那样运行良好？

密特朗回答：这张照片是在凡尔登举行的一个重要仪式上拍摄的，你肯定听说过这个仪式。这是一张快照，但它的确沿袭了法国和德国政治延续超过35年的传统。毕竟这只是一张有象征意义的照片，所以不要就此得出夸张的结论，但是象征意义并非不重要。我们一直在持续进行交流，我们不断地理顺问题；但这一切都是在一种信任的气氛中发生的。①

重要的是，要理解科尔和密特朗的象征性行为所造就出的认知上的巨大飞跃：通过共同哀悼因战争而死去的人们，法德两国以"共同"的名义给它们彼此相互造成的损失和伤害赋予了一种新的象征性意义。在这个地方（凡尔登——译者注），公元843年8月11日查理曼大帝的孙子们签署《凡尔登条约》使得帝国分裂，一千多年后查理曼家族成员的两大分支相互博弈厮杀，而如今，法德两国通过共同纪念那些因为战争而死去的同属查理曼家族成员的方式，将两国人民团结了起来。

自我参照主义：纪念戴高乐和阿登纳（1987年7月和9月）。

1987年7月5日，就在《爱丽舍宫条约》签署25周年纪念活动前夕，仿佛是参照了阿登纳和戴高乐在1962年访问对方国家的那些意义创造和"认同生成"（identity‑producing）之旅，德国总理科尔和法国总理希拉克一起参观了位于法国上马恩省科龙贝双教堂镇乡村墓地的戴高乐将军陵墓。② 同一天，法德两国总理还共同参加了在兰斯举行的庆祝法德友谊的弥撒。第二天，即1987年7月6日，法德两国的军官在位于巴黎的军事学院 École Militaire（法国圣西尔军校，法语全称：École Spéciale Militaire de Saint‑Cyr。该校由拿破仑始创于1802年，因其早年建在巴黎郊外凡尔赛

---

① Mitterrand 1989b, 351.
② Ziebura 1997, 329.

宫附近的圣西尔而得名；作为法国陆军的一所军事专科学校，它也是法国最重要的军校，曾与英国桑赫斯特皇家军事学院、美国西点军校以及俄罗斯伏龙芝军事学院并称世界"四大军校"——译者注）共同举行了一次讨论会。① 1987年9月19日，在科尔和希拉克的见证下，法德两国青年在路德维希堡进行了共同游行活动，以纪念戴高乐在1962年9月9日对路德维希堡的访问和他在此向德国青年发表的演讲②，当时这位法国总统曾谈到法德两国"理应组织起来实现二者间完全自然的团结"③。经过了四分之一个世纪（1962—1987年——译者注）之后，法德两国的自我参照主义似乎一直在发挥着作用。这种自我参照主义，也重现并延续了一种关系的意义和目的。

意义：塑造标准与绑定预期

具有重大象征意义的国际行为与实践，它最重要的作用是能够产生、延续、证实或扩展国际范畴的社会意义和目的。它们塑造出区分政治常态和非常态的标准，勾画出判断某些具体政策成功或失败的参考依据。即使这种标准和依据比较脆弱，但它们仍然能够引发一种归属感，这种归属感可随着时间的推移而不断加强国家之间的特殊联系。

常态与偏差

首先，象征性实践产生关于什么是正常的标准，之后我们也就能知道何为非正常状态或者说偏差。这些标准，包括对某些关系的正常期望和"正常要求"——提出者为关系的直接参与方，他们之间保持着制度化联系。"正常"的要素在结构上包括能够合法地要什么和做什么以及可以合理地期望得到什么和实现什么；还包括在一种关系中涉及的大事、小事、一般性事务和具体事务中，什么行为是正常行为。这些要素需要澄清：什么是正常行为？什么是意外和不适？它们应有助于界定什么是"正常的"

---

① Deurtsch – Französisches InstitutDeutsch – Frankreich – Bibliothek 1995（and after），92.

② 参见 Chirac 1988；Deutsch – Französisches Institut Deutsch – Frankreich – Bibliothek 1995（and after），93。

③ de Gaulle 1970c，16.

和可接受的,以及关系中和谐水平、紧张程度或冲突的可承受程度。

实际上,各种国际关系,无论是双边关系还是其他类型的关系,根据行为的正常性或者和谐和冲突的正常水平来看,都存在很大差异。在满足正常期望方面,它们也有很多不同。例如,在过去半个世纪的法德关系发展过程中,一方完全可能会指责对方违背了这种关系的精神——以颁布本国法令和禁令的方式违反那些通过许多象征性实践而自我建构起来的正常标准。

为成功或失败提供参考依据

其次,通过象征性实践而制度化的内涵或意义,塑造了评估特定政策或很多政策是成功还是失败的参考依据。目的合法性的社会情境是象征符号帮助创建的,它确立了评价标准。这些参考点随时间和空间的不同而发生变化。因为"法德友谊"已经成为这两个国家过去50年里广泛共享的价值,所以如提出或落实共同项目或联合倡议,就可被列为政治上的成功。同样地,如能避免法德之间的分歧或紧张,特别是在艰难时刻做到这一点,政治人物就会因此受到赞扬。

从先前的范例来看,德国前总理赫尔穆特·施密特在其离任近20年后仍然骄傲地宣称,在他担任德国总理和吉斯卡尔·德斯坦担任法国总统期间,"人们从档案中会发现在我们两人共事的七年时间里彼此之间在观点上没有什么不同,只留下众多成功的联合倡议"[①]。为什么施密特这样说?为什么还有法德两国无数职位不同、个性迥异的官员们都如此表态?如果不用具有共同意义的社会背景来解释,其他因素很难给出合理解释,正是这种共同意义提供给所有上述人和他们的行为以固定的规范性参照。

在一起的归属感

最后,通过产生和嵌入一种归属感,象征性实践有助于加强国家之间的特定联系,即使这种联系处于萌芽状态或是很脆弱。象征性实践有助于表明谁属于谁(who belongs to whom)、出于何种原因以及为了达到何种目的。符号是社会组成的一部分,可向行动者提供整合和共同行动的理由。反过来,符号也可以区分谁不属于某个整体、谁不是特定关系中的一部分

---

① H. Schmidt 1999.

以及为什么"他者"是外人、对手或敌人。

在法德关系这一案例中，关于这种归属感的表达可以在德国前总理施密特的声明中找到："对于今天乃至进入下一个千年后都是事实的一个情况就是：我们所生活的地方就在法国的另一边。"① 这也有助于解释为什么德国社会民主主义者的偶像赫伯特·韦纳（Hebert Wehner）在他对法德关系的经典论断中这样描述集体归属感："没有法国，一切均无意义。"②

本章小结

20世纪50年代以来法德关系中的象征性行为和实践，如果我们认为它们整体上是一种模式的有机组成部分，特别是当我们回溯法国过去与代表德国的不同政治体之间的强烈敌意和无数战争之后，就可发现它们已是当代欧洲和欧洲政治核心双边关系中的一个引人注目的维度。

如今，许多欧洲观察家都把法国和德国称为"旧婚姻"或"老夫妻"。这种表征不应被视为理所当然。数十年前，戴高乐和阿登纳通过一系列的行动、表态和演讲才奠定下法德之间这种有价值关系的基础，这些行为、姿态和演讲产生并灌输了新的意义，也改变了法德关系发展初期的社会目的。正是1958—1963年的那些象征性行为形成了"奠基性的共同体神话"（communal foundational myths）的核心，对此，法国《世界报》评论员卢卡·德拉特（Lucas Delattre；1989—1997年任法国《世界报》的德国常驻记者和联络人——译者注）在大约40年后曾撰写了有关文章。③ 自那时起，重大的象征性行为和实践不断再现，戴高乐和阿登纳二人共同创建的法德关系的意义和目的才得以延续和充实。

主要象征性行为和实践是一类独特的国际活动。它们的目的不是解决眼前的政治问题，也不是直接谋求利益、确定立场或推出政策。相反，这些实践是在预示共同行动有什么意义。它们表达了一种更为深刻的社会意义，而正是这种社会意义支撑着国家之间的关系，并激发主体做出具体选择，使得它们进行有价值和有意义的合作。这些意义和目的的结构为很多

---

① Schmidt 1996.
② 引自 H. Schmidt 1999。
③ Delattre 1997.

日常政治提供了一个展现的舞台。它们有助于构建关于正常的标准,确立评判成败的参考依据,并培养一种加强双边关系的基本归属感。

符号所产生的意义和目的,也有助于为国际事务提供稳定和秩序——这被理解为避免随机事件、过度动荡和陷入混乱。它们巩固着国家之间的联系,使得法国和德国能够在经常面临各自国内发生重大变化以及国际局势演变的情况下仍然保持双方团结。

特别是在冷战结束后,一些见多识广、长期关注法德关系发展的观察者们开始注意到,这些意义和目的已经成为法德双边关系的重要组成部分,是团结两国并激励两国政府齐心协力保护法德关系这一特殊和有价值事物的因素之一。例如,报纸编辑冈特·诺嫩马赫(Günther Nonnenmacher)① 指出:"法德合作的必要性得到两国坚定认可,两国所有政党都认为它具有外交政策实施的'国家理由'(reason of state)。"② 诺嫩马赫还曾经指出:"法德合作的重要性受到了如此之高的评价,以至于双方都不允许这一关系出现任何污点。"③ 在更深层次上,他指出这些关系"曾经化解日常政治事务中无数的危机,原因就在于合作的原则被置于非常高的地位之上,这就使其不再会受当下某些争论的消极影响"④。同样地,政治学者冈瑟·赫尔曼(Gunther Hellmann)认为,寻求"法国和德国之间共识和走向团结(Zusammenrücken)"的格言在冷战结束之后仍然保持不变,并形成了一种"塑造行为的中心思想模式(zentrale handlungsleitende Denkmuster)……(而且)使德国的绝大多数外交政策能够超越党派隶属关系"⑤。

---

① 冈特·诺嫩马赫时为《法兰克福汇报》(*Frankfurter Allgemeine Zeitung*,FAZ)出版人之一、编辑。德国《法兰克福汇报》的前身是《美因兹汇报》,是一份全国性德语日报,创刊于1949年11月,总部位于美因河畔法兰克福。该报不设主编,但有数位出版人;其版面内容较为严肃,涉及政治、经济、艺术等,尤以经济新闻为主且有很多广告;主要读者群体为中产阶级知识分子,在20世纪90年代该报的日发行量已超35万份,在国内外拥有很高知名度和大量读者。《法兰克福汇报》在德语社会具有巨大的影响力,它登载的文章也经常被其他国家的媒体引用或转载,因而该报成为最具国际知名度的德文报纸。官网:http://www.faz.net/。——译者注

② Nonnenmacher 1997a. 国内有研究指出,学界通常从国家统治手段理性化的角度将其译为"国家理性"。参见岳成浩《"国家理由"的现代意蕴——对"reason of state"的历史解读》,《西北大学学报》(哲学社会科学版)2011年第3期,第70页。——译者注

③ Nonnenmacher 1993.

④ Nonnenmacher 1998.

⑤ Hellmann 1995, 19.

第四章

双边关系的准公共基础

除通常所说的国家与社会或者说公共与私人二元差别之外，还存在一种特别的跨境活动。它们既不属于政府或官方的公共范畴，也不属于私人跨国社会和经济活动，但却是特定国家之间关系的巩固和支撑者。半个多世纪以来，在法国和德国国家间关系之下，双方在社会交往和经济交融之外，还存在着一种法德制度化关系——它既不是公共关系，也不是严格意义上的个人之间的活动，而是一种"准公共的"（parapublic）交往。研究国际问题以及欧洲事务的学者很少系统地探讨法德双边关系中的这一重要方面，也没有发掘它对法德关系的韧性和适应性的影响。

法德关系的准公共基础，包括广泛的青年和教育界交流：仅法德青年办公室自1963年以来就组织了750万人参加交流活动；两国的城镇之间，以及法国的省（départements）或大区（régions）与德国的县（Landkreise）或州（Länder）之间已经建立了2000多对"友好关系"（twinships）；还有很多致力于发展法德关系的机构和协会。此外，还有各种其他的准公共元素，包括官方支持的大众媒体机构和大量与法德关系相关的奖项，它们都对上述准公共基础的三项主要内容提供了有力的补充。[①]

曾任德国驻法国大使阿克塞尔·赫伯斯特（Axel Herbst）认为："除了公共关系外，我们通过众多法德两国城市间的伙伴关系建立了一种人文交流网络。这些关系不是官方关系的附加物，而像是房屋的牢固的地基，

[①] 对我们所称的"准公共基础"中的部分要素的归纳，以及关于它们的历史发展过程的回顾，见 Auswartiges Amt and Ministere des Affaires Etrangeres 1996; Defrance, Kibener, and Nordblom 2010; Editions Oberlin 1988; Pfeil 2007; Vaillant 1988. 法德两国外长有关两国关系协调的报告，见 Barzel 1988; Hamon and Ahlers 1970; Lapie and Schmid 1973; Lenz and Wex 1983. 本章内容来自作者已发表的作品，Krotz 2002c; Krotz 2007。

使得双方官方关系的发展更稳健、更持久。"① 报纸编辑冈特·诺嫩马赫（第三章中提及的《法兰克福汇报》时任编辑——译者注）认为，这些伙伴关系，同其他许多法德之间的交流和实践一道，为两国关系"织出内衬，使其越来越结实"，同时它们也从底部为两国"在'重大'问题上的合作"进行支撑。② 1965 年，法德关系的资深分析家阿尔弗雷德·格罗塞（Alfred Grosser）③ 谈到了"当前政治关系的人文基础"④。雅克·德洛尔和卡尔·拉默斯（Karl Lamers）颇有成就感地声称："这种友谊，超出了政府和行政部门的政治权力中心。通过青年交流、城市伙伴关系以及命运休戚与共意识的某种觉醒，它在我们这一辈人中不断绽放生机。"⑤

本章提出了这样一个概念（准公共关系——译者注），通过它，我们可以理解一系列跨国活动的性质及其重要性，尽管这些活动的形式有所不同，但本质上它们都具有一致性。本章从实证的角度梳理并考察了自 20 世纪中期以来帮助界定和加强法德关系的这一种特殊类型的历史形态。如我们从概念上恰当理解国际关系中的准公共基础，就能够认清这一类为数众多的互动它们之间的关系。这样做也可以揭示出法德关系中的准公共实践是如何发展成为法德双边秩序以及不断演变的欧洲政策中的内在组成部分，而行为者又是如何随着时间的推移不断重复和将这些准公共关系向前推进。

法德关系中的这种特殊形态也与跨政体的欧洲化进程相关。它使得法国人和德国人变得更欧洲（more European），但却不会必然弱化他们各自的民族性。法德关系中的准公共基础为两国之间的诸多事务提供了资源：它们帮助培养了很多从事双边关系发展的人员，并使他们在一定程度上被社会化；在产生和延续法德关系的特定意义和社会目的方面，它们也做出了积极贡献。总的来说，自 20 世纪 50 年代以来，这些准公共基础有助于赋予"特殊的"法德关系以持久和稳定，从而也帮助作为世界中一分子的欧洲内部更加团结。

---

① Herbst 1978.
② "…ein Unterfutter gewebt…, das zunehmend reißfest ist…" Nonnenmacher 1997b.
③ 法国巴黎政治学院教授，著有 LES IDENTITÉS DIFFICILES，中文版参见阿尔弗雷德·格罗塞《身份认同的困境》，王鲲译，社会科学文献出版社 2010 年版。——译者注
④ Grosser 1965, 26.
⑤ Delore and Lamers 1998.

(法德之间的)准公共互动

国际关系的准公共基础,乃是一种独特的跨国界的活动。法德关系中的准公共基础,则是支撑法德双边秩序的重要结构特征。

何谓"准公共"

准公共进程不属于通常关于公共—私人/国家—社会的二元分类。准公共基础是"国家世界"的国际公共实践和"社会世界"的私人活动之外的第三种国家互动。①

准公共进程不是公共活动:准公共互动的主体不是国家或政府的官方代表,也不是参与国家领导人的下属(subcontracted agents)。准公共交往也并非跨政府(transgovernmental)行为,换而言之,准公共交往并非官僚网络,亦非政府次级单位里的公共官员为追求自己的目标而独立行动(其目的和行动甚至可能与本国政府背道而驰)所构建的联盟。②

不过,准公共交往也不是严格意义上的私人行为:它们并非公民社会的组成部分,不论是国家、区域、还是全球层面的公民社会,也不管这些公民社会的自治程度有多高。与私人个体之间或社会集体之间的跨国关系有所不同,准公共活动在很大程度上是由官方资助、组织或是联合组织起来的。尽管同作为资助方的政府及其官僚机构只存在松散的联系,但准公共互动如果没有国家资助或公开的组织支持是几乎不可能存在的。"这并非不同自治社团之间的彼此融合(interpenetration)。"③

参与准公共交流的并不是通常所说的私人跨国社团(世界)这类(非国家)行为体,如跨国公司、国际非政府组织(INGOs)、专业共同体(epistemic communities)、倡议网络(advocacy networks)或跨国社会运动团体中的其他松散联盟。准公共交流过程也不涉及贸易、国际生产网络、

---

① 对于描述一系列相互关联的国内现象、"弥合公共与私人之间差距"但同时"在很大程度上处于公众关注中心之外"运作的(国内)"准公共机构"的概念,见 Katzenstein 1987, 58 – 80。
② 可比较 Risse – Kappen 1995a, 4, 9 – 10; Risse – Kappen 1995b, 285; Slaughter 1997; Slaughter 2004; see also Risse – Kappen, 1995c。
③ 法德在私人领域的经济和社会互动,参见 Leblond 1997;经典的说法参见 Puchala 1970。

移民或旅游业。

准公共基础在结构上以整体形式呈现，这使其影响国际事务的方式也与私人—社会的跨国关系有差别。一般而言，跨国行为体通常在特定和限定的时间内，"影响具体问题领域具体问题的政策结果和国家行为"①。相比之下，准公共行为体很少寻求直接对国家政策施加影响，或试图实现短期、具体的政策结果。

准公共基础通过各种方式构建国际目的并将其制度化，与跨国游说相比，它更加间接地影响国际交往，同时其效力也更长久。如准公共基础发挥效应，不会机械诞生具体决定或是结果，而是意味着某种特定的意义可以缓慢地渗透入区域或国际事务之中，国际社会目标也实现了扩散和制度化。它们是某种具有社会或政治意义的跨境环境（cross-border environment）的组成部分，这种跨境环境有助于理出问题（frame issues）、从而对国家的对外关系产生更一般性的间接影响，同时也可使特定的国家间关系定位更清晰、基础更牢固。准公共基础是一种在更长时间层面上扩展和运作的社会进程。②

行动者与结构：动机、过程和形成

正确理解准公共实践的概念，使我们能够理解各种各样的互动和过程是如何相互联系的，以及它们如何在整体上构成了一种特殊类型的国际机

---

① Risse-Kappen 1995a, 5；关于跨国行为体发挥"政策影响"的条件，参见 Risse 2002；Risse-Kappen 1995a；Risse-Kappen 1995b。

② 可以肯定的是，准公共活动不是法德特殊现象。许多国家之间都存在各种准公共互动的混合。一些国家或国际组织，如欧盟特别支持准公共活动。例如，对于欧盟范围内的"城镇结对"（town-twinning）的研究，参见 http://ec.europa.eu/towntwinning/index_en.html。关于德国与以色列之间大规模的准公共基础历史和政治，参见 Heil 2011。美国旨在将其国际特定社会目的制度化的历史已有约60年时间，它资助或组织了规模可观的国际交流——这被实践者和学者称为"公民外交"（citizen diplomacy）。可参见"What is Citizen Diplomacy?" and "Coalition for Citizen Diplomcy; The Basics of Citizen Diplomacy," http://www.citizen-diplomacy.org and other links from there，关于美国国务院对公民外交的声明，参见 Burns 2006。关于美国和其他国家城市之间的"姐妹城市"关系（sister cities），参见 http://www.sister-cities.org。"公民外交"一词已暗指这种活动一定程度上发生于国家和社会之间。然而，这种活动并不属于二者中的任何一种，而且"外交"（diplomacy）意味着代表其国家的公职人员。很多"公民外交"都可纳入本章概念术语中的"准公共"范畴。"准公共基础"（parapublic underpinnings）这一概念抓住了这类实践的本质特征，并使其从概念意义上与一般的国际关系和政治科学研究联系起来。对于一些早期尝试界定与本章概念论述相关的概念基础，参见 Marshall 1949。

制化结构。准确理解国际关系中的准公共基础,也能让我们弄清这些结构如何形成,以及行为体是如何随着时间的推移再现它们的。①

政治学者玛莎·芬妮莫尔（Martha finnemore）认为："行为体创造着结构,这种结构具有自身的生命力,并且反过来塑造着后续的行为。"② 作为法德关系中的准公共实体,个体、团体和政府实际上存在很多不同之处。但是,它们至少共同拥有以下两方面动机中的一个:(1) 促进法德两国及其人民之间的和解;(2) 随后确保法德两国之间的关系与友谊。

直到20世纪60年代初,和解的理念（Versöhnungsgedanke）一直是启动和发展法德之间准公共互动关系的核心要素。在经过法国和德国各个时期政治实体之间"几个世纪的对抗"（centuries of rivalry）以及从1871—1945年法国和德国之间存在"世仇"（hereditary enmity）的80多年之后,准公共制度化交往使法国人和德国人,除通过单纯的公共行政和政治方面的工作之外,能够更加紧密地联系在一起。根据《爱丽舍宫条约》的共同签署者之一法国时任外长顾夫·德姆维尔的观点,1963年1月签署的《爱丽舍宫条约》结束并"圆满实现"（crowned）了法德两国关系走向和解。③

同时,《爱丽舍宫条约》开启并决定性地塑造了一个历史性转折点,从此法国和德国在欧洲核心地区成为愈发紧密相连的合作者。《爱丽舍宫条约》促进了法德两国之间准公共网络的扩展,尽管只是该条约的第Ⅱ章的C条款直接涉及了本书中所说的准公共基础——该部分的条约内容规定,法德两国将在教育和青年事务方面加强合作,并宣布成立一个法德青年组织以"加强法德两国青年之间的现有纽带、增进他们的相互理解"④。

在20世纪60年代,法德两国扩大和加强了双方之间的准公共关系网络。由政府提供公共资助或组织的青年、学生和其他交流活动迅速扩展,城市伙伴关系的数量也急剧增长。为了维护和解、巩固和进一步发展友好

---

① 社会建构主义应当更仔细地关注经验层面的微观进程和微观行为体,参见 Checkel 1998；Checkel 2004。

② Finnemore 1996a, 30. 更一般性地论述行为体—结构和结构化的理论,参见 Dessler 1989；Giddens 1984；Wendt 1999, 第4章。

③ Couve de Murville 1988, 174. 戴高乐总统和阿登纳总理介绍了该条约的简短"共同宣言"中的和解动机——他们强调了他们的"信念",即法国和德国人民之间的和解"结束了长达数个世纪的对抗,这构成了一个历史性的事件,从根本上重新定义了两国人民之间的关系。"参见 Dokumente, Documents, and Deutsch - Französisches Institut Ludwigsburg 1993, 136 - 137。

④ 参见 Dokumente, Documents, and Deutsch - Französisches Institut Ludwigsburg 1993, 142 - 143。

关系，其他一些准公共因素也得以扩充和增加。

这些准公共基础一旦形成，就自己迸发出生命力。作为一种不断发生和演化的进程，它们就从其创建者们的持续培养和他们背后的内在动机中解放出来。随着这些实践的发展，它们所蕴含的社会意义和目的就开始具有自主性。这些准公共实践现已成为法德关系中一种独立的结构性要素。这种独特的形态已变为双边制度化秩序乃至不断演变的欧洲政策的重要组成部分。

随着两国关系实现和解，许多最初推动法德之间准公共基础制度建设的英雄主义和解动机（Versöhnungsmotiv）逐渐减弱。当然，这些当年推动建立制度的目标在明显实现后也没有消解掉法德两国之间已存的各种准公共问题。准公共基础已经超越了其建立之初的原始动机，并且具备了自己的生命力，它们继续为法德关系发展提供着资源、人员，从而增强法德两国的团结。

法德两国之间的准公共基础为意义的延续继续提供结构性支撑，反过来，保持意义的延续也在要求不断加强准公共基础。例如，加强法德关系的意义使得为此而进行的各项准公共活动的资助获得了合法性，这使得联邦各层面以及其他行为体对此项预算均无异议，这些项目的花费无须进行政治辩论。由于具有合法的社会目的，它们能够维持自身的正当性，让自己继续延续下去。

前所未有规模的人员互动

1962年9月9日，夏尔·戴高乐在访问路德维希堡期间，对德国青年宣布："为法德之间的友谊赋予切实可行的内容，将尤其成为两国青年的任务。"[①] 自20世纪60年代初以来，法国和德国组织起规模空前的青年间交流活动。在法国与德国之间的这种准公共交流活动中，法德青年办公室（Office Franco – Allemand pour la Jeunesse/ Deutsch – Französisches Jugendwerk）发挥着非常重要的作用。还有一些组织机构、项目以及学生、技工和其他人群之间的交流活动，也都是两国青年之间交往的组成部分。

---

① de Gaulle 1970c；引自第16页。

"法德青年办公室发展出两国之间有史以来最紧密的青年交流活动。"① 自1963年以来，约750万年轻人参加了多达30万个交流项目②——成为"有史以来规模最大的人口流动的青年交流活动"③。大规模的青年交流构成了法德关系准公共基础的第一支柱。

法德青年办公室，是第一个从《爱丽舍宫条约》确立的政治进程中发展起来的机构。④ 根据该条约的规定，1963年7月，在波恩举行的首次法德首脑会议磋商期间，时任法国外长顾夫·德姆维尔和时任联邦德国外长施罗德共同签署了关于设立"法德青年社（协会/办公室）/德法青年办公室"（OFAJ/DEJW）的基本文件。⑤ 这一新成立的机构，主要聚焦于两国青年之间的交流、举行会议和语言培训（培训对方国家语言），在其成立的当年就通过设在波恩和巴黎的办事处开始工作，每年的活动资金高达4000万德国马克。⑥ 在 OFAJ/DFJW 成立后的头几年里，每年有多达30万的法国和德国青年参加该机构主办的活动。⑦

法德青年办公室的历史和成就，已经被广泛认可并取得了无可争议的成功。办公室主席弗朗西斯·贝尔兰德（Francis Bellanger）强调该机构的重点是高质量的语言和教学课程。⑧ 50多年来，法德青年办公室组织两国的中小学和大学的交流活动，也资助运动员、艺术家和失业青年之间相互开展活动。⑨ 文化活动，包括共同组建合唱和表演团体、举办艺术家工作坊等也是资助内容。"这不是大巴车旅游"——"只有可与合作机构共同

---

① Ecker – Ertle 1998，125.
② 2012年2月中旬，法国—德国门户网站公布的参与者总数达到750万；法德青年办公室公布的数字约有800万人。参见 http：//www. france – allemagne. fr/Office – franco – allemand – pour – la，269. html；Deutsch – Französisches Jugendwerk 2010，1. 在今天每年大约7000—10000个项目中超过一半是团体之间的交流，其余的是个人交流计划。法国—德国门户网站以及我们在此处和之后引用的相关网页由两国外交部门共同运营和更新。参见 http：//www. france – allemagne. fr/Impressum，1367. html. 关于长期以来交流的数量与发展情况，可参见 Pressemappe "40 Jahre DFJW，"Deutsch – Französiches Jugendwerk，Berlin，1，10，http：//www. dfjw. org/de/ofaj/40ans/dossier_ 40. pdf. 有关 DFJW/OFAJ 各方面和活动的最新历史概述，见 Bock et al. 2008. 近年来从理论基础对法德青年办公室的综合研究，参见 Delori 2008。
③ Editions Oberlin 1988，275.
④ Kaehlbrandt 1993，123. 更多情况可参见 Bremer 1988，27；Vaillant 1988。
⑤ Ecker – Ertle 1998，123.
⑥ Ecker – Ertle 1998，123 – 124. 更多情况可参见 Heinemann 1977，311；Heyer 1969，15。
⑦ Friend 1991，42.
⑧ Bellanger 1996，47.
⑨ Leblond 1997，245；Deutsch – Französiches Jugendwerk 2010，2 – 3。

举办的项目才会纳入……大多数活动会持续两周的时间"①。法德青年办公室的设立,乃是基于戴高乐和阿登纳的共同信念,即青年人能够为法德两国之间建立持久关系做出贡献。②

除了青年办事处之外,法德之间的很多教育交流还涉及两国的大学和其他机构。自20世纪60年代以来,法国和德国大学之间的交流项目稳步增长。到1988年,法国和德国之间已有150个学习交流项目,两国大学建立合作伙伴关系达124对。③ 1986年10月27—28日,在法兰克福举行的第48次法德首脑会议协商期间,两国决定设立德法学院/法德学院(Deutsch – Französisches Hochschulkolleg/ Collège Franco – Allemand pour l'Enseignement Supérieur, DFHK/ CFAES)。④ 1987年11月12日,法德两国外长以交换照会的方式确认该学院的组建方案⑤,1988年1月底正式进入实施阶段。⑥

设立德法学院/法德学院的目的,是促进法德两国之间大学生和教授之间的交流,并通过整体协调双方已有的计划和交流来深化双方大学之间的关系。⑦ 到1992年,该学院已经帮助组织了法国和德国大学间的40门一体化学习课程,为来自各学科和专业的600多名学生提供了学习机会。⑧

1997年9月19日,法德两国通过一项政府间协议("魏玛协定",Weimar Agreement)建立了法德大学/德法大学(Deutsch – Franzosische Hochschule / Universite Franco – Allemande;DFH / UFA);1999年9月该大

---

① Friend 1991, 41.
② Morizet 1997, 119.
③ Morizet 1988, 199.
④ Deutsch – Französisches Institut and Deutsche Frankreich – Bibliothek 1995 (and after), 89.
⑤ 该照会的重印版本,参见 Deutsch – Französisches Hochschulkollegt/ Collège Franco – Allemand pour l'Enseignement Supérieur 1992, 7 – 9。
⑥ Deutsch – Französisches Institut and Deutsche Frankreich – Bibliothek 1995 (and after), 97.
⑦ Deutsch – Französisches Hochschulkolleg/Collège Franco – Allemand pour l'Enseignement Supé – rieur 1992, 5 – 7.
⑧ Deutsch – Französisches Hochschulkolleg/Collège Franco – Allemand pour l'Enseignement Supé – rieur 1992, 5. 其中有参与项目与交流的所有大学名单。

学正式开始运作，取代了此前的法德学院/德法学院。① 这一大学由法国和德国以同等金额共同资助，现在已成为拥有约 180 所法国和德国大学成员的顶层机制。它的特殊之处在于开发和拓展法德一体化学习课程。这种双国学习课程要求学生在对方国家大学完成很大一部分学业，学习课程也是由两国的合作机构共同设计并提供给学生的。

就这样，法国和德国的学生使用两国语言学习，并在两国度过他们的几年大学时光。毕业后，他们获得两个得到认证的大学学位——一个由法国大学颁发，另一个学位则由德国大学授予。从目前来看，这些联合大学项目很明显已对参与者的职业生涯和人生历程都产生了深远的影响。在完成学业数年后，过去的学生仍在参与跨国专业网络，而校友活动更是相当活跃。从项目数量增长的情况来看，法德大学/德法大学已经成为一个繁育各学科和各技能领域支持法德友好的精英的基地。如今，此类完全一体化的学习课程大约共有 135 项，涵盖了自然科学与人文和社会科学的所有学科，共招收约 4900 名法国和德国的学生攻读学士和硕士学位，还有 500 名博士研究生。② 根据法德两国的"2020 年议程"，德法大学/法德大学希望到 2020 年时将两国学生的入学人数增加一倍，达到 1 万人左右。③

镇、市与地区间的结对关系

法德两国城镇、城市和地区之间的"结对关系"（jumelage）或"伙伴关系"（partnerschaften），是法德关系准公共基础的第二根支柱。最初，这些伙伴关系仅建立在法国和德国的城市之间，后来扩展到法国的省、大区与德国的县、联邦州这些层级。例如，1962 年法国的勃艮第大区和德国

---

① 对于"魏玛协议"（Weimar Agreement）——正式名称为"Abkommen zwischen der Regierung der Bundesrepublik Deutschland und der Regierung der Französischen Republik über dieGründung einer Deutsch – Französischen Hochschule"，参见 http：//www.dfh – ufa.org/Weimarer_Abkommen.1651 + M5ccfd797d15.0.html. 本段中的数字来自 Université Franco – Allemande/Deutsch – Französische Hochschule 2011a, 4 et passim. 关于法德大学的历史，参见 Defrance and Pfeil 2007. 我们感谢 Henrik Uterwedde 提醒注意与法德大学有关的发展。

② 有关此类整合的两国学习课程列表，参见 Université Franco – Allemande/Deutsch – Französische Hochschule 2011a, 14 – 23；Université Franco – Allemande/Deutsch – Französische Hochschule 2011b, Annex.

③ UniversitéFranco – Allemande/Deutsch – Französische Hochschule 2011b, 10.

的莱茵兰—普法尔茨州率先结对，成为法德两国在大区与州这一层级结对关系的先驱。1986年法国罗纳—阿尔卑斯大区和德国巴登—符腾堡州、1995年法国布列塔尼大区和德国萨克森州结成伙伴关系，2003年法国法兰西岛大区［Île‐de‐France，作为围绕首都巴黎的一个大区，法兰西岛大区是法国的首都圈；因其以巴黎为中心，也被称为大巴黎地区（région parisienne）——译者注］和德国勃兰登堡州也结成友好省州。到20世纪90年代，法德两国地区之间的结对关系已达到2000多对。到21世纪，这些结对关系的数量保持了一种较为稳定的水平，大约有2200对。①

通过建立结对关系来推动法德关系和解的思想，发端于20世纪40年代的后期。② 1950年9月，法国蒙特贝利亚德和德国路德维希堡的市长们同意两个城镇之间相互"交流"，法德两国的第一对友城关系（Städtepartnerschaft）由此形成。12年之后，上述两个市镇的管理者将其关系正式定位为城市联盟，他们明确表明"法国城市和德国城市之间的友谊将有助于深化两国良好关系"③。策勒（德国）—默东（法国）、卡尔斯鲁厄（德国）—南锡（法国），很快也建立了这种姐妹市镇关系。在1963年《爱丽舍宫条约》签署之时，法德两国市镇之间已经建立了大约120对姐妹关系④，此后每年新增加30—80对不等。⑤ 到1973年《爱丽舍宫条约》签署10周年时，这种伙伴关系的数量已达到600对。1981年，两国举行了庆祝第1000对友好市镇关系建立的活动。⑥ 到20世纪90年代后半期，

---

① 根据欧洲市政和地区理事会（Council of Municipalities and Regions of Europe，CMRE）德国部分的在线数据，至2012年1月，法国和德国城市之间共建立了2035对"城镇伙伴关系或友好城市关系"（Städtepartnerschaften or jumelages）。Rat der Gemeinden und Regionen Europas, Deutsche Sektion 2012. 根据法国—德国互联网门户网站两国外交部的网页，法德城市和区域实体之间的"友好关系"（jumelages）总数为2200，参见 http://www.france‐allemagne.fr/Office‐franco‐allemand‐pour‐la,269.html. 关于法德城市与地区友好关系的名单，见 Auswärtiges Amt and Ministère des Affaires Etrangères 1996, 129–210; Varin 2007. 后一处文献还对具体友好城市关系的内容和活动做了简要总结。

② Azam 1998, 109.

③ As quoted in Azam 1998.

④ Santini 1993, 334.

⑤ Engelhardt 1978, 105.

⑥ Engelhardt 1978.

法德两国之间各层级的友城关系数量上升到大约 2000 对。①

一般而言,结对的法德城市具有大致相同的规模。通常这种结对关系还有其他一些参照依据,包括相近的社会或经济背景、历史上具有相似之处或具备一定的历史关联等。而且,建立伙伴关系的两个城市还经常面临相似的挑战,比如在经济发展和社会经济方面的困难。例如,德国的鲁尔和萨尔地区同法国洛林地区相互建立伙伴关系的一些城市,就都面临本地区产业衰败的问题。

有时候,共有记忆也会促成城市互建伙伴关系。例如,同为煤炭采掘城市的黑尔讷(Herne,位于德国北威州鲁尔工业区——译者注)和海宁·利塔德(Hénin Liétard)之所以建立友城关系,就是由对一次灾难的共同记忆而引发的——1906 年,约有 1000 名矿工在法国的海宁·利塔德被埋在地下。尽管当时法德两国之间的关系紧张,德国黑尔讷市仍然毫不犹豫派出救援人员和专家,并带去当时法国没有的技术设备。正是这种共同记忆,促使法德这两座工业市镇在 50 年之后(1956 年——译者注)结为一对友好城市。②

还有一个例子,就是海德堡(Heidelberg)和蒙彼利埃(Montpellier)之间的友好城市关系。这两个城市的规模差不多大,都属于古老而迷人的大学之城,学术和旅游业的氛围是它们共有的日常生活气息。1957 年 2 月,在一次医学会议之后,海德堡市和蒙彼利埃市的市长们一起接待了来自这两个城市大学参加会议的学生和教授团体。在两地大学进行这种交流之后,海德堡和蒙彼利埃市政当局在 1961 年决定建立友城关系,以使彼此之间的交流更加丰富多彩。③ 据海德堡市政府的估计,所有 10—20 岁的海德堡人,约一半至少参加过一次与蒙彼利埃的交流活动。④

这种城市伙伴关系举办的活动非常广泛,活动层次跨度也很大。参加

---

① Azam 1998, 109 – 110; 关于法国的大区 (régions) 与德国的联邦州 (Länder) 之间的友好关系,参见 http://www.france-allemagne.fr/La-cooperation-regionale,1154.html。有关法国的省 (départements) 与德国的县 (Landkreise) 或其他地区实体之间友好关系的清单,参见 http://www.france-allemagne.fr/La-cooperation-departementale,2463.html。

② Azam 1998, 110.

③ Azam 1998.

④ de l'Ain et al. 1996, 123. 关于其他很多不同种类的友好城镇关系的历史与内容,以及具有不同规模、历史与经济背景的各城镇之间的关系,参见 Dümmer 2010 (on Frankenthal – Colombes), Pfeil 2010 (on Saint – Étienne – Wuppertal), Pacchiano 2010 (Bordeaux – Munich), and Dierkes 2010 (Borgentreich – Rue). 其他的案例研究参见 de l'Ain et al. 1996, 123。

第四章 双边关系的准公共基础

交流活动的通常为高中生、体育俱乐部和各种各样的文化协会。在20世纪60年代，城市伙伴之间的交流开始纳入退伍老兵和前战俘的项目——正如一些口号所宣传的那样，"从敌人到朋友"或者"由囚犯变为客人"。例如，一份关于德国亚琛和法国兰斯之间"伙伴关系的日常生活"的报告，这样描述这种城市伙伴关系的内容：

> 无论如何——统计数字令人印象深刻：12所高中建立了姊妹学校关系；唱诗班和芭蕾舞学校建立了相互联系；信奉天主教的妇女与新教少数派成员举行竞赛（通过接触两国的宗教同行）。预备役军官，以及临时的无线电接线员、童子军、律师、徒步旅行俱乐部、商业协会、警察、运动员、消防员和集邮爱好者，都建立起兄弟情谊。之前的德国和法国战俘，以及来自两国海军的军校学员——尽管两国的港口相距遥远，也都聚在一起。工会组织，如德国工会联合会（DGB）和法国工人力量总会（Force Ouvrière）也不甘落后。来自亚琛和兰斯的飞行俱乐部举行的飞行表演给人们留下了深刻印象。甚至连裸体主义者们也都在一起为他（她）们的自然崇拜（nature cult）共同举行庆祝活动。①

也许其中一些活动，似乎显得微不足道。但需要指出的是，这种由官方资助或组织的国家间准公共活动蕴含着重要的社会意义，服务于引导社会目标的目的，反映并促进国家间关系的稳定发展。对法国人和德国人来说，这一点是最重要的。

法德城市伙伴关系既包括两国最大城市之间的友城关系，如柏林—巴黎、慕尼黑—波尔多、汉堡—马赛和科隆—里尔，也包含人口数在1万到10万级别的很多中等城市之间的友城关系。即便在两国仅有几千居民的小镇之间，也都建立了诸多伙伴关系。通常情况下，当人们走进某一个姐妹城镇时，会发现一种带有"欧洲城市"（municipality of Europe）字样的标志。在其下方，则是该城镇在对方国家合作伙伴城镇的名字与标志。很多城市会以姐妹城市的名字命名自己城市的街道或广场，例如在法国的枫丹白露有一条康斯坦茨大道（Boulevard de Constance in Fontainebleau）或在海德堡则有蒙彼利埃大桥（Montpellierbrücke）和蒙彼利埃广场（Montpel-

---

① Scholl – Latour 1988, 124 – 125.

lierplatz）。驾车穿过法国或德国某个小城，甚至是非常小的小镇，人们也经常会在市中心发现一个带有对方国家风格的街道标志，该街标会注明对方友城的名字，指明通往友城的地理方向，还显示出两地之间相隔大约几百或一千公里的距离。

研究机构与协会

大量的研究和学术机构、文献中心和协会，以这样或那样的方式从事着与法德关系发展相关的事务，它们是"法国和德国之间的行为者和调解员"，它们构成了法德关系准公共基础的第三根支柱。① 1948 年法德研究所（Deutsch – Französisches Institut，DFI）在德国的路德维希堡成立，其创始人秉持没有新的知识基础和新的对话形式就不可能进行政治合作的指导思想，希望"在社会与政治之间的领域"促进双边的交流活动。② 创立法德研究所的目的是给法德两国关系建设"人文基础设施"③，建立者希望它能够成为"政治努力背后悄然发挥作用运作的力量"④。该研究所涵盖两国知识界和公共生活的各个领域，为大学生和青年专业人士（特别是那些被培养未来担任公职的人群）制定了一系列交流项目。自 20 世纪 70 年代初以来，DFI 已经发展成为一个集研究、信息和档案等任务于一身、专门关注当代法国和法德关系并在公共事务领域促进法德互动的机构。⑤

1945 年夏天由耶稣会牧师让·杜里瓦（Jean du Rivau）创立的国际联络和文献局（Bureau International de Liaison et de Documentation，BILD）连

---

① 可比较 Ménudier 1993a，229 – 336. 也参见 Leblond 1997，252 – 4。这些研究机构和协会的名单，可见 Auswärtiges Amt and Ministère des Affaires Etrangères，Paris 1996；Editions Oberlin 1988。对法德各机构的历史性考察，参见 Pfeil 2007。有关更多类似 VDFG/FAFA 这样的法德联合协会，参见 Gödde – Baumanns 2010。
② Bock 1998a，193.
③ Kiersch 1993，320，321.
④ 特奥多尔·豪斯（Theodor Heuss）语，他是 DFI（Franco – German Institute）的联合创始人，并担任战后西德首任总统。引自 Bock 1998a，200。
⑤ Kiersch 1993，320，322 – 323；Bock 1998b；Picht and Uterwedde 1998. DFI 的法国对等机构是 1982 年成立的当代德国信息与研究中心（Centre d'Information et de Recherche sur l'Allemagne Contemporaine，CIRAC）。1981 年 2 月 5—6 日在巴黎举行的第 37 届法德峰会决定成立该机构。Lasserre 1993；Deutsch – Französisches Institut and Deutsche Frankreich – Bibliothek 1995（and after），65。

同它的德国合作伙伴——跨国合作协会（the Gesellschaft für übernationale Zusammenarbeit，GüZ），是第二次世界大战后第一批致力于法德和解事业的机构。① 鉴于杜里瓦本人所经历的灾难，他希望为法德两国人民的相互理解和更加和平的未来做出贡献，他的目标很朴素，就是让法国人和德国人更多地"了解"对方。② 第二次世界大战结束后不久，他就创办了《档案》（Documents）和《文献》（Dokumente）等出版物，这些杂志为法德两国知识界持续交流提供了平台。

杜里瓦是第一批将德国儿童带到法国的人，目的是让德国孩子了解作为其邻居的法国人的生活。1951 年，在他的倡议下，450 名德国儿童与法国家庭一起度过了一个月的假期。1952 年，有 900 名德国儿童在法国家庭中待了两个月；1953 年，则有 1400 名德国儿童前往法国的家庭去体验生活。截至 1964 年，国际联络和文献局已经安排了 1 万多人次的家庭交流活动，170 场青年团体集会，59 次政治和工会组织会议等。③ 在 21 世纪，国际联络和文献局和跨国合作协会本着杜里瓦倡导的精神，继续致力于加强法国和德国之间的关系，不断加强两国青年之间的交流。如今，《档案》和《文献》这两份刊物已经合并，其出版发行的历史已步入第 7 个 10 年。④

法德协会联合会（The Federations of Franco - German Associations in France and Germany，FAFA/VDFG）是在法国和德国设立的法德协会、俱乐部和工会等机构的伞状组织。⑤ 第二次世界大战后，法德两国有了各种形式的联系和接触，为加强法德交流、改善法德关系，法德协会联合会于 1984 年正式成立。⑥ 到 20 世纪 90 年代初，法德两国约有 200 个协会参加

---

① Große 1996，368；Jansen 1988.
② Guervel 1993，300 – 303.
③ Guervel 1993，302 – 305.
④ 1970 年，德国联邦新闻办公室主任在得知杜里瓦的死讯后惊呼："对这个人，我们有两件事永不能忘。第一件就是在所有人都背对我们，向我们扔石头的时候，他却史上第一次在巴黎圣母院为德国总理做了弥撒。"见 Guervel 1993，304 – 305。这指的是 1967 年联邦德国前总理康拉德·阿登纳过世后，杜里瓦为纪念阿登纳所做的弥撒。
⑤ Fédération des Associations Franco - Allemandes en France et en Allemagne，Vereinigung der Deutsch - Französischen Gesellschaften in Deutschland und Frankreich. Van Deenen and Koch 1993，315；Gödde - Baumanns 2010. 这些"协会"涵盖社会生活的各个领域，既有私立协会，也有公立协会。
⑥ van Deenen and Koch 1993，314 – 315.

了该联合会。① 这个两国组织为两国间建立新的城市伙伴关系提供咨询意见，支持法国和德国的地区间合作，促进两国关于对方国家语言的教学，组织专题研讨和座谈会，并召集关于法德关系的年度大会，还出版一份专门研究法德关系的刊物——《当代》（Actuel）。② 正如联合会章程第二条所阐明的，它成立的目的是为了"支持现有协会的发展和建立新协会"，并致力于"深化法德合作"。③

法德关系中另一种形式的准公共联系，是位于法国圣路易阿尔萨斯镇的法德研究院（the Franco-German Research Institute in the Alsatian town of Saint-Louis, ISL）。④ 该机构的工作重点是弹道学、空气动力学、电磁学、爆炸物和激光技术等领域的国防基础技术研究。⑤ 这个由法德两国共同资助的研究所是应1959年法国和德国之间签署的一项条约而建立。该机构拥有约500名法国和德国员工，其中约一半是科学家和工程师，这是法德两国在该领域进行科技合作的支柱和⑥一个"在国防研究方面进行持久合作"的独特案例，同时也是法德合作的"领跑者"（pacemaker）。⑦

媒体领域的机构与奖项

还有其他很多交流活动，也都构成了法德关系的准公共基础。这些活动，包括官方支持的法德两国大众传播机构、在法德合作领域设立的许多奖项以及在法德官方指导下举行的一系列法德关系的会议。⑧

---

① van Deenen and Koch 1993, 316.
② van Deenen and Koch 1993, 316-318.
③ van Deenen and Koch 1993, 319.
④ Baumann 2007；Krauth 1995；也见 Kocs 1995: 80-81。
⑤ See Heckmann 1993, 9；Wehrtechnik 1993, 13；Süddeutsche Zeitung, May 7, 1984, 2.
⑥ Krauth 1995, 76.
⑦ *Süddeutsche Zeitung*, May 7, 1984, 2；Puhl 1989. 致力于法德关系或与法德事务相关的机构和协会远不止此处列举的这些。其他的还包括位于柏林的德法社会学研究中心；甘斯哈根基金会（Stiftung Genshagen），建立之时名为柏林—勃兰登堡德法欧洲合作研究所；法国国际关系研究所（IFRI）的CERFA研究中心和德国外交政策协会（DGAP）的劳动研究所（二者都由法国和德国的外交部资助）在萨克森州莱比锡市弗莱堡大学的法国研究中心和柏林自由大学，分别位于法国第戎的莱茵兰—普法尔茨之家和位于巴黎的德国历史研究所与海因里希·海涅故居。见Gödde-Baumanns 2010；Hanimann 1999；Jeismann 1994；Pfeil 2007；Sinz 1994；Veser 1995；von Weizäcker 1994；http://www.stiftung-genshagen.de/baseportal/maintemplate-neu?lang=dt&i=0&include=anzeigeinhalte_neu。关于法德两国在对方设立的文化机构，即歌德学院和法国文化中心的历史，以及许多这种法德准公共关系的细节，见Znines-Brand 1999, 121-218。
⑧ Kolboom 1987.

1988 年 11 月 3—4 日，在波恩举行的第 52 次法德首脑会议上，法国和德国政府决定设立一个由双方共同出资的法德电视频道；1992 年 5 月 21 日至 22 日在拉罗谢尔［La Rochelle，法国西部城市，夏朗德省（Charente – Maritime）的省会——译者注］举行的第 59 次首脑会议结束后，法德两国宣布一个名为"艺术"（ARTE）的文化频道将于 1992 年 5 月 30 日开播。① 该事件"开启了法德文化关系的新阶段。"② 新开播的"文化频道"致力于展示电视所能提供的艺术和知识。③ 为了促进"欧洲各国人民之间的理解与和解"④，该频道采用了一种鲜明的法国—德国视角来探讨其节目所涵盖的主题。⑤

法德准公共关系结构的一个显著特点是设立了许多奖项来表彰那些在法德合作、理解和友谊方面做出贡献或取得成就的杰出人士或机构。例如，1988 年 1 月在《爱丽舍宫条约》签署 25 周年纪念日上由两国外长根舍（Genscher）和让－贝尔纳·雷蒙（Jean – Bernard Raimond；1986 年 3 月 20 日—1988 年 5 月 12 日任法国外长）共同设立的每年一度的"戴高乐—阿登纳奖"（De Gaulle – Adenauer Prize），就是为了表彰在法德合作方面取得"特殊成就"和做出"杰出业绩"的法国或德国的人士或相关机构。⑥

还有一些翻译工作方面的奖项——包括将德文翻译成法文的"钱拉·德·奈瓦尔奖"（Gérard de Nerval Prize），以及将法文翻译成德文的"保

---

① Deutsch – Französisches Institut and Deutsche Frankreich – Bibliothek 1995 (and after)，98，116. 关于"艺术频道"（ARTE）和其他涉及法德内容的媒体，近期研究参见 Clément 2011。

② Wenger 1993，257.

③ Wenger 1993，258 – 261.

④ "艺术"频道成立条约的前言，参见 http：//www. dfjw. org/netzwek/grund/arte90。

⑤ "艺术频道"一直是一个高质量的小众电视节目平台，受众一般是受良好教育的成功人士。它不是主流商业电视网络的一员，也没能对其构成足够的竞争。可比较 http：//www. arte - tv. com/fr/services/tout – sur – ARTE/Actualit_ C3_ A9/38566，Cmc = 1135042. html；http：//www. mediametrie. fr/resultats. php? rubrique = tv&resultat_ id = 273；http：//www. gwp. de/data/download/Preise2006/PL_ ARTE_ 2006_ e. pdf. 关于"艺术频道"的发展，以及它近期向更广泛观众倾斜的发展趋势的研究，参见 Rothenberger 2008。关于"艺术频道"之外的法德媒体合作产品，可见 Leblond 1997，252 – 253；*La Tribune d'Allemagne* 1988。

⑥ Ménudier 1993b，84；Presse – und Informationsamt der Bundesregierung (Bulletin) 1988，85；http：//www. france – allemagne. fr/001 – Adenauer – de – Gaulle – Preis，1320. html. 自该奖项设立以来的获奖者名单，参见 http：//www. france – allemagne. fr/Liste – der – bisherigen – Preistrager，1502. html。

罗·塞兰奖"（Paul Celan Prize），目的都是支持对方国家文学作品在本国的传播。① 此外，还设立了法德新闻记者奖，并按电视、广播和印刷媒体等领域进行了分类。② 法德协会联合会还专为在法德事务上做出功绩和成就的人士授予 Elsie – Kühn – Leitz – Preis 奖。目前，这方面的获奖者包括皮埃尔·普夫里姆林（Pierre Pflimlin）和雅克·德洛尔。③

效果与局限性

法德关系的准公共基础至少可以发挥三个方面的作用：（1）为法德关系发展提供最广泛的资源；（2）为双边事务提供人员并使他们社会化；（3）创造并延续了法德关系的社会意义。这三种影响都有助于保持法德双边关系的持久性和韧性，当然，准公共基础也有一些明显的局限性。

提供资源

首先，准公共基础中的各种要素能够为有关法国和德国及其双边关系举行各种活动提供资源并搭建论坛或平台。它们可投入增进法德关系发展的各项事业之中并为其输送能量，例如让参与者具备语言或社会技能，使其得到认可或一定社会地位，以及拥有为此而分配到一定的物质资源等。

人员的产生与社会化

其次，法德关系的准公共基础培养了众多致力于法德关系发展的人员。通过众多的项目和交流，准公共交往尤其可以将年轻人加以社会化，从而形成一个具有意义和社会目的的网络。这种影响不是一种出于巧合的副产品，而是完全有意设计出来的。④ 回顾阿登纳和戴高乐关于为法德友谊提供"实际可行内容"的计划就可知晓，准公共交往的组织者很清楚他们支持的活动具有什么样的价值观，知道培养年轻人的目标是什么。

负责法德关系准公共交往的机构所赞助或组织的许多活动都是"倍增

---

① Presse – und Informationsamt der Bundesregierung（Bulletin）1988，88.
② Védrine 1997.
③ Nass 1994，443 – 475；van Deenen and Koch 1993，317 – 318.
④ 如见 Bellanger 1996；Meyer – Kalkus 1994。

计划"（multiplier programs），针对的是那些可能在未来职业生涯中担任"倍增职位"（multiplier positions）的年轻人：培养政治、行政和私营机构的领导人，以及记者、教师、图书交易商、出版商、青年艺术家、博物馆工作人员乃至可能在欧洲机构和国际组织中任职的人员。①

国家之间和跨政体之间关系的发展，要有相关的人员来推动。法德关系的准公共基础通过很多方式促生和培养了一代又一代这方面的人才。从教育或培训计划开始，这些准公共活动将这些人才纳入一定的价值观和社会目的框架之中，让他们在活动中社会化。因此，在过去 50 多年里，它们帮助培养了很多致力于发展法德友好关系的领导人才。② 这些人很可能分享相同的标准，对法德关系持有相似的价值观。培养这类人员，使得包括国家或政府领导人等在内的每次职位变动对法德双边关系——无论是国家、社会还是地方实体之间——可能产生的潜在破坏性影响大大降低了。

社会意义和目的

最后，法德关系中准公共网络的第三个影响的波及面最广：通过创造、延续和传播社会意义，准公共交往过程有助于构建双边和区域性的社会目标。③ 国家间关系的准公共基础是具有规范性的：它们不是中立的，并非没有价值取向。以众多的法德奖项为例。很明显，设立这些奖项的目标必须是"好的"，因为它们理应获得奖赏。最宽泛地说，朝着法德两国关系发展的目标付出努力就意味着成功。这正是设立有关奖项的目的：界定人们为之奋斗的目标。因此，颁发某种奖项意味着对那些在工作中表现出色的人的公开承认。奖项定义着目标，破坏或违背这些好的目标的行为则是"坏的"。

同样地，其他准公共因素例如具有价值取向的机构和媒体，对社会目标的构建和维护则起到了监督作用。它们有助于界定什么是成功或失败、

---

① Office Franco – Allemand pour la Jeunesse/Deutsch – Französisches Jugendwerk 1996, 8; see also Bellanger 1996, 48.

② 由于这些人建立起了一定种类的带有规范导向含义的工作关系，当他们晋升为管理阶层或是成长为政治官员，他们就很可能会继续巩固和发展原有的准公共基础。关于规制性政府间主义，参见本书第二章及 Krotz 2002a; Krotz 2010。

③ 可参见 March and Olsen 1989, 特别是第 3 章和第 9 章; 同见 Jepperson 1991; a 关于法德关系，可见 Sverdrup 1994, 10。从更广的历史视野论述准公共基础的社会目的的文献，参见 Schmid 1988 (1949)。

褒扬成就或批评恶行。政府资助或（公私联合）组织的准公共活动，通常会提升某种社会意义或是提高制度化的水平。法德电视频道"艺术"就是从"法国与德国"的视角报道世界新闻，甚至在播报天气状况时也是如此。

另一个例子是莱茵河两岸以日常交往为形式的友城关系，它们"使得两国各级政府首脑和官员能充分认识法德友谊的重要，并使法德友谊变为他们制定政策时的一项基本要素"[①]。

准公共基础以多种方式在国家间关系中创造意义和社会目的，并对其加以制度化。除规制化政府间主义和法德关系中的象征性行为和实践之外，准公共基础也塑造并延续着国际关系中关于正常期望的基本原则。这些被社会建构出的期望，会让政府背上一定的政治压力，政府就不得不在与对方的官方关系中"提出些东西"或琢磨出些"新东西"。

此外，它们还能使某些社会目标和行动合法化和直观化，同时判定其他目标和行为不合法性、不可接受。就法德关系而言，它们的存在不断再现了法德关系的合法性，并使得法德关系自身就成为这些活动的结果。

这种双边联系和欧洲化进程还在国际层面上塑造出一些共同体片段。本书考察的准公共过程将各个国家共同体内的不同机构通过特定方式相连。这种"特定方式"包含有一种共同归属感，一段共同或相互联系的历史经历，而且常常意味着主体之间正共同面临着当代的某些挑战或困难。准公共交往活动显示着谁和谁同属于什么以及为什么。因此，它有助于形成国际集体身份认同的基础。尽管跨国集体认同的基础较为脆弱，但它与根深蒂固和持久的国家归属感是同样并行发展的趋势效应，这在准公共互动中表现得十分明显。[②]

持久性与稳定性

通过上述所有途径，准公共基础有助于法德两国的国家间和跨政体关系保持长久和稳定，有助于解释法德双边关系为什么在不断变动和演化的世界依然具有如此强大的韧性和适应能力。它们稳定着双边以及区域层面的秩序——这种秩序不应被理解为不存在冲突，而是一种相对于其他可能

---

① Santini 1993, 334.
② 本处所述与关于倾向欧洲态度、欧洲认同和欧洲人中忠于民族国家强度的定量研究有相似的发现。参见 Duchesne and Frognier 1995；Martinotti and Stefanizzi 1995；Kuhn 2011。

性的常态。即使国内、区域和国际等层面的政治环境和条件不断变化，准公共基础有助于恢复国际关系的这种常态。

局限性和失败之处

然而，如果以其众多倡导者最初的雄心或抱负加以判断的话，法德两国之间准公共基础的作用，从某种意义上来说，还比较有限。

法德两国之间的准公共互动并没有催生真正意义上的跨国公共领域。充其量而言，它仅仅具备了初步的形式。尽管举办的活动数量不少，但一般纳入其中的都是法德两国的精英阶层，却几乎没有形成一个可以讨论共同难题和分歧的加洛林公共领域（Carolingian public sphere）。正如不存在一种在整个欧洲公共领域进行互动的欧洲社会一样，真正的法德社会尚未形成。①

法德两国之间的准公共基础也未能很好地排除两国在国内文化和社会方面的深层差异，这些差异在很大程度上阻碍了法国与德国"行动上的协调一致"②。

有些自相矛盾的是，准公共基础本身常常引发某种失望感或失败感。③尽管互动有助于形成社会期望的底线，不过法德两国——总体上在双边关系和各自政策方面——却常常无法满足这些期望。因此，一方面尽管这些公共交往模式继续有效，但另一方面法德关系中的各种困难和危机仍然存在。

为法国总领馆准备的一份调查研究报告估计，法德两国之间的大量交流活动增进了相互了解和理解，也改善了彼此关于对方国家形象的认知。④多年来，其他一些民意调查也显示，法国人和德国人对彼此都有很高的评价和信心，这是一个关于两国不同年龄段人群的重要发现。⑤ 随着《爱丽舍宫条约》签署50周年的临近，73.3%的法国人和63.8%的德国人认为，他们的国家与对方国家之间享有特殊优先的关系；72%的法国人和81.4%

---

① Compare Cederman 2001；Checkel and Katzenstein 2009；however, note Risse 2010.
② Kiersch 1993，324；也可见 François - Poncet 1997，17. 近年关于电视和媒体未能塑造法德或欧洲认同的研究，见 Ruvalcaba Garcia 2007。
③ Compare kiersch 1993.
④ Stimac 1996，6.
⑤ Friend 1991，43；也见 Engelhardt 1978，109 - 110。

的德国人认为，法德两国应继续保持紧密关系（两国分别有 16.5% 和 13.7% 的人表示"不知道"（no opinion）；剩下人的回答则是否定的）。① 当被问及是否对对方国家的情况感兴趣时，61.6% 的法国人和 65.7% 的德国人回答"是的，非常感兴趣"或"是的，比较感兴趣"；在法国和德国，人们大都把对方国家视为其最亲近的欧洲国家（除了自己的国家）。② 尽管各自国内仍存在一些刻板印象，不时涌现一些陈词滥调，但法德两国之间的准公共交往仍在很大程度上促成了上述调查结果所显示的积极结果。③ 上述两种彼此矛盾的现象却共同存在于一个社会世界（social world）之中，而它们通常是相互脱钩（decoupled）的。

本章小结

法德关系的准公共基础包括：（1）大规模的青年和教育交流活动；（2）两国市政与地区之间建立的 2200 对伙伴关系及其广泛开展的各类活动和实践；（3）众多关于法国、德国和法德关系的研究机构和协会；（4）双边或两国共同设立的媒体机构和奖项。

这些准公共基础为法德关系的发展提供了资源；它们为双边事务和目的培养人才并使其社会化；它们有助于产生一种特殊的法德社会意义和目的。然而，这些准公共实践既没有产生真正意义上的法德公共领域，也没有形成一种整体的法德（或欧洲）认同。此外，法德两国基本的国内差异仍然十分明显，民族感情和民族归属感依然顽强存在。

尽管如此，准公共基础帮助赋予法国和德国之间的双边关系以韧性和持久性。因此，它们以持久的方式将法德双边主义嵌入并根植于欧洲，增强其历史坚韧性和政治适应性，并降低了在欧洲政治领域出现剧烈变化时法德关系突然破裂的可能性。④

第二次世界大战后，法国和德国通过两代人的努力，建立和巩固起法德关系的准公共基础。在 20 世纪上半叶的灾难之后，法国人和德国人共同

---

① ParisBerlin 2012，11 – 12.
② ParisBerlin 2012，10.
③ Stimac 1996.
④ 可比较 Sverdrup 1994，117 – 125。

认为未来决不能重复过去导致战争的社会模式。进入 21 世纪的第二个十年后，对于许多参加法德之间准公共交往活动的两国年轻人来说，法德是一种"世代仇恨"（hereditary enmity）——"宿仇"（法语：inimitié héréditaire）和"仇恨"（德语：Erbfeindschaft）关系的说法显得荒谬可笑（preposterous and ludicrous），但仅仅在 70 年前，这却是不争的事实。

也许，正因为准公共进程是一种关于法德关系和欧洲事务，乃至更广泛国际关系的半社会性基础（semi-societal substrate），它们才提醒我们人类相互交往的意义可以发生怎样的变化，我们有多么依赖我们所处的制度环境。它们还提醒着我们容纳人类平凡的日常生活的制度平台有多么脆弱。法德关系的准公共基础是社会建构出来的制度现实，它是历史选择的互动和意义模式。像其他社会结构一样，准公共基础是人为建构的。而且，它们需要不断被重新建构才能持久生存下去。如果没有再生产，法德两国之间的准公共实践对双边关系所发挥的黏合剂作用将不复存在。

第五章

政体塑造 I：区域制度建设

本章探讨法德两国对欧共体/欧盟"构成性政治"（constitutive politics）的影响，即法德两国如何影响欧盟基本规则、规范和机制框架的建立或修改进程，我们这里不关注它们对欧盟各项具体政策的影响。① 我们聚焦于欧洲一体化历史的关键时刻，关注这些时刻欧共体/欧盟机制演化的轨迹。

欧洲一体化史是由一系列影响深远的制度改革所书写的，欧盟所具有的超国家和政府间混合特质也是这些制度改革的累积成果。如果不考虑法国和德国发挥的关键作用，我们就无法正确理解欧盟机制发展的沿革轨迹。欧盟机构设置的超国家/政府间混合特征在很大程度上也可归因于法德的宪政偏好构成，这两个欧盟核心成员国的宪政偏好从最初的高度分歧发展到后期的部分趋同。在欧盟条约改革的不同阶段，法德两国都通过彼此之间的系列交易（Trade-offs），达成妥协，最终创造了各领域的历史。

起点："邦联模式"还是"欧洲合众国"

在法兰西第四共和国期间，基督教民主党人罗伯特·舒曼（Robert Schuman）在1950—1951年，社会党人盖伊·莫莱（Guy Mollet）在1956—1957年推动了包括着强烈的超国家因素的欧洲一体化议程，法国政治领导人这时对欧洲工程相当支持，同时这一理念在西德也广受欢迎。② 然而，当戴高乐将军1958年重新掌权，开创法兰西第五共和国后，超国家

---

① Bulmer 1997, 50.
② Parsons 2003，第1章和第3章。法国历史学家 Gérard Bossuat 指出舒曼和莫内成功开创的超国家政体是一种历史的"意外产物"，Bossuat 2005, 54。

主义已不再是这场游戏的名称（法国追求的目标——译者注）。法国对何为合法的欧洲政治秩序的政体理念，已与包括德国在内的欧洲经济共同体及其他5个成员国有了深刻分歧，这成为戴高乐执政时期（1958—1969年）的特点。在这一时期，欧洲经济共同体的其他5个成员国，常常把法国看作西欧统一进程中的"坏孩子"（enfant terrible）。① 在这个具有浓厚戴高乐主义色彩的时期，法德关于合法的欧洲政治秩序的政治理念之争，给外界持久留下了一种刻板印象（有时具有误导性）：法国主张严格的政府间主义合作途径，而西德则认为欧洲未来统一应遵循联邦政府设计。②

戴高乐认为，民族国家是国际体系中唯一持久的现实。他认为，在法国领导之下，以法德为核心的西欧主权国家之间的欧洲合作是追求"伟大"的外交政策，也是平衡美国在西方霸权的一种手段。③ 国家主权和自治提供了这一政策的基本范式。相比之下，对于德国来说，一体化的理念是基本的范式。④ 德国精英将欧洲一体化视为克服国家追求权力和荣誉的一种方式。坚定地将德国纳入一个强大的一体化框架，将有助于减轻邻国和前受害者对德国的恐惧。正如兹比格涅夫·布热津斯基（Zbigniew Brzezinski）所说："法国寻求成为欧洲的化身（reincarnation），德国则希望通过融入欧洲进行自我救赎（redemption）。"⑤

除在欧洲统一的目的、民族国家在其中的作用以及主权的价值等方面的分歧之外，法德两国在国家宪政传统上也存在巨大差异。自1789年法国大革命以来，法国政治家和制宪者一直强调在一个不可分割的法兰西民族框架内行使人民主权的原则。而在1948—1949年起草《德国基本法》（*German Basic Law*）的过程中，西德人则汲取了纳粹德国之前的自由法治和联邦分权经验和传统。这些基本的外交政策导向和宪政传统，解释了法德两国在欧洲（经济）共同体基本制度设置方面的不同偏好。

戴高乐主义者认为欧洲合作的理想框架，乃是将欧洲理事会作为关键

---

① Schwarz 1978, 175.
② 我们认为法德的宪政偏好一方面根源于各自的规范性政体理念；另一方面则是出于物质利益考虑。物质利益指国家利益和与政策相关的物质利益。在解释法、德、英宪政偏好时强调规范性政体理念作用的研究，见 Jachtenfuchs, Diez, and Jung 1998；Jachtenfuchs 2002；Scholl 2006。
③ Cerny 1980；Vaïsse 1998.
④ Sauder 1995, 第2章。
⑤ Brzezinski 1997, 61.

机构，整个欧洲制度体系都应围绕它来组织——欧洲理事会就是戴高乐主义模式的完美体现，一种由成员国最高领导者推动和主导的政府间类型合作。① 早在1961年和1962年，法国提出的关于建立政治联盟的"富歇计划"，就已在第5条款中规定了这种模式。而委员会在戴高乐主义者看来，绝不应该承担政府或政治指导性职能，它仅为一个被授权成立的国际秘书处，受到欧洲理事会的严格控制，是"一个起协调作用和执行命令的次要角色"②。

戴高乐主义者更倾向于建立这样一种欧洲议会（或议会大会），它由各国议会议员组成，只发挥咨询作用，没有会削弱欧洲理事会权力的立法职能。由于欧洲议会并非民族国家意义上的"欧洲"的代表，因此民主和议会决策权必须保留在民族国家层次。同样，欧洲法院的权力也应加以明确限制，以避免出现任何一种与法国宪政思想背道而驰的"法官政府"（gouvernement des juges），要知道法国宪政思想深受卢梭的人民主权原则影响。

在决策程序上，戴高乐主义模式意味着成员国拥有广泛的否决权，以维护各国的重大利益。戴高乐及其继任者乔治·蓬皮杜（Georges Pompidou）都支持以"邦联精神"（confederal spirit）发展欧洲机构。③

德国政治精英则倾向于将欧洲共同体视为一个"未完成的联邦国家"（unfinished federal state）。④ 德国对欧洲政体模式的理想设计是一种两院制议会：欧洲议会作为下议院，欧洲理事会则作为上议院（the second chamber）。⑤ "条约的主人"（masters of the treaties，即成员国）授权一个由直接选举产生的欧洲议会享有与欧洲理事会平等的真正的立法权和预算权，

---

① Gerbet 1995, 63; Jachtenfuchs 2002, 84-95.
② 蓬皮杜语，引自 Roussel 1984, 372. 对戴高乐来说，超国家的欧洲机构"没有，也不能有权力和政治影响力"，参见 de Gaulle 1970b, 245。
③ Gerbet 1995, 56-57; 还有一种不同意见，参见 Loth 1991，该意见认为戴高乐已经准备好在满足一定条件后，接受理事会的多数表决制。
④ Hallstein 1969.
⑤ 2012年1月25日默克尔在接受欧洲主流报纸采访时赞同这一基本的政体理念，原文如下："Over a long process, we will transfer more powers to the [European] Commission, which will then handle what falls within the European remit like a government of Europe. That will require a strong parliament. A kind of second chamber, if you like, will be the council comprising the heads of [national] government," 参见 Traynor 2012。

从而加强欧洲多层政体（European multi-level polity）的民主合法性。① 欧洲理事会最终将被剥夺执行职能，将其交给欧盟委员会，后者有可能成为"未来欧洲超国家政府的核心"②。在一个法律共同体中（Rechtsge-meinschaft），强大的欧洲法院必须发挥一种警惕的条约监护者或捍卫者的作用。关于决策程序，西德欢迎在过渡时期以后使用《罗马条约》中规定的多数表决模式。对于德国有可能在一种欧洲联邦制度（a European federal-type system）中遭到多数成员国否决（outvoted），德国方面没有表示原则性反对。

意识形态分歧严重的戴高乐时代

在欧洲经济共同体内，除战略构想外法国与其他成员国的宪政偏好（constitutional preferences）也截然相对，正是这点导致法国提出的建立"欧洲各国联盟"（Union of European Peoples）的"富歇计划"（Fouchet Plan）以失败而告终。③ 几年后，成员国在体制问题上的这些分歧，甚至危及欧洲经济共同体的生存——1965年6月30日，戴高乐蓄意挑起了欧洲经济共同体的"空椅子危机"④，以阻止欧洲经济共同体发展的超国家主义倾向，特别是欧共体理事会实行多数表决机制。⑤

在这场危机中，法国站到了所有其他欧洲经济共同体国家的对立面，"但联邦德国这一次是法国最重要的对手，它是反法五国统一战线的首领"⑥。德国外长格哈德·施罗德带头抵制法国将欧洲经济共同体引向政府间合作的方向。不过最终，上述五国被迫做出让步，接受了《卢森堡协议》的妥协条款，即允许成员国可以援引"非常重要利益"的理由，来阻

---

① Jachtenfuchs 2002, 162–209.
② Schwarz 1978, 146.
③ Soutou 1996, ch. 6.
④ 1965年，欧洲经济共同体委员会主席、德国人哈尔斯坦试图将欧共体部长理事会的表决机制从全体通过制改为多数通过制，从而扩大欧共体委员会的权力。对此，法国总统戴高乐采取了消极抵制的"空椅子政策"——法国驻欧共体代表连续六个月缺席欧共体会议。1966年，《卢森堡协议》赋予成员国在部长理事会的否决权，进一步限制了共同体委员会的权利之后，法国才重返欧共体各机构。——译者注
⑤ Newhouse 1967; Gerbet 1999, 259–284.
⑥ Ziebura 1997, 186; 也见 Türk 2006a.

止共同体理事会通过某项决议。这样戴高乐确保了成员国仍然完全控制共同体理事会的内部决策,通过卢森堡妥协有效地阻止了共同体理事会采取多数投票的决策机制长达近 20 年。不过也要感谢其他五个成员国共同反对法国,才未遂法国之愿签署这项条约,将欧共体委员会降格为一种类似共同体秘书处之类的角色。① 法国和德国没有通过密切的双边协调阻止这场爆发于 1965 年 6 月 30 日的危机,显然在这场共同体初期关乎其生存的危机中,法德共同领导和以妥协来构建的效应并不存在:法德关系本身成了问题的一部分,而没能成为解决问题的办法。

由于戴高乐和蓬皮杜领导下的法国在政体理念上极不喜欢超国家元素,欧洲的超国家治理这一时期举步维艰。不过,一个重要的例外是欧洲法院通过其裁决建立起了欧洲的超国家法律秩序。法院能动主义(Court activism),积极的法庭而不是成员国的政治领导人,彻底转变了共同体的法律秩序并使其宪政化。②

鉴于法国和共同体其他国家之间存在意识形态领域的深刻分歧,德国总理维利·勃兰特选择以务实的应对方式来处理欧共体制度问题,努力寻求在法国同更具联邦思维(federal-minded)的欧洲国家间搭建桥梁。③

制度务实主义:赫尔穆特·施密特和吉斯卡尔·德斯坦

1974 年,吉斯卡尔·德斯坦出任法国总统,赫尔穆特·施密特(Helmut Schmidt)成为德国总理(接替了因间谍门事件辞职的勃兰特——译者注)。他们几乎于同一时间(当年 5 月——译者注)分别在法德两国上台执政,标志着戴高乐主义时代关于欧洲制度"神学意义上的"(theological)分歧开始出现明显变化。吉斯卡尔·德斯坦和施密特这两位政治家都主张,在欧洲政策及更广泛的政策领域采取务实做法。④ 这就为法德达成能够得到欧共体其他成员国认可的双边妥协,从而推进欧洲机制获得重大

---

① Gerbet 1999, 281-2; Germond 2007, 90-91.
② Stein 1981; Burley and Mattli 1993.
③ Brandt 1976, 345; Wilkens 2001, 418.
④ Schmidt 1990, 163; Weinachter 2001, 436.

突破提供了空间。凭借共同提出的改革议案，吉斯卡尔·德斯坦和施密特的确通过共同提出改革议案而成功地确定了欧洲议程，他们选择机制改革为一体化发展注入了新的推动力。

施密特并未固守严格的联邦政体思想，而是赞同了一项关于政府间合作的重要创新：成员国定期举行首脑会议。1961年，共同体六国的国家元首和政府首脑已在巴黎和波恩举行过峰会，主要议题是谈判"富歇计划"。法国总统蓬皮杜曾提出过再次举行不定期峰会的想法，尽管联邦德国总理勃兰特大力支持，但这一想法遭到欧共体较小成员国的抵制。① 然而，在1974年12月的巴黎首脑会议上，欧共体国家元首和政府首脑最终同意按照法国新总统（1974年5月上台的吉斯卡尔·德斯坦——译者注）的建议，定期举行首脑会议并使其制度化。施密特个人没有强烈的超国家主义倾向，他全力支持吉斯卡尔的提议。② 施密特非常清楚，定期举行首脑峰会可能会导致欧洲机制秩序变得更具政府间主义性质。1974年7月，在与法国总统吉斯卡尔·德斯坦和英国首相哈罗德·威尔逊（Harold Wilson）举行会晤后，施密特在给总理府幕僚长的一份内部秘密文件中提道："他们三位政治家在一个重要问题上达成了完全一致的意见：一个欧洲政府绝不应出自共同体委员会。"③ 施密特支持建立一种灵活的非正式辩论框架，排除掉"来自各国和布鲁塞尔的官僚，他们遍布于欧共体的各种理事会会议之中"④。在施密特看来，欧共体制度体系的分散性，加之欧共体理事会的多样性，不利于在困难时期提供凝聚力或为欧共体指明方向。

施密特和吉斯卡尔在机制改革方面的兴趣不断接近，这并非源于抽象的政体理念，而是受到政策的驱动。在布雷顿森林体系的固定汇率制崩溃以及1973—1974年的油价冲击之后，法德双方领导人都认为，他们迫切需要更好地协调欧洲政策，以应对经济和货币动荡。

不过，在将峰会这一强力的政府间元素嫁接到欧洲制度体系的同时，法国人也付出了代价——欧洲议会的直接选举。⑤ 1974年12月，欧共体巴黎峰会决定同时进行这两项制度改革。尽管吉斯卡尔·德斯坦本人赞成欧

---

① Brandt 1976, 319; Gerbet 1995, 60-61; Wilkens 2001, 415.
② Weinachter 2001, 437.
③ Miard-Delacroix 2001, 424.
④ Schmidt 1990, 174.
⑤ Wessels 1980, 122.

洲议会实行直接选举,但他也不得不谨慎行事,毕竟他在国内的联盟伙伴——戴派强烈反对此举。① 所以,他没有响应德国的呼吁,不赞同赋予直接选举产生的欧洲议会以实权。但无论如何,法国同意将一个与其宪政思维格格不入的超国家机构合法化,走上了一条前途未卜之路。

对施密特来说,赋予欧洲议会实权也不是他个人真正的优先事项。但他宁可向他的自由主义执政联盟伙伴(自由民主党,Freie Demokratische Partei,FDP)以及本人所属的社会民主党(SDP)做出让步。此外,增加欧洲议会的机构权重,也有助于安抚那些较小的成员国接受定期举行欧洲理事会这样的政府间主义制度。②

这两项重要的制度创新,建立了一种"增量妥协"(compromise by addition)模式。③ 这种妥协,通过混合遵循不同逻辑的众多制度改革方案中明显矛盾的要素,使得欧洲治理里的超国家和政府间双重性质同时得到加强。与 20 世纪 60 年代相比,此时欧洲制度改革的行为体组合已经发生了很大变化。在欧共体北扩后,法国在制度问题上可以依赖丹麦、英国和爱尔兰的支持(这三个国家于 1973 年加入欧共体——译者注)。但法国和德国仍然处于不同阵营中。但正是由于存在这种不同的成员国组合,法德两国才可达成让其他成员国能够接受的妥协方案。

自 20 世纪 70 年代以来,设置欧洲理事会为法德合作以及它们联合提出欧洲倡议提供了非常有用的平台。但欧洲议会的时代并未在 1979 年实行第一次直选后马上到来,而要等待 1985 年新的一轮欧共体条约改革。

1985—2009 年间的条约改革:走向混合制度体系

消除障碍

在 1985 年之前的近 20 年里,欧共体只是对其主要法律进行了微小修订,而从 20 世纪 80 年代中期到 2009 年,欧共体/欧盟却经历了一段条约发生重大变化的时期。不过,成员国在开始这一轮条约改革周期之前,不得不先消除一些共同体事务面临的主要障碍。这些问题之间紧密相关,诸

---

① Weinachter 2001,439.
② Miard – Delacroix 2001,425 – 426.
③ Dehousse et al. 2003,6.

如共同农业政策（CAP）的成本不断上升、欧共体自有财源的上限问题（the Community's ceiling of own resources）、西班牙和葡萄牙申请加入欧共体，尤其是英国的预算回扣（budgetary rebate）等，它们毒化了当时的氛围。面对欧共体缺乏明确目标和方向、同时议程上需要解决的问题又不断积累的情况，法德两国的领导角色终于在1984年6月举行的枫丹白露首脑会议（Fontainebleau summit）上复苏，为欧洲的复兴（relance）打开了大门。

法德两国当时最重要的是要克服英国时任首相玛格丽特·撒切尔（Margaret Thatcher）的阻挠，后者"自1979年以来就绑架了欧洲"①。从1983年6月的斯图加特峰会到1984年6月的枫丹白露峰会，这一年时间中法德两国在各个层面上密切沟通。② 在法国担任欧共体轮值主席国期间，时任总统密特朗在巴黎、波恩和伦敦之间开展积极穿梭外交，特别是法德两国在1984年6月枫丹白露峰会的前期筹备和会议期间进行的双边磋商，获得了巨大成功。法国和德国团结起来反对英国的要求。③ 在同德国的密切协作下，法国的外交部门甚至提前制订了一份详细的危机应对方案，一旦英国不同意签署协议就对其进行孤立。④ 最终，枫丹白露首脑峰会将这些相互交织的问题达成一揽子折中方案，包括欧共体向南扩大（西班牙和葡萄牙加入欧共体——译者注）、欧共体自有财源和关于英国预算回扣的永久解决方案等方面。此外，法国总统密特朗和德国总理科尔还成功推举雅克·德洛尔出任欧共体委员会的主席一职。

这次枫丹白露首脑峰会是欧洲危机管理史上，法德两国发挥领导作用的一个重要案例。法国时任欧洲事务部长洛朗·迪马⑤表示，枫丹白露首脑峰会能成功"唯有感谢波恩和巴黎之间达成了完美协议""为了将来，

---

① Védrine 1996, 274.
② Saunier 2001, 479.
③ 见 Attali 1993, 658 – 60; Dumas 1996, 328 – 9; Genscher 1995; 370; Védrine 1996, 296 – 297.
④ Dumas 2007, 214 – 217. 迪马详细阐述了危机状况以及为防止英国人在枫丹白露峰会上不愿妥协而与德国外长就孤立英国的共同策略进行的沟通。他还披露了很多非常有趣的法国政府内部文件，其内容涉及危机状况以及德国是如何被咨询并提供支持的。参见 Dumas 2007, 386 – 396。
⑤ 洛朗·迪马是洛朗·法比尤斯（Laurent Fabius）担任法国总理期间的欧洲事务部长，后于1984年12月出任法国外长（1984年12月7日—1986年3月20日）。他还曾任法国宪法委员会主席（1995年3月8日—1999年3月7日）。——译者注

我会继续使用这种方法。它经常帮到我们。"① 这次峰会的筹备阶段，一方面体现了法德规制化政府间主义双边关系互动的密度和质量；另一方面则彰显了法德两国在欧洲层面上发挥的共同影响和领导力。此外，法国和德国利用它们的物质性领导力资源促使枫丹白露峰会成功达成了一揽子协议：法德这两个最重要的欧共体预算贡献者垫付（footed）了关于英国预算回扣的大部分账单。

作为欧洲一体化历史上的一个转折点，欧洲理事会枫丹白露峰会结束了危机四伏和充满欧洲悲观主义（Euro-pessimism）的一段历史，开启了欧洲一体化进程中罕见的富有活力的发展阶段并将其一直延续到1993年。在1984—1993年近10年的时间里，法德两国扮演领导角色得益于法国总统弗朗索瓦·密特朗、德国总理赫尔穆特·科尔、欧共体委员会主席雅克·德洛尔以及他们各自的下属同僚间格外珍贵的相互理解与合作。②

制度改革议程上的关键问题

就制度改革而言，在这一轮改革周期的不同阶段，都有很多核心问题需要处理。我们这里聚焦连续召开的政府间会议（IGCs）里最具争议性的制度问题，例如，加强欧洲理事会，理事会中有效多数表决（QMV）的范围和程序，以及议会的权力（这里的议会既包括欧洲议会，也包括成员国国家议会）。这些问题既包括改革的效率维度（决策规则、协调和领导机构）的体现，也有合法性维度（欧洲议会和国家议会的作用）的反映。③

从1987年的《单一欧洲法令》（*Single European Act*, SEA）到2009年的《里斯本条约》（*the Lisbon Treaty*），欧洲条约的一系列改革使得欧盟的制度架构发生了具有深远意义的变化。"条约的主人"同意增加欧洲治理的超国家特征，特别是赋予欧洲议会权力，理事会里实施有效多数表决机制，并将该表决机制的适用范围扩大到越来越多的政策领域。但这种向更强大的超国家治理的转变绝不是单方面的（unidirectional），它同时也伴随着欧盟机构大厦（edifice）中政府间部分的增加。欧洲理事会的整体作用和掌控能力不断提高。成员国选择了一种政府间合作框架来管理那些新增

---

① Dumas 2007, 223.
② 科尔的外交政策顾问 Horst Teltschik 表示，"科尔—德洛尔—密特朗之间的三角关系非常关键，德洛尔在科尔和密特朗之间的协调人"，引自 Grant 1994, 141。
③ 条约改革中同货币一体化以及外交与安全政策的部分，将分别在第八章和第九章处理。

加的政策领域，例如共同外交与安全政策（CFSP）和司法与内政合作（JHA），各国议会则被授予监督职能，以保障"辅助性原则"（principle of subsidiarity）得到正确运用。如果不综合考虑法国和德国在宪政偏好方面的差异，但它们又有部分趋同，同时这两个欧盟核心成员之间又有相互让步的复杂关系，就无法正确理解欧盟的混合特性（被雅克·德洛尔称为一个"身份不明的政治体"（unidentified political object，法语：objet politique non – identifié）），以及它的超国家和政府间制度特性平行增长的现象。①

提升欧洲理事会的地位

从长远角度看，欧洲理事会的作用和权力的逐步提升是欧盟制度架构的最显著的变化之一。在条约改革的几乎每个阶段，"条约的主人"都加强了欧洲理事会的作用和法律条约基础。② 最初，欧洲理事会成立的基础仅仅是一项政治协议，直到在《单一欧洲法令》中才获得法律承认。③《马约》赋予了欧洲理事会在经济与货币联盟（EMU）和共同外交与安全政策框架下的重要决策权。④《阿姆斯特丹条约》（Treaty of Amsterdam，以下简称《阿约》）提高了欧洲理事会在共同外交与安全政策领域的权力。《尼斯条约》（The Nice Treaty）赋予了欧洲理事会指定（designate）欧盟委员会主席职位候选人的权利（如今仍沿袭这一做法），《里斯本条约》才最终将欧洲理事会全面纳入欧盟正式机构行列。⑤

欧洲理事会的法律条约基础，只是部分反映了该机构的政治意义和关键作用。自1974年欧洲理事会成立以来，欧盟成员国逐渐使其成为"宪政建筑"（constitutional architect）、"集体领导体系"以及"部长理事会的

---

① Schild 2013.

② Maurer 2003；de Schoutheete 2006.

③ 20世纪70年代成立的欧洲理事会，起初并不是欧洲共同体正式机构的一部分，直到1986年《单一欧洲法令》才正式确立了欧洲理事会在共同体机构中的合法地位。《单一欧洲法令》规定欧洲理事会每年定期召开两次会议，如有必要，可召开欧洲理事会特别会议；还清晰地界定了欧洲理事会的权限范围、成员国的加入和条约的修改等。

④ 译者注：1992年2月，由欧共体12国外长和财政部长在荷兰小镇马斯特里赫特正式签署而生效的《欧洲经济与货币联盟条约》和《政治联盟条约》——统称《欧洲联盟条约》（Treaty of Maastricht），也被称为《马斯特里赫特条约》（以下简称《马约》）。作为对《罗马条约》（Treaty of Rome）的修订，《马约》为欧共体建立政治联盟和经济与货币联盟确立了目标与步骤，是欧洲联盟成立的基础。——译者注

⑤ Art. 13 TEU.

上诉机构",从而将法德两国创立的这一机构置于"欧盟决策的核心地位"。①

在数次条约改革期间,法国和德国都对其创建的欧洲理事会的演变发挥了决定性影响。在《马约》的筹备阶段,法国和德国共同呼吁应"确认和扩大"欧洲理事会的"作用和使命"。1990 年 12 月 6 日,科尔和密特朗在其共同提案中表示,欧洲理事会"在通往欧洲联盟的过程中仲裁、保障和促进一体化的协调发展",并"决定联盟主要行动领域的方向和基本准则,特别是在共同外交和安全政策领域"②。

那些拥护共同体方式和赞同让欧盟委员会发挥强大作用的人们,对法德两国提出的上述构想持有保留意见,因为他们认为大国过于强势地发号施令(calling the shots)有可能导致风险发生。③ 但不管怎样,谈判的结果还是在很大程度上反映了法国和德国界定的欧洲理事会运作模式。

在 1991 年关于政治联盟的谈判中,法国将加强欧洲理事会的权力,特别是强化该机构在共同外交与安全政策以及防务政策领域的权能,列为自己的一项首要任务。④ 在这一点上,法国在德国的宝贵支持下取得了胜利。然而,在推动欧洲理事会制衡欧洲中央银行成为货币领域的核心行为体问题上,法国则未能如愿,其失败的原因就在于这一想法遭到了德国的强烈抵制(见第八章)。

不过,《里斯本条约》里还有一项重要举措增加了欧洲理事会在整个欧盟治理体系中的影响力,即新设一个由选举产生的欧洲理事会常任主席职位。1991 年,法国在马斯特里赫特峰会上曾经提出了这种构想,但遭到了德国总理科尔的拒绝。⑤ 2002 年,当欧洲制宪大会(European Convention)为欧盟起草宪法草案时,法国总统希拉克再次表示支持设立欧洲理事会常任主席。⑥ 英国首相托尼·布莱尔(Tony Blair)和西班牙首相何塞·玛丽亚·阿斯纳尔(José María Aznar)完全支持法国的这一提议,但德国政府却迟迟不愿赞同这项与联邦建设蓝图截然相反的想法——德国更

---

① Wessels 2005, 55; Ludlow 2005, 3; Nugent 2006, 223.
② Kohl and Mitterrand 1990b, 313.
③ Mazzucelli 1997, 80–81.
④ Mazzucelli 1997, 77, 137.
⑤ Küsters 2001, 511.
⑥ Chirac 2002.

第五章　政体塑造 I：区域制度建设

希望让欧盟委员会扮演一种中央政府的角色。

在这场谈判博弈中，德国扮演了关键角色。中小成员国对这一制度创新表示强烈怀疑。在欧盟制度问题上，德国一向与比荷卢三国关系密切，传统上德国总是愿意满足它们的利益，所以此次德国原本很可能与它们结盟。然而，德国却做出了与法国站在一边的战略选择，并支持这项"ABC 提议"（Aznar–Blair–Chirac；西班牙首相阿斯纳尔、英国首相布莱尔和法国总统希拉克三人姓氏的首字母，分别为 A、B、C——译者注）。① 法国和德国于 2003 年 1 月提交了一份关于欧盟制度架构的全面共同提案，这是一份关键的文件。② 文件将法国优先考虑的设立欧洲理事会常任主席这一新职位，与德国的一个主要诉求联系了起来——德国希望欧洲议会能在批准欧盟委员会主席的程序次序中与欧洲理事会对调，从而提升欧洲议会的地位，并增强欧盟委员会的民主合法性。根据法国和德国的说法，欧洲理事会的新主席应当使"欧洲理事会的管理具有连续性、稳定性和可见度"，并"代表欧洲联盟在国际舞台上参加由国家元首和政府首脑出席的会议（但不得歧视欧盟委员会及其主席的权限）"③。

这样，法国和德国通过一种明显结合了相互矛盾因素的"附加妥协"，再一次处理了欧盟内部关于政府间逻辑和超国家逻辑之间的内在紧张关系。④ 法国总统希拉克后来这样写道：

> 说实话，有一个真正的问题，德国和法国的愿景不完全一样。明确地说，德国全神贯注于更好的一体化的必要性，因此希望显著加强欧盟委员会的权力……为此，让欧洲议会选举欧盟委员会主席。老实说，法国在这方面很保守。相比之下，法国非常重视加强欧洲理事会，为此，法国希望欧洲理事会主席当选后能长期任职，比如五年或两年半为一届任期，并有可能连任一届。⑤

---

① Mazzucelli Guérot, and Metz 2006, 174.
② de Villepin and Fischer 2003.
③ de Villepin and Fischer 2003, 3.
④ Dehousse et al. 2003, 6.
⑤ 参见 2003 年 1 月 14 日希拉克在爱丽舍宫与施罗德举行重要会晤后的新闻发布会，Chirac 2003a。

于是，法德之间达成妥协的基本情况再次进入欧盟新的条约内容之中。通过一种"霸权妥协"（hegemonic compromise），法国和德国为随后在欧洲制宪大会内的辩论确立了框架并提供了一个焦点问题，"打破了关于设立欧洲理事会常任主席问题的谈判僵局"，为解决谈判中的一个关键体制问题做出了决定性的贡献。[①] 显然，法国和德国谁都没能在共同提案中的所有细节问题上超越对方。但两国之间谈判的基本内容最终获得欧洲的认可（carried the day）。

在"后里斯本条约时代"的欧盟现实宪政运行（living constitution）中，欧洲理事会的中心地位要比其在"纸面宪政"（written constitution，指欧盟条约规定——译者注）中更为明显。欧洲理事会新设立的常任主席职位增强了欧盟大国的核心地位，使得它们更便于进行信息沟通和交流互动，也让它们更方便地介入欧洲理事会正式决策前的非正式预备工作。这种模式在应对2010年春季开始的欧洲主权债务危机中体现得非常明显。随着危机形势的加剧，人们极其清晰地看出欧盟政治体系中的最终政治权力和权威来源是哪里——成员国的国家元首和政府首脑，这也就意味着是欧洲理事会，有时甚至严格来说就是欧元区国家政府首脑（见第八章）。默克尔、萨科齐和赫尔曼·范龙佩（Herman Van Rompuy，欧洲理事会首任主席——译者注）紧密协调为欧盟决策做准备工作。而欧盟委员会及其主席若泽·巴罗佐（José Barroso）则经常发现自己只不过是旁观者。这种情况，与之前在20世纪80年代和90年代初密特朗、科尔以及欧共体委员会主席德洛尔之间的"战略联盟"（strategic alliance）模式形成了鲜明的对比。[②]

在过去的40多年时间里，欧洲理事会机制的不断升级符合法国和德国的大国利益。作为"一个运用权力而非执行法律程序的场所"，欧洲理事会为那些较大的成员国提供了最有利的制度环境，尤其是对法国和德国来说。[③] 在欧盟经历东扩之后，这种状况依然没有改变。

虽然在欧盟东扩之前，人们的主要预期是，欧盟大国的影响力将

[①] Magnette and Nicolaïdis 2003; Mazzucelli, Guérot, and Metz 2006, 175; Dauvergne 2004, 138–43; Schild 2004.

[②] Mazzucelli 1997, 99.

[③] de Schoutheete and Wallace 2002, 3.

因 12 个中小国家的加入而遭削弱，但很多欧洲理事会参与者的证词却表明情况并非如此。令人称奇的是，欧盟大国的统治力反而得到加强，这是因为以前通过正式全体会议解决的议题，现在越来越多在一些非正式和少边谈判（informal and minilateral negotiations）中解决，这类谈判由欧洲理事会轮值主席国主席（the Presidency）主持，参与者则是那些对达成协议至关重要的国家，然后协议文本再扩展至更广泛的成员国范围。①

欧洲理事会在政治重要性及法律地位上的逐渐上升，反映出法德之间在政体理念方面趋同的趋势——而且是德国在向法国靠拢。以历史角度来看，法国历任总统都成功地推动了欧洲理事会的发展，并抓住一切可能的政治机遇实现其从顶层治理欧盟的理念。对德国而言，我们发现在其过去的信念与现实的政策之间出现了越来越大的差距：一方面，它过去的信念是支持欧盟委员会；另一方面，它又在（欧盟）政体建设和应对欧盟委员会及其权力时采取了务实政策。②

不过 2010 年 11 月，德国总理安格拉·默克尔（Angela Merkel）在比利时布鲁日（Bruges）的欧洲学院（College of Europe）所发表的演讲中至少将德国的这种分裂做了一定的弥补。她称赞了"联盟的方法"（the Union method），认为这是"一种将共同体方法（community method）同成员国协调行动相结合的方式"，欧洲理事会和成员国政府首脑在其中扮演中心角色。③ 德国在政体偏好方面的这种转变，是其作为欧盟大国的大国利益以及总理在德国政府体系内的机构自身利益（institutional self–interests）的反映。从施密特到默克尔的德国历任总理以及联邦总理府都不断从权力由欧盟委员会和部门理事会流向欧洲理事会中受益，这些权力转移使得其作为衔接欧洲和德国国内政治体系的主要谈判代表的地位更加巩固。

提高欧洲理事会决策效率

随着欧洲共同体步入新的政策领域以及一些新的成员国陆续加入欧

---

① Tallberg 2008，691. 该研究基于同欧洲理事会高层人士的大量访谈。
② 德国社民党在总理施罗德的全力支持下，在 2001 年纽伦堡党代表大会上做出决议，呼吁欧盟委员会转型为"一个强大的欧盟执行机构"。参见 SPD 2001，53。
③ Merkel 2010.

盟，提高欧洲理事会的决策效率这一议题变得越来越重要。在连续的条约改革过程中，有三个基本问题不断出现：（1）欧洲理事会中的有效多数表决程序扩展到新的政策领域，（2）关于有效多数规则的具体界定，以及（3）欧洲理事会轮值主席制度的改革。下面，我们将重点关注有效多数表决机制及其适用领域。

1965年至1966年戴高乐担任法国总统期间，有效多数投票这一关键机制问题曾引发"空椅子危机"。从这一时期开始，我们可以观察到法国和德国原本相悖的偏好发生了变化。在20世纪80年代和90年代，法国接受了更多政策应由有效多数投票机制来决定，其偏好逐步向德国靠拢；而从20世纪90年代中期开始，德国在与其国内政治具有高度利害关系的政策领域，则就有效多数投票机制问题采取了更为谨慎的态度，采取对其附加更多条件的应对举措。

自从20世纪60年代戴高乐主义者阻止在部长理事会实行有效多数投票机制后，欧共体不得不等待了相当长的一段时间才得以让该表决机制重新回到其议程中。1982年出现的一个先例，改变了自卢森堡妥协以来占主导地位的制度实践。比利时在其担任轮值主席国期间，决定在理事会采取有效多数投票机制来进行一次投票，在关于农产品价格制定问题的决策中以多数票否决了（outvoting）英国的要求——尽管当时英国援引了《卢森堡妥协方案》。在这次表决中，英国、丹麦和希腊三国投了弃权票。① 由于法国和德国的农业利益均受威胁（at stake），所以它们两国都强烈支持适用《卢森堡妥协方案》的范围仅可限于涉及"重大利益"（vital interests）的问题。② 如果没有法德两国的支持，比利时改变这场博弈非正式规则的尝试必定无法成功。

1987年的《单一欧洲法令》，开启了在理事会更多使用有效多数投票机制的大门。1957年，法国时任外交部国务秘书、《罗马条约》谈判法国代表团团长莫里斯·富尔（Maurice Faure）曾在法国国民议会上大声疾呼："全体一致，就意味着否决权，意味着瘫痪。"③ 在密特朗的领导下，法国的欧洲政策重新走向这一传统，离开了戴高乐主义的立场。曾代表法国签署《罗马条约》的莫里斯·富尔被任命为道奇委员会（Dooge committee）

---

① Cameron 1992, 55.
② Saunier 2001, 478.
③ 引自 Palayret 2001, 137。

的法国代表是法国这一转变的有力象征,道奇委员会专为筹备《单一欧洲法令》条约改革而成立。

法国赞同在部长理事会内就单一市场问题进行立法时引入有效多数投票制,令许多观察者都感到意外。在有效多数投票问题上,法国"'改变了阵营',作为国家组成的欧洲和全体一致表决原则的倡议者,法国却加入了多数表决派"①。这种范式性转变,可以用法国在建设单一市场过程中的实质性政策利益来部分进行解释。② 但法国人对有效多数投票机制态度的转变,也不仅仅体现在单一市场建设方面。欧共体南扩,欧洲一体化出现更大变化也是法国态度转变的部分原因——正如密特朗所概括的,"更大的共同体,需要更有力的制度"(à Communauté plus large, institutions plus fortes)。③ 在这一欧洲复兴(relane)的阶段,尽管国内官僚和政治对手反对密特朗背离戴高乐主义传统,但他依然不断强调包括多数表决原则在内的机制改革的重要性,将其稳步推向前进。④ 密特朗预计在一个扩大的共同体中,决策的交易成本不断上升有悖于法国的利益。这就为我们的研究提供了证据,即在法国的欧洲政策中,"共享主权的概念逐渐战胜了旧有的保持独立的思想"(concept of pooled sovereignty prevails increasingly over older notions of independence)。⑤

从那时起,法国就对部长理事会内更多采取多数表决机制予以原则上的支持,当然,在某些具有高度敏感性的、涉及其重要经济利益或国家认同问题的领域则附加了限定条件。⑥ 例如,在关于"文化和视听服务方面的协定有可能损害欧洲联盟的文化和语言多样性"[art. 207(4a)TFEU]的贸易问题上,法国将确保理事会采取全体一致原则,以保护本国电影和文化产业的经济利益以及法国自身的文化特性。

对于德国而言,超国家的政体理念和它作为第一出口大国的经济利益,是其支持理事会实施有效多数投票机制,以实现单一市场的理由。但是德国"执行了有差别的立场"⑦。德国在早些时候对有效多数投票制采取

---

① Moreau Defarges 1985, 371.
② Sutton 2007, 152–154.
③ Mitterrand 1986, 85.
④ Parsons 2003, 185–95; Müller–Brandeck–Bocquet 2004, 71–72.
⑤ Hoffmann 1993, 144.
⑥ Stahl 2006, ch. 4.
⑦ Gaddum 1994, 246.

普遍支持的态度，后来就逐步变成一种更微妙的方式，根据条约具体内容具体谈判。在德国政府内部进行政策协调的过程中，不少部门都对使用有效多数投票机制提出过异议。这些保留意见，主要涉及财政协调与货币事务等问题。① 最终，《单一欧洲法令》确实在这些领域保留了一些决策模式。所以，随着德国各部和地方政府在那些它们认为实质性经济利益或州（Länder）一级的权力遭到损害的具体问题上的抵制变得更加强大，德国对有效多数投票机制的支持就变得更具条件性了。

由于法德两国的上述变化，在欧洲制度改革这一关键问题上它们之间的偏好差距随着时间的推移而缩小。这持久地改变了欧洲层面从《单一欧洲法令》到《里斯本条约》的政府间会议上的成员国组合。

在1997年6月举行的阿姆斯特丹峰会上，德国关于有效多数投票机制的立场发生了显著的U形反转（a spectacular U-turn）。在马斯特里赫特峰会期间，德国总理科尔曾经积极倡导强化共同体的权能，并解释了在难民庇护政策和打击跨境犯罪方面采用共同体方法的理由。② 到本次峰会举行时（1997年6月的阿姆斯特丹峰会——译者注），鉴于寻求庇护的人数与20世纪90年代初相比已有所减少，而且在受到来自德国各州、联邦内政部与劳工和社会事务部强大压力的情况下，科尔不同意在移民和庇护政策上采取多数投票制。③ 如此一来，法国和德国在这个问题上均改变了立场。到目前为止，德国政府仍赞同在移民问题上保持国家自主权，特别是在有关合法移民进入国家劳动力市场的规定方面。

此外，德国在环境政策制定、产业政策（直到《尼斯条约》）和文化政策方面保留了国家否决权。④ 德国不愿在文化政策中使用有效多数投票机制（art. 151 TEC），再次反映了该国州一级政府的权力，它们担心欧共体侵犯其在这一领域的专属权力。《里斯本条约》取消了关于一致决策的要求，但仍将成员国在文化政策方面法律和规章的协调排除在外（art. 167 TFEU）。

尽管法德两国对在理事会中推广有效多数投票机制都有某些重要的保留意见，但在欧洲制宪大会以及之后辩论中，它们对这一表决机制问题都

---

① Gaddum 1994, 246.
② Küsters 2001, 511.
③ Maurer and Grunert 1998, 291.
④ Jachtenfuchs 2002, 226.

第五章 政体塑造 I：区域制度建设

遵循了相同的基本战略："它［理事会］必须是高效的：一般来说，必须通过有效多数投票来做出决策。"① 因此，在《里斯本条约》中，适用有效多数投票机制的领域从 137 个扩展到 181 个，这完全符合法国和德国的偏好。②

法国支持在理事会更频繁进行多数表决并非不带有附加条件。法国将这一问题与理事会增大较大成员国的投票权重联系在一起。如果没有这项改革，2004 年 10 个新成员国（除波兰外其他均为小国）的加入，将使理事会内部的权力平衡向中小成员国倾斜。地位和权力利益的考虑，再加上对合法性的考虑，让法国和德国一致呼吁改革投票权，防止代表大多数联盟公民的较大成员国被理事会中的较小国家联盟投票否决。但在何时对理事会机构权力资源进行重新分配，以及采取什么样的具体解决办法方面，法德之间存在分歧。

在一份泄露给法国媒体的名为"法国对 1996 年政府间会议的取向"官方秘密文件中，法国把有利于人口更多、更富裕成员国的"更好"投票权重放在首位。③ 尽管科尔政府基本上同意法国的观点，但它提出了关于成员国及其人口占双重多数的想法，这更能发挥德国在人口结构上具有的更大优势，而不是按照法国的思路重新调整选票的权重。④ 在阿姆斯特丹峰会上，面对来自中小成员国的抵制，科尔没有站在法国一边，而是接受了推迟解决这一棘手问题的意见，以照顾比荷卢三国的利益，这些国家是德国在许多条约改革谈判中的传统盟友。因此，"法德意见分歧……是政府间会议没法完成自己的机制改革家庭作业（institutional homework）的重要因素"⑤。

在尼斯峰会期间，关于投票权重的调整这一问题被重新提上议程。较大的成员国倾向于降低投票门槛，并使投票权重分配与人口规模大小行成比例。作为轮值主席国的法国努力"化圆成方"（square the circle，引申为解决某个难题——译者注），试图重新调整理事会中各国的投票权重，希

---

① de Villepin and Fischer 2003, 5.
② Lieb, Maurer, and von Ondarza 2009, 22.
③ Le Figaro, 20 February 1996: Europe: le texte confidentiel qui fixe les grandes orientation françaises, p. 6.
④ Jachtenfuchs 2002, 227–228, 231.
⑤ Deubner 1999a, 11.

望一方面保住法德在理事会长期存在的制度权力对等；另一方面也能兼顾到成员国之间的人口数量差异。

法国"执着于对等"（obsession with parity）及其前后不一致的谈判路线，不仅导致了它和德国之间的争执，其他人口规模不等，但投票权重却相同的成员国之间也因之激烈争吵——如比利时和荷兰。[1] 1990 年德国实现统一后，法国在 1992 年的爱丁堡峰会上极不情愿地同意了在欧洲议会上德国议员人数将比法国要多；但出于象征意义的原因，为了保持作为一个与德国平等的欧洲大国的自我形象，法国坚持法国—德国平等的历史原则。然而，德国总理格哈德·施罗德却力促在理事会的投票规则调整中承认德国在人口方面的优势地位，同时宣称他可能接受既进行投票权重的调整，又实行双重多数原则。[2] 由于法国拒绝讨论后一种选项（双重多数原则——译者注），因此德国不得不以其他方式做出让步。《尼斯条约》赋予成员国一项权利，它们可以要求验证理事会决议中的多数至少需代表联盟总人口的 62%。这使得德国在理事会决策中的阻断力量（blocking power）大为增加，超过了其他任何大国。[3]

法国不愿将法德两国在权力资源上的差异转化为条约语言，再加上德国施罗德政府在捍卫本国权力和地位利益、反对其最重要的欧洲伙伴（法国——译者注）方面的表现更为自信，这一切导致了一场严重的信任危机。因此，尼斯谈判成为我们考察欧洲条约改革谈判整个过程中的唯一个例——法德关系自身成了问题的一个主要组成部分，而不是解决条约改革谈判难题的方案。[4]

不过，在促成《欧盟宪法条约》以及之后的《里斯本条约》的谈判过程中，法国接受了理事会决策的双重多数投票规则（代表欧盟 65% 人口的 55% 的成员国同意）。希拉克和施罗德依据现实情况而做出的共同选择使莱茵河两岸的合作伙伴（法德两国）成为这些宪法辩论和条约谈判中的核心盟友，造就了这一变化。[5]《爱丽舍宫条约》签署 40 周年纪念即将来临，以及两国在 2002—2003 年伊拉克危机期间结为同一个战壕的盟友（closing

---

[1] Schout and Vanhoonacher 2006, 155.
[2] Schröder 2000.
[3] Moberg 2002, 275 – 276.
[4] Schild 2001a; Pfeiffer 2006, 247 – 272.
[5] Jabko 2004.

of ranks），均促使法德重启磋商并开始共同行动。

此后，法国和德国展示了它们团结的力量，在与西班牙和波兰等其他成员国的冲突博弈中占据了上风——从尼斯谈判的加权投票方案到里斯本谈判的双重多数投票规则，理事会决策机制发生了重大变化，而其中西班牙和波兰两国各自损失的投票权数量最大。在 2003 年和 2004 年关于《欧盟宪法条约》的政府间会议期间，法国和德国为理事会的决策机制改革划定了红线：确保按照双重多数的要求实行有效多数投票机制。结果，2003 年 12 月在意大利担任轮值主席国期间的政府间会议上，其首次尝试即遭失败。① 此后不久，法国和德国公开宣布一旦谈判无法奏效，将考虑组建一个先锋集团（pioneer group）或是建设"核心欧洲"（heading for a core Europe）。此外，施罗德将《宪法条约》谈判与未来共同体在聚合政策（cohesion policy）上的支出问题联系起来，对西班牙和波兰施加压力。② 由于新当选的工人社会党（"工社党"，PSOE）何塞·路易斯·萨帕特罗（José Luis Zapatero；2004 年 4 月出任西班牙首相——译者注）政府在理事会决策机制改革问题上采取了更为妥协的态度，波兰就处于孤立无援的境地。最终，波兰方面只好服输（backed down），政府间会议才得以在 2004 年 6 月结束，这使得各国于 2004 年 10 月在罗马庄严签署条约成为了可能。然而，如果法德两国早在阿姆斯特丹或尼斯就能够在这一点（理事会决策实行双重多数投票规则——译者注）上达成和解，本可使欧盟避免这么多激烈的内部争论，不至于消耗大量的时间和精力。

赋予议会权力

自《爱丽舍宫条约》签署以来的 50 年里，欧洲议会在欧盟机构三驾马车（欧盟理事会、欧盟委员会和欧洲议会——译者注）中的角色发生了巨大变化。在 20 世纪 60 年代，它几乎完全局限于发挥一种协商会议的作用，在 70 年代它被授予预算执行方面的控制权，并于 1979 年进行了首次直接选举；从 80 年代中期开始，欧洲议会获得了越来越重要的立法权。在欧盟的年度预算决策以及其他立法领域，欧洲议会的地位日渐上升，影响力逐步扩大。《欧洲联盟条约》里斯本版第 10 条规定："欧盟的运作应建

---

① Maurer and Schunz 2004, 6–7.
② Camercon 2004, 374 and 386; Schild 2004, 11.

立在代议制民主的基础上。"①

欧洲议会能取得这些进展，源于多个方面：有时欧洲议会大胆地进行自我赋权（self-empowerment），有时欧洲议会、委员会和理事会这种机构三角内部互动发生一些非正式变化，有时通过将机构间协议（Interinstitutional Agreements, IIA）中的一些非正式实践以法律形式规范下来，还有的时候是经欧洲法院的裁决。② 不过，欧洲议会所获得最重要的赋权必须经过正式的条约修改。因此，仍然是成员国，而不是欧洲议会自身在掌控全局（dominated the scene）。

关于欧洲议会在欧盟机构框架中应发挥何种作用和应该授予它何种地位，各成员国的政体理念对此一直存在重大分歧。这些差异深深植根于各国的宪政传统，各国政府需要面对因之而互不相容的国内期待，这是成员国政府在谈判欧洲条约改革问题时所无法回避的。

权能向欧洲联盟转移，权力从成员国被委托转让到欧洲层面（delegation of powers），均以牺牲各国议会的权力为代价增加了各国国家行政机构的权力。这种"去议会化"（de-parliamentarization）进程，对欧盟这个多层体系，无论是国家层面，还是欧洲层面的民主合法性都是威胁。当共同体基于自有财源（own resources）设置一套财政系统时，就意味着它已脱离了各国议会的预算控制管辖范围，这些关切（民主合法性可能遭到破坏——译者注）的意义变得更为重大。随着理事会在决策中引入有效多数表决制，各国议会失去了对欧洲决策的最终控制，同样的担忧则再次出现。这些主权汇集（pooling）的举措，引发了关于增强欧洲议会权力的要求——此类呼声尤其来自德国（除欧洲议会自身外），还有荷兰、意大利，以及它们各国的议会。

当面临民主控制和责任制（accountability）这些基本问题时，"条约的主人"做出的回应，乃是通过从1970年的《卢森堡条约》到2009年的《里斯本条约》期间的历次条约改革逐步加强欧洲议会。在这一系列的条约修改中，我们发现了一种相当稳定的模式：德国扮演了一种原告（法语：demandeur；或理解为"请求者或申请人"——译者注）的角色，要求逐步扩大欧洲议会的权力；而法国则表现出其尽力避免这个问题的一贯

---

① 参见 Rittberger 2005, Judge and Earnshaw 2008, 第2章对欧洲议会的长期演进过程进行了概述。

② Judge and Earnshaw 2008, 38–42.

倾向，并常常淡化关于逐步增强欧洲议会权力的意义。① 这是一种关于角色分配的镜像：在加强欧洲理事会（European Council）的问题中，法国通常扮演原告（法语：demandeur）角色，而德国有时仅仅勉强地追随其后。

在本书关注的时间段内，欧洲议会获得的第一项主要授权是在引入共同体自有财源制度（system of Community own resources）之后。当时的西德政府、德国联邦议院议员和欧共体其他五个成员国中的四个国家就一个主要问题达成了一致意见：由于建立共同体自有财源制度而造成的国家议会在预算监督权方面的损失，必须在欧洲层面上通过向欧洲议会授予预算权力来进行补偿。在这种情况下，1970年的《卢森堡条约》和1975年的《布鲁塞尔条约》先后对1957年的《罗马条约》进行了两次重要修改。它们首次赋予欧洲议会在预算决策方面的实质性权力，法国为将共同农业政策开支锁定在新创立的共同体自由财源体系里而付出了欧洲议会享有预算权的代价。②

但是，赋予欧洲议会预算权的构想起初是遭到法国强烈反对的。1965年，当这项议题被首次提出时，法国政府警告说欧洲议会可能存在不负责任的支出行为。法国"在赋予议会大会权力的问题上与'其他所有国家'对立"③。

与其前任戴高乐相比，蓬皮杜总统对欧洲议会的预算权采取了更为妥协的立场。法国勉强接受了这样一个基本逻辑，即欧洲议会的预算权必须因采用共同体自有财源制度而得到加强。但是，法国区分了基于共同体法律承诺（主要是共同农业政策）的强制性支出（compulsory expenditures）和非强制性支出（non–compulsory expenditures）④，成功地限制了欧洲议会在年度预算程序中的权力。这一关于强制性支出和非强制性支出的区别——直到《里斯本条约》才被废除，在这之前法国能够以此确保欧洲议会在共同农业政策补贴问题上没有真正的发言权；欧洲议会可以提出修改建议并且只在非强制性开支问题上拥有最终决策权，它可在严格的限制条

---

① Rittberger 2005.
② Rittberger 2005, 第4章; Wessels 1980, 54。
③ Rittberger 2005, 120.
④ "强制性开支"一般包括用于农业上的开支、返还给成员国的农业补贴以及根据国际协议必须给付的开支；凡不属于"强制性开支"的其他开支，则被纳入"非强制性开支"的范畴。——译者注

件下增加非强制性开支。

就条约修改而言，1987年生效的《单一欧洲法令》成为欧洲议会权力再次获得提升的重要进展。通过引入"同意程序"（assent procedure），《里斯本条约》将其更名为"共同同意程序"（consent procedure），《单一欧洲法令》赋予欧洲议会在共同体缔结对外关系或吸收新成员国加入的协议时拥有真正的否决权，而且该文件新引入的"合作程序"［the new cooperation procedure；也被称为"二读程序"（two readings）——译者注］在单一市场立法领域增加了一个在欧洲议会二读的过程。这样一来，欧洲议会在与共同体委员会协调行动时，就拥有了合作程序赋予的"有条件的议程制定权"①。

在就《单一欧洲法令》进行谈判时，德国政府并未要求让欧洲议会享有与理事会平等的合法的共同决策权利。②"没有证据表明，德国的欧洲政策已经进入想要削弱理事会作为决定性决策机构的阶段，（欧洲议会）只是参与决策，它不能影响理事会的核心地位。"③ 20世纪70年代中期，赫尔穆特·施密特领导的德国政府出于国内政治原因支持增强欧洲议会的权力，因为其国内政党强烈支持赋予欧洲议会权力。但由于联邦政府自身的机构利益，德国有时并不热衷于欧洲议会获得新的立法权。德国的这种谨慎态度也反映出，考虑到作为其最重要伙伴——法国持不同立场，德国历届政府在审议向欧洲议会赋权力问题都采取了渐进的方式。

1992年，在关于组建政治联盟、最终达成《马约》的政府间会议期间，情况发生了变化。科尔领导的德国政府采取了一种战略：德国在建立货币联盟方面所做的让步需与其在建立政治联盟谈判的强烈要求之间取得平衡，加强欧洲议会的权力是其重要的优先事项，并强调欧洲议会的权力"必须随着主权和权能不断向共同体转移而通过适当的方式予以加强"④。

德国选择了意大利而不是法国，作为其在提升欧洲议会作用方面的优

---

① Tsebelis 1994. 1986年《单一欧洲法令》引入的"同意"（assent）或"共同同意程序"（consent procedure）要求理事会在做出某些决定之前需要获得欧洲议会的同意［这与"协商程序"（consultation procedure）不同］。

② Gaddum 1994，265.《马约》引入的"共同决策程序"（co-decision procedure）在《里斯本条约》中已被更名为"普通立法程序"（ordinary legislative procedure），这使得欧洲议会与理事会成为共同立法者（co-legislator）。

③ Gaddum 1994，211.

④ Bundesregierung 1991，2.

先伙伴。① 1991年4月10日，德国与意大利两国外长——汉斯-迪特里希·根舍和詹尼·德米其利斯（Gianni De Michelis）提交了一份备忘录，其中包括一项"最大化议程"（maximalist agenda）：欧洲议会应拥有共同决策权（co-decision rights）并成为在立法政治（legislative politics）中真正与理事会平等的机构。两位部长还举出具体例子，包括欧洲议会的拥有立法倡议权、对委员会的组成（investiture）有更大的影响、全面参与未来的条约改革并可以行使否决权（通过"同意程序"），甚至包括有限的征税权。② 在今天看来，德国政府是否同意这样一项宏大的议程是非常值得怀疑的。

在制度改革的问题上，德国的优先选项显然与法国的考虑并不一致。然而，密特朗在与德国的双边谈判中做出了让步。关于民主合法性问题，法国和德国主张在两个方面赋予欧洲议会权力：在1990年12月6日的一份共同提案中，两国要求"对作为狭义上法律行为的（欧洲）议会的共同决策进行程序上的变更"；③ 此外，欧洲议会应该有权首先批准由欧洲理事会指定的委员会主席，然后再批准全体委员会的成员。其中，后面这一点只是将1981年以来在委员会和欧洲议会之间发展起来的已有制度实践法规化。然而，关于第一点，即欧洲议会在立法方面的共同决策权，法国向德国做出了实质性的让步，尽管这种让步还不足以使欧洲议会拥有与理事会平等的地位。共同决策权和欧洲议会对委员会全体委员的批准权确实可以作为具有里程碑意义的两项重大进展载入《马约》之中。但问题是，法国人通过这种让步得到了什么？

法国的设想是赋予各国议会在欧洲事务中的发言权。巴黎呼吁召开包括各国议会议员和欧洲议员参加的议会代表大会（congress of parliaments），这是法国在马斯特里赫特峰会上提出的制度改革要求的一个核心要素。④ 对于法国提出的关于组建上议院（second chamber）或召开代表大会（Congress）的提议，科尔表示怀疑。⑤ 由于只有希腊、葡萄牙、西班牙和

---

① Maurer and Grunert 1998, 258.
② 这份备忘录记载于 Bundesregierung 1991。
③ Kohl and Mitterrand 1990, 313.
④ Mazzucelli 1997, 78.
⑤ Küsters 2001, 510.

英国支持上述提议，法国的意图没能实现。①

在阿姆斯特丹峰会上，法国再次强烈呼吁各国议会应在欧洲政治中发挥作用。法国政府提出的关于成立"高级议会理事会"（High Parliamentary Council）的想法没有取得成功，显然它这样做的目的是成立一个新的机构来同欧洲议会竞争。② 每个成员国派出两名国家议会议员组成该机构（按照法国的意图——译者注），由它来控制"辅助性原则"的适用问题。③ 法国将其支持加强欧洲议会权力，与引入条约中的成员国议会联系了起来。④ 法国人的这番努力取得了成效，使得《关于各成员国国家议会在欧洲联盟中作用的议定书》（Protocol on the Role of National Parliaments in the Union）成为《阿约》的附件。该议定书使得各国议会能够提前获取有关即将进行的共同体立法的信息，并为欧盟事务议会委员会（Conference of European Affairs Committees, COSAC）提供了参考——该机构是在法国时任国民议会主席洛朗·法比尤斯（Laurent Fabius）倡议之下，于1989年11月在巴黎成立的一个各国议会之间进行交流的议会间机构。

在欧洲制宪大会（European Convention）的谈判过程中，成员国议会的作用问题再次出现。尽管出于不同的原因，但德国和法国都急于改善辅助性原则的适用性，以控制欧盟行使各国赋予它的权力。德国采取了其欧洲外交政策中具有典型性的法律方式，要求对欧洲和成员国的权限做出准确的法律界定，而且在辅助性原则遭到破坏的情况下各成员国国家议会应有权先于欧洲法院采取行动。法国则采取了一种更具政治性的方式，即在欧盟委员会运用其立法倡议权时，要让成员国议会对其进行控制。⑤

这场辩论的结果，最终成为《里斯本条约》中所谓的"早期预警机制"（early warning mechanism）。该条款赋予各国议会一项权利，它们可提交"一份附加理由的意见（a reasoned opinion）以说明为何它认为讨论中

---

① Rittberger 2005, 188.
② Jachtenfuchs 2002, 246.
③ 见《费加罗报》报道的泄露出的法国关于《阿姆斯特丹条约》谈判立场和执行中优先性的文件，LeFigaro, February 20, 1996: Europe: le texte confidential qui fixe les grandes orientations françaises, p. 6。"辅助性原则"要求决策应"尽可能贴近公民"。换句话说，只有当国家、地区或地方层面无法解决眼前的问题时，或者如果在联盟层面采取的行动比在国家、区域或地方层面采取的行动更有效时，联盟层面才应采取行动。
④ Maurer and Grunert 1998, 257.
⑤ Constantinesco and Pernice 2002.

的（立法法案）草案不符合辅助性原则"①，这也就意味着欧盟在立法事务上越权处理了本可由国家或地方层面更好处理的事务。当然，该议定书也为成员国国家议会或其议院（实行一院制国家的议会——译者注）提供了一种将涉嫌违反辅助性原则的案件提交至欧洲法院的间接途径［通过成员国各自的告知行动（act of notification）］。因此，在这种满足法国与德国利益和传统的典型妥协中，成员国既通过政治方式使国家议会获得了对辅助性原则进行程序控制的权利，也赋予了各国议会选择采取法律行动的权利。

《里斯本条约》包含了曾经被迫搁浅的《宪法条约》中规定的大部分改革内容，它不仅加强了成员国国家议会的作用，而且使欧洲议会再次成为欧洲条约改革的制度上的一个主要赢家。法国和德国支持这一进程，但并不是非常积极的推动者。这并非偶然——在两国就制度改革所提出的主要共同提案②中，有关欧洲议会的段落是涉及欧盟核心机构所有内容中篇幅最短的部分。两国提出了基本理念：欧洲议会与理事会共同行使立法权，而且更重要的是，理事会决策中使用有效多数投票制应该自动与欧洲议会的共同决策权挂钩。在欧洲议会的预算权问题上，法德两国之间的主要分歧依然存在——它们关于该问题的共同提案在措辞上很不精确即可证明这一点。

总的来说，《里斯本条约》大大加强了欧洲议会的权力，这不仅体现在年度预算程序方面，由于理事会在司法和内务政策领域更多采取有效多数投票的决策模式，欧洲议会还因与理事会同享共同决策权而在这一政策领域拥有了更大的权力。此外，法国甚至接受了欧洲议会在共同农业政策和贸易政策这两个对其利益来说具有高度敏感性的领域享有共同决策权。

就谈判策略而言，必须指出的是德国几乎完全是与法国一道在制度问题做出了最重要的贡献，特别是在 2002 年底和 2003 年初欧洲制宪大会谈判进入决定性阶段这一时期。之前那种由德国与意大利提出倡议支持欧洲议会的模式已不再奏效。之所以会出现这样的结果，究其原因在于德国经过深思熟虑而选择了更为紧密的法德协调方式，而意大利贝卢斯科尼（Berlusconi）政府则对欧洲宪政并无多大兴趣。

---

① 《里斯本条约》第 6 条，关于辅助性和比例性应用的原则。
② de Villepin and Fischer 2003, 4.

本章小结

事实证明，构成性政治（Constitutive politics）是法德领导角色发挥作用的沃土。法国和德国通过两种方式扮演了这种领导角色，即通过推进更深入的一体化和通过成功的危机管理——本书在第一章中区分了关于领导角色发挥的三种方式（第三种方式为"在部分成员国组成的小集团中行动"——译者注）。以制定议程并在改革进程中提供重要建议的方法，它们成功地将一体化推向前进。例如，在20世纪70年代中期，法德两国将欧洲理事会和欧洲议会直接选举打包成一揽子计划推给其他成员国，在《马约》谈判的筹备阶段以及之后欧洲制宪大会（European Convention）期间，也都是如此。在所有这些案例中，法德两国通过建起双边妥协、设立标杆，并给协议限定谈判空间等方法，促进欧洲内部建立共识。在克服危机局势方面，法德两国于1984年在枫丹白露峰会上果断清除了导致决策陷入僵持不下境地的障碍，从而开启了条约改革的大门，并打破了在欧洲制宪大会谈判中关于设立常任主席国问题的僵局。

国内层面的宪政偏好，以及随着时间推移两国偏好的部分趋同，有助于解释法国与德国在什么时候以及通过何种方式交换让步（exchange concessions）并在欧洲宪政事务领域找到了共同基础。长远来看，欧盟的超国家—政府间组织的混合性质，很大程度上是法德两国在欧洲制度建设中的核心问题上一系列相互让步的交换结果（bilateral exchanges of mutual concessions）：例如，一方主张加强欧洲议会，另一方要求加强欧洲理事会；一方希望引入成员国国家议会，另一方主张赋予欧洲议会新的决策权；还有一方力求提升欧洲理事会的作用，而另一方寻求增强欧盟委员会的合法性；等等。事实证明，法德两国在这些问题上所达成的双边协议通常也能为其他成员国所接受。因此，法德两国通过代理妥协方式发挥领导角色的逻辑，完全适用于制度建设这一领域。

法德两国政治领导人如何对待彼此之间这种有时相异、有时又互补的混合偏好，是他们个人倾向、言行风格和战略选择等方面不同的体现。戴高乐就是一个典型例子——他自信而且不轻易妥协的风格，几乎没有为法德双边妥协留下任何空间。而施密特和吉斯卡尔更为务实的风格以及他们之间深厚的个人关系，则为法德之间的相互理解创造了更多机会，并促成了欧共体在 20 世纪 70 年代的制度改革。

但同时，法国和德国在欧洲政治思想方面也存在部分融合的趋势。那个由德法两国分别代表的联邦制"欧洲合众国"与"各国的欧洲"（Europe of States）相互完全对立的极端时代已经结束了。自 20 世纪 80 年代就《单一欧洲法令》进行谈判以来，法国日益增长的实用主义和对超国家治理的支持为具有深远意义的制度改革，特别是在理事会的多数表决机制和向欧洲议会的逐步授权等方面打开了大门。[1] 而德国不再一味固守其联邦主义政治理念，接受甚至积极推动欧洲理事会权力逐步上升，反映出它也具有类似法国的务实主义。回顾过去，下列史实无疑非常令人瞩目：从"富歇计划"（20 世纪 60 年代法国提出的关于欧共体六国政治合作的计划——译者注）到今天（2013 年——译者注），法国历任总统和政府稳步及成功地推动欧洲理事会的发展，目前欧洲理事会的作用前所未有的重要，成为欧盟的核心机构。同样值得注意的是，德国历届政府和历任总理与比荷卢三国、意大利和欧洲议会一道，将议会大会从原来的一个"清谈馆"（talking shop）变为一个今天极具影响力的欧盟机构。

法国和德国不仅逐步接受了欧盟制度体系已为混合性质的事实，它们还开始越来越支持这种混合制度，认为它是在欧洲这个"非国家、非民族政体"（nonstate, non-national polity）中建设政治共同体的正确方法。[2] 在 2000 年以后的欧盟宪法辩论时期，"法国政府官员一直表示希望保持欧盟的双重性质，拒绝在'超国家'和'政府间'逻辑之间做出选择"。德国也是如此。这种变化源自欧洲层面："欧洲一体化半个世纪以来的遗产"——长期的欧洲制度化（institutionalization）是其背后的原因。[3] 法国越来越接受在立法决策领域充分应用共同体方法。而德国在行政决策领域、特别是在外交、安全和防务政策以及经济政策协调等方面，抛弃了联邦主义的宪法蓝图。

在两个重要问题上，法国和德国基于共同利益一起行动：调整理事会投票的权重使之有利于大成员国，并将有效多数投票机制扩大到新的领域。在制度改革方面的这些共同利益，使法国和德国在各轮政府间会议和

---

[1] Schild 2010.

[2] Schmitter 2000, 2.

[3] Jabko 2004, 295 and 298.

欧洲制宪大会谈判中作为非常积极的议程制定者和主动出击的谈判者。它们共同坚定地捍卫《宪法条约》草案以及后来的《里斯本条约》。如果它们在总体结构权力方面没有优势，其共同领导没有足够的资源的话，它们就不可能在理事会投票制度改革方面取得成功，无法将其扭向有利于大国的方向。

　　双方权力分配因素也发挥了作用。德国由于其在人口比重上享有优势，希望权力资源分配对它更有利，但是法国不愿打破历史上一贯保持的两国在理事会加权投票方面的平等原则，这导致双方在尼斯峰会上爆发激烈的争执。但两国关于权力分配的争论仅止于此。希拉克和施罗德，这两位在尼斯发生冲突的政治领导人，决定增设一个新的非正式双边机构，以加强两国高层之间的协调（见第二章"布莱希姆进程"）。他们还根据现实情况做出了战略选择，从而形成了一种共同应对欧洲制宪大会谈判的法德方式。这种情势下，法国才突然淡化了关于加权投票调整应遵循两国历史平等原则的问题。

　　除双边权力分配问题外，双边机构与合作规范的影响也日益突出。从戴高乐执政时期到20世纪70年代中期，德国历届政府尤其是历任总理，都采取了务实方式来改善欧共体的运作，尊重法国因政府间主义信条而设下的限制。在确定自己立场的同时也考虑对方根深蒂固的偏好，乃是嵌入式双边主义具有浓厚制度和规范意义环境的一个重要方面。正如洛朗·迪马所言："在任何情况下，你都必须知道要选择盟友。"①

　　法德两国在不同层面上的合作都有着坚实的准备基础，它们可充分利用双边沟通机制和管道来筹备欧洲层面的决策，这样就对欧洲的构成性政治发挥了重要影响。例如，高度密集的双边磋商就为枫丹白露峰会和马斯特里赫特政府间会议提供了良好的前期准备工作。在2002—2003年欧洲制宪大会进入决定性阶段后，法德双方之间的协作具有近乎排他性的特征，它们就改革的核心问题提出了一系列共同建议。

---

① Dumas 2007，223.

第六章

政体塑造 Ⅱ：扩大的政治

当欧盟不得不应对新成员国提出的入盟申请时，法国和德国发现它们站在相同立场的时刻少，意见不一致的时候多——至少最初是这样。① 这种分歧既是不同经济利益、战略重点差异的反映，也显示出它们对欧洲这种"共同体"或"联盟"的基本特征与目标有理解上的矛盾。在过去的50年里，法国比德国更关注——甚至可以说是痴迷于——地理扩大对欧盟内部政治凝聚力和外部"角色性"（actorness）塑造的影响。20世纪60年代欧共体由六个成员国组成，实行政府间决策程序、建设共同市场、拥有关税同盟、贸易政策里"共同体优先"（Community Preference），还有共同农业政策，它是一个高度有利于法国在欧洲追求利益和发挥领导地位的环境。与欧洲一体化的后期相比，戴高乐主义的欧洲思想在那时更加盛行。之后每一轮欧共体/欧盟的扩大，似乎都会威胁到这个"法式家庭花园"（French garden），把它变成一个杂乱无章的英式天然公园（messy English landscape park）。② 具有大西洋主义取向的欧洲自由贸易联盟国家（北扩）、法国在农业上的竞争对手（在地中海方向上的扩大）、具有中立或不结盟传统的成员国（欧洲自由贸易联盟，European Free Trade Association，EFTA），还有诸多大西洋主义取向的、有过不自由的历史和经济上不富裕的国家（东扩）连续申请加入欧盟，不可能不打破欧盟内部的利益与权力平衡，也不可能不削弱法国根据其基本偏好塑造欧共体/欧盟的能力。法国政界人士和观察家一般会权衡欧盟扩大与深化之间的得失，担心共同政策会因扩大而被侵蚀，外交上的雄心会因之而消弭，导致共同体被稀释成

---

① 我们对欧盟扩大的分析限定于在本书写作时已经成为欧盟成员国的国家，即欧盟27国。
② Prate 1995, 10.

一个自由贸易区。

相比之下,德国的政治人士则倾向于淡化和深化这两个相互冲突目标之间的紧张关系,并试图找到调和二者的办法。欧盟连续不断地扩大,确实符合德国的经济和贸易利益,吻合支撑西德外交政策的基本价值观——例如,欧盟南扩和东扩促进了民主和法治——也有利于加强德国在共同体内的整体权力地位。

法德处理欧盟扩大问题的方式也受到两国上述矛盾的烦扰。法国的决策者们公开为他们捆绑新成员的行为进行辩护——这些行为包括放慢、推迟或干脆否决新成员国的加入——法国人的理由是,有必要保持共同体的一体化水平和内部凝聚力。然而,法国的顽固做法有时恰恰产生相反的效果:降低了共同体的凝聚力,导致它与包括德国在内的其他成员国之间产生了深刻的裂痕,并使自己处于孤立状态。当申请国和其他成员国向法国联合施压时,法国会进行最后一搏,然后欧盟扩大的进程最终得以实现。

德国对待欧盟扩大持更开放的立场,它面临的矛盾同与法国不同,其状况与比、荷、卢三国相似。这一矛盾就是无法令人信服地论证在一个日益变大且越来越多样化的联盟内如何建立一个具有联邦特征的强力共同体,还要考虑到联盟里还包括类似英国这样"令人尴尬的伙伴"(awkward partners)。①

在这种分歧背景下,本章分析了法国和德国能够在多大程度上跨越差异并制定共同的应对措施,同时,还分析了自 20 世纪 60 年代初以来,法德两国在欧共体/欧盟扩大政策中能够发挥何种程度的共同影响。

英国的成员国申请与 1973 年的欧共体北扩

戴高乐在 1958 年重新掌权后,成功地阻止了英国在欧洲经济共同体 6 国和欧洲经济合作组织(OEEC)其他成员国之间建立自由贸易区的计划。这是他基本理念的反映,即支持由六个成员国组成而不包括英国的"小欧洲",戴高乐在他担任法国总统期间一直坚持这种观点。② 英国 1963 年和

---

① George 1990.
② Bossuat 1995a;Warlouzet 2011.

第六章 政体塑造Ⅱ:扩大的政治

1967 年两次申请加入欧共体,都被戴高乐否决,这给直到 20 世纪 60 年代末的法德关系都造成巨大压力。

戴高乐有很多理由阻止英国加入成立时间不久的欧共体:经济动机、寻求欧洲独立的战略目标和维护法国在欧洲的领导地位,其中最突出的一个理由乃是他关于欧洲政体的理念。在戴高乐寻求建立的独立的"欧洲人的欧洲"(尽管并不成功)中,并没有英国的位置,戴高乐认为英国因其与美国的特殊关系而可能在共同体中扮演"特洛伊木马"的角色。英国如果加入欧共体,也会损害法国关于"有组织的欧洲"(organized Europe)的理念——欧共体已经建立了很多共同政策,特别是共同农业政策和建在"共同体优先"原则之上的共同对外贸易政策。鉴于英国对国际贸易的开放态度以及伦敦对特别优惠(special concessions)的要求,特别是它要求自己的英联邦伙伴的产品也可进入欧共体共同市场,这会使欧共体的关税联盟有被降格为自由贸易区的紧迫危险。英国对本国农民给以国内补贴("差额补贴",deficiency payments),显然不符合欧共体共同农业政策的补贴方案。此外,英国的加入很可能会降低法国在共同体事务中尊崇的地位,削弱它的领导作用。因此,在戴高乐这位法兰西第五共和国的创始人看来,英国的加入"将改变一切",正如他对英国首相哈罗德·麦克米伦(Harold Macmillan)所说的那样。[①] "由于他们无法阻止共同体的诞生,因此他们现在计划从内部令其瘫痪。"[②]

随着戴高乐 1963 年 1 月 14 日在新闻发布会上公开宣布否决英国加入欧共体申请,他在欧共体内部自我孤立了法国,这打击了欧共体的精神,也破坏了欧共体的正常运作氛围。

1961 年 7 月,英国首相麦克米伦在议会下院呼吁开启关于英国加入欧共体的谈判,德国政界精英对此表示热烈欢迎。[③] 但 1962 年,德国总理阿登纳表达了保留意见,强调一旦英国加入欧共体,后者就很难向政治联盟方向发展。在德国政府内部,欧共体与英国的关系是一个争议性话题,但最终阿登纳的立场在德国的"总理政体"(Kanzlerdemokratie)[④] 中占了上风。英国在 1958—1962 年"柏林危机"期间的妥协立场,加深了阿登纳

---

① 引自 Vaïsse 1998,201。
② de Gaulle 1970a,200.
③ Willis 1965,300.
④ Bange 2000,52 – 67.

对英国的怀疑,因此他与巴黎走得更近并鼓励戴高乐对英国采取一种强硬的政策。① 阿登纳和戴高乐都将一体化的深化视为一个比欧共体扩大更为优先的选项;但他们的观点并非完全重合。阿登纳并不赞同戴高乐反霸权、建立"欧洲人的欧洲"的宏伟战略——"她独立存在,并为自己而存在,换句话说,她在世界上有自己的政策"②。

在举行那场著名的新闻发布会(于1963年1月——译者注)之前,戴高乐并没有通知德国政府或咨询德国政府意见,尽管几天之后法德就签署了《爱丽舍宫条约》——其中包括两国应就外交政策重要问题进行磋商与合作的规范。戴高乐断然否决英国加入欧共体的申请,导致了意想不到的后果,形成了"对与德国结成非常紧密联盟关系之构想的致命打击"③。事实上,戴高乐的这一行为,加强了德国国内大西洋主义者的力量。德国时任外交部长格哈德·施罗德决定反对阿登纳总理的外交政策,他认为阿登纳总理的外交政策与戴高乐主义的法国政策过于接近。德国政治精英中的"大西洋主义者"(Atlantiker)将支持英国加入欧洲经济共同体变成德国联邦议院给《爱丽舍宫条约》增加的序言中的一个要点。在戴高乐看来,这一点再加上关于与美国密切关系的表述以及序言部分对北约重要性的强调,降低了《爱丽舍宫条约》文件的外交和战略重要性。

1967年5月,英国与丹麦、爱尔兰和挪威一起,再次递交了加入欧共体的申请,结果同年11月被戴高乐又一次拒绝。在英国第二次提出加入申请后,由基民盟/基社盟(CDU/CSU)和社民党(SPD)组成的德国大联合政府,跟比荷卢三国和意大利都赞成英国加入欧共体。但基辛格—勃兰特政府(the Kiesinger – Brandt government)④ 并不想因为与英国走得太近从而危及德法两国之间的和解,因此试图在法国与英国以及法国与欧共体其他四个成员国之间扮演一种"不偏不倚的调解人"(honest broker)

---

① Koopmann 2000, 50 – 4; Bange 2000, 52.
② 参见戴高乐1964年7月24日的新闻发布会,de Gaulle 1970c, 228。
③ Schwarz 2005, 58; 也参见 Ziebura 1997, 166 and 170。
④ 库尔特·格奥尔格·基辛格(Kurt Georg Kiesinger, 1966—1969年任联邦德国总理,1967—1971年任基民盟联邦主席);维利·勃兰特(亦作威利·勃兰特, Willy Brandt, 1969—1974年任联邦德国政府总理,曾任德国社会民主党主席、名誉主席、社会党国际主席等职)。——译者注

的角色。① "大联盟政府的首要任务是修补法德两国关系中的裂痕"——这些裂痕是在路德维希·埃哈德（Ludwig Erhard）担任总理期间（1963—1966年——译者注）出现的。② 1967年2月15日，在波恩与英国首相哈罗德·威尔逊（Harold Wilson）举行的双边会谈中，基辛格拒绝向法国公开施加压力，并辩称他必须谨慎地对待法德合作这株"非常娇弱的植物"（very delicate plant）。③ 的确，戴高乐曾对基辛格总理发出过警告：如果其他五个成员国坚持让英国加入，法国将退出欧共体。④

戴高乐拒绝开启谈判，他更愿意签订一项同英国和欧洲自由贸易联盟（EFTA）⑤ 的联系性协议。⑥ 在公开论证他的决定时，戴高乐指出英国经济与货币状况的恶化；但其根本原因仍是战略层面而非经济性质。⑦ 结果，法国又一次发现自己在共同体内部处于被孤立的状态。在1967年12月18日至19日举行的一次部长理事会会议上，五个成员国根据共同体委员会的建议，打算与英国和其他三个申请国（丹麦、爱尔兰和挪威）开启关于其成员国资格问题的谈判，但遭到了法国的否决。

为了找到摆脱这种僵局的方法，比荷卢三国、意大利以及法国和德国，提出了在申请国和欧共体之间建立一种低于完全成员国门槛的协调关系的想法。德国没有对法国施加很大的压力，也没有绕开法国——像比荷卢三国提议的那样。相反，德国政府抓住了法德两国在1968年2月举行磋商的时机，采纳了戴高乐关于申请国与欧洲经济共同体之间设立贸易安排的想法。法德两国发表了一份联合声明，提出欧洲自由贸易联盟和欧洲经济共同体这两个国家集团之间可能达成一项贸易协定，但该声明没有解决

---

① 1967年2月16日，基辛格在一次与哈罗德·威尔逊（Harold Wilson）的交谈中使用了"诚实的经纪人"（"ehrlicher Makler"）这一说法。参见 Türk 2006b, 68。

② Türk 2007, 51. 艾哈德政府时期法德关系的紧张情况，参见 Lappenküper 2001；Ziebura 1997, 175 – 190。

③ 引自 Türk 2006b, 67。

④ Türk 2006, 62.

⑤ 欧洲自由贸易联盟，是英国、丹麦、挪威、葡萄牙、瑞士、瑞典、奥地利7国根据1960年1月签订的《建立欧洲自由贸易联盟公约》（《斯德哥尔摩公约》）组成的工业品自由贸易集团，亦称"小自由贸易区"。1973年1月，英国和丹麦退出，加入欧洲经济共同体（EEC）——译者注。

⑥ Bossuat 2001, 519.

⑦ Vaïsse 1998, 603. 另一种观点——强调法国的农业利益是戴高乐两次否决的主要原因，将地缘政治论点解释为不过是追求经济利益的"障眼法"（smokescreens）。参见 Moravcsik 2000a and Moravcsik 2000b. 也见刊载在《冷战史研究》上对莫劳夫齐克观点的数篇批评文章及莫劳夫齐克的回应，*Journal of Cold War Studies*, Vol. 2, No. 3, Fall 2000。

法德之间的根本分歧，也未能阐明关于这一贸易安排的细节。不过无论怎样，除获得欧共体正式成员国资格之外，英国和丹麦对其他任何解决方案都不感兴趣。

这种状况，直到1969年乔治·蓬皮杜（Georges Pompidou）成为法国新总统后才发生改变。作为在其总统任期内最重要的外交政策决策，蓬皮杜支持英国、爱尔兰和丹麦加入欧共体。① 他做出这一选择，源于三个基本原因。

首先，备受孤立的法国立场越来越站不住脚，而且其代价也越来越高。法国的欧洲外交政策因此问题被锁，不得不四处防御，同时也让共同体事务难以取得任何实质性进展。② 事实上，它的合作伙伴（德国——译者注）已向法国施加压力，方法就是将共同体自有财源为共同农业政策提供补助与英国加入欧共体这两个问题联系起来。③ 随着关于共同农业政策补助的过渡安排即将于1970年结束，欧共体需要找到一个新的、基于共同体自有财源的长期方案来保护法国的农业利益。当然，这会给欧共体其他成员国制约法国提供一个有力武器。

其次，国内原因也促使蓬皮杜在英国加入欧共体问题上采取了妥协立场。他需要国内中间派的支持，以赢得1969年的总统选举。他的竞选对手是坚定的欧洲主义者阿兰·波厄（Alain Poher；1969年夏尔·戴高乐辞职后，曾任法兰西第五共和国时期代理总统（1969年4月20日—6月20日）；1974年4月蓬皮杜在任内逝世后，阿兰·波厄再次代任法国总统——译者注）。④ 在竞选期间，蓬皮杜明确表示：他愿意考虑欧共体扩大问题，但同时他明确该问题必须同完成共同市场建设相联系，后者意味着确定共同农业政策的财政条款和共同体自有财源体系构建。⑤

最后，蓬皮杜将英国加入欧共体视为一种平衡西德新经济与货币实力的手段，认为它也可限制西德在外交方面的活跃程度。⑥ 在1968年货币危

---

① Bernard 1995，237.
② 根据蓬皮杜在一次内部的部长会议上的发言，拒绝讨论英国问题已经"站不住脚"，"如果法国依旧整体上回绝此问题，我们就会让共同市场死去"，引自 Bitsch 2003，87。
③ Bernard 1995，239；Vaïsse 2009，115.
④ Bernard 1995，238.
⑤ Simonian 1985，78.
⑥ 见 Syedoux 1977，181；Simonian 1985，80；Vaïsse 2009，115，121；与此相反的观点，见 Bitsch 2003，88，他认为在法国档案里没有找到支持此种解释的明确的证据。

机期间，德国的这种新实力首次清楚地展现出其对外交的影响（见第八章）。由德国大联合政府开创、后来被总理维利·勃兰特更加积极推行的新东方政策（Ostpolitik），引发了蓬皮杜的怀疑：他开始质疑为了实现统一的最终目标，德意志联邦共和国是否会优先考虑其与东方的和解而不是欧洲一体化。

1969年12月1—2日在荷兰海牙举行的欧洲首脑会议，对解决英国加入欧共体问题是否具有重要的意义。联邦德国总理勃兰特大力支持英国加入，他在德国联邦议院的第一次声明就对此做过明确的表态。① 巴黎和波恩在大使级别上认真沟通，勃兰特和蓬皮杜之间也屡换书信，从而确保了本次峰会有了坚实的双边准备基础。② 在首脑会议召开之前，"法国强调农业，而德国领导下的其他五国希望欧共体扩大，两者之间的非正式联系在（在理事会）召开前业已存在"③ 在这次峰会的第一天晚上，勃兰特和蓬皮杜就这一联系的具体性质达成了相互理解，从而对峰会的整体成功产生了重要意义。④

海牙首脑会议也的确解决掉不少长期悬而未决的问题，结束了欧共体的一段停滞时光。各国通过交换让步达成一揽子复杂协议，为欧共体北扩打开了大门，这其中法国和西德的作用非常突出。在戴高乐执政期间，法德两国在扩大政策领域的双边领导作用明显发挥不足。蓬皮杜贴切地使用了三个相互关联的词（triptych）来总结此次峰会——"完成"（内部市场和自有财源体系）、"深化"（如货币一体化）和"扩大"。法国同意最迟于1970年7月1日开启有关新成员国加入欧共体的谈判。仅仅过了18个月，谈判就宣告完成，其中最困难的问题通过英法之间的妥协解决，法国坚持英国应该接受一整套的共同体既有法规（acquis communautaire），包括共同农业政策及其补贴规则。1971年5月20—21日在巴黎举行的双边会议上，蓬皮杜和英国首相爱德华·希思（Edward Heath）成功地消除了一些最后障碍，例如从新西兰出口的商品进入共同市场的问题，以及英国对

---

① Bracher, Jäger, and Link 1986, 241.
② Brandt 1976, 320. 在威利·勃兰特的倡议下，德国总理和法国总统蓬皮杜在1969年开始了密集的信件和文件交换——在他们的共同任期内达到了70多件。勃兰特确信在欧洲层面的决策之前，达成某种双边理解是有用的。参见 Wilkens 2005, 199 – 200。
③ Simonian 1985, 79.
④ Brandt 1976, 320 – 322.

欧共体预算的贡献问题。① 事实上，从戴高乐两次否决英国加入欧共体到希思和蓬皮杜的最终谈判，在这整个的过程中，"扩大共同市场的问题基本上属于一种法国和英国之间的博弈"②。

1981 年和 1986 年欧共体在地中海方向上的扩大

由于政治和经济偏好不同，当 1975 年希腊、1977 年西班牙和葡萄牙申请加入欧共体时，法国和德国未能发挥主导作用，希腊以及西葡两个伊比利亚半岛国家，分别于 1981 年和 1986 年加入欧共体。法德两国从一开始就表态欢迎上述三个国家申请加入欧共体，法国总统吉斯卡尔·德斯坦尤其希望看到作为民主发源地的希腊成为新成员国。③ 尽管吉斯卡尔对欧共体向南方扩大基本上持积极态度，但政治、更主要是经济方面的因素让他实际上是有所保留的。由于葡萄牙的大西洋主义倾向及其与英国的密切关系，德斯坦对该国加入欧共体表示怀疑。随着上述国家加入欧共体的谈判不断推向深入，法国以及德斯坦总统越来越意识到伊比利亚半岛国家会对法国农民（尤其是在水果、蔬菜和橄榄油领域）、对法国南部（French Midi）和西南地区的葡萄酒生产商、对法国渔民以及法国钢铁和纺织品生产构成严峻的经济竞争。对于希腊来说，这算不上什么大问题，因为它不像葡萄牙尤其是西班牙那样能够威胁法国的农业和渔业利益。④ 德斯坦及其继任者密特朗，不得不认真考虑共同体内部南北国家之间的再平衡，以及面对西葡这两个有违自身经济利益的国家，如何维护法国的核心地位。出于国内政治原因，1979 年吉斯卡尔突然强化了法国的谈判路线并使用了拖延战术，因为法国农民们举行了大规模抗议，农民的行动得到了戴派政党和共产党的支持。⑤ 1980 年 6 月 5 日，他选择在法国国民议会农业委员会发表演讲，其中他请求将希腊加入欧共体一事与西班牙和葡萄牙两国的成员国资格申请区分对待。随后，西班牙指责法国采取了阻挠政策，西班

---

① Bernard 1995, 243.
② de La Serre 1975, 743.
③ Du Reau 2006, 117; Vaïsse 2009, 127.
④ Simonian 1985, 289.
⑤ Miard – Declacroix 1993, 168.

牙媒体则将法国描述为"欧共体扩大谈判中的恶棍（villains）"①。

1981年社会党人弗朗索瓦·密特朗（François Mitterrand）当选法国总统，1982年西班牙社会党赢得本国大选后，欧共体扩大的谈判加快了速度。1983年底，当洛朗·迪马就任欧洲事务部长时，密特朗指示他结束与西班牙和葡萄牙的谈判，但同时也要坚决捍卫法国的利益。法国的确在农业和渔业政策这两个敏感领域，成功地让西葡两个申请国做出了让步。②

在德国，支持欧共体接纳地中海国家是一种跨党派共识。在欧共体的大成员国中，德国政府的态度最积极，它决定对这些新民主国家的申请，无须进行过多辩论即可给予积极回应。③ 20世纪70年代中期，希腊、西班牙和葡萄牙三国发生政权更迭后，德国的主要动机是促进民主，它支持上述三国度过艰难的民主转型期。④ 在三国的民主转型问题上，施密特总理担心信仰共产主义的将领的影响，也害怕来自东方共产主义国家的外部干涉。⑤ 在政党层面，作为德国主要执政党的社会民主党一直非常积极地通过它的基金会渠道——弗里德里希·艾伯特基金会（Friedrich Ebert Stiftung，FES），向葡萄牙和西班牙这两个年轻的民主国家提供支持，包括经济援助。德国基民盟党（CDU）也同样向西班牙和葡萄牙的政党伙伴提供了支持，尽管在程度上略低于社民党。⑥ 除推广那些支撑德国外交政策的基本价值观外，支持这些南欧民主国家也有稳定北约南翼这样的军事和战略考量。

经济利益也是激发德国做出积极反应的重要原因。希腊、西班牙和葡萄牙这三个申请国为德国提供了广阔的出口市场，特别是其工业产品和资本设备——这是德国在国际和欧洲分工中具有比较优势的领域。新成员的出口（export portfolios）对西德的国内生产商构不成重大威胁——这与它们对法国和意大利的影响形成了鲜明对比。这三个国家的加入意味着共同体预算的增加，对这笔额外的财政负担，德国政府表示接受愿意承担其中

---

① Duchêne 1982, 33.
② Dumas 2007, 189; Simonian 1985, 334.
③ Kohle 1980, 151; Deubner 1982, 45, 54.
④ Jäger and Link 1987, 281; Schmidt 1990, 188.
⑤ Schmidt 1987, 208.
⑥ Deubner 1982, 46.

很大一部分。这样,德国就可以利用其财政资源来实现其政治目标。[1]

在人员自由流动这个高度敏感的问题上,德国显得颇不情愿——法国也是如此(只是程度略低一些)。德国担心,对希腊做出的让步可能为未来土耳其的加入进程开创一个先例。[2] 因此,希腊以及后来的西班牙和葡萄牙都不得不接受一个长达7年的过渡期,之后才能真正实现劳工的自由流动。事实证明,由于对移民的恐惧被夸大,上述过渡期的时间被缩短到6年。

在欧共体向南扩大的问题上,德国和法国分别属于两个不同的阵营。由于法国在与西班牙和葡萄牙的加入谈判中采取了强硬路线,因而在谈判中的作用比德国和意大利更为突出;而由于国内就欧共体南扩的好处达成了共识,德国和意大利两国一直在谈判中保持低调的姿态。法国与西班牙、法国与葡萄牙之间的双边会谈解决了加入谈判里主要的利益冲突。[3]

不过,在欧共体扩大谈判成功结束之前,欧共体还必须完成共同农业政策改革,并解决20世纪80年代初一直阻碍欧共体发展的预算难题。正是在这种背景下,在1984年上半年法国担任欧共体主席期间,法德双边主义发挥了重要的领导作用。巴黎和波恩非常认真地筹备了1984年6月的枫丹白露首脑会议(见第五章)。在德国的积极帮助下,法国作为轮值主席国消除了在扩大谈判达成最后协议前的其余障碍,并为共同体提供了必要的资源,使之能够承担由扩大带来的财政负担。

1984年3月和6月分别在布鲁塞尔和枫丹白露举行的欧共体首脑会议,以及同年3月下旬举行的农业部长理事会会议,共同促成了一份内容复杂而又密切相关的一揽子协议。除解决有关英国预算回扣的争端外,成员国还增加了欧共体的预算(自有财源),并确定1984年9月30日为结束南扩谈判的最后日期。在后两个问题上,德国采取了一种联系战略,促使欧共体成员国之间、特别是法德两国之间进行系列复杂的相互让步及利益交换,从而使谈判取得上述突破性成果。[4] 1984年3月,法国提出实行牛奶配额制度(曾遭到法国全国农民的强烈抗议)。德国方面也做出让步,

---

[1] Simonian 1985,290.
[2] Duchêne 1982,31.
[3] Dumas 2007,234-235.
[4] 细节见 Dumas 2007,200-207。

降低了所谓的货币补偿额（Monetary Compensatory Amounts，MCAs；或"绿色汇率"green currency rates）——这曾经给德国农民带来过竞争优势。① 德国以愿意提高欧共体自有财源上限作为交换条件，换取法国不再控制共同农业政策的预算。德国，作为当时除英国以外唯一的欧共体预算的净贡献国，同意支付用于英国预算回扣的资金，而法国也同意为德国所支付的英国预算回扣提供返款。

与 1969 年海牙峰会之前和峰会期间的情况类似，法德两国对欧共体扩大政策的共同贡献发生在一种创造历史的欧洲理事会的背景之下。1984 年 3 月和 6 月举行的两次峰会，结束了欧洲一体化的停滞和危机期——那段时间风险逐步累积，危及一体化的已有成果。法德双方将欧共体扩大规模的决定，嵌入一份更广泛、同时包含扩大和深化两大要素的一揽子协议之中。

1995 年"欧洲自由贸易联盟"国家加入欧共体

奥地利、芬兰、挪威和瑞典等欧洲自由贸易联盟成员国提出加入欧共体申请的背景，乃是冷战时代结束后国际局势发生了深刻变化。② 正如希腊、西班牙和葡萄牙这三个地中海国家申请加入欧共体的案例，将那些对欧盟及其成员国来说，具有民主运作体制、与老成员国国家有着密切经济与文化联系的欧洲国家拒之门外是不可想象的。然而，欧共体立即做出的反应，乃是把通过《马约》、努力加深一体化视为更加优先的议程，而不是共同体的扩大。1992 年 5 月，欧共体 12 国与欧洲自由贸易联盟的 7 个成员国签署了《波尔图协议》（Porto Agreement；又称"欧洲经济区协定"——译者注），建立了一个包括上述两个组织成员国的欧洲经济区（European Economic Area，EEA）。该协议规定，欧洲自由贸易联盟成员国有义务在不参与欧盟立法进程的情况下执行关于单一市场的共同体立法，

---

① 1969 年引入的"货币补偿额"是由法国时任经济部长吉斯卡尔·德斯坦提出的，目的是补偿欧共体成员国之间的汇率调整，因为它们之间由于货币贬值或升值带来的价格差异如果不通过"货币补偿"来抵消则会因农产品实行统一价格而影响欧共体内部的贸易。

② 瑞典于 1991 年 7 月、芬兰于 1992 年 3 月、瑞士于 1992 年 5 月、挪威于 1992 年 11 月提出申请。瑞士就其参加欧洲经济区和挪威就其加入欧盟的公投都失败了，它们为此没能加入。

这为它们进一步努力成为欧盟正式成员国提供了强大的激励。1993 年 2 月 1 日,欧盟开始与申请国进行谈判,仅仅过了 13 个月,谈判就于 1994 年 3 月 16 日结束,欧盟于 1995 年 1 月 1 日再次扩大。

当 1989 年 7 月奥地利提交加入欧共体的申请时,法国的态度比德国更保守。① 这种不情愿的态度预示了法国在东扩问题上将采取何种立场,这是未来的又一重大挑战。与南扩不同,欧洲自由贸易联盟没有承诺加强法国在欧盟内的影响力和中心地位。恰恰相反,这在充满地缘政治思想的法国政治精英中,引发了关于在欧盟心脏地带出现一个"日耳曼集团"(Germanic bloc)的担忧。此外,奥地利、芬兰和瑞典的中立和不结盟外交政策传统,以及它们对支持欧洲防务政策的犹豫不决态度,似乎与法国的"欧洲力量"(Europe puissance)理念——欧洲作为世界政治中一个雄心勃勃和强大的行为体——格格不入。扩大后的欧盟还能充当法国外交政策的"力量倍增器"(force multiplier)吗?而且,新成员国的开放经济和自由贸易传统是否会不可避免地将欧盟变成一个"欧洲空间"(Europe espace)、将欧盟稀释成为一个类似英国所偏好的自由贸易区吗?在这样一个结构更加松散、成员更加多样化的欧洲框架中,更具民族性而且更加自信的德国外交政策,在新伙伴的支持下,其影响有可能会超过法国。② 一开始法国曾将欧洲经济区视为一种替代正式成员国资格的办法。但在 1992 年的《波尔图协议》签署之后,法国改变了其明确支持欧盟北扩的态度。③

德国、英国和丹麦曾向不情愿的成员国施压,要求它们同意在《马约》生效之前就开始进行谈判。显然,德国在关税与贸易总协定乌拉圭回合谈判(the GATT Uruguay round)框架内愿意在贸易政策上通融,有助于法国做出让步——在全面实现《马约》规定的各项深化目标之前,就开启欧盟新一轮扩大的进程。④

德国政府非常欢迎欧洲自由贸易联盟国家加入欧盟。这些申请国与德国保持着密切的经济关系、文化上有着亲缘关系,有关欧盟的民主化及对重要政策(如贸易或环境政策)的理念同德国都很相近,这些都是德国赞成它们加入的基础性理由。此外,这一轮扩大,将有望改变欧盟预算净受

---

① Hewel 2006, 178.
② Schild 1994.
③ Guérin – Sendelbach 1999, 190.
④ Hewel 2006, 181.

益国（net receiver）与净出资国（net contributor）之间的行为体组合，会对德国这样的净出资国更加有利。更重要的是，新成员国与德国一致认为应当保持中东欧地区的政治和经济稳定，这是它们共同拥有的根本战略利益，要知道这一点是统一后的德国外交政策的主要优先事项之一。出于上述这些原因，德国成为欧盟此轮扩大主要推动者，特别是在谈判的最后阶段，德国内外发力，作用显著。德国外长克劳斯·金克尔强烈要求伙伴们加快谈判的节奏，1994年他在科孚（Corfu）峰会上对西班牙态度粗鲁，不仅引发了法国的批评，其他成员国也很不满。①

1994年春，法德两国政府间经历了罕见的公开冲突时刻。在一次与德国主要报纸进行的非正式背景谈话中，法国驻德国大使弗朗索瓦·舍尔（François Scheer）表达了他对德国主导欧盟扩大谈判的担忧。② 他警告称欧盟扩大将破坏欧盟内部的平衡，并要求德国人清晰地确认其在西方的定位。德国外交部为此召见了这位法国大使，这是德法这对亲密伙伴和盟友间一次高度反常的外交举动。

根据佩德森（Pedersen）的观点，"欧洲自由贸易联盟成员国加入欧共体和欧盟东扩的关键问题是，它威胁到了法德两国领导欧洲进程中原来构建起来的平衡"③。德国政府并未否认欧盟的内部平衡会因扩大而改变，它坦然接受了这一变化。金克尔在德国联邦议院发表的一份政府声明中解释道："统一后的德国将不再是身处欧盟东部边界的国家；它还将从政治上重处欧洲的中央。三个北欧国家和奥地利的加入，是欧洲重建平衡过程中的重要一步……很明显，对处于欧洲中心地带的德国来说，这是一笔相当可观的收益。"④

上述利益冲突和明显的紧张关系之外，法德两国之间还有着重要的共同利益。双方都要求重新调整理事会的投票权，使之更有利于大国。事实上，原属欧洲自由贸易联盟的三个中小国家加入欧共体后，就打破了共同

---

① 根据媒体报道，媒体显然是依据法国驻德国大使弗朗索瓦·舍尔（François Scheer）提供的信息，金克尔威胁西班牙如果再不放弃的话，就要"打断其脊梁骨"，参见 DIE ZEIT, March 25, 1994: "Mitdem Holzhammer" and "Der Krach am Rhein"；也参见 Frankfurter Allgemeine Zeitung, March 21, 1994: "Madrid will Verärgerung über Kinkel nicht hochspielen"。

② 参见 Frankfurter Allgemeine Zeitung, March 16, 1994; "In Paris regt sich leises Mißtrauen gegen den größeren deutschen Nachbarn"。

③ Pedersen 1998, 188.

④ Kinkel 1994, D308.

体内部大小成员国之间的平衡,使得小国占据优势。在比荷卢三国出面强烈反对调整理事会投票权时,法德两国驳回了它们的要求。西班牙和英国竭力保有它们阻止欧盟做出不受欢迎决定的权力,要求不改变理事会中少数否决权(blocking minority)所需的票数(23张加权票),这最初是得到巴黎和波恩支持的。但按照英国首相约翰·梅杰(John Major)的说法,法国和德国经过双边讨论后"改变了主意,支持提高少数否决权所需票数",由23张加权票增加到26张。[①] 不过,法国和德国在1994年不得不接受所谓的"约阿尼纳妥协方案"(Ionnina compromise;原文如此,似应为Ioannina Compromise——译者注),这使得原先能够阻止一项决定(至少有23张加权票)的少数国家享有一种要求暂停的否决权(a suspensive veto)。

可见,冷战结束后,也是"后马斯特里赫特时代"的欧盟首轮扩大中,法德两国仅能在某些特殊情况时发挥领导作用,而且法德之间政治紧张关系的阴影也一直笼罩此次扩大的全过程的始终。

2004年和2007年欧盟两次东扩

东扩不仅对欧盟,而且对法德关系来说,都是一个更大的挑战。[②] 无论如何,还是法德两国间有力的双边纽带让它们经受住了这次严峻的测试。作为分处莱茵河两岸的邻国,法国和德国在解读欧洲的变化时是根据它们不同的历史记忆进行的。[③] 德国人在中欧、东欧和东南欧的政治变革中,看到一种新型"民族国家之春"(spring of nations),好似1848年(欧洲革命——译者注)重现;而法国观察家则担心出现一个新的"统治性"

[①] Major 1999, 588.

[②] 塞浦路斯、捷克、爱沙尼亚、匈牙利、拉脱维亚、立陶宛、马耳他、波兰、斯洛文尼亚和斯洛伐克于2004年5月1日加入欧盟,保加利亚和罗马尼亚于2007年1月1日加入。与之前几轮扩大相比,法国和德国在欧盟东扩问题上存在分歧被大量文献所探讨。对于法国的情况,参见Deubner 1999b;de La Serre 2004;Lequesne 2008,第2章;关于德国的情况,参见Bulmer,Jeffery,and Paterson 2000,第6章;Lippert 2001;Tewes 1998;Tewes 2002 and 特别是 Becker 2011 所做的杰出和全面的研究;法德两国视角的情况,参见Guérin - Sendelbach 1999,180–205;McCarthy 1999;Hendriks and Morgan 2001,146–171;Hewel 2006,187–198;Lefebvre and von Oppeln 2010。

[③] Picht 1996, 182.

德意志帝国，仿佛看到"俾斯麦归来"的幽灵。①

我们可以将欧盟东扩政策划分为两个不同时期。首先，有必要澄清一个基本问题，即是否要在未来的某个时间点吸收中东欧的后共产主义国家成为欧盟的成员国。1993年6月，在哥本哈根举行的欧洲理事会首脑会议解决了这个问题。随后，欧盟确定了关于新成员国加入程序的细节和时间，与申请国商谈了具体的入盟条款，并通过一系列的制度性和政策性改革为迎接这场"数量革命"（revolution in numbers）做好准备。②

在从柏林墙倒塌到哥本哈根峰会的第一阶段，法国和德国对这一历史性挑战，无论是反应上，还是观念上，都存在明显的差异。欧盟东扩的前景确实"触及了法国的欧洲政策的基础（fundamentals）"③。

> 我认为共同体在解决12个成员国的问题时就已经很痛苦了，如果成员国数目很多，就有改变共同体性质的危险，很可能将其变成一个自由贸易区。必须说——这是共同体内的盎格鲁-撒克逊人、一个像大不列颠这样的国家所希望的那样；这是在彻底毁损《罗马条约》和它的精神。④

法国政界精英认为，中东欧国家的加入会极大提高欧盟内部的经济悬殊程度，来自低工资和低税收国家的竞争会非常激烈。他们还预计，欧盟预算的分配将受到重大影响，法国的份额也会有很大变化。这意味着结构基金（structural funds）改革将很艰难，当然，对法国来说，更重要的是共同农业政策也需要为此进行改革。

然而，让法国担忧的主要原因不是经济，究其实质还是地缘政治。众多具有大西洋主义倾向的新成员国的加入，将毁掉欧盟发展成为一支"欧洲力量"（Europe puissance）的机会——事实证明，也的确如此。更重要的是，欧盟的扩大威胁到法国的欧洲政策数十年来一直追求的两个基本目标——捆住（联邦）德国以及确保法国在欧洲事务中发挥主导作用。

法国对欧盟扩大这一挑战的看法和政策反应，在很大程度上，是它与

---

① Valance 1990.
② Lamassoure 2002, 2.
③ de la Serre 2004, 506.
④ 法国总统密特朗语。参见 Mitterrand 1991。

统一后的德国关系的一个因变量（function）。① 这一轮扩大，比前一轮的规模更大，确实可能使欧洲内部的平衡朝着已在地理和政治上都处于欧洲中心的德国的方向发生倾斜。法国观察家认为，统一后的德国试图在中东欧建立一个排他性的势力范围，这让人想起第一次世界大战期间德国统治下的"中欧"（Mitteleuropa）。所以，法国这是在让自己冒险，使自己不仅在地理上而且在政治上都变成扩大后欧盟的边缘国家。

就德国而言，对安全与稳定的关切、由于在第二次世界大战期间侵略东部邻国而产生的道义责任，以及经济利益，融合成为其支持欧盟东扩的强烈偏好。② 由于德国的出口产品性质（export portfolio）和地理上邻近（geographical proximity），其出口和投资在中东欧这些对资本需求高、市场又充满活力的国家要比其他国家的利润更高。事实上，德国很快就确立了自己作为中东欧国家主要出口国和投资国的地位。③ 不过，政治和安全利益仍经事实证明要比经济利益更重要。④ 稳定其东部邻国是德国的关键性战略利益，因为对德国安全和经济繁荣的最重要威胁正是来自这一地区。在1992年的国防政策指南中，德国国防部将"深化和扩大欧洲一体化"界定为德国的"重大安全利益"⑤。法国担心德国在中东欧寻求建立自己的势力范围，但恰恰相反，德国非常愿意将自己与这些后共产主义国家的双边关系牢固地纳入欧盟框架之中。⑥ 将其双边的"新东方政策""欧洲化"，是一种消除其他国家对德国拥有欧洲霸权地位的恐惧、并避免它们制衡德国的手段；⑦ 而且，它还有一个目的：在向这些转型国家提供经济和财政援助时，以欧盟为多边物质基础平台，不仅可以更为有力，还可阻挡德国所面临的来自中东欧国家很高、有时甚至很不切合实际的期望。

基于这些不同的动机和战略利益，法国和德国为了应对扩大这一主要挑战，也确定了不同的做法。稳定中东欧是德国的战略外交政策重点，这让德国成为欧盟和北约双东扩最积极的推动者。欧盟和北约——这两个德国外交政策最重要的多边框架——的扩大，可嵌入一种更综合的路径，即

---

① Deubner 1999 令人信服地指出了这一点。
② Becker 2011, 79 - 91.
③ Becker 2011, 83 - 91.
④ Lippert 2001, 357; Becker 2011, 156; Bulmer, Jeffery, and Paterson 2000, 105.
⑤ BMVG 1992, point 8 (4).
⑥ Lippert 2001, 353 - 354.
⑦ Becker 2011, 269.

把中东欧国家纳入包括欧洲安全与合作会议（CSCE）、欧洲委员会（the Council of Europe）和西欧联盟（WEU）在内的西方和欧洲的国际机制网络之中。① 德国外长汉斯－迪特里希·根舍和美国国务卿詹姆斯·贝克（James Baker）呼吁，建立一个从温哥华（Vancouver）到符拉迪沃斯托克（Vladivostok）的欧洲—大西洋共同体（Euro－Atlantic community）。② 巴黎并未积极回应这一想法。当德国国防部长伏尔克·吕赫（Volker Rühe）为北约东扩制定议程时，他同样遭到了法国的怀疑。③

关于欧共体东扩的目标，赫尔穆特·科尔于1989年11月28日提出的十点计划（第7点）中已有列举。④ 这位德国总理认为，这是一个原则性问题，无须立即处理，正如他在1992年10月的一次演讲中说明的那样，他设想"扩大可能发生在下个世纪初的某个时候"⑤。直到1992年，德国政府一直优先考虑深化欧盟，通过《马约》和建立货币联盟才可确保统一后的德国在欧盟框架内获得稳固的地位。

"德国发现自己处在'一体化的深化者'（integration deepner）和'一体化的扩大者'（integration widener）之间的角色冲突（role conflict）之中。"⑥ 但很快，东扩就成为德国的欧洲政策的三大首要重点之一——其他两大重点为欧洲货币联盟和政治联盟。正如科尔一再指出的那样，"德国与波兰的边界不能一直作为欧盟和北约的边界"⑦。

密特朗基本上承认中东欧国家有加入欧盟的权利，但他一开始就强调，这一进程将耗费"几十年"的时间。⑧ 与德国的理解显著不同，密特朗所理解的欧洲新秩序包括两个核心要素：一个泛欧洲的邦联（a pan－European confederation）和向中东欧国家提供多边援助的机制。1989年7月，密特朗在巴黎举行的七国集团首脑会议上，与欧共体委员会主席德洛尔一道，共同提出了一项"法尔计划"（PHARE）——后来它成为欧盟的

---

① 参见 Tewes 2002 所做的关于欧盟和北约扩大的综合性研究；关于德国的欧盟东扩政策，Becker 2011 and Lippert 2001；关于德国对北约东扩的立场，参见 Overhaus 2009，84－164。
② Baker and Genscher 1991.
③ Guérin－Sendelbach 1999，188；Meimeth 1993，26.
④ Documented in Kaiser 1991，158－168.
⑤ 引自 Tewes 1998，124。
⑥ Tewes 1998，123.
⑦ 引自 Becker 2011，79。
⑧ Mitterrand 1991.

入盟前战略（the EU's pre-accession strategy）中的主要金融工具（后来它也适用于其他申请国）。此外，1989年10月25日，在斯特拉斯堡举行的一次欧洲议会讲话中，密特朗成功地推销出建立一家欧洲银行以满足后共产主义国家金融需求的构想。德国大力支持密特朗的这一倡议①，从而为建立欧洲复兴开发银行（European Bank of Reconstruction and Development, EBRD）奠定了基础。

然而，最重要的一项倡议，乃是密特朗在1989年12月31日发表的新年讲话中提出要建立一个政府间国家邦联（an intergovernmental confederation）。这个邦联计划变成欧共体成员国集团同即将申请加入欧共体的中东欧国家集团间进行政治对话和在各领域开展具体项目合作的平台，是一个帮助它们建立更密切联系的多边框架。② 但是，由于这一想法计划将苏联（密特朗提出这个提议时苏联尚未解体）包括在内，却将美国和加拿大排除在外，因此而遭到德国和美国的怀疑。③ 中东欧国家对这样一个几乎无益于其安全关切或与其贸易利益以及进入欧共体单一市场相关的方案并没有"需求"。1991年6月12日至14日在布拉格举行的"欧洲邦联巡回讲演"（Assizes of the European Confederation），成为法国外交的一次"惨败"④。此项计划的命运，清楚地揭示出法国在塑造后冷战时期欧洲秩序方面的影响力有多么有限，至少在巴黎事先未与德国密切磋商就采取行动的话，结果会很可悲。⑤

尽管存在这些观念方面的分歧，但法德两国在应对欧盟扩大的方式方面依然拥有一些重要的共同元素。其中最重要的一点就是它们都认为欧洲共同体是迅速演进的欧洲秩序［或失序，European (dis-) order］中的稳定之锚（an anchor of stability）——因此，在《马约》成功生效之前法德两国共同的优先事项都是深化而不是扩大。⑥ 另一个法德共同元素是1991年建立的协调法国、德国和波兰之间外交关系、促进波兰与欧盟和解的

---

① Lippert 2001, 355.

② 参见 Mitterrand 1989a；这一计划的细节是密特朗总统的两位外交顾问设计的，参见 Védrine and Musitelli 1991. 学术界的评价，参见 Bozo 2005, 344-361.

③ Deubner 1999, 97.

④ Bozo 2005, 356.

⑤ Bozo 2005, 344.

⑥ 正如科尔在1992年10月的基民盟党代表大会上所说，"整个欧洲现在比以往任何时候都需要一个安全的锚点。这个角色和任务只能由强大的欧洲共同体承担"。引自 Tewes 1998, 125.

"魏玛三角"(the Weimar triangle)机制，它是法德两国在1991—1992年与中东欧国家缔结的双边协定和条约网络之外的补充性小多边体制。① 顶层决策者之间在大战略上尽管存在分歧，但当官僚机构参与欧盟与单个中东欧国家谈判欧洲协议的条款时，法德两国之间存在的另一种共性就显现出来。法国与德国与西班牙、比利时和意大利一样，在煤炭、钢铁、运输和农产品等敏感领域的商品和服务贸易方面，都同属贸易保护主义者。② 德国的欧洲外交跨度很大，既积极支持东欧国家申请，又有保护主义立场，这就鼓励了其他欧盟成员国也寻求保护主义举措。③

随着法国基本方针的改变，法国和德国对欧盟扩大的态度在1993年开始趋于一致。这使得欧盟能够在1993年6月21—22日的哥本哈根欧洲理事会上，正式向中东欧的申请国提出它们可以成为欧盟成员。对于法国的这一转变，应该如何解释呢？在东扩问题上，法国采取拖延战术和阻挠政策的成本已经上升。法国面临着自身日益被孤立的风险，它与欧盟东部国家的关系有可能遭受长期的损伤。④

1993年法国国民议会选举结束后，新任总理爱德华·巴拉迪尔（Édouard Balladur）改变了法国的防御立场，转为一种更具建设性的态度，他尝试以自己的倡议来影响事态的发展。⑤ 1993年，他提出了一种构想，缔结一份解决欧盟候选成员国之间，也包括波罗的海国家同俄罗斯在边界和少数民族冲突问题上的稳定公约（stability pact），此倡议获得欧盟理事会哥本哈根峰会（1993年6月21—22日举行）的批准。这是欧盟在《马约》框架下提出的第一项重要外交政策倡议，也是预防性外交（preventive diplomacy）的一次实践，欧盟候选国响应此稳定公约的号召，就少数民族和边境问题缔结了若干双边协定，并在1995年3月20日举行的最后一次会议期上发布了共同宣言。法国的另一处新变化是1995年雅克·希拉克当选为新一任法国总统。1996年9月12日，希拉克在华沙的一次演讲中表达了他相当不切实际的愿望：波兰在2000年之前就加入欧盟。

在哥本哈根峰会之后欧盟东扩进程的第二个阶段，同样出现了上述情

---

① 对"魏玛三角"头20年的评估，参见 Kolboom 2010。
② Deubner 1999, 99 – 100; Becher 2011, 149 – 155.
③ Becker 2011, 152.
④ Skalnes 2005, 221 – 222.
⑤ Guérin – Sendelbach 1999, 192.

形：法国和德国之间存在分歧和双边关系紧张，但随后双方开始一致，对最终结果打上了它们共同的印记。法国将深化和扩大这两个问题连在一起，而德国政府则试图将两者明确区分开。法国将制度改革以及确保共同农业政策——法国是该政策的最大受益者，视为欧盟扩大的先决条件。德国则试图将联系政治可能造成的决策僵局风险降至最低。因此，德国政府尽可能久地把扩大政策和欧盟内部制度与政策改革脱钩（decoupled）。这也是避免德国为复杂的一揽子协议买单的一种手段，扩大前享受欧盟聚合政策（EU's cohesion countries）的国家——希腊、爱尔兰、葡萄牙和西班牙——由于欠发达的中东欧国家加入欧盟而蒙受的损失最大。直到谈判进入最后阶段，这种情况才有所改变。

在另一个重要问题上，法德之间也存在分歧：德国倾向于有限度的扩大，而法国则主张包容性扩大。德国，与奥地利、比利时、芬兰、卢森堡和荷兰等国家一道，更愿意欧盟针对中欧国家进行有限的第一轮扩大。这种方式具有两层好处：既能最大限度地使扩大与深化相适应、将调整的负担主要转移到新成员国身上，同时还能将德国的财政负担最小化。但法国，以及英国、丹麦、希腊、爱尔兰、意大利、葡萄牙、西班牙和瑞典，则偏爱更具包容性的方式。与其他南方成员国、特别是希腊和意大利一道，法国赞同保加利亚和罗马尼亚也加入欧盟。[①] 法国与东南欧国家的文化纽带特别是它与同为拉丁语系的罗马尼亚之间的文化关联，再加上它寻找盟友以便对抗德国在中欧的主导影响力的地缘政治意图，都是法国在欧盟东扩问题上持这种偏好的原因（见表6.1）。

表6.1　　　　　　　　法德两国在欧盟东扩问题上的分歧

	法国	德国
对东扩的承诺	寻求替代尽早东扩的方案：欧洲邦联	希望尽早东扩
政治战略	在扩大与制度深化/维持共同农业政策之间的联系战略	将制度改革和财政谈判同东扩决策区分的脱钩战略
东扩的范围	包容的：主张保加利亚和罗马尼亚入盟	有限的：中欧国家优先
扮演的角色	不情愿的跟随者	欧盟东扩的推动者

---

① Schimmelfennig 2001, 49–51.

第六章 政体塑造Ⅱ:扩大的政治

1993年的欧洲理事会哥本哈根峰会结束之后,巴黎开启了四线作战模式。第一,它在一份备忘录中敦促欧盟其他成员国伙伴制定更精确的标准(关于新成员国入盟应该满足的条件——译者注),以便继续推进欧盟扩大——在本次峰会之前,法国已经提出过这样的要求。① 然而,考虑到谈判进程中的灵活性问题,保持相当模糊标准的德国方式最终胜出。

第二,在1994年和1995年德国和法国保持协调并相继担任欧盟轮值主席国期间②,巴黎成功地将欧盟向中东欧国家提供财政支持同向地中海南岸邻国提供大致相等数额财政援助的两项决定关联在一起。③ 西班牙在其于1995年11月担任欧盟轮值主席国期间提出新的欧洲—地中海政策,即所谓的"巴塞罗那进程"(Barcelona process),法国与意大利、葡萄牙和欧盟委员会一道,对此给予积极支持。德国认为,该政策是对欧盟的新东方政策(the EU's Ostpolitik)的补充。从法国的角度看,这样一种面向欧盟南翼的睦邻政策(neighborhood policy)符合自己的政策目标:德国对欧盟的中东欧政策已在发挥主导性影响,"巴塞罗那进程"可以平衡德国在中东欧的影响力,并为法国外交提供发挥领导角色的机会。④

第三,巴黎试图维持共同农业政策补贴和法国在其中所享有的份额,避免因共同体补贴重新流向新成员国而给自己造成损失。

第四,巴黎不断努力将欧盟扩大与欧盟的内部制度改革联系起来——法国领导层认为,无论对保持扩大后的欧盟内部运作效率,还是保证法国在欧盟决策中的作用和分量,这都是一个必不可少的先决条件。

1995年12月,欧洲理事会马德里会议决定,将在1997年为达成《阿约》而举行的政府间会议结束六个月后开启中东欧国家加入欧盟的谈判。然而,法国政府并不认为《阿约》的成果足以为欧盟扩大做好充分准备,所以它继续要求将制度改革作为扩大的先决条件,并与比利时和意大利一道,在《阿约》中增加了一项关于明确将制度改革作为扩大之先决条件的

---

① Becker 2011, 156–157.
② 法德两国外交部成立了一个欧盟东扩的法德工作组,以便在两国接连担任轮值主席国期间优先准备东扩事务。参见 Becker 2011, 161。
③ 戛纳欧盟理事会会议决定,1995—1999年欧盟将向中东欧候选国指向性援助67亿埃居,援助欧盟的地中海伙伴国47亿埃居,参见1995年戛纳欧盟理事会会议主席国总结,http://www.consilium.europa.eu/ue-docs/cms_data/docs/pressdata/en/ec/00211–C.EN5.htm。
④ 与2007年新当选的法国总统萨科齐提出的"地中海联盟项目"(后来成为"地中海联盟")倡议明显相似,该计划也是平衡德国在东欧影响力的地缘政治策略。参见 Sechmid 2009。

声明。① 法国国民议会在批准法（the ratification law） 中增加了一项条款，也强调有必要在新成员国加入之前对欧盟机构进行实质性改革。② 德国政府赞同这种观点，认为欧盟迫切需要进行制度改革以应对东扩这一挑战。但顺序很清楚：先扩大、后深化。然而，将扩大作为"首要战略优先选项"（strategic priority number one）③ 是有风险的一场赌博（risky bet）：它赌的是欧盟肯定可以通过全面条约改革深化欧洲一体化，让自己能跟上扩大的步伐。

在预算问题以及由新成员国即将加入欧盟而触发的政策改革方面，法德关系经历了一些紧张时刻。直到在2002年欧盟内部和外部的谈判进入最后阶段，法德两国达成的双边妥协，才使得欧洲层面上形成了一份解决东扩财政难题的方案。

欧盟委员会在1997年7月出台的《2000议程》（Agenda 2000）中提出了一项综合打包安排，将欧盟聚合政策和农业政策的改革与欧盟"中期财政框架"（2000—2006年）结合在一起。德国科尔政府有两项彼此相互排斥的政策：它既要求减少德国对欧盟预算的净贡献额，同时又并反对改革共同农业政策。④ 但在1999年上半年德国担任欧盟轮值主席国期间，施罗德领导的红绿联盟联合政府改变了德国立场。德国希望取消英国的欧盟预算分摊返款，不再为欧元区国家提供聚合基金（cohesion fund）支持，给结构政策支出设定上限，稳定农业政策开销，并为共同农业政策引入共同出资方案（co-financing scheme），即共同体和成员国分担共同农业政策成本。⑤ 这样，当时担任欧盟轮值主席国的德国就发现自己同英国、西班牙为首的聚合基金受益国以及法国（最重要）都产生了冲突。事实上，在这些分配性冲突中，法国和德国是主角。希拉克总统断然拒绝为共同农业政策引入共同出资方案，在1999年3月在柏林举行的《2000议程》最后谈判中反而撤回了法国原本在共同农业政策上做出的不少让步（见第

---

① 《阿姆斯特丹条约》中加入的声明：比利时、法国和意大利关于欧盟扩大前景下的制度提案，http：//www. europarl. europa. eu/topics/treaty/pdf/amst - en，pdf.
② 该法案第2条："法兰西共和国表明需要看到实质性进展的决心，在《阿姆斯特丹条约》之外，为了使欧盟更有效和更民主，在第一轮加入谈判之前欧盟就需走上制度改革之路"；参见1999年3月23日第99229法，Journal officiel de la République française，March 25，1999。
③ Verheugen 1999. 3515.
④ Bulmer, Jeffery and Paterson 2000，109.
⑤ Laffan 2000，9.

七章)。

在东扩进程的最后阶段,当悬而未决的补贴问题必须在欧盟内部得到解决,欧盟才能与申请国就最终协议进行谈判时,德国再次与法国围绕共同农业政策问题发生冲突(见第七章)。但在2002年10月欧洲理事会开始前举行的一次双边会议上,法德两国的谈判代表敲定了关于共同农业政策未来补贴的方式及方法,以及新老成员国之间如何分配的决定性妥协方案。此次谈判的结果是欧盟15国——主要是法国——不愿欧盟预算向新成员国倾斜,不愿向新成员国进行财政转移支付的意愿体现。①

这种分配结果,显然更有利于法国,但并不符合德国的经济和财政利益。德国政府愿意接受这项协议,原因是它将欧盟的扩大视为其战略优先项。正如英国首相布莱尔(Tony Blair)和荷兰首相扬·彼得·巴尔克嫩德(Jan Peter Balkenende)所料,施罗德在共同农业政策问题上采取更强硬的路线,可能会面临较大的风险,希拉克可能采取阻挠、危及整套补贴方案的做法,从而令欧盟东扩延迟。

随着具有历史意义的东扩即将到来,密切的法德关系使得法德相互让步:法国在农业政策的分配问题上,组建了一个防御性联盟,而德国则在东扩谈判中的另一个关键问题——工人自由流动——采取了防御立场。德国与奥地利一道成功地提出了一项方案,要求设定一段长达7年的过渡期,限制新成员国的工人进入原欧盟15国的劳动力市场。不仅生产商集团和工会给德奥两国政府施加了压力,普通公众对欧盟扩大的益处也持高度怀疑的态度。根据欧洲晴雨表(Eurobarometer)的一项民意调查(见表6.2),在2004年春季欧盟行将东扩之际,大多数德国人(56%)和近半数的法国人(47%)都称自己反对欧盟东扩。法国与德国,以及奥地利、比利时和卢森堡——这三个国家中反对东扩的人分别占52%、49%和51%,都属于欧盟15国中民意最不支持东扩的国家。

欧盟东扩进程是德国、法国共同影响的体现,但其中并不存在法德两国的共同领导。总的来说,在2004年和2007年的欧盟扩大之前,德国和法国未能推动两项关键的改革:对欧盟核心机构的全面调整直到后来通过《里斯本条约》才得以实现;两项耗资最大的政策(共同农业政策和聚合政策)也是如此。

---

① Moravcsik and Vachudova 2005 203; Zielonka 2007, 61.

表 6.2　　　　　　　　2004 年关于欧盟扩大的民意调查

	法国	德国	欧盟 15 国平均水平
支持	37	28	42
反对	47	56	39
不知道	16	16	19

注：问题："你对以下表述有何看法？请说出你赞成还是反对——今年 5 月欧盟扩大将增加 10 个新成员国？"

资料来源：欧洲晴雨表第 61 轮（2004 年春季）。

本章小结

单独来看，法国和德国在欧共体不同波次的扩大中分别扮演过主要角色：在冷战期间是法国；而在冷战结束之后则是德国。在英国的加入申请和欧共体的北扩问题上法国的立场至关重要。但在戴高乐执政时期，法国所扮演的乃是阻挠者而非领导者的角色。在欧共体南扩的时机和具体条件方面，法国也发挥了核心作用。而从欧洲自由贸易联盟国家加入欧共体开始，统一后的德国作为扩大进程的推动者发挥了更加突出的积极作用。

然而，在欧盟不断扩大的过程中，只有为数不多的证据表明法德两国发挥了共同且协调的影响力。欧盟/欧共体的扩大并未给法德发挥领导角色作用提供土壤。相反，其他国家申请成员资格却给法德两国制造了紧张，让它们在共同体内为此发生了政治冲突。

高层决策者们的不同风格，对法德两国构建妥协、发挥欧洲领导角色有一定的负面影响。戴高乐的咄咄逼人甚至有时显得粗暴的风格让德国难以在欧共体五国和法国间就英国加入的问题上搭建桥梁。施罗德和希拉克都很强硬，使得德法两国在 1999 年和 2000 年寻求共识的努力变得复杂化。但在经历过这些痛苦之后，随着 2002 年法国总统选举和德国联邦议院选举，两国政府都意识到恢复密切的双边工作关系是法国和德国在扩大后的联盟中发挥领导作用的先决条件。

法德领导力之所以在欧共体/欧盟扩大过程中发挥受限，一个重要的原因是法德两国之间存在偏好分歧，根源在于国内经济结构和生产厂商的利益不同。代理妥协的逻辑——法国和德国基于不同的出发点而能够达成让其他国家可以接受的双边妥协，并不像在其他政策领域或制度问题上所表现的那样也适用于扩大这一领域。在扩大与否的基本选择上，没有真正的妥协空间。只有在扩大的速度、时间、范围和具体条件以及欧盟机构和政策的内部改革等方面，才能达成某种妥协。

在地区层面上，与之前几轮扩大相比，欧盟委员会在东扩问题上的作用更为突出，这一结果源自制度化的长期进程——包括法国和德国在内的成员国的作用遭到削弱。共同体既存法律（acquis communautaire）的不断增加，导致欧盟必须与成员资格申请国——特别是那些在其本国立法和共同体规范之间显示出巨大差距的申请国——进行更加复杂、详细和技术性的谈判。欧盟委员会制定的"入盟前战略"（pre-accession strategy）这一重要的共同体工具，也使它在东扩进程中发挥了强有力的作用——在此前的几轮扩大过程中，委员会并没有发挥如此重要的作用。筹备和推进这些入盟谈判的任务，由委员会负责——当然是在理事会的控制之下。但在理事会内部，并未出现一个能够发挥强大领导作用的稳定同盟。

在双边层面上，权力考量和对权力变化的不同看法，是一个可以解释法德分歧的重要因素——这也可以间接解释法德领导角色为何在欧洲扩大中仅能发挥有限的作用。平衡西德在经济/货币与外交政策领域新的影响力，这一动机成为蓬皮杜选择支持欧共体北扩的一个因素。在这种情况下，尽管出于不同的原因，法国和德国（以及欧共体其他四个创始成员国）的偏好有所趋同。在柏林墙倒塌后，地缘政治思维和对德国崛起的担忧再次影响了法国决策者在欧洲政策上的选择。法国对德国在扩大后的欧洲的中心强势地位深感不安，如果忽视了这一点，我们就无法理解法国为何在欧洲自由贸易联盟成员国申请加入欧共体和欧盟东扩问题上有时不太情愿发挥作用，有时甚至加以阻挠。然而，这些关于权力分配方面的考虑，并没有导致法国在欧洲政策方针发生深刻的变化——比如不再把德国锚定在欧盟内部、转而在更松散的欧洲合作结构中平衡德国。

过去50年里，法德两国经常在重要时刻发挥共同影响力。在复杂的欧洲一揽子协议的最高政治层级上的谈判中，法国与德国是极其重要的角色——不论是为了消除欧盟内部在扩大问题上的障碍，还是出于在谈判最后阶段达成协议之目的。1969年在海牙以及1984年在枫丹白露举行的首脑会议，就是法德以领导角色支持欧洲共同目标的真实案例。然而，法德两国在2002年10月布鲁塞尔峰会期间所发挥的作用并不明显。当然，欧盟15国就东扩的财政问题于2002年12月哥本哈根首脑会议之前达成的内部协议，法国和德国发挥了引导作用。不过巴黎和柏林也组建了一个防御同盟，以维护欧盟15个"老"成员国农民的利益。

　　法德关系日益制度化的性质，有助于解释欧盟扩大史的很多方面。鉴于法德两国在联盟政治发展及其国际地位问题上的偏好有时存在深刻分歧，欧共体/欧盟的连续扩大极有可能会侵蚀甚至破坏法德双边关系的结构。在法德关系高度紧张的时期过后，规制化政府间的双边机制有助于稳定住动荡的局势（the rocked boat）。当困难重重的戴高乐—艾哈德时代（de Gaulle – Erhard years）渐渐远去，联邦德国总理基辛格在英国申请加入欧共体的问题上并未对法国施加压力。后来，法德双边关系在两次欧洲理事会会议——1999年3月在柏林以及2000年12月在尼斯——其间出现了紧张局面，但希拉克和施罗德汲取教训，积极利用已有的《爱丽舍宫条约》合作框架，成立了双边工作小组以解决两国在共同农业政策和2002年欧盟扩大等问题上的分歧。为了让法德两国能够发挥重要影响，来自不同层面上的政策界人士——从德国总理和法国总统、两国外长和大使一直到官僚机构的工作人员，都非常积极地利用了由双边机构和交流渠道组成的密集网络来筹备从1969年海牙峰会、1984年枫丹白露峰会以及2002年在布鲁塞尔举行的有关欧盟扩大的欧洲峰会。

第七章

创建、塑造和限制欧洲市场

本章论述法国和德国在创建和管理欧洲市场过程中的作用。由于在签署《爱丽舍宫条约》之前,共同市场(Common Market)已经由《欧洲经济共同体条约》(the EEC Treaty)提出,所以我们重点关注其后续的发展。首先,我们将分析法德两国在经济利益和经济思想方面的差异。然后,简要概述法国和德国在共同农业政策建立及其长期演变中发挥的作用。可以说,共同农业政策是共同体层面最重要、成本最高的一项政策,是一体化历史上重大危机的来源,同时戏剧性场面也层出不穷。法国和德国塑造欧洲核心政策领域的能力,尤其体现在这一领域(仅次于货币一体化)。

但相比之下,在1992年单一市场计划以及在市场开放后续步骤中,法德两国的影响则较为平庸。法德两国努力规范管理市场力量、制定从侧翼抵消市场扩张带来的负面效果的政策,在这些方面它们的尝试取得了巨大成功。我们发现有证据显示,从20世纪90年代开始,每当欧洲单一市场(SEM)的变革逻辑威胁到各国的独特模式、危及各国国内固有经济和社会制度、影响到各行为体自主实践时,法国和德国就会结为一种防御联盟,给欧盟委员会关于市场更深层次整合的建议注水,限制市场扩展的范围。近年来,金融危机爆发这一背景为法国和德国提供了机遇之窗,使其改变了在引领欧洲层面的市场监管方面的防御性和被动反应性地位,变得更加积极主动。

经济思想与物质利益

无论是法德两国的经济思想传统,还是它们的经济结构、贸易倾向和不同产业部门的相对竞争力,都不会促使法国和德国成为创建欧洲市场政策的天然伙伴。主导两国政策制定者的经济信仰体系、他们的潜在价值观以及因果信念明显不同。在第二次世界大战结束后最初的二十年里,法国和德国出现了两种明显不同的制定经济政策的方法。法国人发展了一种"统制经济"(dirigiste)风格,它是法国历史上柯尔贝主义(Colbertism)传统的回归,是法国从自己迟缓的工业化,以及自身在军事上失败的历史经验中汲取教训进行反思的结果。这是一种具体到各产业的高度干预主义的做法,由法国规划委员会制订的指令性计划框架。无论是政治精英还是管理精英均持共和思想,即政治相对于市场而言处于至高无上的地位。他们认为,软弱的法国市场主体不足以依靠,因为它们无法保证法国经济实现快速增长。

德国支撑战后经济奇迹的经济政策,其知识框架在许多方面都与法国不相同。受到"奥尔多自由主义"(ordoliberalism)学派的极大影响,沃尔特·艾肯(Walter Eucken)和阿尔弗雷德·穆勒－阿马克(Alfred Müller–Armack)提出社会市场经济模型,该模型对经济秩序和经济过程做了明确区分。根据这一思路,市场秩序的运作需要一个强大的国家,以保证私有财产权,同时依靠有力的竞争政策确保市场正常运作。但是,除保证竞争和社会秩序的稳定之外,国家应该避免任意干预市场。

在比较政治经济学相关文献中,法国被作为国家资本主义(state capitalism)的一个例子,"由干预型国家来组织各具有自主性的经济主体之间的合作,并指导它们的经济活动"。而德国则代表了一种有管理的资本主义(managed capitalism)的模式,"'有能力的'(enabling)国家鼓励经济活动参与者合作运营,协调它们与其他主体和国家之间的活动方向"[①]。法德两国不同的资本主义模式,有助于解释为什么法德对欧洲层面上应塑造怎样的国家与市场关系,无论是方式,还是目标,均有不同偏好,它们对在欧洲层面上制定经济政策时应选择何种工具也有不同意见。

在物质性经济利益方面,法国和德国之间存在两方面的主要差异:它们各自经济对出口的依赖度不同,它们有竞争力的产业也不一样。传统上,法国的增长模式更多地依赖于国内消费和投资,因此对出口的依赖度

---

① Schmidt 2002,107。Hall and Soskice 2001 用"协调型市场经济"来概括德国类型的资本主义,这个标签指政府、企业和工会之间的特殊三边互动模式。

低于德国。因此，法国的贸易政策取向从本质上说更具有重商主义的色彩，而德国是一个"卓越的贸易商"（extraordinary trader），它高度重视自己的贸易成绩，几乎年年保持贸易顺差[①]，所以自由贸易一直是其贸易政策导向。在我们考察的整个时间段内，德国在世界市场中的份额（见图7.1）及其贸易占比均明显高于法国。大多数时候，德国与共同市场之外地区的贸易超过法国，这可解释为什么在关税与贸易总协定（General Agreement on Tariffs and Trade，GATT）和后来的世界贸易组织（WTO）框架中对国际贸易政策的不同强调，以及德国对促进和维护自由国际贸易秩序的强力支持，但农产品除外。然而，自2004年欧盟东扩以来，两国在欧盟内部贸易所占其整体贸易的比例相似，其中它们60%以上的出口都是在欧盟内部销售（见图7.2）。虽然两国1963年在欧共体六国中均销售了其全部出口的38%，但2010年在对欧盟27国的出口中德国达到60%的水平，法国占61%。毫无疑问，欧盟内部市场对两国经济的重要性日益增加。

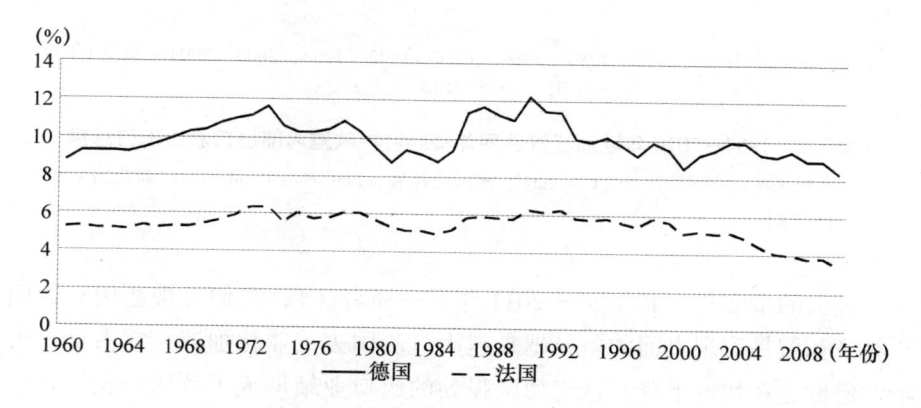

图7.1　1960—2010年法德两国出口占世界的份额
资料来源：世界贸易组织。

就相对产业优势而言，德国在工业品方面具有竞争优势，而在签署《爱丽舍宫条约》时法国的相对竞争优势一方面是农产品；另一方面是核工业。但是，德国工业企业可以在世界市场上销售其产品，但法国农业的

[①] Messerlin 1996；Hager 1980. 感谢威廉·佩特森（William Paterson）提醒作者关注后一位学者沃尔夫冈·黑格（Wolfgang Hager）的重要研究发现。

优势仍然局限于共同市场——因此法国坚持农业贸易中的"共同体偏好"（community preference）。当然，法国后来在共同市场建设方面，不仅期待成为农产品的大赢家，对其他领域也有期待。

法国和德国的战后福利国家传统和高水平的社会监管，乃是它们形成共同偏好的基础。随着共同体的北扩、南扩和东扩，当较贫穷的成员国加入后，法国和德国都希望避免它们带来的监管和税收竞争，因为它们担心这会侵蚀两国的税基，破坏其福利国家根基。

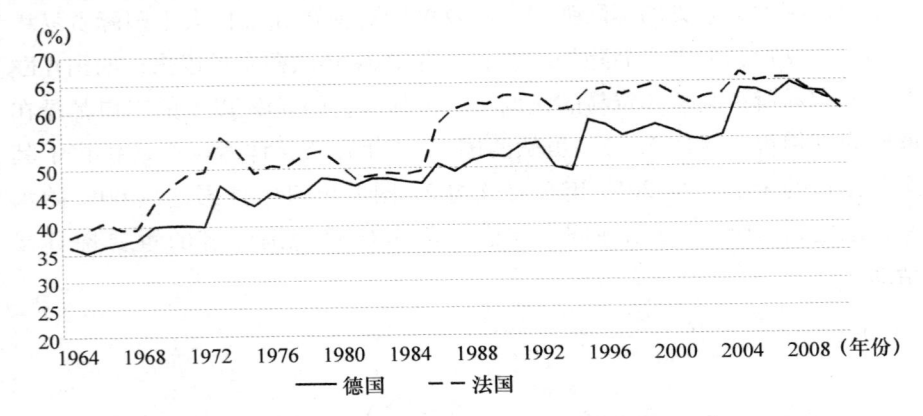

图 7.2　1964—2010 年欧洲经济共同体/欧共体/欧盟内部出口额占出口总额

资料来源：欧洲统计局（Eurostat）、德国统计局（Statisches Bundesamt）和法国统计局（INSEE）。

过去的十多年（指 1999—2011 年——译者注），我们发现法国和德国在经济和贸易表现方面的差异越来越大。法国去工业化加速，它占世界市场的份额也在快速下降，这与德国强劲的出口业绩形成了鲜明对比，特别是在充满活力的金砖国家市场，德法出口的上升下降势头对比明显。① 最近几年，即使在法国的优势领域——农产品行业，德国也超过了法国。②

---

① 在过去十多年（1999—2011 年）中，法国在欧元区整体出口中的份额急剧下降，从 1999 年的 17.6% 下降到 2011 年的 12.8%，而德国的份额从 1999 年的 29.4% 增加到 2011 年的 31.8%。参见 La Monde, 18 January 2012, p. 14，基于法国经济研究观察中心（COE - Rexecode）和欧洲统计局（Eurostat）的数据。2005—2010 年，德国对当时的"金砖四国"（主要是中国）的出口额从 480 亿欧元增加到 1000 亿欧元，增长了 108%，而同期对欧盟国家出口增长仅为 14%，达到 506 亿—578 亿欧元［数据来自德国联邦统计局（Destatis）2011 年统计年鉴］。

② COE - Rexecode 2011, 24 - 25.

如果这种趋势持续下去，它们很可能会改变法德两国的经济利益、发展前景和政策偏好。

"共同农业政策"的核心问题

从《罗马条约》生效到现在，法国和德国在决定共同农业政策的命运方面，比其他任何成员国的影响都要大。① 法国和德国承担了创建、锁定和捍卫这一共同体"最昂贵"政策的主要责任，但它们对欧盟贸易、发展和环境政策等其他政策领域则起负面作用。

共同农业政策诞生和演变的各个主要阶段都可通过政府间主义理论加以解释——该理论强调两个利益相对的关键角色持续不断地进行交换和相互让步。

当它们的利益冲突无法调解时，结果就是欧盟内部出现僵局和危机。相反，当它们最终一致反对某个计划时，该计划就会被否决。当两国政府达成一项有利于某一计划的共同立场时，计划就被理事会采纳并成为欧盟的政策。②

戴高乐视共同农业政策为欧洲经济共同体的初始基础性协议，它是法国愿意支持欧洲经济共同体的重要原因。在该政策实施的早期阶段，其他成员国变成为法国农业现代化提供财政补贴和做贡献的工具。③ 这一点，加上农业出口对法国贸易平衡的重要性越来越大，以及农民投票对右翼多数派政党的重要性，解释了法国政府为什么在这一政策领域经常采取不妥协的立场。

法国和荷兰是两个具有竞争力和出口导向的农产品生产国，非常渴望进入德国这个大市场。欧共体委员会希望将共同农业政策打造成第一个共同体模式的政策工具，这使它成为法国在共同农业政策形成时期最重要的盟友。委员会提出了关于共同农业政策的基本构想和原则：统一定价、共

---

① Grant 2003，160.
② Webber 1999b，49.
③ Prate 1995，68；Vaïsse 1998，172-173.

同体层面的统一农产品市场秩序、对农产品采取保护主义的"共同体偏好"、共同农业政策的共同补贴即"团结补贴"（financial solidarity）原则——巴黎对上述理念和原则完全认可。① 这个支持共同农业政策的联盟偶尔会获得意大利和比利时的支持，而采取拖延战术的德国则是主要反对者。②

德国政府和该国主要的农民社团（Deutscher Bauernveband；即德国农民协会，简称DBV——译者注）本希望在维持农产品高价的同时，按照政府间合作的路线建立共同农业政策，并坚持主要以国家层面的法规来保护其竞争力较弱且更内向的农民——他们是基督教民主党（Christian Democrats）的重要票仓，更是其姊妹政党巴伐利亚基督教社会党（Christian-Social）的重要选民基础。③

戴高乐在这场由他的前任们启动的共同市场博弈中，希望德国人能够加入关于共同农业政策的谈判博弈。④ 他不断地采取议题联系策略，以应允德国在共同体的内外贸易上获利为筹码，让德国在共同体的第一项共同政策（共同农业政策）达成协议。在1962年，他以同意1962年1月1日起向共同市场第二阶段过渡，换取了德国对具有高度干预主义色彩的农业市场秩序组织的让步。1963年底，戴高乐和艾哈德都采取了与关税与贸易总协定（GATT）肯尼迪回合的贸易自由化问题相联系的策略。由此可见，法德之间的妥协确实将工业品关税的自由主义方法跟一度悬而未决的共同农业政策问题的解决结合了起来。⑤

谷物的共同定价问题遇到了更多麻烦，谷物是农产品市场上的核心商品。艾哈德面临着来自德国农民协会的强烈反对，他们反对降低谷物的价格，但是降价是欧共体委员会的提议，并得到法国的支持。最终，艾哈德屈服了，同意将价格定在德国以下的水平，并用国家补贴来平息德国农民的不满。为了争取到这一结果，1964年10月21日，戴高乐甚至以法国将

---

① 欧共体共同农业政策的制定基于以下三个原则：单一市场、共同体优先以及共同财政（价格和预算统一原则）。——译者注

② Gerbet 1999，215–216.

③ Patel 2009.

④ 关于共同农业政策的重要性，农业利益对戴高乐的欧洲外交考量的重要地位，参见Moravcsik 2000a；Moravcsik 2000b.

⑤ Gerbet 1999，217.

第七章 创建、塑造和限制欧洲市场

退出共同体作为要挟。① 法国和德国达成妥协，将谷物价格设定在德国（较高）和法国（较低）价格的中间位置。这使得德法一道成为刺激谷物过剩生产、共同农业政策成本不断上升、欧共体向世界市场倾销过剩农产品（欧共体给予出口补贴）的主要罪魁祸首（culprit）。

共同农业政策补贴问题还引发了1965年6月的"空椅子危机"，当时法国抵制欧共体机构，拒绝增加委员会和欧洲议会的权力来换取共同体对共同农业政策的补贴。这一危机的发生结束了之前法国与欧共体委员会就共同农业政策的联盟。② 在此之前，1965年6月11—12日在波恩举行的爱丽舍峰会上，法德双边谈判未能达成协议。③ 德国采取了不妥协的立场来回应法国故意挑起的"空椅子危机"，使两国成为这场戏剧性事件中的主要对手——这是法德之间的分歧阻碍欧洲决策的例子之一。这种情况更广泛地反映了阿登纳时代之后法德关系的恶化。直到卢森堡妥协赋予法国和其他成员国可以对涉及重大国家利益的事项——农民的利益问题在这些国家内部非常突出——行使否决权，法国官员才结束了他们的抵制行动。④

法国和德国政府从"空椅子危机"中汲取了重要教训，在两国农业部间建立了政策协调程序。这为它们提供了一个制度平台，可在理事会就两国政府中其中一方认为非常重要的问题进行最终谈判之前调解它们的冲突。"这种规范，只要在实际过程中坚持运用，就可能将法德对欧盟农业政策决策的强大影响力制度化。"⑤

1969年的海牙首脑会议必须解决共同农业政策的永久性补贴问题。勃兰特总理和蓬皮杜总统都采用了议题联系策略（linkage strategies），蓬皮杜将共同体在永久共同农业政策补贴达成协议作为峰会成功结束的先决条件，而勃兰特则利用法国对共同农业政策补贴的诉求，迫使法国承诺在1970年下半年开启与英国及欧洲自由贸易联盟其他国家加入欧共体的谈判。⑥ 共同体层面达成的财政安排有效地保护了共同农业政策免受国家层

---

① Gerbet 1999, 274.

② Prate 1995, 71.

③ Germond 2007, 85. 会谈的概述，参见 Jardin and Kimmel 2001, 112-113。

④ 谷物价格的政治敏感性后来使德国农业部长伊格纳兹·基希勒（Ignaz Kiechle）在总理科尔的支持下，于1985年6月12日采取了否决措施以阻止玉米价格下跌。这是德国在其欧洲外交政策中唯一援引"卢森堡妥协方案"来捍卫"重大国家利益"的案例。参见 Gaddum 1994, 253。

⑤ Webber 1999b, 62.

⑥ Simonian 1985, 78-79.

面预算决策的影响,使得该政策朝着锁定的方向又迈出重要一步。共同农业政策具有高度路径依赖的特征,它成为沙普夫(Scharpf)所说的导向维护现状的"联合决策陷阱"(joint decision-trap)的一个经典例子,它是欧共体内博弈的最小公倍数,欧共体不可能彻底改革这项政策,也难以通过改变决策规则来躲避这个陷阱。①

实际上,在这段政策形成期之后又过了一些时间,成员国才就共同农业政策中除成本稳定措施之外的内容达成协议。由于共同农业政策与欧共体贸易政策之间的联系,1992年具有深远意义的变化发生了。自1986年开始,美国政府制定了关于贸易自由化的关贸总协定,即乌拉圭回合谈判的议程,并坚持将农产品和取消出口补贴纳入议程。欧共体不愿接受这种方案,法国坚持只有在德国保证共同农业政策的基础保持不变之后,才会同意启动这一轮谈判。② 法国和德国共同阻止理事会向委员会做出强有力的授权,让委员会无法在共同农业政策补贴问题上做出重大让步。由于委员会只能在有限的授权范围内代表欧共体谈判,1990年12月在布鲁塞尔举行的关贸总协定第一次尝试达成协议的谈判以惨败而告终,谈判失败很大程度上要归咎于欧共体。③

为了汲取教训,1992年委员会提出有关改革共同农业政策的具有深远意义的麦克萨利改革建议(MacSharry reform proposals)。这些改革意味着农业政策的范式转变,把补贴从价格支持转为直接付款给农民,从而将补贴(至少部分地)与生产水平脱钩。法国和德国既没有倡导也不热衷该项改革。④ 在法国,这场改革引发了一场席卷全国的令人印象深刻的农民抗议浪潮。

麦克萨利改革让欧共体在关贸总协定乌拉圭回合谈判中获得了更多的要价回旋空间。在与美国政府的双边会谈中,委员会在1992年11月所谓的"布莱尔宫协议"(Blair House agreement)中承诺大幅减少出口补贴(占支出的36%)。法国强烈批评委员会超越了其被授权权限,并要求重新谈判。但巴黎发现自己几乎处于孤立的地位。在相当具有戏剧性的情况下,不论怎样欧共体12国还是于1993年9月达成协议,授权委员会与美

---

① Scharpf 1988.
② Webber 1999b, 52.
③ Pollack 2003, 269.
④ Pollack 2003, 272 – 273; 德国的情况,见 Anderson 1999, 180 – 183。

国就"布莱尔宫协议"的修改意见进行谈判。① 欧共体和美国重新谈判了双边协议，欧共体减少了其在出口补贴上的让步，从而为 1993 年 12 月完成乌拉圭回合最后一揽子计划铺平了道路。

法国能够摆脱欧共体内的孤立地位要感谢赫尔穆特·科尔的提议。科尔本可以选择孤立法国并与其对抗，迫使法国要么选择让步，要么承担复杂国际谈判失败的责任。法国援引卢森堡妥协，威胁如果"布莱尔宫协议"保持不变就行使否决权。这很可能会引发乌拉圭回合谈判和欧盟内部的双重危机。法国如果否决，也将使法德双边联盟的可靠性受到严峻考验。

在面对这种三重风险时法德做出的反应，可以体现出在欧盟内部法德关系所具有的很多特殊性。1993 年 6 月例行举行的法德峰会已经涉及这个问题。法国总理巴拉迪尔（Balladur）最终让科尔相信，他领导的右翼政府可能会在法国国民议会进行不信任票投票之后被解散，这样一来新一届法国政府很可能会更加强硬。1993 年 8 月 26 日，科尔和巴拉迪尔将在波恩再次举行一次特别会议；为此，德国外长金克尔和法国外长朱佩（Juppé）于 8 月 24 日在德累斯顿举行了非正式会议筹备两国首脑会晤。② 两天之后，科尔强调了有必要拉住法国。法国与德国充分利用了法德冲突的典型调解模式，举行了一系列高级公务员会晤，以便在 1993 年 9 月关于"布莱尔宫协议"的特别理事会会议之前实现双边和解。③ 在布鲁塞尔会议上，法国和德国占据了主导地位，最终协议的内容主要基于共同的法德文本。④ 这一事件，成为高层官员参与具有特别高的政治利害关系的利益冲突的一个例子。法国与德国严重依赖各级官僚阶层的规制化政府间主义制度来解决两国之间的分歧。这种对有分歧的问题进行双边"预先烹饪"（pre - cooking）的做法，为乌拉圭回合谈判达成的与欧洲相关的国际性整体协议铺平了道路。

关于欧盟中期预算的"2000 议程"谈判则是一个反例。法德两国未能在 1999 年 3 月德国担任主席国期间于柏林举行的欧盟峰会前找到两国的共

---

① 参见 Webber 1998，该文献详述了这些谈判的过程，强调了法国和德国的核心角色作用。
② *Frankfurter Allgemeine Zeitung*，August 25，2003："Juppé: Objektive Schwierigkeiten zwischen Bonn und Paris. Der deutsche und der französische Außenminister in Dresden um Klärung bemüht."
③ Webber 1999b，55.
④ Webber 1998，587 - 588；Stahl 2006，155 - 156.

同点。在"2000议程"中，委员会提出了一项全面的政策改革和预算方案，其中包括按照"麦克萨利改革"方案改革共同农业政策的建议。德国总理施罗德根据自己的议程，提出减少德国对共同体预算的净出资；这个问题在整个20世纪90年代一直都非常重要，因为统一后的德国的财政资源面临着严重的结构性压力。[①] 施罗德建议各国合作出资资助共同农业政策，以便将部分补贴负担从德国转移给法国。当然，这对法国人来说是一个禁区。施罗德的提议会逐步解除共同农业政策的超国家性质，并撤销历史上法德之间达成的协议。据法国谈判代表称："'施罗德的德国政府正在打破法德关系的不成文规则，它如此坚持的政策是一项对法国利益具有根本敌意的政策。'因此，德法合作的规范和实践都被破坏了。"[②]

在关键的1999年3月的柏林峰会之前，经同法国代表双边讨论之后，德国政府才不再坚持改革共同补贴共同农业政策的原有立场。[③] 希拉克总统采取了强硬的谈判路线并威胁要退出谈判，成功地淡化了委员会有关农业改革的建议，例如农产品降价。[④] 希拉克之所以在法德权力游戏中选择硬碰硬的博弈方法，也是利用了施罗德的弱势谈判地位，后者受制于德国担任欧盟轮值主席国的角色，他理论上应为一位妥协调解者。法国和德国又一次在欧洲谈判中处于核心地位，但这一次他们彼此互为主要对手，而不是息事宁人的冲突调解者。[⑤] "新的（德国）政府忽略了长久以来积累的法德经验，即绝不要在未达成法德协议的情况下就走进理事会的会议室。"[⑥]

4年后，为了应对2004年欧盟扩大对共同农业政策的财务影响，欧盟内的原班人马需在2002年10月重新进行此问题的利益磋商，但法德双方的立场则正好反转过来。柏林在其他净出资国的支持下，拒绝向新成员国的农民直接付款，希望控制因欧盟扩大所带来的财政扩张。而巴黎方面则认为，新成员国逐步加入直接支付计划可作为保证未来共同农业政策持续的一种手段，因为新成员国很快将成为与法国一道，坚定地成为共同农业

[①] Bulmer, Jeffery, and Paterson 2000, 107–111; Harnisch and Schieder 2006, 96 and 103.
[②] Laffan 2000, 11.
[③] Baun 2000, 158–159.
[④] Baun 2000, 161; Laffan 2000, 14.
[⑤] 参见 Laffan 2000，该文献从不同层次详述了这些谈判的历程。
[⑥] Hendriks and Morgan 2001, 166.

政策的拥护者。

  2002 年 10 月，在布鲁塞尔举行的欧洲理事会会议最终解决了欧盟扩大带来的财务问题。① 法德两国从上次"2000 议程"谈判期间的冲突中汲取教训，为这次关键谈判做好了充分准备。当年 7 月至 10 月峰会开始前，施罗德和希拉克共举行了不少于 5 次会议。② 2002 年 7 月 30 日，在什未林（Schwerin）举行的双边峰会上，他们成立了一个联合工作组，筹备扩大和相关的共同农业政策事宜。③ 但是，直到欧洲理事会开始前两小时，施罗德和希拉克才在一次非正式的酒店会议上达成协议。欧洲理事会采纳了法德妥协版本的基本内容。德国接受了直接补贴新成员国农民的方法，并同意推迟共同农业政策改革。作为交换，法国同意稳定农业支出。④

  这样，法国和德国结成"防御者联盟"，维护了国内生产者的利益。⑤ 2002 年关于逐步将新加入成员国农民分阶段纳入直接支付计划的决定，是另一次对共同农业政策的锁定，它有着长远的意义。法国和德国不仅没有引领欧洲改革、调整过时的政策，反而帮助巩固了现状。

  2003 年的另一项改革使得共同农业政策更加符合世界贸易组织的规则，此项改革是将补贴水平与生产水平脱钩的重要一步。尽管如此，在 2001 年发起的世贸组织多哈回合贸易谈判期间，法国再一次批评欧盟委员会——这让人联想起关贸总协定乌拉圭回合谈判时法国的态度——超越其授权、对农产品关税和出口补贴做出过多让步，法国威胁将否决不满意的结果。⑥ 德国政府也明确表示，它不会接受多哈回合谈判中欧盟做出的妥协，因此需要在延续至 2013 年的多年度欧盟预算中再次对共同农业政策进行全面的改革。⑦

  但未来法德两国对共同农业政策不会有太明显的影响力，至少不会对其实质内容进行修改——对于这样一种假设，我们提出两点理由。首先，共同农业政策不再是一个高度独立的政策领域，该政策原由一个非常有凝

---

  ① 参见 Ludlow 2004，此书第三部分对此次峰会进行详细的回顾。也见本书第六章。
  ② Ludlow 2004，169。
  ③ See *Frankfurter Allgemeine Zeitung*，July 31，2002："Deutsch‐französischer Gipfel. Am Ende ist man net zueinander."
  ④ Ruano 2005，264。
  ⑤ Cole 2008a，151。
  ⑥ Young 2007，800；Euractiv 2007。
  ⑦ Mildner 2009，23。

聚力的团体掌控，包括农民游说组织、委员会第六总司（DG VI，农业总司）和各成员国农业部。相反，共同农业政策与其他政策领域——先是贸易政策，后来是环境政策——的联系日渐重要。这使得共同农业政策子系统和它的政策网络对新的行为体和利益开放，使得委员会能够发挥更重要的议程设定和妥协调解作用。[1] 一份专家调研报告揭示：在共同农业政策在 1992 年、1999 年和 2003 年进行的三次主要改革中，主要国家和欧盟层面的政策参与者都强调"委员会在每次将改革纳入政治议程和确定最终协议方面都发挥了主要作用"[2]。

此外，重要的制度变革亦进一步导致法德在共同农业政策这一政策领域的影响力下降。自 2009 年《里斯本条约》生效以来，关于共同农业政策的决策采用的是共同决策程序，这使得欧洲议会成为拥有否决权的新角色和潜在的改革提案人。行为体组合和制度设置这两个方面发生的变化，使得法国和德国很可能在未来更难影响共同农业政策及其改革的实质性内容。不过，如果共同农业政策的财政问题在关于欧盟多年度财政框架的谈判中被摆上桌面，我们仍然期望法国和德国能够基于其财力以及它们在欧洲理事会中的强势地位而发挥关键性作用。

创建和塑造共同市场

创建市场

在戴高乐总统和阿登纳总理签署《爱丽舍宫条约》时，"欧洲经济共同体条约"（TEEC）已经生效。欧洲经济宪章的基本要素也已在 1963 年成形。"欧洲经济共同体条约"载有关于反垄断、滥用市场支配地位和国家援助的强力竞争规则（欧洲经济共同体条约，第 85—94 条）。而且，理事会已经通过了第 17/1962 号法规/条例（Regulation17/1962）最重要的实施细则，赋予委员会调查违规者和最终对其罚款的强大权力。德国在欧洲经济共同体拥有当时最严格的竞争规则和程序，能够将其自身制度的主要程序上传到欧洲层面，并通过一揽子打包协议——包括建立共同农业政策

---

[1] Grant 2003, 81 and 148.
[2] Cunha and Swinbank 2009, 259.

的决定——来克服法国的抵制。①

当戴高乐重新掌权时，他接受了建立共同市场的观点，并认为有必要开放保护主义的法国经济以参与国际竞争。但是，戴高乐对共同市场建设的支持是有条件的。"在共同市场（直到20世纪60年代末）的整个过渡期间，法国代表团的一贯准则——在委员会的支持下——乃是商品交换自由化的措施必须与建立共同政策相联系。"② 关税同盟的建立（于1968年7月1日提前完成），共同农业政策的关键性决定也大致在同一时期做出，这是法国取得的重大成功。

1969—1985年，布雷顿森林体系结束后的货币动荡以及1973—1974年和1980年石油危机之后的经济衰退引发了保护主义倾向，威胁到共同市场建设。市场一体化初期的主要推进并非通过理事会中各国政府的决定，而是来自欧洲法院的一系列裁决。在1979年关于"第戎黑醋栗酒案"（Cassis de Dijon）的具有里程碑意义的裁决（案件120/78）中，欧洲法院确立了相互承认的原则——该原则后来成为欧洲单一市场计划的主要组成部分。③ 然而，如同"欧洲经济共同体条约"所预见的那样，从关税同盟发展成为一个真正全面的共同市场——包括货物、资本的自由流动（企业），设立权、自由提供服务和开放公共采购——不得不等到20世纪80年代中期推出欧洲单一市场计划才能实现。

对于创建欧洲市场这一具有历史性意义的举动，法德双边主义在设置议程方面无法邀功（claim much credit）。因为，该领域的决定性举措主要来自委员会和欧洲理事会。自1981年以来，委员会的相关机构在欧洲理事会的鼓励下，为建成内部市场制定了一系列措施。④ 自1985年出任欧共体委员会新一届主席后，充满活力的雅克·德洛尔强力推动此议程向前发展。⑤ 德洛尔及其领导的委员会值得赞扬，他们以恰当的政治手段完成了这些准备工作。欧共体委员会委员科克菲尔德勋爵（Lord Cockfield；负责完成内部市场项目，由英国时任首相撒切尔任命——译者注）将已经提出

---

① Cini and McGowan 2009, 18-19.
② Prate 1995, 43-44.
③ 该原则规定，在某个成员国合法交易的产品应该被准许进入其他成员国——即使在它不完全符合目的国规则的时候也是如此，只要该产品未受协调立法的约束。
④ Cameron 1992, 31-35.
⑤ Delors 2004, 230-231.

的众多想法打包成为一套综合方案，涵盖了关于创建欧洲单一市场的279条立法建议，而德洛尔则机敏地给该方案实施确定下最后期限（1992年12月31日），并把该计划跟允许内部市场问题采用有效多数表决机制的条约改革联系起来。①

在1985年之前的几年时间，随着1981年法兰西第五共和国的第一个左翼政府上台，法国并没有将完成共同市场列为其政治优先事项。在1981年至1985年期间，没有一份重要的法国政府文件和总统声明对完成单一市场建设给予细致关注。1981年10月法国政府关于振兴共同体的备忘录中，法国呼吁制定欧洲就业战略和建立欧洲社会领域。② 1983年9月，另一份法国政府备忘录强调了欧洲产业和研究政策的必要性。③ 就在1992年欧洲单一市场项目启动前的几个月，法国总统弗朗索瓦·密特朗（François Mitterrand）并未强调单一市场的重要性，单一市场只是与其他欧共体政策一道被列入他的公开声明中，而产业、技术和研究政策仍高居法国这份优先议程单子的前列。④ 仅仅在1985年6月法国政府关于"欧洲一体化进展"的一份备忘录中，有一小段内容涉及内部市场，指出建立共同市场是"共同体的优先目标"⑤——但在这时，"1992年计划"（the 1992 project）⑥ 早已经在进行之中了。

密特朗的确未将深入推进欧洲市场的一体化作为其优先考虑，但他渐渐认识到这一问题是能给欧洲共同体和法国的欧洲外交政策带来新动力的

---

① 政府间主义学者安德鲁·莫劳夫齐克注意到委员会的超国家企业家精神"对单一市场建设有着显著的，但仍是第二位重要的影响"，Moravcsik 1999，292. 关于单一市场项目的启动，参见 Sandholtz and Zysman 1989；Cameron 1992。

② 备忘录文本参见 http：//aei. pitt. edu/1791/1/French_ memo_ oct_ 1981. pdf。

③ 1983年的法国政府。

④ 比如可参见密特朗1984年2月在海牙和他1984年5月在斯特拉斯堡欧洲议会所做的两次演讲，他几乎都未提自1981年已在欧共体启动的完成内部市场建设事项。两次演讲文稿都记录在 Mitterrand 1986。

⑤ 该备忘录文本，可参见 Bossuat 2005，473 – 479。

⑥ 1985年德洛尔就任欧共体委员会主席后提出，到1992年底以前完成"内部大市场"的建设计划，被称为"EC92计划"。在此之前，1957年法国、西德、意大利与荷比卢三国在罗马签订了《罗马条约》，明确提出要消除"商品、人员、服务和资本"的自由流动障碍。后来，欧共体各成员国政府首脑于1986年签署了《单一欧洲法案》（SEA），明确提出了要在1992年12月31日前建成内部市场，该"内部市场应包括一个没有内部边界的区域，在此区域内，商品、人员、服务和资本的自由流通应予以保证"。这就是著名的欧洲1992计划（EC - 92）；1993年1月1日，欧盟单一市场正式在当时的欧盟12个成员国启动。——译者注

第七章 创建、塑造和限制欧洲市场

更广泛战略中的一个要素。1981—1982 年，法国左翼政府在国家层面采取凯恩斯主义的通货再膨胀政策给国家经济带来创伤的经历，再加上法国政府的经济政策在 1983 年发生了 180 度大转折，转为紧缩（见第八章），为法国接受欧洲单一市场奠定了基础。在 20 世纪 80 年代，市场范式在法国行政和经济精英中赢得了无数支持者，不仅是因为左派政府的国家主义经济实验在实践中遭遇失败。在金融市场自由化领域，法国在进行了一系列重大的国内改革后，甚至成为请求欧洲层面进行改革的力量。① 消除农业和金融服务贸易中的非关税障碍，有助于法国转向更以出口为导向的增长战略。②

德国的中右翼政府"欢迎内部市场改革，虽然它并没有提出很多具体的措施"，但它充当了"《单一欧洲法令》（SEA）安静的支持者，但并非领导者"③。席卷西方世界的新自由主义经济思想对当时在德国执政的基督教民主党、特别是其自由派联盟伙伴的影响确实大于其对法国社会党的影响。德国在共同市场内存在诸多贸易利益，它们不断鼓励德国支持欧洲单一市场议程。然而，当科尔总理于 1982 年上任时，他只强调了"保留"（preserve）内部市场的必要性。④

除纯粹的经济利益之外，科尔政府认为欧洲单一市场同欧共体制度改革和加强欧洲外交政策协调一样，是促使欧共体重回正轨的总体战略的一部分。在《单一欧洲法令》的谈判过程中，德国与丹麦一起坚持在环境、健康、消费者保护和工作环境安全方面的更高国家监管标准。⑤ 委员会的协调提案应遵循向上协调方法，"以高水平保护为基础"（art. 100A（3）TEC）。高标准的成员国获得了一项保障条款，允许它们在特定条件下采取国家措施，防止在监管方面出现向下的竞次现象（regulatory race to the bottom）[art. 100A（4）TEC]。

尽管法国和德国都没有扮演引领者的角色，但它们都完全支持建立欧洲单一市场的倡议。玛格丽特·撒切尔领导的奉行自由主义理念的英国政府也全力支持这一自由化议程。但与法国和德国相反，它认为没有必要改

---

① Cerny 1989；Moravcsik 1998，339 – 42；Jabko 2006，62 – 64.
② Sutton 2007，153 – 155.
③ Moravcsik 1998，327 and 330.
④ Keßler 2010，124.
⑤ Moravcsik 1998，366.

变主要法律,对内部市场立法引入有效多数表决机制。法国和德国以将其排斥在外相威胁,并公开表达有可能采取差异性一体化的形式,最终成功地向英国施压、要求其接受有效多数表决制作为处理内部市场综合立法议程的必要手段。① 条约改革的最后一揽子计划,包括欧洲单一市场目标、在理事会通过单一市场立法时采用有效多数表决机制,以及一些防止"社会倾销"(social dumping)② 的保障措施,都非常接近法国、德国和比荷卢经济联盟国家的偏好。③ 为了达成此份协议,它们必须通过转移支付(side payments)的办法,承诺增加共同体的结构性资金来消除希腊、西班牙和葡萄牙等较贫穷成员国的怀疑态度。它们确实兑现了承诺,并在1988年所谓的"德洛尔财务方案——第一阶段"(Delors – I financial package)谈判中将结构资金增加了一倍。

总体而言,几乎没有证据表明内部市场的完成是巴黎和波恩的核心优先事项。它们各自的或共同的改革倡议,例如1981年的"根舍–科隆博计划"(the Genscher – Colombo Plan)、1981年和1983年的两份法国备忘录、1985年法德共同提交给米兰欧洲理事会的关于政治联盟的提案(见第五章),都没有专门关注内部市场问题。

塑造欧洲单一市场

1984年的《萨尔布吕肯协议》(*Saarbrücken agreement*),是一项与内部市场计划直接相关的重要倡议,它取消了法国和德国间人员往来的边境管制,在增加了减少对卡车的控制及加快货运列车海关清关(customs clearance)的内容后,此协议后来变为《申根协定》(*the Schengen agreement*)。④

德国总理赫尔穆特·科尔看到了限制共同体议程会危及欧洲市场的创建。科尔之所以力推《萨尔布吕肯协议》和《申根协议》这两项取消边境

---

① Moravcsik 1998, 347, 351 and 360 – 368.
② "社会倾销"(Social dumping)是一些发达国家对发展中国家低劳工标准的产品所提出的一种变相的贸易保护理论,并屡次主张在WTO协议中缔结"社会条款"以阻止这种社会问题的倾销。——译者注
③ Garret 1992, 546.
④ "法国与联邦德国关于逐渐消除法德边境边检的协定",1984年7月13日,签署地萨尔布吕肯。法文文本见http://www.cvce.eu/viewer/-/content/46468e59 – 54ec – 41cl – a15e – 258d92568910/fr。

管制的具有高度象征意义的议程,是在寻求让普通公民也感受到欧洲一体化能给他们带来切实利益。科尔的观点在1984年5月举行的法德两国例行协商会议上得到弗朗索瓦·密特朗的重要支持。但当使欧共体成为自由旅行区和建立护照联盟的构想在欧共体层面上讨论时,却遭到丹麦(由于该国是北欧护照联盟的成员)、希腊、爱尔兰和英国的抵制。在理事会决策陷入僵局的背景下,欧共体成员国中的先驱者(avant-garde)——法国、德国和比荷卢三国——于1984年在萨尔布吕肯达成了双边协议并沿着这条道路继续前进,最终它们在1985年签署了《申根协定》,并确定到1990年前取消边境管制(实际上直到1995年才实现)。[1]

在这方面,我们发现了一个有趣的案例,即法德两国通过成员国小集团推进差异性一体化(differentiated integration)的行动中扮演了欧洲领导者的角色。法国和德国的偏好在这个问题上趋同,它们与志同道合的伙伴联合起来共同压制不情愿的成员国。由于申根合作后来产生了仅限于申根区国家享有的实际利益——通过申根信息系统(Schengen Information System, SIS),警察机构之间可相互交流犯罪信息,因此它激励了那些非申根国家加入申根区,一旦加入即可获得所谓的"俱乐部产品"(如自由通行),这个排他性网络还有其他好处,比如可通过SIS进行信息交换。[2] 这些收益,使得最初由法国和德国开始的申根合作延展为一种深化和拓展的动态过程,它逐步扩大并最终随着《阿约》生效而被整合成为共同体法律。

法国左翼政府希望随着欧洲单一市场的建立推行其他一些监管政策。在经历20世纪80年代初国家经济政策失败后,法国社会党人开启了范式转变,但他们试图在欧洲层面上重新确立政治的崇高地位,政治需高于市场力量政治。[3] 法国政府认为,财政协调的措施——特别是在公司税和社会政策领域,对保证内部市场公平竞争的必要补充。[4] 在1985年《单一欧

---

[1] Gehring 1998, 47–54.
[2] Kölliker 2006 应用公共产品理论对欧盟内差异一体化的多个案例进行了有说服力的解析。
[3] Jachtenfuchs 2002, 101.
[4] 1985年6月法国政府的备忘录,参见Bossuat 2005, 473–479,此处引用见第475页。在1984年5月对欧洲议会发表的轮值主席国演讲中,密特朗呼吁"社会与财政制度的协调"(harmonization of the social and fiscal regimes)。该演讲内容,参见Mitterrand 1986, 280–297,本处引用见第286页。

洲法令》的谈判期间，密特朗坚持主张欧洲单一市场计划中应加入社会维度。①

高科技合作是一个法国部门经济思想和社会党人从侧翼包抄内部市场制定政策的案例。在20世纪80年代早期，有一种意识不断增长——欧共体在高科技竞争中已经落后于日本和美国，这导致欧洲层面上出台了一系列政策举措。比如在信息技术领域的"欧洲信息、技术研究发展战略计划"（ESPRIT）和先进通信技术领域的"欧洲高级通信研究计划"（RACE）等重大项目，这些并非源自法国和德国而是欧共体委员会。然而，在该领域巴黎提出了自己的主要倡议，即在共同体框架外的"尤里卡计划"（the Eureka program，即European Research Coordination Agency，欧洲研究协调机构）。② 受到美国关于导弹防御和高科技领域的"战略防御计划"（Strategic Defense Initiative，SDI）的刺激，"尤里卡计划"可解释成是欧共体委员会活跃的技术政策的"政府间对应物"（intergovernmental counterpoint）。③ 1985年4月，法国外长洛朗·迪马阐述了这一作为法德共同倡议的计划，但无论是提议、内容，还是组建同盟，都是法国在发挥政治领导的作用。④ "尤里卡计划"是在共同体框架之外进行差异性一体化的又一案例。不过，该计划的结果并不符合法国的预期。

就在《马约》进行谈判的过程中，法国的关键诉求之一就是建立欧洲的产业政策。然而，德国最初并不支持列入相应的条约条款，德国经济部担心它会变成"法国式的'统制'"（French–style"dirigisme"）经济。波恩赞同产业政策实行一致决策原则，并得到了荷兰和英国的支持，希望确保欧共体的产业政策不会扭曲自由竞争［第130条（3）TEC］。⑤ 法国不得不一直等到《尼斯条约》谈判时，德国红绿联盟政府才同意将产业政策的决策程序由全体一致同意改为欧盟部长理事会内以有效多数表决，以及

---

① Haywood 1993，274.

② "尤里卡计划"是在法国前总统密特朗提议下于1985年4月17日在德国汉诺威发起的。20世纪80年代，面对美国、日本日益激烈的竞争，西欧国家制定了一项在尖端科学领域内开展联合研究与开发的计划，即"尤里卡计划"。它的目标主要是提高欧洲企业的国家竞争能力，进一步开拓国际市场。尤里卡（EURECA）是"欧洲研究协调机构"（European Research Coordination Agency）的英文缩写。——译者注

③ Sandholtz 1992，ch. 9.

④ Sandholtz 1992，266 and 297.

⑤ Mazzucelli 1997，78，142，160，188，192.

理事会与欧洲议会共同决策的程序来决定。

自《欧洲经济共同体条约》谈判以来，法国关于欧洲市场的政治指导性思想就是：市场自由化措施的推出必须与国家间协调立法同步进行，不仅是产品规范，也包括社会监管和税收。[1] 法国左右翼政府都遵循这种一体化路径，它们对欧洲议程设置做过多次尝试，并取得了不同程度的成功。

在德国的支持下，法国发起了一项倡议并最终形成了一份名为《欧共体工人基本社会权利宪章》（Community Charter of the Fundamental Social Rights of Workers）的文件。1989 年 12 月 9 日，该文件在只有英国反对的情况下获得通过——这是差异性一体化对补充和完善单一市场的又一个政策案例。后来，密特朗将确立欧洲社会政策界定为他在马斯特里赫特谈判中的优先事项之一，它也是德国、意大利以及比荷卢三国的共同目标。[2] 科尔支持法国，以换取后者支持德国关于联盟建立庇护政策并使其拥有打击有组织犯罪领域能力的目标，密特朗基本同意但坚持这一新领域应为政府间合作性质。[3] 由于英国拒绝将《欧共体工人基本社会权利宪章》纳入《马约》，法国、德国和其他成员国在马斯特里赫特峰会上对英国进行了孤立，并共同签署了社会政策议定书，将它作为《马约》的附件——这使得伦敦显得格格不入。在一种 11 个国家反对 1 国的行为体组合中，这 11 个国家开启了一条"双速欧洲"（a two-speed Europe）的前进道路。

与法国相比，德国希望社会政策保持更少的集权，无须过多协调，它认为社会政策的责任应该留给民族国家。但是，德国政府认为欧洲层面的规则和设定的共同最低标准有助于避免因监管竞争而导致福利国家空心化。[4] 在《阿约》谈判期间，科尔政府支持将社会政策议定书纳入条约，但并不愿意扩展其内容，而多元左派（plural Left）的法国政府则希望更进一步。[5] 由于英国在托尼·布莱尔（Tony Blair）领导下的新工党（New Labour）上台后采取了新的应对方式，欧盟成员国最终一致同意将关于社会政策的议定书纳入《阿约》——但没有增加该议定书的内容。作为法德就

---

[1] Prate 1995, 53.
[2] Gerbet 1999, 451, de La Serre 1998, 117.
[3] de La Serre 1998, 116.
[4] Jachtenfuchs 2002, 20–21, and 261–265.
[5] Jachtenfuchs 2002, 181, 206, 240–241.

《稳定与增长公约》达成的一揽子协议的一部分（见第八章），缔约方在《阿约》中增加了关于就业政策的"第四部分"，并为法国的若斯潘政府获得了欧盟会举行两次"就业峰会"的承诺。这两次会议分别于1997年11月在卢森堡和1998年6月在英国的卡迪夫（Cardiff）举行。① 不过，德国明确表示就业政策本质上仍属于国家的政策领域——欧盟仅拥有某种协调权能，以确保条约中的就业政策规定不会导致共同体增加支出，并且不会出现凯恩斯主义风格的就业计划。②

法国的中右翼以及左翼政府多次重新审视了欧洲单一市场的社会维度。1996年3月，雅克·希拉克向他的欧洲同事们提交了一份法国关于欧洲社会模式的备忘录；③ 后来，在法国于2000年担任欧盟轮值主席国时，左翼的若斯潘政府（1997—2002年）将该问题作为核心主题之一。法国多元左翼政府试图将法国对欧洲就业政策的偏好复制到欧盟层面，包括设立欧盟增长目标、设置有约束力的指导方针和可以、量化的国家就业目标（五年总计120亿个就业岗位）以及惩罚不遵守规定的行为等，但法国的这些努力大都以失败而告终。④ 法国失败之时正值欧盟15个成员国中11个国家是社会民主党执政。法国社会党人关于欧洲层面法规和经济政策协调的理念遭遇的欧盟现实原因是：其经济和社会政策的国家主义观念甚至无法说服欧洲左派。它们自然不会对德国总理格哈德·施罗德产生什么吸引力，施罗德更愿意倾听托尼·布莱尔的"第三条道路"（the Third Way）话语，二人签署了一份关于"具有灵活性和富有竞争力的欧洲"（Flexible and Competitive Europe）的协议，这与若斯潘政府的更多干预主义战略直接相悖。这种情况，使得法国左翼跟欧洲一体化之间产生了疏离感。法国开始倾向不再试图将法国（社会党人）的偏好上传到欧洲层面，而是转入防御，希望保护其国家模式免受欧洲层面的侵扰。

后来，当法国在2005年5月的全民公决前就《欧盟宪法条约》进行辩论时，法国左派的主要批评对象就是过去50年来已经成为欧洲市场一体化的核心——"自由和不被扭曲的竞争"（free and undistorted competition）原则。为了安抚"说'不'的法国"（la France du non）阵营，总统尼古

---

① Howarth 2002, 358 – 359.
② Moravcsik 2001, 67.
③ French Government 1996a.
④ Howarth 2002, 358 – 359; Cole 2008, 94 – 95.

拉斯·萨科齐设法找到欧洲其他国家领导人，从欧盟的目标清单中删除了"自由和不被扭曲的竞争"字句，但并未破坏该原则的法律价值。

税收政策这一案例可以表明，法德两国都强烈要求在欧洲层面上进行政策协调，以避免国家税基（national tax bases）遭到削弱。由于市场开放（资本自由流动）和货币联盟（没有汇率波动），单一市场内的税收套利（tax arbitrage）成为重要问题。东扩增加了欧盟内部税收竞争的激烈程度，因为一些新成员国寻求通过提供非常低的公司税率等优惠条件来吸引外国投资者。为应对东扩可能带来的后果，法国和德国于2004年发起了一项制定统一的最低公司税率的倡议。但该倡议并未得到欧盟委员会的支持，后者当时正致力于起草建立协调的公司税基的议案。[①] 近年来，关于税收协调的呼声越来越高——特别是在法国。

税收政策采取全体一致同意的决策要求，一再成为法国和德国倡导的税收协调的制度障碍。2011—2012年，法国和德国未能获得成员国对它们的金融交易税提案的一致支持——英国和瑞典反对法德两国的这一构想。在欧元区内引入此类税收的替代方案，则遭到了爱尔兰、马耳他和卢森堡的抵制。[②] 在直接征税（direct taxation）领域，只有储蓄税——经过三十五年的不成功尝试后终于在2003年被通过，算得上一个关于打击税收套利和逃税的欧洲税收政策协调的重要案例。[③]

当欧洲制宪大会（European Convention）就《欧盟宪法条约》进行内部辩论时，法国和德国一起试图改变游戏规则——通过部分地将税收政策改为采取就"与内部市场直接相关的税收问题"进行有效多数投票的表决原则。[④] 但条约最后依然规定需要采取全体一致制，这反映出成员国在税收问题上的偏好并不一致。由于英国、爱尔兰和爱沙尼亚强烈反对税收协调，因此该领域的有效多数投票表决原则依然无法达成共识。[⑤]

2011年8月16日，法国和德国宣布将在2013年纪念《爱丽舍宫条约》签署50周年时协调它们自己的公司税基和税收水平。巴黎希望也对

---

① Genschel, Kemmerling, and Seils 2011, 588–589 and 597.
② *Financial Times Deutschland* March 14, 2012, p. 10: "Rückschlag für Finanzsteuer."
③ Holzinger 2005.
④ Fischer and de Villepin 2002, 4.
⑤ Genschel, Kemmerling, and Seils 2011, 14.

其他税收政策进行协调,但柏林则仅愿将这种法德两国的任务限制在公司税。① 与通过差异性一体化的方式建立申根区这一案例有所不同,鉴于非合作性的免费搭便车行为具有巨大的诱惑,要在税收这一政策领域形成一种源于法德核心的欧洲动力,可能性很低。

随着2007年之后金融市场爆发危机,市场监管问题重新回到了欧洲议程。萨科齐和默克尔在欧盟内部和20国集团层面上都公开倡导一项进行全面金融监管改革,确定了"绝不让任何市场、任何产品、任何运营方和任何地域超越规则和监管范围"的基本原则。② 利用克服金融危机这一机会,巴黎和柏林积极推动建立一些旨在稳定金融市场和防范未来危机的法规。在欧盟层面上,新的银行家薪酬规则被采纳,目的是减少他们过度冒险的冲动行为——这一诉求在法德两国政府的议程上都处于很高的地位。此外,法德两国完全支持制定针对对冲基金管理公司、私募股权公司和评级机构的法规,因为它们在该领域并没有重大的经济利益——这种情况与英国不同,80%的欧洲对冲基金管理公司设在英国。③

在金融市场监管方面,欧盟成员国就组建新的综合性监管结构达成了协议。这一新的构想,包括负责宏观审慎监管的"欧洲系统性风险委员会"(European Systemic Risk Board,ESRB)与其他三个分别负责银行业、保险和证券监管的欧洲监管机构。④ 虽然法国,以及经过犹豫之后的德国,对新成立的这种监管框架表示认可,但两国都没有明显表现出将决策权从国家转移到欧洲监管机构的意愿——法德两国的这种态度,与英国是相同的。这种立场,反映了各国银行部门的重要性。后者也可以解释为何德国和法国避免对欧洲银行的资本要求提出强硬措施,因为两国都担心本国银行的优势在国际竞争中被削弱。两国政府在国内发表了强硬的言论,称有必要彻底重新规范国际和欧洲金融市场,但它们在欧洲层面上所实际追求或实现的再监管程度与其言论相比,存在一定的差距。⑤

---

① 2012年3月14日在德国财政部的访谈。
② 参见 Merkel and Sarkozy 2010b。
③ Buckley and Howarth 2010,130.
④ 近期的举措参见 European Commission 2011a。
⑤ Buckley and Howarth 2010,131–136.

限制市场的影响

在决定建立欧洲单一市场时,大多数成员国包括法国和德国在内,都没有预料到单一市场有如此之大的转型力量,可以引发这样广泛的变化。在一些行动领域,欧盟委员会的管控权已经超越了它自己出台的《欧洲单一市场白皮书》(*White Paper on the SEM*)。这种情况体现在电力、天然气、电信和铁路网络等公共服务经济部门,也出现在航空运输或邮政服务领域。欧盟委员会的确开启了尼古拉·贾布科(Nicolas Jabko)所称的欧洲的"无声的革命"(quiet revolution)①,它打破了"自然垄断"(natural monopolies),将竞争引入服务提供领域,深刻改变了市场,并将市场监管从国家层面转移到了欧洲层面。

这些自由化举措,深入盘根错节的国家机构和实践之中。"就法国而言,最严峻的挑战乃是在那些最能体现法国模式特色的领域,特别是在公共服务和产业政策方面。"② 共和平等主义的思想(republican egalitarian idea),意味着全国各处都应同价、同质获得同样的服务,这种思想促使公共服务企业的雇员们抗议自由化和(部分)私有化,它可在很大部分法国公众中引起共鸣。

德国的各类国家模式也面临很大压力。德国的地区州立银行(Landesbanken)和地方性储蓄银行(Sparkassen)系统是在公法下运作,在过去它们的债务(liabilities)得到无限制的公共担保,但现在其生存和发展受到欧盟竞争法及其国家援助规则的威胁。同样潜在受威胁的还有那些被德国人称之为"公共生存照料"(öffentliche Daseinsvorsorge;即"公共服务"——译者注)的较大的服务提供者,它们是满足人们的教育、卫生、天然气、水电供应或者公共交通等基本需求的(公共或私人)服务提供者,通常属于地方政府的履职功能。所以可以预见,地方当局和地区各州会成为上述公共服务提供的坚定捍卫者,并向联邦政府施加压力,要求限制来自欧盟竞争政策的侵扰。③

---

① Jabko 2006,第1章。
② Cole 2008,105。
③ Krautscheid 2009。

事实上，我们发现除了涉及普通利益的服务领域之外，还有一些事例可以表明法国和德国联手限制欧洲自由化的范围。例如，对于以实现跨境提供服务自由化为目标的"服务业指令"①，法德两国在弱化欧盟委员会提案方面发挥了突出作用。2004年该指令出台时，法德两国政府都在很大程度上表示赞同。但是2005年法国对《欧盟宪法条约》进行全民公决之前，在法德两国不断爆发反对"社会倾销"（social dumping）和不公平竞争的工会抗议的背景下，风向发生了转变。②当欧委会的这份"波尔克斯坦指令"（Bolkestein directive）③被称是欧盟"超级自由主义"倾向的象征性体现后，希拉克和施罗德都改变了立场。希拉克一再建议欧盟委员会撤回这份完全符合单一市场基本目标的指令。格哈德·施罗德于2005年3月与法国总统雅克·希拉克举行会晤时也表达了自己的态度，他要求欧盟委员会提交一份"可防止社会倾销和不会破坏德国公共服务行业"④的新文本。在这个问题上，理事会内部出现了新老成员国之间的分歧，相关决策也一时陷入僵局，主要原因就在于法国和德国改变了立场，而且它们带领一部分国家形成一个拥有否决权的关键少数群体（blocking minority）。于是，欧洲议会接手此事，提出了一项关于限制服务业指令适用范围的折中解决方案——将社会、医疗、邮政和法律服务等领域排除在服务业指令的适用范围之外，同时取消了备受争议的"原属国"原则，转而提出有待于法律解释的"提供服务的自由"的说法。⑤

电力行业自由化是法国和德国联手结成防御同盟的另一个动人案例。在20世纪80年代末，欧共体委员会就确定了关于电力行业自由化议程。⑥最初，法国支持这一行业向跨境开放竞争。法国的公共机构——法国电力公司（Électricité de France，EDF）急于向国外出售电力，并曾向欧盟委员会提起诉讼，反对德国对其国内电力用煤进行补贴。但后来，法国与德国

---

① 服务贸易自由化是欧盟实行统一内部市场的重要组成部分。2004年2月24日，欧盟委员会提出了一份名为《欧洲议会和欧盟理事会关于服务业内部市场指令》的建议。2006年2月16日，欧洲议会以394票赞成、215票反对、33票弃权的结果通过了该指令草案。同年12月12日，欧盟颁布了《关于内部市场服务业指令的第2006/123/EC号欧洲议会和理事会指令》。
② 德国的情况参见Miklin 2009, 951；法国的情况参见Crespy 2010；Grossmann and Woll 2011。
③ 以其提出者——荷兰籍欧盟委员会委员波尔克斯坦（Bolkestein）的名字命名。
④ Miklin 2009. 952.
⑤ Oberkirch 2008；Dagnis Jensen and Nedergaard 2012.
⑥ 见Jabko 2006，第6章；Schmidt 1998，第5章。

改变了立场——后者在 1994 年之前转向支持自由化，而法国则反对自己的国内市场全面自由化。① 由于工业和私人客户拥有自由选择权，法德两国最终无法阻止电力市场的广泛开放。但在重要关头，法德两国还是成功限制住了由欧盟委员会推动并获得欧洲法院裁决支持的自由化进程，一方面让其范围缩减；另一方面也放慢了其自由化的速度。

法国和德国的政策偏好明显不同，这源于两国的结构性差异：法国拥有高度集中、垄断的公共电力生产、输电和配电系统；而德国的电力系统是分散的，包括数百家市政公用事业公司，但组成全国高压电网的是可垄断某区域电力供给的私营公司，这些私营公司才是主要的电力生产商。在欧盟电力行业自由化改革这个问题上，"代理妥协"的逻辑完全适用，因为法国和德国"代表了欧盟不同性质国家电力系统的对立两端，因此妥协很难达成，但一旦达成就较易为其他国家所接受"②。

这一领域的改革事关重大的国内政治利害，所以在 1995 年 12 月举行的法德双边政府磋商中，科尔和希拉克都同意在理事会内部不会相互投否决票（outvote each other）。③ 接下来，1996 年 6 月的双边峰会上，经过德国联邦经济部与法国工业部之间一番密切的政府磋商之后，法国和德国最终达成了一份包容两国两种不同市场开放模式的妥协方案。这份双边协议为理事会 1996 年 6 月的最终决策奠定了基础，使得各国有空间以不同的路径实现自由化。④

2003 年和 2009 年，该指令随欧盟第二和第三个能源一揽子政策出台而遭修订，欧盟委员会推动了拆分（unbundling）发电、输电跟配电业务的进程分离，目的是保证进入输电网方面实现公平竞争，并防止拥有垂直一体化整合能力的电力供应商对其他企业采取歧视性做法。2003 年，它就颁布强制性法律拆分令达成了协议，但欧盟委员会在 2007 年进一步建议从所有权层面上强制拆分，这将迫使大型公用事业公司不得不出售它们的输电网。法国和德国先是在 2003 年成功阻止了委员会提出的所有权拆分建议，后来又对其 2007 年的提案进行弱化处理，以保护它们各自国内的大型公用事业单位的利益。对于该提案的关键内容——强制性的所有权拆分，

---

① Anderson 1999, 110.
② S. Schmidt 1999, 59 and 70.
③ Jabko 2006, 99.
④ S. Schmidt 1999, 70–71.

法国和德国以及奥地利、捷克、希腊、匈牙利、卢森堡、斯洛伐克和波罗的海国家一道结成了拥有否决权的关键少数群体。① 在法国和德国的领导下，这个关键少数群体明确成员国可在保证电力市场公平竞争的不同方式上自己进行选择，所有权的拆分只是其中一种方式。

单一市场的功能主义逻辑，再加上像电力自由化这样的经历，引发了法国保护自己的公共服务供给不受欧洲化影响的强烈意愿。法国开始反击，首先，它建议欧洲基本法（European primary law）中增加为公共利益服务的条款，但德国对这一想法几乎没有什么热情——它害怕欧盟委员会可能因此新权能而变得更活跃。不过，法国却得偿所愿：《阿姆斯特丹条约》第16条确认了"普遍经济利益服务（services of general economic interest；简称SGEIs——译者注）在欧盟共享价值中的地位，以及它在促进社会和区域和谐方面的作用"，并呼吁共同体和成员国"帮助其实现这种使命"。其次，在另一次界定权限的工作（exercise of demarcation）中，法国经过努力，让《里斯本条约》的第26号议定书（the Lisbon Treaty's protocol Nr. 26）再次强调"普遍利益服务"（services of general interest；简称SGIs——译者注），"国家、地区和地方当局在提供、委托和管理普遍经济利益服务方面具有重要作用和广泛的自由裁量权"（第1条）。《里斯本条约》第14条（《欧洲联盟运行条约》，TFEU）授权欧盟制定规则以界定提供"普遍经济利益服务"的原则和条件，但"不妨碍成员国……提供、委托和资助此类服务的权限"。

在比利时和欧洲议会社会党党团的支持下，法国强烈建议出台一项欧洲框架指令，来界定"普遍利益服务"的内涵并使其免受欧洲竞争法的管辖。尽管德国政府与各州基本上认同需要限制欧洲层面对"普遍利益服务"的侵扰，但联邦政府和州政府依然援引"辅助性原则"共同反对欧洲层面框架的立法。② 这一问题导致欧盟沿着两条不同的断层线（fault lines）分化：一条线是处于对立关系的自由竞争和欧洲社会模式，另一条线是在国家，还是欧洲层面监管。法国和德国在第一个维度上找到了共同点，但在第二个维度上却相互对立。由于在理事会内部出现了复杂的行为体组合，欧盟委员会未能提交一份全面的框架立法提案。

---

① Eikeland 2011, 252.
② Becker 2005, 19.

在可预见的未来，法国和德国可能会继续限制单一市场的影响。欧盟东扩、法国就《欧盟宪法条约》进行的全民公决以及金融市场危机的余波，都促使公众对欧洲市场一体化的认知发生变化。法国和德国公众对其的怀疑度甚至明显高于欧盟27国的平均水平，德国的这种疑虑尤其体现在内部市场中的劳动力迁移领域，在法国则是"不公平竞争"的问题（见表7.1）。民众的这些怀疑，可能转化为要求欧洲层面进行更多的监管，或是导致成员国"别管我"（leave – me – alone）的应对方式，目的是保护国家在市场监管中的操作空间。

表7.1　　　　2011年法德两国民众关于内部市场的认知
（"完全赞成"加"倾向于赞成"观点的总和，单位:%）

欧盟的内部市场——	法国	德国	欧盟27国
仅对大公司有利	68	65	62
已经恶化了（我国）的工作条件	56	56	51
导致（我国）涌入大量廉价劳动力	56	64	58
确保了欧盟内公司之间的公平竞争	30	49	47
提升了生活水平	30	34	39

注：问题："对以下表述，请说出你是否完全赞成、倾向于赞成、倾向于反对或完全反对——欧盟的内部市场……"

资料来源："欧洲晴雨表"专门调查363号，2011年9月。

本章小结

在创建单一市场领域，我们很少能够找到法德两国在议程设置方面发挥领导作用的案例。然而，取消公民跨境流动控制是由法德两国倡导发起，并促成了《申根协议》的诞生，它是一个成功意义上法德两国发挥与单一市场计划相关领导角色的真正案例。在创建单一市场方面，欧盟委员会在议程设置中发挥的作用更大，它的超国家主义创新精神胜过了法国和德国。不过金融危机爆发后，两国对金融市场的重新调整，是法德成功制定议程的案例之一。在侧翼包抄对市场进行限制的政策（market – flanking policies）领域，我们发现法德两国在议程设置和同盟组建方面的领导力是不对称的——例如，法国率先提出倡议并最终促成了"尤里卡"高科技项目和《欧共体工人基本社会权利宪章》，德国对这两项创建都是支持者。法德两国在构建妥协方案方面的表现要比其推动市场开放议程好得多。例如，在共同农业政策问题以及行业市场自由化领域，法德两国反复进行冲突调解。最后，我们还发现法国和德国有时会扮演防御同盟的角色，它们会弱化，甚至挖空（hollowing out）那些关于创建市场的雄心勃勃的提案。例如，在欧盟《服务业指令》和电力自由化问题上，法德两国就是这样做的。

如何解释这种繁杂多变的模式？我们可以区分三种基本类型的偏好配置：偏好趋同、偏好互补以及相互排斥的偏好。1983年法国经济政策U形转变后，法德两国偏好部分趋同是欧洲启动单一市场建设的重要前提条件——尽管法国和德国只是发挥支持作用的追随者，但却并没有发挥领导作用。一致的偏好让法德两国在《申根协议》案例中发挥了议程设置作用。但是，只有当法国和德国偏好趋同以及同属一个倡议联盟，并走差异性一体化之路时它们才更有可能取得实质性的成功。例如，自由旅行的申根区和排除英国的社会协议，都是很好的证明。法德之间的偏好趋同绝非成功的保证——一个具有说服力的事例就是它们没能推动税收政策协调。但无论如何，趋同的偏好乃是减缓市场自由化或限制单一市场影响的基础，例如当欧洲市场一体化威胁到各国自己的政策制定模式时——就像在公共服务提供领域那样。

相互补充或兼容的偏好让彼此之间的让步交换成为可能，它更好地解释了法德两国对欧洲单一市场创建的态度及其塑造市场的政策。这样的例子包括法德两国在共同农业政策中发挥的主导作用，还有它们在以下几个领域常常使用的议题联系举措——20世纪60年代建立共同市场、1969—1970年和2002年的扩大政策以及20世纪90年代的欧共体贸易政策。在法国和德国分别代表理事会内部偏好频谱的两个终端的情况下，它们就可以通过代理的方式达成妥协（strike compromises by proxy），而这种妥协对其他成员国来说也是可以接受的。

我们还发现了一些这样的案例：偏好不同（很大程度上互不相容）阻碍了共同政策的形成。在马斯特里赫特峰会上德国坚持在产业政策领域采取全体一致同意的表决原则，以及在1997年之后德国对雄心勃勃的欧盟就业政策的拒绝，就是很好的例证。

面对不同分析层面上的解释因素，我们怎么理解法国和德国在这一领域的共同影响呢？我们认为，国内层面的因素最重要。双方的经济结构、行业的相对竞争力以及在经济思想上的差异，往往使法国和德国的具体政策提议分处相互对立的阵营，这就使它们可以发挥促成妥协或提出折中解决方案的作用。更重要的国内制约来自各类社会团体——包括工会、公共服务提供商、地方当局和地区管理机构、农民以及充满敌意的公众舆论——它们给自由市场人士（free marketeers）的热情设置了很多限制，同时也引发了规范市场的社会呼声，这种声音自20世纪90年代以来分贝越来越高。

欧洲层面的因素对法德两国作用的影响主要表现在两个方面。首先，随着欧共体/欧盟连续扩大，理事会中的行为体组合发生了变化。"矫正市场"（market-correcting）的考量在法国和德国都变得越来越重——后者在程度上稍低于法国。然而，英国加入欧共体以及欧盟东扩，使得理事会内部在经济利益和主权关切问题上更为异质化，这样的成员国构成不利于侧翼限制市场政策和协调政策（如税收政策的协调）的有力推进。其次，各成员国在福利国家的范围、制度和传统方面的异质性，阻碍了欧盟迈向"社会欧洲"（social Europe）。① 在这些领域，德国，特别是法国成为制定欧洲规则的发起者（demandeurs），但它们无法达成可让其他成员国接受的双边妥协。

从共同农业政策开始，欧洲政策的深层制度化产生了一种明显限制法德两国影响欧洲市场创建和市场重塑的路径依赖。这种情况，同样体现在向超国家机构让渡重要权力方面——包括赋予委员会在竞争政策领域的权力、让委员会和欧洲法院担当共同体法律的监督者。即使那些法德两国通常发挥重要作用的政策领域——例如共同农业政策，成员国也越来越无法完全控制它们。德国和法国虽然依旧掌控钱包（have the power of the purse），但在制定共同农业政策的具体政策内容时，已经不再坐在驾驶席上（in the driver's seat）。欧洲议会在越来越多的政策领域拥有否决权，现在甚至共同农业政策的部分议题也被纳入其中，这更加速了欧盟政府间性的下降，并让法德两国的控制权快速流失。

在理解法德两国对市场创建和市场塑造、特别是对促成妥协方案的影响时，双边层面的因素非常重要。在就共同农业政策和市场自由化问题寻

---

① Scharpf 2002.

求双边妥协时，法德两国基于它们的能力通过大量正式和非正式双边合作机制来管理彼此之间的利益冲突。在一些关键时刻，尤其是高度涉及一方或双方的国内利害关系时，法德两国领导人所做出的战略选择是在重要的部长理事会会议或欧洲理事会会议之前就有争议的问题进行非常密集的预备谈判。他们决定这样去做时，双方的提案就会顺利变成欧洲协议——例如，关贸总协定乌拉圭回合谈判中的共同农业政策问题、电力自由化问题。如果两国没能进行预先谈判——比如在《2000议程》谈判的期间，欧洲的高层之间以及法德两国之间都会出现紧张，造成对法德双边关系的损伤，欧盟解决问题的能力也会遭限制。

与货币一体化（见第八章）相比，两个大国的双边关系在创建和塑造欧洲市场重塑领域并没有那么突出。但是，双边因素也有一定影响。近年来，去工业化和贸易状况恶化使得法国有了需要效仿德国模式的强大压力。如果近年来经济运行状况分化的趋势继续下去，很难想象未来法国和德国能在除因社会和经济利益而结成防御同盟之外，还能有其他方式发挥共同且对称相当的领导作用。

第八章

货币合作与一体化

从 20 世纪 70 年代欧洲货币体系（European Monetary System，EMS）创建到现在，欧洲货币合作与一体化是一个法德两国对欧洲关键政策发挥强大领导作用的突出案例。法德领导力体现在：在议程设置阶段迈出了货币合作和一体化的新步伐，在政策形成阶段促成了欧洲层面的妥协，它们还对各项协议的实质内容共同施加了强大的影响。此外，自 2010 年以来，德国和法国在欧洲应对主权债务危机方面起到了关键作用。

法德两国的偏好趋同，再加上双方之间的让步交换——这两个特殊因素结合在一起，可以解释为什么会有上述结果。法德两国就基本目标达成一致，是它们在欧洲议程设定上发挥共同作用的必要条件。此外，货币一体化计划启动还有第二个先决条件：法德两国的宏观经济政策及其运行状况要有一定程度的趋同。但在政策形成阶段，法德两国就可能有不同路径，它们之间虽有差异，但可事先达成能让（几乎）所有其他成员国接受的妥协方案，这也是法德共同发挥领导力的一种方式。

我们将首先分析法德以及其他成员国之间在货币合作和一体化方面的基本差异。然后，我们将回顾法德领导作用在货币一体化历史上某些关键时刻的表现。[①] 本章将在最后一部分探讨法德两国在当前欧元区面临的危机中所扮演的重要角色。

[①] 我们不打算对欧洲货币一体化进行具体翔实的历史回顾，我们的重点是几次重大选择发生的时刻。关于欧洲货币合作和一体化的历史，详见 Gros and Thygesen 1992；Dyson 1994；Ungerer 1997；Marsh 2009。

法德之间的分歧

纵观欧洲货币一体化的历史，欧共体/欧盟成员国必须应对许多反复出现的难题。对于从一开始就备受争议的货币一体化，我们可将其中产生的冲突分为四个不同但又相互关联的维度。

第一，重要的冲突维度，涉及成员国放弃国家主权的意愿。建立货币联盟，意味着成员国将其主权中的部分权力让渡给欧洲层面的机构——欧洲中央银行体系（European System of Central Banks，ESCB）。从建立货币联盟一启动，就有是否必须同时建立一个财政联盟以对成员国的预算政策施加超国家层面的限制这样一个问题。

第二，在迈向货币合作与一体化的各个阶段，对加入经济与货币联盟（EMU）的（新）成员国，以及该机构的正常运转来说，经济趋同在多大程度上是一种先决条件？

第三，反复出现的主题，乃是该体系所具备的对称或不对称的程度。这个维度上的冲突包括两个方面：经济成本和政治权力。谁来承担中央银行为稳定货币平价而进行的干预所花费的财政成本？在建立经济与货币联盟（EMU）的过程中谁来承受经济调整的负担？它是否只与那些高通胀、经常账户赤字（current account deficit）、高预算赤字和高债务水平的国家有关？还是那些拥有经常账户盈余（current account surpluses）、低通胀、公共赤字和债务水平都较低的国家也必须部分承担责任？对这些参与货币合作与一体化框架的国家来说，其政策自主性和权力受限对它们有多大影响，它们怎样在政治上接受了这种限制？

第四，冲突还集中体现在经济与货币联盟内部应该采取何种经济治理形式。在这个问题上出现了两派：一方坚持基于规则之方式；另一方则认为经济决策中应有政策自由裁量权。

至少在最初阶段，法德两国分别处于这些分界线上的两端。法国领导了"货币主义者"（monetarist）阵营——该阵营由比利时和卢森堡组成，并得到了欧盟委员会的支持。它们强调汇率稳定的重要性和建立汇率支持体系的必要性。法国也支持欧共体在国际货币事务中发挥更强大、更协调的作用——法国当然希望是在它的领导之下。在法国的宏观经济、货币思想和政策制定中，确实高度重视汇率问题。①

"经济主义者"（economist）阵营——主要以德国与荷兰为代表、偶尔也得到了意大利的支持，强调在采取货币一体化的重大步骤之前应先实现经济政策趋同、消除经常账户失衡状况，并加强经济政策协调。② 本章将进一步详细阐述表8.1所概括的这些不同方式。

表8.1　关于欧洲货币问题的基本冲突表现

	法国	德国
主权 货币政策委托给欧洲中央银行 共享：以有效多数投票制决策的超国家财政联盟	不愿让渡主权，最初货币和财政领域均不愿让渡，后来只坚持财政政策不可让渡	基本上愿意让渡主权，但前提是欧洲的规则和机构需仿效德国的稳定模式；财政政策实施辅助性原则，但必须是在一个有约束力的规则框架内
经济趋同 通往经济与货币联盟 在欧洲货币联盟内部	"货币主义者"方式：启动货币合作，无须严格的经济趋同；货币一体化机构将促进趋同	"经济主义者"方式或"加冕理论"（coronation theory）：经济趋同优先；以货币联盟最终"圆满完成"（crowns）漫长的经济和解过程；提出确保经济与货币联盟内部财政纪律的额外规则要求：稳定与增长公约和财政协定
对称性 调整负担 决策权/自主权的对称性	寻找对称性；寻求影响德国货币政策	调整的重担落在较弱的国家身上；在经济与货币联盟建成之前保留货币政策自主权
经济与货币联盟的经济治理	政策的自由裁量权；欧洲理事会或欧元区峰会的核心政治角色	基于规则的方法
以稳定还是增长为目标	稳定与增长目标同等重要	以稳定为优先目标："稳定共同体"（Stabilitätsgemeinschaft）；与增长目标相互兼容
对外维度	极为强调外部汇率	内部价格稳定目标优先

---

① Maes 2004, 24.
② Tsoukalis 1977, 90–98.

我们注意到，与构成性政治（constitutive politics）领域类似，法国和德国之间的偏好随着时间的推移出现了部分趋同的趋势。这使得欧共体常以法德之间先谈判达成相互让步的方式走上了从货币合作到货币一体化的道路。

首次失败：维尔纳计划

主权、偏好趋同和对称性等问题，首次出现在1970年关于建立经济与货币联盟的"维尔纳报告"（Werner Report）的辩论中，后来在20世纪70年代末有关欧洲货币体系（European Monetary System，EMS）的争论中再次出现。

由于布雷顿森林体系内的固定汇率问题，西方国家之间的关系日益紧张，再加上美元危机给欧洲造成的不良影响，刚刚建成的关税同盟有解体的可能，共同农业政策也可能遭到侵蚀。最初，欧洲在应对这一挑战时，法德之间的利益冲突、内部不协调等症状非常明显。1968年10月和11月，法国法郎兑德国马克汇率遭到投机性攻击，1968年11月法国在波恩举行的一次国际危机会议上向德国强力施压，要求德国马克升值。德国时任经济部长卡尔·席勒（Karl Schiller）对此断然拒绝，这是德国首次展现其在货币事务中的新的政治影响力，也反映出欧共体中的法德关系变得更加平衡。① 波恩会议后的第二天，戴高乐在新闻发布会上宣布法国法郎绝不会贬值。但到了1969年8月，法国法郎还是不得不贬值，当年10月德国马克升值，但这些政策调整之前，法德两国并未事先进行任何双边磋商。②

制定欧洲货币一体化议程的第一轮尝试，并非由法国或德国做出，而是来自卢森堡首相皮埃尔·维尔纳（Pierre Werner），他在1968年1月呼吁建立欧洲经济与货币联盟（EMU），此外还有欧共体委员会的努力，委员会于1969年2月主张协调各国经济政策并建立一种货币支持机制。在1969年12月1日至2日于海牙举行的欧洲首脑会议上，德国总理维利·勃兰特提出了分两阶段来建立经济与货币联盟的建议：首先以经济趋同发

---

① Marsh 2009, 47-48.
② Wilkens 2002, 78-79.

展为目标,其次在第二阶段建成经济与货币联盟。而法国总统乔治·蓬皮杜则表现出对促进欧洲货币合作的兴趣,他赞同汇集各国外汇储备,将其用于支持共同体的短期举措开支。①

在海牙,欧共体成员国就经济与货币联盟(EMU)的建立原则发表了一份含糊的声明,并成立了一个小组来落实细节。由此诞生的即为1970年10月出炉的"维尔纳报告",它提出在1980年之前分三个阶段实现建立经济与货币联盟的目标,并主张货币合作和经济趋同平行推进。

布雷顿森林体系瓦解之前的几年中货币领域的混乱局面,以及在大规模投机性的美元流入之后德国单方面决定让德国马克汇率于1971年5月9日实行自由浮动,都阻碍了维尔纳计划的进一步实施。然而,不利的国际货币环境只能部分解释上述失败。与欧共体其他五国领导人相反,蓬皮杜不同意放弃法国的国家货币,他拒绝将主权委托让渡给一个全领域的货币联盟。②"维尔纳报告"不仅规定未来实行固定汇率制、货币自由兑换不可逆转、资本自由流动以及"中央银行的共同体体系",它还计划建立一个"经济政策决策中心……其地位能够影响国家预算"并"对欧洲议会政治负责"③——在蓬皮杜看来,这些乃是"骇人听闻"的想法。④

勃兰特却赞扬了"维尔纳计划",认可它对欧洲一体化的重要性,并希望在1970年德国担任欧共体轮值主席国期间推动该计划。"他与法国总统态度的反差简直没办法更大了。"⑤ 1970年秋,蓬皮杜明确给他的部长们指示要把关键的货币政策工具置于国家控制之下,不要在1970年12月14日的理事会会议上"照章办事"(playing the game)。⑥ 蓬皮杜的这一指示,加上动荡的货币局势和各国应对1974—1975年期间经济衰退的不同经济政策,注定了"维尔纳计划"的命运。法国赞成在经济联盟没有成立或各国预算政策做到密切协调的情况下推进货币合作。相反,德国人则将货币联盟视为"圆满完成"经济融合的"加冕"(crowning)步骤,是漫长的经济一体化进程的最后一步,这种想法深嵌入德国人关于欧洲的"政治

---

① 勃兰特曾经提出建立一种"欧洲储备基金"(European Reserve Fund),德国将为该基金提供其部分外汇储备。参见 Howarth 2001, 26。
② Bossuat 1995b; Frank 1995.
③ Werner Report 1970, 12-13.
④ Quoted in Frank 1995, 352.
⑤ Wilkens 2002, 210.
⑥ Frank 1995, 354; Wilkens 2002, 87.

目标"（finalité politique）的远景展望之中。① 总而言之，法国和德国没能为此制定议程，也没有在这个阶段就货币一体化的基本要素、适当战略或最终目标等达成一致意见。因此，经济与货币联盟"成为20世纪70年代一个最令人失望的事件（non-event）"②。

国际货币关系领域的动荡以及法德两国对基本目标缺乏共识，导致1972年4月开始实行"欧洲汇率蛇形浮动机制"（European Snake）流产。作为一种汇率平价体系，"蛇形浮动"的波动幅度只有国际货币体系内部所允许波动幅度的一半。在布雷顿森林体系最终解体之后，对美元实行共同浮动的汇率制（common floating against the US dollar）于1973年3月取代了"欧洲汇率蛇形浮动机制"。

"蛇形浮动机制"的突出特征是不对称性（asymmetry），德国马克是锚定货币（anchor currency）。经济调整的重担完全落在赤字国家身上，而且所有参与者——除德国之外，为了让该机制发挥功能都不得不牺牲它们的货币自主权。在这一时期，法国既没有意愿也缺乏能力去这样做。在1973—1974年第一次油价冲击之后，欧共体内部宏观经济情况——特别是通货膨胀率的差异不断增大，其中法国和德国之间的这种情况尤其严重（见图8.1）。法国不得不在1974年1月和1976年3月两次退出"蛇形浮动机制"。

首次成功：欧洲货币体系

推动货币一体化的下一轮尝试发生在1977—1978年，法国和德国在1979年提出了建立欧洲货币体系（EMS）的倡议，该倡议具有决定性意义。

法国和德国之所以提出这一倡议，原因在于它们之间有着共同且互补的利益。当时的结构性趋势是欧共体内部贸易会不断增长，这使得欧洲经济很容易受欧共体内部汇率波动影响。此外，法国总统吉斯卡尔·德斯坦和德国总理赫尔穆特·施密特对美国政府的货币和财政政策都高度不满，

---

① Bitsch 2006, 180-181.
② Tsoukalis 1993, 182.

第八章　货币合作与一体化

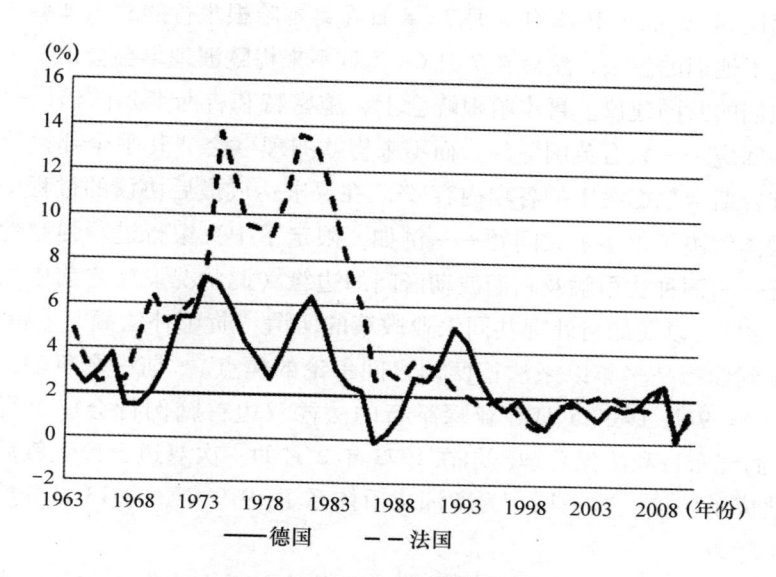

图 8.1　1963—2010 年法德两国的通胀率

注：实线为德国；虚线为法国。

资料来源：欧洲统计局、法国国家统计局（INSEE）、德国联邦统计局（Statistisches Bundesamt）。

美元在 1976—1978 年加速对外贬值。美元的快速下跌导致大量美元流入德国，损害了德国对美国的出口，并使德国马克在兑换其他欧洲货币时面临升值压力，这也影响到德国的贸易利益。对于吉斯卡尔·德斯坦来说，在欧洲汇率体系内同德国紧密结合，可让他于 1976 年启动的国内反通胀的"巴尔计划"（plan Barre）更具有可信度，"巴尔计划"是以时任总理雷蒙·巴尔（Raymond Barre）的名字命名的。

法德两国对创建欧洲货币体系（EMS）发挥了关键作用，这在所有关于欧洲货币一体化的历史性步骤的学术论述都有强调。[①] 这些影响包括它们在欧洲议程制定上的共同作用、在欧洲理事会重要会议之前进行双边预先谈判，也包括它们在寻求达成最后妥协方面所做的努力。施密特和吉斯卡尔通过一系列双边会议——特别是在重要的欧洲理事会之前，拟定了他

---

① Ludlow 1982；法德视角可参见 Simonian 1985，277-286，and Story 1988。

们的倡议。① 他们于1978年4月7—8日在哥本哈根举行的欧洲理事会会议上阐述了他们的想法,然后在7月6—7日不来梅欧洲理事会会议上正式提出了他们的共同建议。哥本哈根峰会上,施密特和吉斯卡尔的倡议得到了积极的回应——只有英国除外。而不来梅欧洲理事会"几乎全部接受了施密特和吉斯卡尔提案中的各项内容"②。在寻求达成最后协议的过程中,法国和德国解决了很多重大问题——例如,限定了中央银行进行强制性干预的情况——两种货币触及它们波动区间的边缘(此状况发生之前中央银行不能干预),以及如何处理共同农业政策的所谓"货币补偿额"(MCAs),这两个问题都是多年以来法德两国之间争论的焦点。③ 前一个争端,最终于1978年9月14—15日在亚琛举行的法德双边首脑例行会议上得到解决④,而施密特和法国总理巴尔在1973年2月的一次双边会议上就后一个争端达成了协议。这一切,为欧洲货币体系于1979年3月13日开始运作扫除了障碍。

欧洲货币体系的前期准备和谈判,是德法关系在吉斯卡尔和施密特任职期间平稳发展的一个典型案例。他们不仅运用了已经确立的具有政府间主义性质的常规沟通渠道(见第二章),他们之间还建立起紧密和持久的个人接触和联系——这得益于吉斯卡尔和施密特早期都曾担任过本国财政部长,此外,两人对世界政治及其必须面对的经济挑战的看法具有很强的共性。⑤

欧洲货币体系建立了一套固定但又可以调整的汇率制度,其核心要素有三个:(1)引入欧洲货币单位埃居(European Currency Unit,ECU)——这是一种基于加权的欧共体一篮子货币记账单位;(2)建立用以界定干预点(intervention points)的欧洲汇率机制(European Exchange Rate Mechanism,ERM)——要求成员国将双边汇率控制在较小的上下浮动区间之内(其中,比利时、丹麦、法国、德国、爱尔兰、卢森堡和荷兰

---

① 施密特和吉斯卡尔1978年4月在朗布依埃,6月在汉堡施密特的家中会面,9月在亚琛法德例行峰会上会晤,11月又在朗布依埃再会。具体论述参见Ludlow 1982,89,105,114,181 - 185, 238 - 239; Simonian 1985, 277 - 288。
② Simonian 1985, 282。
③ 1969年引入的"货币补偿额"旨在纠正欧共体内部因农产品汇率变化带来的竞争扭曲。它们使得货币强国(如德国)的农民获得了竞争优势,直到1993年才被废除。
④ Gros and Thygesen 1992, 47。
⑤ 见Miard - Delacroix 1993 and Weinachter 2004。

分别为 + 2.25%，意大利为 + 6%）；（3）建立一种极短期信用机制，以同短期和中期信用机制一道支持中央银行进行强制性和无限制的干预。①

与"维尔纳计划"相比，欧洲货币体系更加务实，也更为成功。这种成功得益于欧洲货币体系处理主权、趋同和对称性等关键问题的方式。从最开始欧洲货币体系就没有提出让渡主权的棘手问题，尽管其创立者们认为该体系是在渐进主义框架下迈向货币联盟的一步。② 显然，这使得欧洲货币体系相比"维尔纳计划"雄心勃勃的联邦主义远景，更容易被法国所接受。

施密特之所以放松了在货币一体化进程之前，或同时就应该实现经济趋同的要求，主要基于两方面的原因。首先，在1973—1974年发生第一次石油危机后，法国的扩张性货币和财政政策被1976年的"巴尔计划"这一以稳定为导向的经济政策所取代，法国效仿德国采取了有利于抑制通胀的宏观经济政策。吉斯卡尔和巴尔欢迎欧洲货币体系，将其视为有助于法国稳定低通胀预期的货币与财政政策实施的外部约束。某种意义上来说，在吉斯卡尔的领导下，法国接受了自己变得更"德国"的现实。其次，施密特认为宏观经济——尤其是在通胀率方面的高度趋同，并非货币一体化的严格前提条件，而是欧洲货币体系运作的结果。因此，德国的立场也逐步与法国的立场趋同。③

德国马克曾主导"欧洲汇率蛇形浮动机制"的运行，是该机制的锚定货币。但现在，政策制定者们为欧洲货币体系设计了一些主要特征，以保证它具有更高程度的对称性：以加权的一篮子货币作为欧洲货币单位（ECU）的基础，并为各国界定更加对称的义务以保护各双边货币平价关系，从而使弱势和强势货币国家之间能更加均等地分担干预成本。不过，在德国央行（Bundesbank）和德国财政部（Ministry of Finance）的坚持下，欧洲货币体系的设计还是没有施密特和吉斯卡尔最初所设想的那样对称。④

---

① 在给联邦政府的一封秘信中，德国央行时任行长奥特玛·艾明格（Otmar Emminger）明确表示，如果在保卫货币平价和确保价格稳定之间发生严重冲突，德国央行将停止对市场进行干预。见 Schönfelder and Thiel 1996, 27; Marsh 2009, 84 – 85。

② Schmidt 1990, 231.

③ Schmidt 1990, 232. 施密特在其回忆录中批评了直到20世纪80年代后期仍很流行的货币联盟的"加冕理论"，施密特很严厉地指称这是经济民族主义的体现，也是德国中央银行的官僚主义态度。

④ Kaltenthaler 1998, 53 – 54.

欧洲货币体系最终未能以一种对称的方式运作,原因是弱势货币国家的中央银行为了避免投机压力(speculative pressure)的加剧,往往在其国家货币接近汇率浮动区间的界限之前就单方面进行界内干预(intra-marginal interventions)。这种情况发生后,德国央行通常就不再干预市场来保卫汇率平价。在欧洲货币体系内部,德国马克再次发挥了锚定货币的作用,德国央行以稳定为导向的货币政策则再次成为欧洲货币体系其他成员的参照对象。总的说来,其他国家不得不遵循德国的货币政策选择。最终,由于欧洲货币体系的不对称运作以及德国央行所处的主导地位,关于经济与货币联盟的新倡议在20世纪80年代后半叶又被提出。但在重新迈向经济与货币联盟这一目标之前,法国总统密特朗在1981—1983年间通货再膨胀(reflation)经济政策不得不让位于"紧缩政策"(politique de rigueur)。

从合作到一体化:经济与货币联盟

奠定基础

1982—1983年以后,法国的经济决策转为以稳定为导向,目标是降低通胀,这成为欧洲经济与货币联盟建设取得突破的重要背景。事实证明,在国际经济衰退的环境下,密特朗的凯恩斯主义通货再膨胀政策是失败的,这样的经济政策导致公共赤字和贸易赤字上升、高通胀和大规模的资本外逃。① 在1981年10月、1982年6月和1983年3月,法国法郎被迫在欧洲货币体系内三次贬值。最终,密特朗于1983年3月做出了一项具有重要历史意义的决定:将法国法郎保留在欧洲货币体系内并接受其限制。法国的经济新信条——"竞争性通货紧缩"(competitive disinflation)和维持法国法郎与德国马克之间稳定平价即"法郎堡垒"(franc fort)路径,意味着法国经济决策长期以来的范式发生了转变,法国的经济思想在向德国奉行的稳定信条靠拢。如果没有法国经济政策在1983年的这一历史性突破,按照法国总统顾问、后来出任外交部长的于贝尔·韦德里纳的说法,"法德'双驾马车'(Franco-German tandem)将不会奏效,而且没有其他欧

---

① 关于这一政策失败以及随后的政策掉头,见1985年的Hall;Uterwedde 1988。

洲国家会与法国一起走纯粹六边形（hexagonal）① 法国的道路"②。

就前述法德间在主权、趋同和不对称三条基本冲突线来看，这时已完全不同于 20 世纪 70 年代初首次创建经济与货币联盟时的情景。在贸易相互依赖程度日益上升和国际资本市场持续整合的情况下，货币事务中的主权已经成为一个含糊的概念。在 1983 年的政策 U 形转弯后，只要法国继续坚持"法郎堡垒"方针，就必须放弃其货币政策决策的自主权。法国央行（Banque de France）只能被迫遵守德国央行的货币决策。所以，法国政治精英中的一体化支持者认为，将货币政策决策的权能转移到欧洲层面，乃是一种至少可以从已丧失的货币主权中重获一部分主权的手段。这样，德国就不能继续单方面决定货币政策的形成。法国希望用正式的主权交易来换取真正的影响力。

趋同方面的分歧也不再那么重要。法国和其他欧洲货币体系主要成员国的通胀率，在 1983 年之后迅速接近德国的通胀率水平（见图 8.1）。在过去，法国和德国经济的不同通胀走势远远超过它们在公共赤字或债务水平方面的差异，曾是创建货币联盟过程中的主要障碍。但法国的竞争性反通胀政策消除了这一障碍，使法国"变得更像德国"。

相反，对称性问题却变得越来越重要。法国在抵抗通胀方面的战斗越成功，法国政府越能够长时间维持法国法郎和德国马克之间的平价，法国政治精英就越厌恶自己国家对德国货币政策的依赖。因此，法国要求首先改革欧洲货币体系，后来从 1983 年起，它又希望货币联盟能变得更加强大。③

随着《单一欧洲法令》谈判的进行，法国和意大利开始推动重启货币联盟建设，它们得到了欧共体委员会的全力支持。但是这遭到德国、英国和荷兰的强烈反对，这三国拒绝将任何货币一体化的实质性措施写入《单一欧洲法令》中。④ 德国政府将资本流动自由化和更高程度的经济融合作为进一步迈向经济与货币联盟的先决条件。⑤ 德国总理赫尔穆特·科尔仅仅赞同条约中列入一项关于经济与货币联盟的温和条款（第 1 条）（TEC，第 102a 条款），并确保未来任何有关经济与货币联盟建设的制度变更都需

---

① 法国的地理轮廓呈六边形，所以有时用六边形指代法国。——译者注
② Védrine 1996，286.
③ Howarth 2001，第 4 章。
④ Moravcsik 1991，42.
⑤ Moravcsik 1998，314 – 347.

要通过政府间会议来改革条约,这也就意味着需要经过全体一致同意的表决,之后还需要各成员国的批准。

为了能有一种影响德国经济与货币政策的渠道,法国时任总理雅克·希拉克于1987年11月提出了成立"法德财政与经济理事会"的想法。在1988年纪念《爱丽舍宫条约》签署25周年之际,这个新的双边机构随该条约的一项议定书的签署而诞生(见第二章)。德国政府担心法国可能破坏德国央行的独立性,它在勉强接受这一想法的同时,最终通过一份备忘录强调了两点:"法德财政与经济理事会"这个新成立的法德双边机构仅可以发挥磋商作用,德国中央银行具有独立性。①

启动进程

1988年1月8日的《巴拉迪尔备忘录》(the Balladur memorandum)②,再次将经济与货币联盟提上了欧洲的议程。这份文件非常明确地表达了法国的主要关切:"必须避免任何单一国家,在事实上,为整个体系的经济与货币政策制定目标。"《巴拉迪尔备忘录》采用了一种双轨的思路:改革欧洲货币体系,同时也考虑采取进一步的货币一体化措施创建"一个使用单一货币的区域",设立"一个共同的中央机构及各国的'联邦银行'"③。然而,德国政府立场的改变是货币一体化的必要条件。1988年2月26日,德国外长根舍以个人的"关于建立欧洲货币区和欧洲中央银行的备忘录"呼应了《巴拉迪尔备忘录》,从而开启了德国的变化。④

法国前外长洛朗·迪马是密特朗总统的密友,同德国外长汉斯-迪特里希·根舍有着极其密切的"跨国政治联系"⑤,他成功地将法国推进经济与货币联盟建设的压力传递给了德国。这一"交叉联盟关系"(cross - table alliance)⑥使得根舍成为德国政府内部法国关切的宣传者,根舍也成为"经济与货币联盟政策创新"的主要代表人物。⑦根舍建议成立一个"贤人委员会"(wise men committee),让此委员会在一年之内就经济与货币联盟

---

① Gaddum 1994, 332 – 342.
② 爱德华·巴拉迪尔(Édouard Balladur),曾任法国财政部长、总理。——译者注
③ Balladur, 1988, 20.
④ Genscher 1988.
⑤ Dyson and Featherstone 1999, 170.
⑥ Mazzucelli 1997, 124.
⑦ Dyson and Featherstone 1999, 327.

的原则和欧洲中央银行（European Central Bank，ECB）的章程等提出方案。

科尔完全支持他的外长。他赞同经济与货币联盟建设主要是从外交和欧洲一体化两个方面考虑。① 科尔认为经济与货币联盟是一种可将德国牢牢地持久固定在欧洲一体化框架之内的手段，它能使欧洲一体化进程以及通过一体化而进行的欧洲和平计划"不可逆转"（irreversible）。② 当然，德国的统一也强化了一体化的动机。从议程制定阶段到1999年货币联盟进入第三阶段即最后阶段，科尔都沉着地保持着此项建设推进的方向，投入了巨大的政治资本克服德国国内对这一具有历史性意义的一体化项目的反对。诚然，日益增强的经济相互依赖、德国的出口导向型企业和德国银行的经济利益，都有助于解释德国为何愿意朝着经济与货币联盟的方向前进，但经济上的成本收益分析并不确定。因此，如果忽视关键决策者对德国的欧洲身份有何看法、对欧盟未来持有怎样的愿景以及他们对德国在欧盟中地位的地缘政治考虑，我们就无法理解德国在推动经济与货币联盟方面发挥的作用。③

1988年6月在汉诺威举行的欧洲理事会会议上通过了根舍的提议成立一个由欧共体委员会主席德洛尔领导的经济与货币联盟事务专家委员会该委员会于1989年4月提交了一份报告。在这次汉诺威峰会上，科尔的成功在于"促使欧共体为实现一个经济与货币联盟开始工作，将是否要做的问题转为确定之事（relegating the issue of whether to a given）"④。1989年6月22日，密特朗和科尔在即将于本月在马德里举行的欧洲理事会峰会之前确定了一项共同立场：双方同意将"德洛尔报告"（the Delors report）提出的"三阶段方案"作为推进经济与货币联盟建设的基础，并一致认为整个过程是不可分割的。对此，西班牙（当时的轮值主席国）、意大利和欧共体委员会都非常支持，但英国反对，而比荷卢三国采取了一种调解的中间立场。马德里峰会上，欧共体成员国赞同法德两国提出的办法——其中也包括英国——英国本希望将经济与货币联盟建设限制在其进程第一阶段，

---

① Schönfelder and Thiel 1996, 33；Dyson and Featherstone 1999, 257 – 266.
② 见 Kohl 1988。
③ 以认同为出发点的论述参见 Risse et al. 1999；地缘政治论述参见 Baun 1997。
④ Dyson and Featherstone 1999, 341.

后来的事实证明它低估了该进程的内在动力活力。①

柏林墙倒塌前，在 1989 年 10 月举行的法德例行磋商期间，科尔和密特朗达成了一份（关于经济与货币联盟的——译者注）协议——"政府间会议将于 1990 年召开、在 1991 年底结束并在 1992 年完成各国的批准程序"②。1989 年 12 月 8—9 日，欧洲理事会斯特拉斯堡峰会决定将于 1990 年 7 月 1 日启动经济与货币联盟的第一阶段，并在 1990 年底前召开关于货币联盟的政府间会议——对于后者，英国首相撒切尔投了反对票，但欧共体其他成员国都支持继续推进经济与货币联盟建设项目。

就经济与货币联盟召开政府间会议的决定，是在 1989 年 11 月 9 日柏林墙倒塌这一历史背景下做出的。这种巧合导致了一种解释，即德国必须牺牲德国马克以换取法国对德国统一的支持。然而，这种解释经不起实证检验。首先，迈向经济与货币联盟的进程早在 1988 年初就已经开启，德国作为推动者而非一个不情愿的追随者发挥着非常重要作用。其次，正如安德鲁·莫劳夫奇克所正确指出的，在柏林墙倒塌后科尔并没有加快这一进程，上文已述之前的法德协议已经对此做出了决定。③ 在柏林墙倒塌之前的 1989 年 10 月，科尔就已经同意将在 1990 年底召开一次政府间会议。此外，科尔非常希望将政府间会议的召开时间推迟到德国联邦议院选举（1990 年 12 月 2 日）结束之后，因为他担心捍卫德国马克的右翼民粹主义势力会在选举中给他造成竞选压力。而且，科尔坚持认为应将经济与货币联盟同政治联盟建设密切联系起来（见第五章），这却让法国担心此举有可能会减缓经货联盟建设进程。无论如何，当政府间会议于 1990 年 12 月 15 日召开之时，德国的统一已经变成现实。

核心偏好和冲突分界线

关于欧洲一体化这一巨大飞跃（经济与货币联盟的创建——译者注）的所有主要论述都明显强调过法德两国对整个谈判过程的关键作用。④ 在整个过程中，法国和德国处于谈判的中心地位。西班牙和希腊所领导的

---

① Schönfelder and Thiel 1996, 20.
② Moravcsik 1998, 437; 也见 Dyson and Featherstone 1999, 365。
③ Moravcsik 1998, 437–438.
④ Schönfelder and Thiel 1996; Mazzucelli 1997; Moravcsik 1998, cn. 6; Dyson and Featherstone 1999.

"聚合国家集团"（group of cohesion countries）要求获得补偿给付（side payments）才会最终同意建立经济与货币联盟，意大利和比利时希望成为首批加入欧元区的国家，因此它们在降低经济趋同的界定标准——特别是对债务标准的解释方面，也投入了大量精力。英国对经济与货币联盟的最后阶段深表怀疑，最终通过谈判达成了一项"选择不加入条款"（opt-out clause），这也被写入了条约的议定书中。而欧共体委员会主席德洛尔则勇于承担责任，经常扮演一种联系纽带的角色（把不同的谈判关系结合起来），特别是在议程制定阶段，他在科尔和密特朗之间进行了斡旋。①

马斯特里赫特谈判期间的基本冲突线到货币问题领域既在程序上有变化，其实质内容也与前一阶段有了差异。此前"货币主义者"和"经济主义者"之间的分歧，现在呈现为两种不同的表述：或强调实现经济与货币联盟应该制定严格且具有约束力的时间表（货币主义者），或强调应该满足严格的趋同标准（经济主义者）。

德国关心的主要优先事项可归纳为以下几个方面：波恩希望将德国联邦银行的制度模式"上传"（upload）到欧洲层面——建立一个具有联邦制结构的欧洲中央银行体系（ESCB），它独立于欧洲央行和各国中央银行之外，关注重点应该是价格稳定（价格稳定优先于竞争性目标如支持增长），防止中央银行将主权债务货币化。波恩将经济趋同作为建立经济与货币联盟的先决条件，并强烈主张制定具有约束性的规则以保证能够贯彻执行预算纪律（budgetary discipline）。德国拒绝对彼此的债务承担共同责任（不救助，no bail-out），认可存在主权违约（sovereign default）的可能性，目的是确保经货联盟成员国不会开始走上不可持续的财政政策之路，不救助原则也就意味着成员国必须自己承担因其主权债券的高风险溢价（high risk premiums）所产生的市场压力。

法国的优先考虑十分明确，就是要迅速过渡到经济与货币联盟（EMU）。巴黎坚持认为应该给各阶段之间的过渡制定一份具有约束力的时间表，并希望在第二阶段开始时就建立欧洲央行（ECB）。除这种程序方面的偏好之外，法国还坚持另一个关键的优先事项，建立一种新形式的经济政府（法语：*gouvernement économique*），欧洲理事会成为与欧洲央行相

---

① Dyson 1994，171；Mazzucelli 1997，53。特别参见 Ross 1995，该书强调了欧盟委员会的作用。

对应的政治角色,而且欧盟部长理事会(the Council)在确定欧元区外部汇率政策方面负有重要责任。德国关于界定经济趋同标准的构想得到了法国的支持,但法国政府竭力试图在此问题上保留一定的政治解释空间,因为法国不想将它的重要贸易伙伴——意大利和西班牙被排除在经济与货币联盟之外。

上传德国的稳定模式

在政府间会议开始之前,何为德国稳定模式的基本要素——价格稳定优先、排除对主权债务提供货币化资助、"不救助条款"(no bail-out clause)以及联邦形式的中央银行体系机制规划——各方已经形成了共识。[1] 德国坚持认为,保持中央银行的独立性这一理念,不仅是指欧洲央行的独立性,也包括各国央行保持其独立性。1923年的恶性通胀(hyperinflation)经历已经深深印在德国人的集体记忆之中,有鉴于此历史背景,德国的伙伴非常清楚德国为何坚持把保证中央银行的独立性作为实现经济与货币联盟的先决条件(condition sine qua non)。当然,这种思想完全不同于(alien to)法国的共和传统。不过,密特朗认为法国在谈判开始前就认可德国的这条红线,乃是谈判取得成功的前提,此红线不是法国可进行讨价还价的。[2]

德国从一开始就要求在经济与货币联盟进入每一个新阶段之前必须取得经济趋同方面的实质性进展。波恩从价格稳定、公共赤字的可持续性、长期利率以及参与欧洲货币体系的汇率机制(ERM)等各方面都规定了经济趋同的具体标准。尽管德国面对法国、意大利、比利时、希腊和葡萄牙的反对,但在它坚持之下,还是成功将趋同标准写入了条约。这些标准变为欧盟的主要法律,日后要想改变它们就很困难了。同时德国为这些标准制定的精确的参考值(reference values),也最终变成《条约》的一项议定书。[3] 不过德国也接受了某些政治自由裁量权的理念,有关经货联盟参与

---

[1] Schönfelder and Thiel 1996, 82–84, 90–91, 100–101.
[2] Dyson and Featherstone 1999, 99.
[3] Bini Smaghi, Padoa-Schioppa, and Papadia 1994, 23. 希望加入经济与货币联盟的成员国,其平均通货膨胀率不能超过表现最好国家的1.5%。它们趋同的持久性必须反映在它们的名义长期利率上,不超过三个表现最好成员国利率2个百分点。它们必须坚持EMS内的正常波动幅度(+2.25%)至少两年。在评估一个成员国的财务状况时,欧盟委员会采用的标准是3%的公共赤字率,公共债务总水平不超过60%。

者的最终决定会综合考虑成员国的总体财政状况。在财政纪律规则方面，德国得遂己愿，因为《马约》规定了一项最终可能导致对欧元区成员国进行财政制裁的"过度赤字程序"（EDP）（art. 104c，TEC）。

经济治理

在经济治理方面，法德两国采取了截然不同的做法：法国基于其共和传统，走政治化道路；而德国采取的是一种去政治化（depoliticized）的方式，反映了"奥尔多自由主义"（ordoliberal）经济传统的影响。[①] 根据1990年12月5日法国部长会议的公报，法国试图推动一项"以欧洲理事会和部长理事会为中心的体制计划"，并倡议建立一个政治化的"完全民主的经济政府"（gouvernement économique）。[②] 法国的做法源于一种信念，即货币政策不能由技术官僚制定，它需要政治领导和合理程度的政策自由裁量权。然而，法国从未明确界定其关于经济政府概念的确切含义。[③]

法国愿意让欧洲理事会在经济和货币政策方面都拥有发言权，这引发了人们对欧洲央行独立性的关注，法国的意见是："货币机构的独立性只有在同强大的'经济政府'保持相互依赖的情况下才有可能实现。"[④] 然而，大多数成员国特别是德国，认为"欧盟经济财政理事会"（the Ecofin Council）是经济政策协调的主要决策机构。这种路径最终在《马约》[TEC，art. 103（2）]中占了上风。德国及其志同道合的伙伴让"欧盟经济财政理事会"发挥主要作用，目的是希望防止在欧洲理事会最高层政治官员层次上出现一个强大的"经济政府"。

法国之所以对货币政策比较审慎，是因为它在理念上认为货币政策和财政政策之间应适度融合，欧盟理事会和欧洲央行在决策之前应当事先（ex ante）进行讨论和协调。这有悖于德国——特别是德国央行的方法。在德国人看来，各国政府制定财政政策和设定工资时，必须将欧洲央行以稳定为导向的单一货币政策作为"既定事实"（given），这样"就能让事

[①] Pisani – Ferry 2006；Jabko 2011回顾了关于主权债务危机的辩论。
[②] Conseil des ministres 1990. 关于建立经货联盟条约草案的法国版本于1991年1月28日被正式提到台面上来（参见Neumann 1991），法国的偏好后来被写入条约文本之中。
[③] Howarth 2007.
[④] Conseil des ministres 1990.

后（ex post）的政策结果自然内在（implicitly）地相互协调了"①。

德国的货币决策战略是去政治化，它要尽量不让政客带有机会主义性质的拉拢选票的短期行为发生，以及寻求更好职位的政治动机影响货币问题决策。② 因此，波恩主张采用一种基于规则的方法，它力图将有关财政纪律的法律规定和制裁违反规则者的选项纳入条约框架。过度赤字程序（TEC，art. 104C）以及相应的条约协议遵循的就是这一逻辑。德国援引了"辅助性原则"，不想在具有约束力的经济政策协调或侵蚀国家主权的超国家决策权方面走得太远。③ 条约内容反映出了成员国的这些主权关切，条约规定理事会只能向会员国提出非强制性的建议。

法国和德国对外部经济治理的不同看法，是导致条约中关于外部汇率政策条款在措辞上较为模糊的原因。法国一贯强调汇率对于经济政策的重要性，并希望赋予理事会决定汇率的权力。然而，德方将价格稳定视为主要目标，担心关于汇率的国际承诺或理事会的汇率政策指导方针可能会破坏价格稳定这一内部目标和欧洲央行的独立性。按照德国的这种观点来看，外部汇率（external exchange rate）绝非欧洲央行货币政策的主要目标，它只是其结果。

最终各方谈判代表在欧洲央行负责日常干预外汇市场问题上达成了共识，并授予理事会同非共同体货币建立正式国际汇率制度的决策权，同时理事会还有"在汇率制度中采用、调整或放弃欧洲货币单位的中央汇率（central rates）"的权威［TEC，art. 109（1）］。然而，这种结果导致国家之间关于汇率目标区（exchange rate target zone）的非正式安排方面出现了灰色地带。由此形成的条约条款，是两种不同方法路径妥协的反映。该条款指出，理事会"可对这些货币的汇率政策拟定总体方向（不具约束力的规则）。这些总体方向不得侵犯欧洲中央银行体系关于维持价格稳定的主要目标"［art. 109（2）］。

向经济与货币联盟过渡的进程

为了不重蹈"维尔纳计划"覆辙，法国和德国携手共同努力防止经济与货币联盟的过渡期陷入停滞。成员国一致同意该进程的三个阶段不可分

---

① Issing 2002，346（第1版）；伊辛（Issing）发表此文时担任欧洲中央银行首席经济学家。
② Dyson and Featherstone 1999，31.
③ Mazzucelli 1997，107.

割，包括将主权让渡给欧盟机构的最后阶段。如何界定进入经济与货币联盟最后阶段的条件，成为谈判代表在政府间会议谈判中最棘手的过渡问题，特别是进入日期、选择参与者的决策程序（协商一致还是多数同意？）、参与者的数量要求以及准入条件等方面。

时任法国财政部长的让－克洛德·特里谢（Jean－Claude Trichet）也是政府间会议财政部长的个人代表，他成功地提出了旨在进入第三阶段的三"不"原则：不否决、不胁迫、不任意排斥（no veto, no coercion, no arbitrary exclusion）。这意味着，任何国家都不能阻止其他国家往前走，任何国家都不能被强迫参加（如英国），任何国家都不能因除缺乏经济趋同以外的原因而被排除在外。①

关于向第三阶段过渡的最后方案，"来自法国、意大利和比利时在最后一刻的讨论，但最重要的是得到了德国的支持"②。如果到1996年大多数成员国仍无法满足准入条件——事实证明的确如此，那么欧洲理事会可以在1998年通过有效多数投票方式来决定符合采用单一货币条件的国家（TEC, art. 109j）。该条约没有限定启动经济与货币联盟最后阶段所需的成员国最低数量。然而，如果没有法国或德国的作用，人们难以想象经济与货币联盟建设能够启动。

在马斯特里赫特，密特朗和意大利时任总理朱利奥·安德烈奥蒂（Giulio Andreotti）将1999年1月1日确定为向第三阶段过渡的最后日期。③最终，科尔接受了这一非常重要的程序承诺。作为回报，密特朗向科尔保证，哪些成员国有资格加入经济与货币联盟的决策将基于严格的经济趋同标准，从而承认了一种"双速欧洲"（two－speed Europe）的可能性。④

马斯特里赫特峰会，这场关于经济与货币联盟和政治联盟建设的政府间会议最后阶段达成的让步交换，再次证明了法国和德国在这一博弈中的关键作用。关于法国和德国在经济与货币联盟谈判中发挥的整体作用，戴森（Dyson）和费瑟斯通（Featherstone）的开创性研究提出了两个值得全文引用的重要观点：

---

① Bini Smaghi, Padoa－Schioppa, and Papadia 1994, 17.
② Mazzucelli 1997, 185.
③ Gerbet 1999, 459.
④ Mazzucelli 1997, 185.

科尔和密特朗之间的双边会晤、法德经济理事会以及在政府间会议期间法德两国的秘密双边关系,成为更广泛的经济与货币联盟谈判中的内在联系……科尔和密特朗的政治领导是经济与货币联盟谈判背后重要的动员和组织力量,德洛尔为谈判的顺利进行提供了支持……法德两国的伙伴关系没有遇上有效的抵制联盟。事实上,巴黎和波恩也不得不相互做出妥协,因为双方都无法组成一个替代性的能获胜的联盟。[1]

解释分配结果

法国的核心优先目标得以实现,它使经济与货币联盟建设成为不可逆转的进程。这是"法国在马斯特里赫特谈判中的伟大成功故事"[2]。在经济与货币联盟的原则上,以及如何并在何时实现这一目标方面,法国实现了自己的诉求。然而,在条约的实质性内容方面,德国显然也如愿以偿。波恩成功地将以稳定为导向的德国模式和德国央行的机构规划上传到了欧洲层面。在分配方面,该条约显然更接近德国而不是法国的偏好。法国和其他针对德国的"发起者"(demandeurs)确定了整个谈判的基本逻辑。在所有成员国中德国的谈判地位最有利,它拥有"至关重要的否决权"[3]。

法国、德国、欧盟委员会和支持经济与货币联盟的成员国通过威胁将英国排除在外并在该条约的附加议定书中设定"选择不参加条款",最终克服了英国的反对。在希腊、爱尔兰和葡萄牙的支持下,西班牙威胁将否决最终协议,以让自己能获得可为基础设施和环境投资提供资助的聚合基金(cohesion fund)。当科尔同意让德国为这笔"补偿给付"买单时,各方才得以在马斯特里赫特峰会上就这一点达成了最终协议。[4]

关于经济与货币联盟的谈判,是一个体现双层博弈逻辑(logic of two-level games)的典型案例。[5] 科尔令人信服地提出德国国内对经济与货币联盟的强烈反对意见,再加上德国人不愿意放弃他们珍视的德国马克,旨在要求其伙伴做出重大让步。后者清楚地认识到,如果他们不接受

---

[1] Dyson and Featherstone 1999, 757 and 758.
[2] Dyson and Featherstone 1999, 251.
[3] Mazzucelli 1997, 126.
[4] Mazzucelli 1997, 113, 131 and 183.
[5] Putnam 1988.

德国关于欧洲央行独立性或价格稳定优先事项的红线，就可能面临德国行使否决权或德国国内在条约批准上遭遇失败的风险。

规则制定与规则破坏：《稳定与增长公约》

制定《稳定与增长公约》(the Stability and Growth Pact，SGP) 的历史再次证明，法国和德国在设计、处理和重新设计经济与货币联盟规则方面发挥的核心作用。"德国是《稳定与增长公约》最初的发起国，而法国是反对该公约的最具影响力的国家。两国都为其他一些国家充当了'发言人'。在实施《稳定与增长公约》以及在 2005 年对该公约进行改革的过程中，法德两国再次解决了政府间领域的大部分问题。"①

德国时任财政部长特奥·魏格尔 (Theo Waigel) 在 1995 年 11 月提出其关于《稳定公约》(Stability Pact) 的构想，当时德国国内对单一货币取代作为战后德国经济奇迹象征的德国马克批评声浪很高。为了既能安抚国内公众的抵触情绪，同时又实现向欧洲输出德国稳定文化的目标，德国政府想尽了各种办法。它竭力增加《马约》中的"过度赤字程序"的精确性，专门制定了确保稳健财政政策的规则。魏格尔提议中的一些内容——尤其是对违反规则者自动实施制裁，以及由独立的"稳定理事会"(Stability Council) 行使监督权——不免引发了一些强烈争议。

德国提出这一倡议之际，法国正处在为满足《马约》中的经济趋同标准而以高昂政治代价实施财政紧缩和社会保障改革的进程之中。法国批评者谴责"魏格尔计划"乃是德国为确保德国央行支配欧洲的再次尝试。②法国政府原则上赞同对《马约》中的过度赤字条款进行澄清，但反对德国的具体建议——特别是关于自动制裁财政"罪人"(sinners) 的想法。这一争端，再次反映出德法两国之间的长期冲突：德国坚持的是以规则为基础的去政治化方法，而法国则支持一种政治化方法——将很多政策自由裁量权交由欧盟经济财政事务理事会来行使。

鉴于此，德国不得不做出重大让步。因为德国已经在马斯特里赫特签

---

① Heipertz and Verdun 2010, 12.
② 法德两国国内的辩论，以及法德之间的误解和紧张，参见 Guérot 1997。

署了一项有约束力的承诺——最迟于1999年1月1日启动经济与货币联盟，因此它没有理由再用"退出"威胁来迫使那些不情愿的成员国接受自己的要求。① 波恩被迫同意不能对违反规则的国家自动施加制裁。此外，在缔结一项（难以修订的）国际条约来制定新规则的问题上，德国也没能实现自己的意愿。欧盟委员会的法律部门使德国专家相信，制裁机制必须在共同体次级法（Community secondary law）的框架内，根据条约中的过度赤字程序条款加以界定。而后者（过度赤字程序——译者注）的决策权由欧盟部长理事会行使并采取有效多数投票的方式。这为我们提供了一个关于法律领域路径依赖的有趣例子。②

1997年6月，科尔与希拉克——后来是科尔与利昂内尔·若斯潘在经过阿姆斯特丹欧洲理事会会议期间的最高级别谈判后，终于达成了有关《稳定与增长公约》的一些重大协议。科尔和希拉克解决了关于"严重衰退"（severe recession）的界定问题——所谓"严重衰退"可以被认为是这样一种"特殊情况"（exceptional circumstance），即成员国违反了赤字不能超过国内生产总值比重3%的规则。在法国和德国各自最初的立场中间，科尔和希拉克找到了一种折中方案。③

当法国左翼于1997年重新掌权时，若斯潘政府对《稳定与增长公约》整个协议提出了质疑。不过，当法国新任财政部长多米尼克·施特劳斯－卡恩（Dominique Strauss－Kahn）要求对《稳定与增长公约》进行重新谈判时，他遭到了欧盟其他14个成员国的明确拒绝。④ 然而，《稳定公约》的拥护者——首先是德国，必须在欧洲理事会会议即将于1997年6月16日至17日在阿姆斯特丹举行的背景下与法国达成一揽子协议。作为法国接受《稳定与增长公约》的交换，若斯潘迫使德国做出了一些让步：第一个让步颇具象征意义——将《稳定公约》更名为《稳定与增长公约》；第二个让步，是在《阿约》中增加关于就业政策的内容。在1997年12月举行的欧洲理事会卢森堡会议上，在法国同意成立欧元集团（Eurogroup）的情况下，德国向若斯潘政府做出了另一项重要的让步：欧元区成员国财政部长、欧盟委员会负责货币事务的委员以及欧洲央行行长之间讨论与欧元区

---

① Heipertz and Verdun 2010, 26.
② Heipertz and Verdun 2010, 80.
③ Heipertz and Verdun 2010, 31.
④ Jachtenfuchs 2002, 241.

有关事项的非正式会议将定期制度化召开。德国抵制了法国关于将决策权交给这个新机构的要求，而是仍完全由欧盟经济财政事务理事会（Ecofin）来进行决策。①

《稳定与增长公约》重申：欧盟成员国有义务将其预算赤字控制在占国内生产总值比重的 3% 以下。此外，它还增加了两项新的主要内容：其一，设立"预防机制"（preventive arm），要求成员国在中期就实现预算平衡或盈余、必须在多边监督之下提交"稳定方案"（stability programmes）；其二，设立"矫正"或"劝阻机制"（"corrective" or "dissuasive arm"），它更准确地定义了《马约》的过度赤字程序（TEC, art. 104C），使之更适用于欧元区成员国。对违规国家，通过一套漫长而复杂的程序，欧盟经济财政事务理事会能够提出建议，并可公开信息向它们施加公众压力，最终还可对其实施财政制裁。因此，《稳定与增长公约》实质上是赋予了欧盟经济财政事务理事会自由裁量决策权，只是并非像德国最初提议的那样可自动实施处罚。

不幸的是，德国作为主要的规则制定者，和法国一道在后来成为主要的规则破坏者。2002—2005 年，德国的预算赤字超过了占国内生产总值 3% 的门槛，而法国的预算赤字则在 2002—2004 年也超过这一门槛。欧盟委员会履行了自己的职责，针对欧元区的这两个核心国家启动了过度赤字程序。然而，2003 年 11 月 25 日，法国和德国结成同盟关系最终让欧盟经济财政事务理事会停止针对两国的过度赤字程序，从而导致《稳定与增长公约》的法律框架形同虚设。有观察者认为，目前的主权债务危机主要是鲁莽的财政政策造成的后果，并指出法国和德国曾对《稳定与增长公约》造成致命打击，是它们的举动鼓励其他成员国也采取不负责任的财政行为。

作为欧洲货币事务中一个十分罕见的行为体组合，法国和德国后来成功地形成合力，在 2005 年对《稳定与增长公约》进行改革。在意大利和英国的支持下，法德两国要求对赤字标准做出更灵活的解释，并克服了以奥地利与荷兰（传统上它们是德国的紧密盟友）为首的较小成员国的强烈抵制，奥地利等国努力阻止《稳定与增长公约》遭到削弱。法国和德国的

---

① 《里斯本条约》通过将其写入主要法律而提升了其地位（欧洲联盟运行条约第 137 条和关于欧元集团的第 14 项议定书）。

国内生产总值加起来几乎占了整个欧元区近50%的比重，它们通过自己的强势影响力最终得偿所愿。①

我们很难将谈判桌上的这种成功定性为一项法德两国领导力的例证。这一事件（2005年的《稳定与增长公约》改革——译者注）给人们造成了一种印象：欧洲是分为两个等级的（a two-class Europe），某些规则只适用于较小的成员国，而当这些规则不再符合较大成员国所狭隘认定的国家利益时，它们就变得形同虚设。② 这场政治性"胜利"严重损害了法国和德国的国际声誉，削弱了法德领导诉求的合法性——在一个规则约束的体系中，这种合法性必须建立在以身作则（exemplary behavior）的基础之上。欧盟中的领导者需要追随者，而要获得追随者就需要以共同利益或说服为基础，而不能通过"施压"（arm-twisting）和胁迫的方式。

危机期间的领导力

国际金融市场爆发危机后，经济与货币联盟面临着生死考验，这场危机引发欧元区发生银行业和主权债务双重危机。成员国很可能见到经济与货币联盟的解体，而它一旦成为现实，必将使得各国对除经货联盟之外更广泛的欧洲项目也产生强烈反感。

主权债务危机期间出现的冲突中心线，我们还是很熟悉它们的。首先，主权问题再次强势回归欧洲议程。欧元区成员国愿意接受一个有更强的超国家层面监管、经济政策更被约束的财政联盟吗？其次，就欧元区经济治理结构的重大制度变革问题，欧盟做出了备受争议的决定。最后，在该体系中德国的主导地位和政治不对称问题引发了新关注。

危机局势为领导力发挥——尤其是法德发挥领导力提供了很多机遇，因为欧盟委员会的领导作用已经捉襟见肘。在时间极其有限，而且充满高度不确定性的情况下，不再允许多层分散的欧盟权力结构以常规而耗时的

---

① Chang 2006.
② 荷兰的欧洲部长法郎斯·迪默曼斯（Frans Timmernans）说："如果一个小国违反规定，它会被罚；如果是大国违规的话，规则挨罚。"参见 *The Economist*, May 3, 2008, "How the Netherlands fell out of love with Europe"。

程序进行决策。① 鉴于危机局势的紧急程度以及所涉及的昂贵政治和经济成本，欧洲理事会和拥有丰富资源的成员国需要发挥重要作用。此外，欧盟在经济政策协调方面的权能有限，也增加了这种需求。②

法国与德国（尤其是后者）在经济与货币联盟事务方面拥有丰富的领导力资源：两国的国内生产总值总量、在欧洲央行的资产总额（占欧元区总资产的48%，其中德国占27%，法国占21%）以及它们的信用评级——德国保持着AAA的评级水平，标准普尔于2012年1月13日将法国的主权债券评级下调至AA+，但这在欧元区仍然处于前列。然而，将领导力资源转化为实际的欧洲领导力，取决于对危机形势的共同理解、共同或至少互补的偏好以及它们制定战略的能力。

不同的评估与方式

2010年春天，随着希腊的财政状况持续恶化，欧洲主权债务危机达到了第一个高潮，但巴黎和柏林对危机形势的解读有所不同。法国总统萨科齐敦促欧盟采取行动，尽早控制住对希腊投机性攻击所引发的破坏性和溢出效应。然而，安格拉·默克尔将欧洲的共同行动推迟到北莱茵—威斯特伐利亚州一次重要选举（2010年5月9日）之后，增加了扭转局势的成本。③ 德国认为主权债务危机主要是由于政府财政挥霍无度，但法国财政部长克里斯蒂娜·拉加德（Christine Lagarde）指出危机背后的问题在于竞争力和宏观经济失衡。她批评德国拥有巨额经常账户盈余，含蓄地指责了德国在欧元区内部中的合作存在不足（见图8.2）。④

在危机管理的整个过程中，法国和德国共同的首要目标是防止欧元区解体，并让希腊留在欧元区。默克尔一再表示，"如果欧元失败，欧洲就会失败"⑤。然而，法国与德国对怎样确保欧元区的未来在基本理念上有分歧，这很大程度上是它们之间长期分歧的反映。法国继续希望采取由欧洲理事会发挥核心作用的政策自由裁量方式，而德国则主张以更加严厉的规则来解决问题。

---

① Kunstein and Wessels 2011, 310.
② Deubner 2011, 1–2.
③ Jones 2010.
④ 参见 Lagarde 2010 and *Financial Times* 2010。
⑤ *Spiegel Online International* 2011.

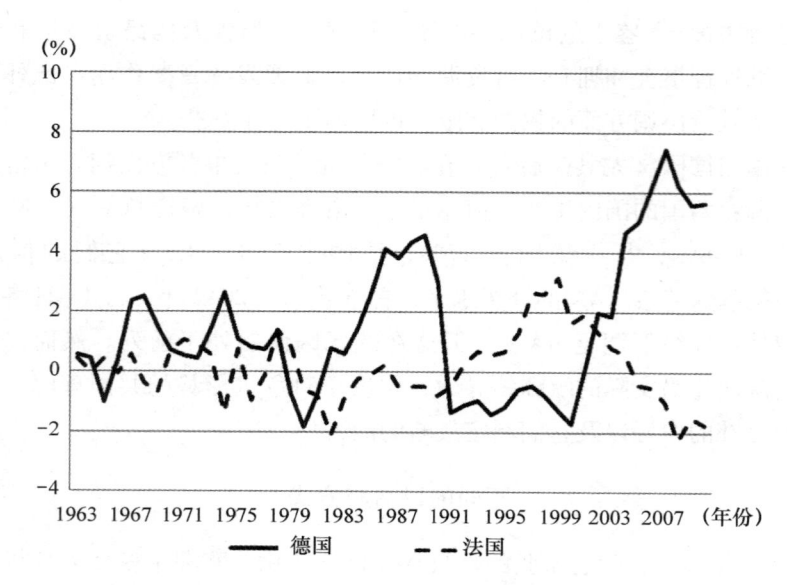

图 8.2　1963—2010 年法国和德国的经常账户占 GDP 比例
资料来源：德意志联邦银行（Bundesbank；德国央行——译者注）、法兰西银行（Banque de France；法国央行——译者注）和法国国家统计局（INSEE）。

德国解决经济与货币联盟问题上的路径，依赖它为支撑稳定的货币秩序而设计的三个核心支柱：（1）一个独立的中央银行——推行以稳定为导向的货币政策并禁止将公共债务货币化；（2）欧洲层面的防范措施——以过度赤字程序和《稳定与增长公约》反对不可持续的预算政策；（3）各国对财政和更广泛的经济政策负责——确保进行必要的国内调整以保持其经济与货币联盟的成员国资格，这反映在《条约》的"不救助条款"中（TFEU, art. 125）。主权债务危机在很短的时间之内就摧毁了这些支柱。

欧盟为希腊（2010 年 5 月）、爱尔兰（2010 年 12 月）、葡萄牙（2011 年 5 月）和再次为希腊（2012 年 2 月）连续提供了一揽子救援，它先是设立临时性稳定基金，之后又确立了永久性借贷机制（lending facility）——即"欧洲稳定机制"（European Stability Mechanism，ESM），这些举措都违反了《马约》的一项核心原则——"不救助条款"。欧洲央行的独立程度引发了争议，因为政治家们向其施加了巨大压力，要求其"大胆"行事并向市场注入流动性。《稳定与增长公约》未能阻止过度赤字情况发生，而且根本没有解决欧元区内部竞争力差异日益扩大等问题。国际金融市场也未能对那些处于危机边缘的成员国（periphery members）施加约束性压力（disciplining pressures），市场行为体在早期并未意识到会有主权违约的风险。因此，所谓在马斯特里赫特"上传"德国稳定模式就能成功的说法并不成立，因为事实证明：该模式在欧洲层面上并不如预期所料的那样具有韧性，而且欧元区内的南部边缘国家对该模式的"下载"至少是不完整的。

为了扭转这种局面并防止它再次发生，德国提出了朝三个方向努力的建议。首先，它主张强化《稳定与增长公约》框架，并使对赤字不可持续的欧元区成员国的制裁更加机制化（mechanic），将过度赤字程序去政治化。其次，积极改善了《稳定与增长公约》框架以外的经济政策协调。例如，德国赞同将宏观经济失衡问题纳入多重监督，并与法国一起提出了一项"竞争力协议"（competitiveness pact）——后来这发展成2011年3月的"欧元附加条约"（the Euro–Plus Pact），经济政策协调扩展到与国家竞争力相关的新领域，如社会政策或工资政策。最后，德国主张确立一种有序的主权违约程序，目的是使主权违约成为经济与货币联盟内部一个可被接受的选项，以防止发生不加节制的借款和不计后果的放贷。在柏林的坚持下，私人贷款者参与了希腊债务的重组，德国还成功推动将私人部门参与主权债务重组的原则写入了建立永久性借贷机制——"欧洲稳定机制"（ESM）的条约。最后，德国政府坚决抵制发行"欧元债券"（Eurobonds）的建议，因为它如果实行，就意味着欧元区成员国对彼此的债务负有共同责任。

法国的方法显然不同于德国。法国明确表示倾向于采取更有力的危机管理行动——例如，为希腊以及后来的爱尔兰和葡萄牙提供救援，建立防火墙机制（紧急基金和永久性借贷机制）以防止危机蔓延到西班牙和意大利。[①] 萨科齐甚至支持向临时性的稳定基金——"欧洲金融稳定基金"（European Financial Stability Facility，EFSF）发放银行执照，这样该基金就能无限制地获取欧洲央行的资金。[②] 此外，萨科齐向欧洲央行施加压力，要求其勇于行动，包括在二级市场（secondary markets）上无限制购买主权

---

① *Frankfurter Allgemeine Zeitung*, January 28, 2012: "Schäuble gegen Größeren Rettungsfonds."
② *Le Monde*, October 28, 2011: "Du clash de Francfort au sommet de Bruxelles, la folle semaine de l'Europe."

债务以降低主权债券火箭般蹿升的风险溢价（skyrocketing risk premiums）。此外，巴黎还强调了"休戚与共价值观"（solidarity values）的重要性。根据法国前欧洲事务国务秘书皮埃尔·勒鲁什（Pierre Lellouche）的说法，"这个拥有 4400 亿欧元的机制（EFSF）绝不亚于引进了适用于欧元区的北约关于共同防御的第 5 条。当一个成员国受到攻击时，其他成员国承担共同防御的义务"①——这与"不救助"的逻辑完全背道而驰。法国很好地利用主权债务危机提供的机遇，推动欧元区的经济治理结构按照它长久以来的偏好方向变革。最后，法国对私营部门参与债务重组持非常怀疑的态度，它认为在希腊、爱尔兰、葡萄牙和西班牙发生的严重金融市场恐慌风险意味着法国银行将遭受巨额损失。

团结起来　共度时艰

鉴于这场危机具有极高利害关系，法德两国对局势也有不同的理解，再加上两国间在理念上也有显著分歧，这场危机很可能导致这两国间关系发生深刻和持久的分裂。然而，除在 2008 年国际金融危机爆发之初和 2010 年春欧洲主权债务危机爆发的早期阶段两国关系经历了一些坎坷，之后法德两国反而加强相互合作，向世人证明它们在不同时期都能共同发挥积极且经常是具有决定性的作用。②

即使按照法德两国的惯常历史标准来衡量，自 2010 年 5 月以来，双方在危机期间举行的双边会议、发表的共同声明和成果数量之多都是不寻常的。③ 2011 年 6 月 17 日，默克尔与萨科齐举行双边会晤之后，法德两国在

---

① 参见勒鲁什 2010 年 5 月 28 日接受《金融时报》的访谈，*Financial Times*，May 28，2010。访谈中他公开承认救助希腊的一揽子协议和 2010 年 5 月设立的紧急稳定基金事实上已经改变了欧盟原有条约的规定。
② Kaufmann and Uterwedde 2010.
③ 2010 年 5 月 6 日法德两国共同致欧洲理事会主席和欧盟委员会主席的书信，见 http：// www. bundesregierung. de/Content/DE/Pressemit - teilungen/BPA/2010/05/2010 - 05 - 06 - brief - english. html；法德经济与财政理事会 2010 年 7 月 21 日在巴黎发表的关于欧元区经济治理的声明，http：//www. france - allemagne. fr/Conseil - economique - et - financier，5682. html#Gouvernement - economique - europeen；2010 年 10 月 18 日在多维尔发表的法德声明，http：//www. france - alle- magne. fr/Renforcons - le - gouvernement，5764. html；2011 年 8 月 8 日法德关于欧元区的公报，ht- tp：//www. bundesregierung. de/Content/EN/Pressemitteilungen/BPA/ _ 2011/2011 - 08 - 07 - dt - fr - kommunique. html；2011 年 12 月 8 日法德两国共同致欧洲理事会主席的书信，http：//www. london. dipo. de/Vertretung/london/en/03 _ _ Political_ _ News/12/MerkelSarkozy _ _ letter. html。

最高级别上协调的节奏进一步加强。① 这种双边合作模式，也嵌入了在欧洲理事会和欧元区国家首脑峰会层面上更广泛的密集首脑外交框架之中。法德双边主义再次成为更广泛的欧元集团与欧盟 27 个成员国谈判的内在纽带。一些重要的磋商多次发生在欧盟内部进行危机沟通和管理的核心小圈子当中，成员包括默克尔、萨科齐、欧洲理事会主席、欧洲央行主席、欧元集团主席和欧盟委员会主席，国际货币基金组织（IMF）总裁偶尔也会参与此圈子内的磋商。

每当欧洲理事会、欧盟经济财政事务理事会或欧元区首脑会议必须就救助方案、双边信贷、信贷担保或永久性借贷机制做出决定时，"经济实力"（the power of the purse）就使德国以及法国（尽管其经济实力稍逊于德国）成为谈判中的关键角色——这一点不足为奇，因为两国必须承担近一半的资金投入。例如，在关于希腊的双边信贷、建立和加强临时支持基金——包括政府间性质的"欧洲金融稳定基金"（EFSF）和共同体于 2010 年 5 月启动的"欧洲金融稳定机制"（European Financial Stabilisation Mechanism，EFSM）以及建立永久性贷款机制（"欧洲稳定机制"，ESM）等问题的重大决定上，法德两国都发挥了重要作用。

2011 年 10 月下旬，希腊政府宣布将就希腊救助计划举行全民公投。在这一非常危急的情况下，"默克齐"（Merkozy）以及巴罗佐、拉加德、范龙佩和容克（Juncker）威胁将会立即停止对希腊的财政支持，他们打破了禁忌，明确表示这次投票关乎希腊在欧元区的未来。面对上述公开压力，希腊时任总理帕潘德里欧（Papandreou）经过再三考虑，最终取消了公投计划。②

在很多关键时刻，巴黎和柏林通过一系列相互让步达成妥协。2010 年 10 月法德两国在多维尔（Deauville）举行的一次非正式双边会议上达成了一项协议，这是此次经济与货币联盟危机中法德领导角色的首次展现。德国对自动制裁"财政罪人"（fiscal sinners）问题做出了让步，以换取法国对条约改革的支持。在此之前，德国发现自己几乎已被完全孤立，因为它

---

① 2008—2010 年默克尔与萨科齐仅仅每年举行一次"布莱希姆会晤式的"非正式磋商。2011 年 6 月 17 日至 2012 年 2 月 9 日，二人举行的此类磋商则超过了四次：2011 年 6 月 7 日在柏林、8 月 16 日在巴黎、10 月 10 日在柏林以及 2012 年 1 月 9 日在柏林。参见 http：//www.france-allemagne.fr/Blaesheim-Treffen-von-Angela.5766.html。

② *Frankfurter Allgemeine Zeitung*，November 4，2011："Ein Tabu ist gebrochen."

要求冒着政治风险再次对条约进行修改,以便为永久性借贷机制提供法律基础。法国的让步意味着勉强同意让私人部门参与主权债务的重组。德国并没有与荷兰、芬兰或瑞典等志同道合的国家组建一个对强化财政规则持强硬立场的同盟,法国也没有领导一个南欧国家反对联盟,支持采取更强力的紧急措施并拒绝私营部门参与。事实上,巴黎和柏林决定相互妥协,从而在对立阵营之间架起了桥梁。"多维尔妥协方案"引发了关于"法德专制"(Franco – German diktat)的批评,因为该方案让法德两国的伙伴们面对的是一个它们两国已商定好的"既成事实"(a fait accompli)。①

德国将私营部门参与债务重组的原则纳入了政府间性质的"欧洲稳定机制"条约。但欧元集团一再明确表示,它认为希腊债务重组是一个"例外和独特的个案"(exceptional and unique case)——其中,私人贷款机构同意注销其一部分巨额债权("减记",haircut)。② 然而,德国在界定其于2010 年提出的有序主权违约程序方面并没有走得很远。默克尔政府在双边高级别会谈中遭到法国的强烈质疑后,有意缓和了这一问题。③ 巴黎则对德国阻止引入发行欧元债券的强硬立场则提供了宝贵支持。

2011 年6—7 月是一个重要时段,此时主权债务危机蔓延至西班牙和意大利的风险使得欧元区已濒临深渊(near to the abyss)。法国和德国认识到,在此严峻的经济和政治形势下保持强大的双边关系并为欧元区的生存承担共同责任具有重要意义。④ 鉴于国际金融市场已出现高度恐慌情绪,巴黎和柏林确定了一种紧密协调的共同立场。对于高层政治人物而言,默克尔和萨科齐绝不可能在双边首脑会议结束时显露出路线分歧与裂痕,因为这将给市场造成冲击。为了避免在欧洲舞台上发生法德之间的冲突,他们达成了一项谅解——在所有关于应对危机的欧洲理事会会议或欧元区峰会举行之前,法德两国将先协调它们之间的立场。⑤

经过2011 年7 月的高密度磋商之后,默克尔和萨科齐在2011 年下半年欧洲层面的决策中发挥了最后拍板(called the shots)的作用——"默克

---

① *Les Echos*, October 20, 2010, "Déficits: les eurodéputés dénoncent un 'diktat' franco – allemand"。

② Eurogroup 2012, 2。

③ Interview at the German Ministry of Finance, March 14, 2012。

④ 2012 年2 月6 日的联合新闻发布会上,萨科齐称法德两国的"战略性"和"坚定同盟"的任务就是将欧元救出深渊。参见 Sarkozy and Merkel 2012。

⑤ 2012 年3 月14 日在德国总理府的访谈。

齐"（Merkozy）的说法由此而来。法国和德国再次通过相互让步形成了共同的举措。

首先，在2011年6月达成的一项双边妥协中，默克尔和萨科齐同意赋予欧洲理事会发挥作为欧元区"经济政府"（economic government）的核心作用，"经济政府"这一表达方式自马斯特里赫特峰会以来，在德国国内辩论中一直非常负面，此次德国对法国做出了重大让步。① 默克尔也同意举行欧元区首脑峰会，尽管她曾一再强调需要避免制造区分欧元区"成员国"（ins）和"非成员国"（out）的界限。2011年8月16日，默克尔和萨科齐建议每年举行两次欧元峰会，并建议由赫尔曼·范龙佩来主持会议。结果也正是如此，2011年10月26日举行的欧元区首脑峰会同意每年至少定期召开两次这类会议，而2012年3月2日举行的欧元区首脑峰会则任命范龙佩担任峰会主席。② 其次，德国勉强同意设立更强的防火墙机制以阻止危机蔓延的风险——并且保证它将支持这一机制。柏林还赞同扩大"欧洲金融稳定基金"的权能（2011年7月21日欧元区首脑峰会决定），将"欧洲金融稳定基金"杠杆化，从而提高其借贷能力（2011年10月26日欧元区首脑峰会决定）。

上述所有举措，都特别符合法国长期以来的偏好。为了获得更多的支持，德国承诺将承担更多的国家财政责任。柏林成功地提出了建立"财政稳定联盟"（fiscal stability union）的构想，并得到了法国的宝贵支持。两国共同支持欧盟委员会于2010年9月提出的"六部立法"（six-pack）建议以之改革欧元区的治理规则。③ 在2011年10月和12月欧洲理事会会议之前，德国和法国强势推出一项新的"财政契约"（fiscal compact），该契约甚至对此前刚刚改革的《稳定与增长公约》中有关过度赤字程序的规定也进行了强化处理。这份新的"财政契约"提出，如果欧盟委员会确认成员国违反了赤字不超过占国内生产总值3%比重上限的规定，"除非2/3以上的欧元区成员国反对，否则将自动产生后果"④。法德"财政契约"一揽子方案中另一项更重要的内容，是从另一角度——国家层面来增强遵守财

---

① 参见默克尔和萨科齐2010年6月14日柏林双边会晤后的新闻发布会稿，Merkel and Sarkozy 2010a。
② 参见2011年10月26日和2012年3月2日欧元峰会声明，Eurosummit 2011a and 2012。
③ 参见欧盟委员会提案摘要，European Commission 2010。
④ 参见2011年12月9日欧元区峰会声明，Euro Summit 2011b。

政规则的成本。受 2009 年德国《基本法》第 109 款（全称为"德意志联邦共和国基本法"，德语为 Grundgesetz für die Bundesrepublik Deutschland，简称 GG，是德意志联邦共和国的宪法或德国的根本大法——译者注）中类似规则的启发，法国和德国主张在各国宪法中引入关于平衡预算的规则。当然，这种"借用"（borrow）德国保持财政信誉的做法严重背离了法国关于政策自由裁量权的方式。为了使态度犹豫的欧元区成员国接受关于建立财政稳定联盟的理念，德国和法国采用了一种联系战略，将"欧洲稳定机制"局限于那些签署了包含该财政契约的《欧洲经济货币联盟稳定、协调与治理公约》（Treaty on Stability, Coordination and Governance in the Economic and Monetary Union）的国家。①

作为对支持德国发起的财政契约的交换，德国对法国做出了让步，萨科齐借此获得了两个关于金融市场的明确信号。不同于在多维尔会议上采取的共同措施，2011 年 12 月 5 日在巴黎举行的双边会谈中，德国同意私营部门参与债务重组的做法将仅限于希腊这一个例。此外，柏林还同意在 2012 年 7 月启动"欧洲稳定机制"，这个时间相比最初的计划提前了一年。

在欧洲层面上，德国和法国都实现了它们的预期目的。欧元集团在 2011 年 12 月的一份声明中包含了一项承诺——后来它被纳入在 2012 年 3 月 2 日签署的国际条约，即一般政府预算（general government budgets）必须保持平衡或者盈余。② 这项新国际条约的缔约国必须将这一规则引入自己的"宪法或同等水平的"国家法律体系，这为预算出现偏离倾向时提供一种自动纠正机制，并"承认欧洲法院拥有核实本规则在国家层面转换情况的管辖权"③。

在法国的支持下，德国更愿意将这一财政契约纳入欧洲基本法（European primary law）。两国都威胁称，如果无法就条约改革达成共识，它们将在该条约框架之外先行一步，从而向那些态度勉强的国家施加了压力。在英国首相戴维·卡梅伦（David Cameron）拒绝接受这次条约改革时，上述情况确实发生了。随后，当法国和德国决定以一种"17 国+"的形式（a

---

① Frankfurter Allgemeine Zeitung, January 30, 2012: "Union streitet vor dem EU – Gipfelüber den Inhalt des Fiskapakts."
② 这意味着，作为一项规则年度结构性赤字不应超过 GDP 占比的 0.5%。
③ Euro Summit 2011b.

"17 plus" format)——在欧元区所有成员国与其他愿意承担这些义务的欧盟成员国之间——在共同体法律之外缔结一项国际条约时，欧盟内部出现了持久断层线（fault lines）的风险。最终，欧盟27个成员国中有25个国家签署了这项条约——只有英国和捷克对此态度冷淡。我们认为，在推动欧盟内部以持久差异化方式建设"双速欧洲"（a two-speed Europe）的过程中，货币合作和一体化领域——从"欧洲汇率蛇形浮动机制"（the Snake）到"欧洲货币体系"再到"经济与货币联盟"，是又一个体现法德领导力这一鲜明特征的案例。

尽管我们发现有大量证据可以表明自主权债务危机爆发以来法德两国发挥了领导作用，但它们在寻求应对危机的适当补救措施方面绝非没有差异。德国采取的是走一步看一步的渐进方式，而法国则较为勉强地跟随着前者的步伐。法国和德国没有能够提出一份基于共同理念框架之上的总体性共同战略。相反，两国的共同举措遵循了一种"相加逻辑"（additive logic），囊括了法国的偏好（逐步强化临时性和永久性金融支持方案），以及德国的主张（同时加强财政规则），但这种逻辑指导下实行的举措可能要到中期才会显现效果。所以这就给人们留下了一种它们在拖延时间稳定银行部门的印象，一旦希腊无可避免退出欧元区，再防止危机蔓延到其他国家。

新的法德权力关系失衡？

许多观察者认为，德国在这场危机中扮演着"不情愿的霸权"（reluctant hegemon）[①]的角色。柏林确实对这一进程产生了重大影响，特别是在欧洲需要做出决策之时，例如，从2010年5月出台第一个救助希腊的一揽子方案，到设立"欧洲稳定机制"基金，再到该机制基金使用于2012年提早启动，德国对欧洲救援希腊的紧急措施和资金方面的决策发挥了重要作用。很多重要的问题都体现了德国的思路，例如，让国际货币基金组织参与救援计划、要求使用欧洲救助基金的国家满足严格的条件（预算削减和经济改革）、"欧洲金融稳定基金"保持政府间性质以使德国能完全掌控其运作，允许私人部门参与希腊债务重组以及通过了关于"财政契约"的条约。然而，德布纳（Deubner）却诊断说德国为此而经历了"观念上的

---

① Paterson 2011.

'失败'"(conceptual "defeat"):违反了"不救助"条款,欧洲央行因间接为国家公共债务融资而使其独立性大打折扣,《稳定与增长公约》以及基于规则的德国方式的价值大为降低。与此同时,法国则被认为抓住了主权债务危机的机会,推行其自己从顶层对欧元区进行政治治理的方式。①

然而,在法国以及其他国家,普遍存在一种对德国有可能占据主导地位的强烈"不安"(malaise)情绪。的确,我们发现已有现实依据证明,法德两国之间出现了一种新型不对称关系,德国处于强势的地位。目前,德国的财政纪律推广到整个欧元区,成为欧元区的衡量基准(benchmark)。德国的单边行动,导致包括法国在内的其他国家也不得不一边承受着巨大压力,一边仿照德国的做法(follow suit)。事实的确如此——2009年德国不仅决定在宪政运作中引入关于平衡预算的规则,而且在2009年的经济衰退结束之后,德国未经与他国协商就于2010—2011年转向限制性财政立场。如果欧元区其他成员国也跟随它的步伐,它们将不得不为主权债务支付更高的风险溢价,最终将会使金融市场遭受大规模冲击。

这种状况,让人很容易联想起在20世纪70年代和80年代的情形。当时,在结构性失衡的背景下,德国央行为"欧洲货币体系"其他成员国的货币政策制定了标准,德国政府——尽管从程度上来说不如今天——则确立了财政政策的基准。② 如今,类似的不对称局面尤其体现在财政政策制定的问题上。在20世纪70年代下半叶,法国人不仅热议了"德国模式"(Modell Deutschland)的好处和价值③,而且法国政府在1976年开始采取了一种紧缩力度更大的经济政策——这让法国显得比德国"更德国"(making France "more German")。从2011年开始,法国总统萨科齐就不失时机地对标(point to)德国的模式,包括其财政纪律和以提高竞争力、促进增长与改善就业状况为导向的国内改革。对于德国的竞争力、经济表现和福利改革等方面的根源,法国人也进行了广泛的

---

① Deubner 2011b.
② Deubner 2011a, 24 – 26.
③ 施密特1976年寻求再次当选时,就以此为主要竞选口号。法国关于"德国模式"的辩论,参见 Keizer 1979 and Linden 1981。

公开辩论。[①]

近年来,法国和德国的经济表现指标——包括增长率、在世界市场上的份额占比、贸易平衡和经常账户等差距越来越大,这体现出法国经济的结构性劣势,法国经济因其过高的税收、社会福利和最低工资标准而不堪重负。法国经济将长期落后于德国,这是一种非常现实的可能。未来可能出台的用来救助那些已经负债累累的欧元区国家的计划中,法国能否还能挑起重担值得怀疑。

本章小结

货币合作与一体化,为我们提供了一个法德两国在政治极为敏感领域发挥领导作用的经典案例。几乎所有文献都一致认为,在广泛的货币事务一体化演变进程中,法德作为内部核心发挥了极其重要的作用。法德两国的经济、金融和货币资源,是支撑法德两国双边领导力的基础。日益趋同的目标——建立使用单一货币的全面货币联盟,是马斯特里赫特峰会取得历史性突破的重要原因。但贯穿货币合作与一体化进程始终的争论中,法德两国分别代表对立观点的两极。因此,"代理妥协"的逻辑完全适用于解释在这个领域法德为何扮演领导角色。

国际层面上的货币与政治事件,是法德两国在一些重要时机提出共同倡议的导火索——这方面的例子包括"布雷顿森林体系"的瓦解以及美元在1976—1978年的贬值。德国迅速完成统一是科尔、根舍和密特朗加快始于1988年的经济与货币联盟建设的外交政策动因。

不过事实也证明,对于扫除通往经济与货币联盟路途中的障碍来说,国内层面上发生的变化也非常重要。随着1976年"巴尔计划"开始实行紧缩政策,法国在吉斯卡尔就任总统后的变化让法德两国的货币联盟目标,以及经济走向更加趋同。密特朗的"竞争性反通胀"(competitive disinflation)政策和"强势法郎政策"(strong franc),为经济与货币联盟谈判奠定了一定基础。而德国则在一定程度上向法国的偏好趋同,例如施密特不再强调在货币一体化采取任何重大步骤之前必须实现高度的经济融

---

① 参见 de Montferrand and Thiériot 2011。De Montferrand 在 1988—1991 年任法国驻德大使。

合——这不仅压制了德国央行的意见,也不同于德国经济部和德国财政部(BMF)的传统思维。然而,事实也证明货币文化上的差异具有持久性。法德两国对经济与货币联盟的经济治理理念依然存在分歧。因此,在货币一体化问题上,理念上的趋同仍然较为有限。

个人层面的因素——最高决策者的倾向、想法和策略——在我们考察的这一领域中发挥了重要作用。施密特和吉斯卡尔对国际货币环境的评估比较一致,再加上他们个人之间的相互理解,使得他们提出了关于欧洲货币体系的想法。个人信念也被证明是很重要的。20世纪70年代施密特和90年代初科尔为了推动货币合作和经济与货币联盟,顶住了德国央行和德国财政部、德国经济部的阻力。最终,密特朗和科尔为使经济与货币联盟及其欧洲一体化"不可逆转"(irreversible)做出了巨大贡献,推动了经货联盟稳步向前发展。

在双边层面上,法德在马斯特里赫特峰会上就建立经济与货币联盟问题发挥领导作用,在很大程度上要归功于规制化政府间主义机制。包括外长级的根舍和迪马、德国财政部和法国财政部的顶级官员——科勒(Kohler)和特里谢等一些主要人物相互建立起不同层面上非常紧密和顺畅的工作关系。法国和德国各级政府部门利用双边交流与合作的各种渠道,解决双边问题、协调它们各自在欧洲层面上的战略。同样地,在2010年后法德两国行政人员在应对主权债务危机时,也开展了格外密切的双边磋商,在谈判之前也进行了充分的预先沟通。

在双边层面上,权力的天平自1968年以来就开始向德国一侧倾斜,但这种趋势在货币事务上表现最为明显。这种平衡的动态变化强烈刺激着法国,它决心推动货币一体化来拴住"德国货币巨人"(German monetary Gulliver)。但要做到这一点,法国就不得不付出代价,让自己变得更加"德国化"(becoming more "German"),被迫效仿德国以稳定为导向的模式。

最后,在欧共体/欧盟层面,地区制度化的深入发展为货币和财政一体化创造了前进的动力。欧共体内部贸易的相互依赖局面和资本流动的日益增长,提高了非经济与货币联盟成员国的经济成本。但这也限制了法德两国发挥领导作用的空间,造成了路径依赖并且随着时间的推移减少了它们的政策选项。货币一体化与财政政策之间紧密的功能关系,使得主权债务危机期间的经济治理需要收紧财政。关于路径依赖的一个重要而且相当明显的例子，乃是欧元区成员国希腊的问题。希腊一旦加入欧元区，再让它退出，风险就会很高。法德两国的领导角色，也同样是一种具有路径依赖性质的领导角色。但同时，如果经济与货币联盟有朝一日发展到某个关键时刻，需要结束依赖路径的演进，需要一种截然不同的制度安排，我们相信，法国和德国也会处于这种转型的中心，而且它们会非常努力地避免分道扬镳。

第九章

外交与安全政策

《爱丽舍宫条约》的签署起因于一次失败：在1961—1962年法国关于欧洲外交和安全政策合作的"富歇计划"落空之后，夏尔·戴高乐开始转向寻求德国的支持。高翔于蓝天的戴高乐主义梦想是建立一个"欧洲人的欧洲"，拥有独立于美国的外交和安全政策，处于政府间框架内并在法国的领导之下，但这一构想遭到了大西洋主义者、亲欧盟派以及荷兰和比利时等具有亲英偏好成员国的强烈反对。

在1963年签署的《爱丽舍宫条约》中，法国和德国承诺要在两国决策之前相互协商，"就外交政策的所有重要问题，首先是有共同利益的问题尽可能形成一致立场"。在军事战略和战术方面，法德两国将目标确定为"原则上接近以形成共同观念"[1]。然而，由于它们在外交和安全政策利益与前景方面的深刻分歧，法德两国无法完全实现这些计划。[2] 虽然在戴高乐将军的眼中，战略动机是两国签署《爱丽舍宫条约》的核心动因，但事实证明，相较于外交与安全政策部分，《爱丽舍宫条约》的其他内容对促进法德双边合作的意义更为重要。

在冷战时期，法德领导角色在"高政治"领域的基础显然不够扎实。后冷战时代发生深刻变化的战略格局为法德合作提供了新机遇。在某些方面，德国与法国的观点颇为相似，包括对美国采取更加独立的立场、准备制定共同的欧洲防务政策以及参与军事干预等。就法国而言，它消除了自己在强化欧洲安全合作方面的一个长期障碍：法国在北约中的特殊地位。

---

[1] *Elysée Treaty*, Points II. A and B, http://www.france-allemagne.fr/Traite-de-l-Elysée-22-janvier-1963, 029.html.

[2] 吉尔伯托·齐布拉（Gilbert Ziebura）在其对第二次世界大战后法德关系的研究中，将《爱丽舍宫条约》看作阿登纳同戴高乐发生战略误解的产物。参见Ziebura 1997，第7章。

但是，法德之间的这种部分趋同并不容易转化成它们在欧洲层面的领导角色。①

本章通过研究法国和德国在基本战略、安全取向以及外交政策传统方面的差异，来解释为何（在外交与安全政策领域）它们的欧洲领导能力相当有限。本章简要回顾了戴高乐总统任期内法德两国在外交和安全政策的分歧，以及始于20世纪70年代"欧洲政治合作"（EPC）框架下，欧洲外交政策合作的一些谨慎的初步探索。这一章的重点是考察东西方冲突结束之后，法德推进欧洲外交和安全政策方面的尝试，并描述了在这条道路上它们所遭受的严重挫折。我们首先讨论欧盟外交和安全政策机制的演变，再讨论欧盟在共同外交与安全政策框架下所采取的具体对外行动。

我们发现，有关法德合作的共同影响可谓"喜忧参半"：一方面，通过连续的条约改革，法国和德国在塑造欧盟外交和安全政策机制方面显然发挥了领导作用；另一方面，它们对欧洲外交和安全政策的内容与实质的共同影响却不那么明显。我们甚至发现2002—2003年的伊拉克战争是一个法德两国未能提供任何欧洲领导力的彻底失败案例。贯穿于欧洲外交和安全政策领域的多条冲突线以及法国和德国国情（national situation）中长久保持的一些特征，都印证了本章的发现。

战略取向和安全利益

一位欧洲安全事务的高级观察员曾经做出这样的总结："第二次世界大战结束后的法德军事合作似乎已经开启，尽管两国的视角有很大不同；这不是因为它们的看法已经一致……，无论在公众，还是精英层面上，法国人和德国人对安全与防务的态度都存在极大分歧。"②

斯坦利·霍夫曼曾经提出，政治领导人在制定政策时必须考虑"国情"方面影响外交、安全和防务政策的持久因素。其中包括内部和外部的客观因素，如国内社会和政治结构、地理位置和正式的外部条约；也包括

---

① 关于法德外交政策和安全关系的著作很多，重要的有 Gareis 2008；Gordon 1995；Haglund 1991；Kaiser and Lellouche 1986；Kocs 1995；Leimbacher 1992a；Martens 2004；Presse – und Informationsamt der Bundesregierung 1997；Soutou 1996。

② Gordon 1995，9，11。

内外部的主观因素，如价值观、舆论、反应能力和外交政策传统。① 法国和德国的不同"国情"，清楚地说明了两国的基本战略方向和对外交与安全政策的态度为何存在差异。

多年来，法德两国对待美国这个西方霸权在苏联解体后的世界霸权的战略关系存在巨大分歧。② 西德的生存安全几乎完全依赖美国。冷战的现实使其成为一个处于西方世界边缘，被笼罩在"铁幕"（Iron Curtain）阴影下的前沿国家，它的部队完全由北约控制，没有真正自己的参谋人员，面临着苏联核导弹和华沙条约组织上万辆坦克的威胁，而德国的分裂状态看似将永远持续下去。相比之下，法国可以选择自己保障自身的生存安全。它有一支全面的武装力量，于1966年离开了北约的军事一体化，追寻民族独立和自主决策。它们与美国的关系经常是两国分歧的原因，在冷战期间这种情况特别突出，冷战结束之后此一状况也依然存在。③

在国际地位、核武器问题以及全球抱负方面，法国和德国也存在基本道路上的分歧。法国拥有联合国安理会（UNSC）常任理事国席位，本国已拥有核打击力量。在冷战期间，它建立了自己的核三角力量（nuclear triad，即同时具备陆、海、空三基发射核导弹的能力——译者注），并独立制定了国家威慑和核武器部署原则。法国渴望扩大或保持其在全球范围内的军事和外交影响力。与之形成鲜明对比的是，在20世纪50年代后期西德的核地位被确定之后，德国人仍然明显缺乏发展核力量的抱负。④ 对于冷战期间的西德而言，联合国安理会常任理事国席位根本不可能成为其议题（non-issue）；而对于21世纪的已经统一的德国来说，拥有否决权的联合国安理会常任理事国席位依然遥不可及。长期以来，德国的活动范围主要局限于欧洲和北大西洋地区。

总的来说，在外交政策和安全方面，法国的形象一直是一个雄心勃勃、积极行动的曾经的世界大国，它寻求（失去或部分失去的）"光荣"（grandeur），保持最大限度的民族独立，特别是在传统的"高政治"领域。⑤ 而德国长期以来一直被学者们称为"民事力量"（civilian power），

---

① Hoffmann 1966, 868 et passim.
② Soutou 1996; Krotz and Sperling 2011.
③ Moïsi 1995.
④ Kelleher 1975; Geyer 2001.
⑤ Sauder 1995; Krotz and Sperling 2011; Krotz 2015.

它将其外交和安全政策嵌入多边或一体化框架，通常避免（特别是单方面）使用武力，并试图通过促进国际公法和按照成文的（codified）行为模式来"驾驭"（tame）国际关系和强权政治。① 尽管这个 21 世纪的已经统一的德国早已不再是曾被称为"民事力量"的西德，但从全球视野来看，如今的德国似乎仍是一个在军事方面非常不情愿的中等国家（middle power）。② 它继续是那个行动时没什么准备的角色，要不然就是只有作为一个国际大联盟的一个成员时才加入军事行动。

与上述情况相似，法国长期以来一直有军事干预的传统（特别是在撒哈拉以南的法语非洲地区），而这与德国的主流法律解释形成鲜明对比——直到 1994 年，德国宪法才允许在（北约）区域外进行军事干预。即使在 1994 年德国宪法法院做出澄清裁决之后，相比法国，德国仍然更不愿派遣本国军队奔赴国外战场——最近的一个案例，乃是 2011 年德国在国内争议很大并遭受国际批评的情况下，仍然拒绝参加针对利比亚的军事干预。

法德两国不同的历史、两国国内的总体外交政策取向差异，在很大程度上可解释它们对欧洲在世界舞台上作用的长期期望，可解释为何它们对欧洲外交、安全与防务政策的内容各有偏好。法德在基本战略取向和安全观方面的分歧，深刻地影响了欧洲在这些领域的事务。在欧洲外交与安全政策缓慢而艰难的形成过程中，以及自 20 世纪 90 年代中期以来欧洲对向外界的形象展示和政策塑造方面，法德分歧的影响都得到了明显体现。③

渐行渐远：戴高乐时期

德国联邦议会在其批准《爱丽舍宫条约》的序言中重申了联邦德国（FRG）外交政策的基本方向，其中包括"北大西洋公约组织框架内的集体防御""由创建欧洲共同体而开启包括英国在内的欧洲统一进程"以及"进一步加强这些共同体"等字句。这一序言标志着在这场 20 世纪 50 年

---

① Maull 1990；Harnisch and Maull 2001.
② Hellmann, Weber, and Sauer 2008；Krotz 2015，第 8 章。
③ 关于欧洲作为一个行为体，以及欧洲外交与安全政策的出现，参见 Krotz 2009；Krotz and Maher 2011。关于法德外交政策基本导向的简要总结，见表 1.7。

代末以来少见的关于西德外交政策基本原则的冲突中,"大西洋主义者"(Atlanticists)完全压倒了"戴高乐主义者"(Gaullists)。它还摧毁了戴高乐将军以坚实的法德协议为基础,由法国领导欧洲外交政策的希望。戴高乐的模式是建立一个与美国结盟,但要把欧洲从美国在北约和西半球的霸权中解放出来的"欧洲人的欧洲"。

法国和德国对外交政策的前景展望,在坚定的大西洋主义者路德维希·艾哈德(Ludwig Erhard)接替阿登纳担任德国总理期间有了更大的分歧。除在英国加入欧洲经济共同体问题上的争吵(见第七章)之外,法德两国还有很多外交和安全政策上的争执。

在关于多边核力量(MLF)的辩论中,法德两国显露出它们在重大安全问题上的鸿沟。1963年美国总统肯尼迪提出这项提案的背景是北约的核理论从大规模报复转向灵活应对,它计划组建一支配备核导弹的北约多边舰队。这导致20世纪60年代中期法国和德国之间发生严重摩擦。[①] 波恩支持美国,因为这些计划可使西德在某种程度上参与核计划,这可提升其国际地位,但戴高乐却是"多边核力量"计划的主要反对者之一。法国如果参与,将会限制它自己对新生的本国核力量的决策自主权。此外,戴高乐认为,"多边核力量"计划是大西洋共同体概念的产物,它与其"欧洲人的欧洲"观念是对立的。因此,法国时任总理蓬皮杜宣布德国与美国的"多边核力量"协议同《爱丽舍宫条约》不相容。[②] 最终,美国约翰逊政府放弃了"多边核力量"计划,法国则继续发展本国的独立核力量。[③] 这就导致北约内部共存两种不同的核战略,即北约的"灵活反应"战略和法国坚持的弱者反击强者的"大规模报复"战略("du faible au fort"——这指的是法国对抗苏联)。1966年法国武装力量完全退出北约军事组织,进一步加剧了法德之间在安全政策和军事方面的分歧。尽管法国在军事上完全恢复了国家地位,但德国军队仍然深深扎根于北约一体化的军事结构中。[④]

在戴高乐执政时期,法国和德国对重大国际危机和战争的立场明显不同。关于越南战争,戴高乐公开发表了强烈批评美国政策的声明,特别是

---

① 见 Koopmann 2000, 185 – 263。
② Soutou 1996, 279.
③ Kohl 1971.
④ 关于法国这一时期的军事政策,参见 Rühl 1976。

1966年他在柬埔寨首都金边（Phnom Penh）面对十万听众发表著名演讲，敦促美国撤军。由于德国的生存安全依赖美国，它完全不可能采取类似法国的态度。

1967年阿拉伯国家与以色列之间的"六月战争"深刻改变了法国的中东政策。戴高乐不再坚持此前支持以色列的立场，试图确立法国的"阿拉伯政策"（politique arabe），将法国定位为一个不同于美国的独立角色。① 戴高乐的继任者们此后再未回归以前的亲以政策，这就让1967年之后法德两国对待世界政治中重大而持久冲突的立场明显不同。在越南战争和阿以冲突中，西德一方面由于其大屠杀（犹太人）历史，与以色列维持着特殊关系；另一方面因其同美国的安全关系，让它很难与法国形成共同立场。

在欧洲，尽管在《爱丽舍宫条约》中做出过承诺，但戴高乐从20世纪60年代中期到苏联入侵捷克共和国结束1968年的"布拉格之春"这段时间实行缓和政策（policy of détente）时，并未与德国进行密切协调。他寻求的是法国在欧洲外交中的领导作用，而不是与德国平等分享、紧密协调的领导角色。在戴高乐的总统任期结束时，法国和德国在重大外交政策问题上的裂痕比签署《爱丽舍宫条约》之时更大——这对两国在安全事务中采取共同行动的能力产生了持久影响，后来的事实证明戴高乐将军的重要外交与防务政策相当具有生命力。

塑造欧洲外交政策机制

启动欧洲政治合作机制

戴高乐在20世纪60年代推进欧洲外交政策合作遭遇重大失败之后，于1969年12月的海牙欧洲峰会首次提出了务实重启（合作）倡议。在此次峰会召开之前，1969年9月德国总理库尔特·格奥尔格·基辛格（Kurt Georg Kiesinger）在与法国总统蓬皮杜的双边会晤中提出了推进欧洲政治合作的想法。蓬皮杜同意这一倡议，但前提是这种外交政策合作处于"各国政府而不是一体化机构的控制之下"②。后来的德国总理维利·勃兰特完全

---

① Vaïsse 1998, 632–647.
② 蓬皮杜语，引自 Gerbet 1995, 74。

支持这些欧洲政治合作计划。① 德国勃兰特政府希望在"欧洲政治合作"（EPC）框架中推进欧洲外交政策协调，试图以此向其西方伙伴保证西德外交政策持续可靠，这是他积极的"新东方政策"（new Ostpolitik）的必要先决条件。② 在勃兰特的倡议下，海牙峰会指示成员国外交部长们起草详细的提案，最终形成了一份关于"欧洲政治合作"的创始文件——《卢森堡报告》（the Luxembourg Report）。欧共体六国商定将定期进行信息交流，每半年举办一次外交部长会议、各国外交部政治事务主管组成一个新的"政治委员会"，他们每季度召开一次会议，并承诺要就可能采取的共同行动协调各国意见。

勃兰特对"欧洲政治合作"提出的远景规划是让它在遥远的未来变为政治联盟，而且他以综合全面的方式推动这项工作：制定共同的对外行动，协调各成员国驻第三国的大使们的工作。这与法国的方式不同，蓬皮杜不认可让法国外交政策受欧共体六国集体外交的严格限制的想法，他认为这种外交政策并不存在。③

蓬皮杜延续了戴高乐主义传统，将新生的欧洲外交政策协调严格局限于政府间框架之内，坚持一致原则，明确将欧洲政治合作与欧共体框架分开，不愿共同体机构发挥任何作用。但与他的前任相反，蓬皮杜无意对外交政策进行宏大设计。④ 蓬皮杜及其继任者将欧洲政治合作作为"力量倍增器"（force multiplier）来使用，一旦欧共体/欧盟成员国就外交政策问题和共同方法达成一致意见，法国的主张就可得到数倍力量的支撑。巴黎将欧洲政治合作视为其外交政策实施的一项机制框架（除非法国准备单边实施其某项战略）。在东西方冲突期间，法国对北非和撒哈拉以南非洲等前殖民地地区的外交政策，乃是将它们看作本国的"禁猎地"（chasse gardée），换言之，这些地区不属于欧洲政治合作范畴，而是法国独家拥有的一块"狩猎场"（hunting ground）。⑤ 蓬皮杜和吉斯卡尔·德斯坦对发展欧洲政治合作的机制框架，让它能对超越现状都没有什么积极性。⑥

---

① Müller – Roschach 1980, 213 and 220 – 221.
② Allen and Wallace 1978, 65.
③ Gerbet 1995, 75 – 76.
④ Vaïsse 1995, 32.
⑤ Regelsberger 1989, 40; Wagner 2002, 97.
⑥ Wagner 2002, 97.

与法国的工具性思维相反，西德外交对待欧洲政治合作是将其看作一体化的一部分。① 当西德外交部长汉斯－迪特里希·根舍于1981年与意大利外长埃米利奥·科隆博（Emilio Colombo）共同发起一项支持政治联盟的倡议时，这一点得到了明显体现。法国对主权的关切影响了其对"根舍－科隆博倡议"（Genscher – Colombo Initiative）的立场，实际上该倡议包含进行更具约束力的欧洲外交政策协调，将欧共体委员会与欧洲政治合作的工作紧密联系等建议。在波恩事先告知法国后，巴黎并未支持这项倡议，这"有效地决定了该倡议的命运"②。不过，在1985年6月的欧洲理事会（米兰）峰会上，在法德共同提出签署"欧洲联盟条约"（TEU）的倡议中，巴黎同意进行更多的外交政策协调。当然，该提案所确定的成员国在外交政策协调方面的承诺和义务，不如"根舍－科隆博倡议"那样更具约束力和限制性。③ 但这些举措为后来将欧洲政治合作及设立秘书处（这是德国长期以来的一项要求）纳入1986年的"单一欧洲法令"（SEA）法律框架铺平了道路。

建立并加强"欧洲共同外交与安全政策"

冷战的结束，从根本上改变了欧洲的战略形势。对美国来说，欧洲这块旧大陆失去了它的主要战略意义。北约的未来变得模糊不清，随之而来的问题是如何将统一后的德国军队完全控制在北约的一体化军事结构之中。更广泛地说，一个统一的主权德国在新欧洲中的地位和作用需要重新定义。当之前的参照框架——东西方冲突和分裂的德国——消失后，法国的外交和安全政策也需要重新评估。④

科尔政府对这一挑战做出了回应，它强调德国外交政策的连续性，并坚定表态德国将自己绑定在欧盟的发展框架之中。⑤ 巴黎也跟波恩非常相像，对长期存在的"德国问题"给出了"欧洲答案"（European answer）。⑥ 货币一体化是实现这一目标一种手段（见第八章）。法国的优先考虑确实

---

① Rummel and Wessels 1983，41。
② Mazzucelli 1997，38；也见 Bonvicini 1987，185。
③ 两份文本都可见 Gerbet, de La Serre, and Nafilyan 1998。
④ 法国如何艰难地适应后冷战环境，参见 Hoffmann 1993；Cohen 1998；Vernet 2003；Bozo 2005。
⑤ Schmalz 2001。
⑥ Hoffmann 1993，130。

是《马约》谈判中的货币一体化，而科尔总理则明确将货币联盟与政治联盟二者联系起来，他经常将此挂在嘴边，内容既包括提升欧洲议会职权这样的机构改革，也包含逐步发展一项共同的欧洲外交和安全政策。①

《马约》为共同外交与安全政策提供了法律性的条约基础，确定了其目标、手段和决策程序。法国和德国以给欧洲理事会主席写信的方式，共同制定了欧洲外交政策机制改革的议程。至少有三封由科尔和密特朗联合署名的书信（1990年4月18日、1990年12月6日和1991年10月14日），法德两国外交部长洛朗·迪马和根舍也有一封共同署名的书信（1991年2月4日）。② 在1991年10月的联合署名信中，科尔和密特朗提交了有关共同外交和安全政策以及防务问题的条约条款草案，后来此草案的主要内容被纳入《马约》。这些联合署名的信件，反映了科尔与密特朗以及两国外长迪马和根舍之间的密切合作关系，在工作层面上也反映出法德两国常驻欧盟代表——皮埃尔·德博西厄（Pierre de Boissieu）和尤尔根·特朗普夫（Jurgen Trumpf）之间的良好同事关系——这两位代表后来在谈判过程中成为"共同外交与安全政策的关注焦点"③。

自1970年开始，关于欧共体/欧盟外交政策机制演变的争论集中在三个主要问题上：（1）欧洲政治合作/共同外交与安全政策的"共同体化"（communitization）程度；（2）欧洲理事会的"有效多数表决"问题；（3）行政能力。④ 巴黎倾向于以渐进而灵活的方式来确立共同外交与安全政策，以免它过多地限制本国的外交政策，它特别顾虑决策程序的变化，这样它就"接受了一个更加自信和不受约束的德国，愿意承担在此领域中的风险"⑤。考虑到在1990—1991年欧洲对海湾战争的不同反应——特别是德国不愿意向海外派兵，法国担心即使是最低限度的共同外交与安全政策也可能阻碍法国的自愿（voluntaristic）式外交政策。⑥

《马约》的三大支柱结构是法国人的想法，同第一支柱的传统共同体事务不同，共同外交与安全政策被明确界定为政府间合作类型。⑦ 从"欧

---

① Bozo 2005, 84 and 304; Woyke 2004, 43.
② 这些信件载于 Weidenfeld 1994。
③ Mazzucelli 1997, 93.
④ Wagner 2002, 54–55.
⑤ Hoffmann 1993, 141；也见 Mazzucelli 1997, 159。
⑥ Hoffmann 1993, 137；de La Serre 1998, 122.
⑦ *The Economist*, May 4, 1991, 29.

洲政治合作"发端,巴黎就拒绝外交与安全事务的"共同体化"。德国的(重新)统一也没有改变法国的态度。

对于欧洲理事会的"有效多数表决"问题,法国在马斯特里赫特做出让步,为提高决策效率允许以有效多数制作为表决程序。在这个问题上,法德两国与希腊、荷兰和西班牙的观点一致,但遭到了英国、丹麦和葡萄牙的反对。英国等国声称将否决任何这类不谨慎的举动。① 于是,密特朗和科尔在1990年12月的联名信中提出另一种提高决策效率的方法——"建设性弃权"(constructive abstention),以避免欧洲理事会的决策陷入僵局。该项提案于1997年成为《阿约》的内容之一。后来,在关于宪法条约的辩论中,法国首次同意在欧洲外交政策中"普遍"(in general)使用"有效多数表决制",对这项德国长期以来的要求做出了让步。② 我们很难评估这种让步是法国人的确改变了其对共同外交与安全政策方面主权问题的想法,还是说巴黎只是想转借英国之手来否掉这一制度性改革——英国也确实这样做了。对于2002—2003年的伊拉克冲突,法德未能领导欧洲的痛苦经历,使得法国决策者充分认识到在具有强烈跨大西洋安全色彩的国际冲突中,法国属于欧盟中的少数派,这让法国对外交领域施行"有效多数表决"非常谨慎。

关于共同外交与安全政策的行政基础以及在布鲁塞尔设置机构的问题,法国于1997年在阿姆斯特丹提议设立"共同外交与安全政策高级代表"的想法成功取得各方认可。③ 在"欧洲制宪大会"(European Convention)大会上,法国赞同德国提出的赋予"欧洲外交部长"④"双层帽子"的提议,即这位部长既隶属于理事会,并向欧盟理事会报告,同时他或她还任欧盟委员会副主席,既主持外长理事会,同时又拥有共同外交与安全政策事务的立法提案权。除了"外交部长"这一高调的头衔称谓在《里斯本条约》被修改为"欧盟外交和安全政策高级代表"(High Representative of the EU for Foreign Affairs and Security Policy,以下简称 HR 或"高级代

---

① Schild 1992,87. 对法德英三国的共同外交与安全政策的比较分析,参见 Wagner 2002。
② de Villepin and Fischer 2003,5.
③ French and Government 1996b. 也见1996年12月9日科尔和希拉克联合写给欧盟主席的信,载于 Woyke 2004,245-251。
④ Pleuger 2002.

表")之外，法德两国的这些提案都变成了今天的现实（carried the day）。①

德国是共同外交与安全政策内最活跃的超国家决策模式推广者。从《马约》到《里斯本条约》，德国一直主张实行多数投票制（majority voting）。德国政府还支持赋予欧洲议会共同外交与安全政策的预算权力，并主张欧盟委员会应积极参与该政策框架，但在这些问题上它都遇到了法国的抵制。在阿姆斯特丹，德国对法国关于为共同外交与安全政策设立"高级代表"职位的建议有所保留，因为这种机制创新将加强欧盟的支柱结构并导致高级代表和欧盟委员会对外关系委员之间产生竞争。②后来，德国接受并同意了共同外交与安全政策的政府间性质，没有坚持让欧盟委员会发挥强有力的作用。这为法德两国在共同外交与安全政策事务上达成共同方案提供了坚实基础。③但德国也提议让欧盟外交部长拥有双重头衔，将共同外交与安全政策和共同体事务二者联系起来，这保证了共同体支柱下的对外政策和共同外交与安全政策之间有着必要的协调与一致。

法德两国都积极支持共同外交与安全政策的"布鲁塞尔化"（Brusselization）——增强该政策领域在布鲁塞尔的机构和资源，例如，1997年为共同外交与安全政策高级代表配备了一个政策规划和预警处（"政策处"，policy unit），后来在《里斯本条约》中成立了"欧洲对外行动署"（European External Action Service，EEAS）——这是《里斯本条约》最重要的创新成果之一。

德国虽与法国有着明显的观念差异，但它"在制定外交与安全政策时，一直有同法国就欧盟进一步发展情况进行密切磋商的典型传统"，这一点无须过多言说。④根据时任德国外交部政策规划部门负责人沃尔夫冈·伊辛格（Wolfgang Ischinger）的观点，法德两国事先就议程设置达成的安排和相互妥协为马斯特里赫特峰会推出共同外交与安全政策发挥了关键作用。⑤在阿姆斯特丹峰会和《欧洲宪法条约》商谈过程中，法德两国同样起了核心作用。在构建外交政策机制方面，法德两国对发展一项全面

---

① Wagner 2002, 86; Weske 2006, 32; Maurer and Grunert 1998, 258; Wagner 2002, 85.
② Weske 2006, 32.
③ 2002年10月对法国外交部的访谈。
④ Maurer and Grunert 1998, 258; Wagner 2002, 85.
⑤ Ischinger 1993.

的共同外交与安全政策的总体目标形成一致意见，这使得条约改革的各个阶段法德均能发挥非常积极且成功的议程设置作用。在该领域，"代理妥协"的逻辑完全适用。法国和德国能够达成其欧洲合作伙伴可接受的妥协，是因为它们分别代表欧洲机制建设中相互冲突的政府间—超国家对立两端。

给欧盟加上防务维度

戴高乐曾说过："欧洲如果不能自己承担防御责任，就不会有自己的政策。"① 20世纪90年代初以来的几十年间，法德两国多次尝试将防务政策纳入欧盟的职责范围，并取得了部分成功。密特朗认为有必要打开通往欧洲自主防御的大门，尤其是要为美国撤离欧洲做准备。他认为，从长远来看，美国脱离欧洲是不可避免的。② 科尔赞同欧洲防务的观点，从而使德国的立场与法国人趋同，但他明确表示德国支持法国的一个重要先决条件是保证欧洲防务的性质是对北约的补充。法国将德国立场的这种"引人注目的变化"归结为科尔的个人信念。③

在马斯特里赫特峰会上，法国的首要任务之一就是以西欧联盟（WEU）框架为基础，为欧盟共同外交与安全政策增加防务维度。④ 科尔和密特朗在其1990年12月6日的信函中要求欧盟条约纳入一项真正的共同安全政策，使其最终发展为欧洲防务，后来他们又请求建立欧盟与西欧联盟之间的"有机关系"，这一点对密特朗来说至关重要。《马约》确实使西欧联盟变为"（欧洲）联盟发展的组成部分"[art. J. 4（2）]。但"这场在西班牙和比利时支持下的德国、法国战胜英国、荷兰、葡萄牙、意大利（较低程度的反对）的战役"⑤ 在某种程度上只是象征意义，而非实质意义上的胜利，西欧联盟仍与法国有关将其变成欧盟"防御武器"的设想相距

---

① 引自 Vaïsse 1998，201. 关于法德在安全、防务、军备，以及其他潜在领域的事务，见 Krotz 2011。

② Bozo 2005，310.

③ Bozo 2005，306.

④ Mazzucelli 1997，137.

⑤ de La Serre 1998，124.

甚远。

在1997年谈判《阿约》时，法国和德国建议在条约框架内以"差异一体化"的方式，开放一些外交政策和防务问题。① 加强次区域成员国合作确实写入了《条约》，但共同外交与安全政策里并没有阐明具体应怎样做。在法国和德国的坚持下，直到签署《尼斯条约》这种局面才得以改变。《尼斯条约》将加强合作的限制范围缩小到军事安全这一个领域。法德两国在2002—2003年欧洲制宪工作期间重新回到这个问题。两国政府对《欧盟宪法条约》的欧洲安全和防务政策的共同贡献主要就在于，它们为这一敏感领域打开了差异化一体化的大门。② 他们做到了。有些人认为，条约允许各个次国家集团以灵活的形式进行合作，这是欧洲安全与防务政策（European Security and Defence Policy，ESDP）领域最重要的创新。③ 但是，法德在将此政策转化成"安全与防务意义上的欧洲联盟"这一理想目标方面，未能走得更远。④

在阿姆斯特丹，法国和德国提交了逐步将西欧联盟纳入欧盟的共同提案，该提案得到了比利时、意大利、西班牙和卢森堡的支持。然而，持大西洋主义立场的英国，再加上奥地利、芬兰、爱尔兰和瑞典这些有着中立传统的成员国结成了反对联盟，此反对联盟最终取得胜利。⑤ 法德谈判先于欧洲层面的《阿约》谈判。1996年12月，法德国防和安全委员会应用了一个新的共同的安全和防务概念，不仅要求将西欧联盟逐步纳入欧盟，而且还强调日益增长的危机预防和危机管理任务。⑥ 瑞典提出了一项符合法国和德国偏好的倡议，根据此项提议，1992年西欧联盟峰会上首次商定的所谓"彼得斯堡任务"（Petersberg tasks）写入了《阿约》，具体包括人道主义和救援任务、预防冲突、维和、危机管理中的作战部队事宜，也包括调停（peacemaking）。到了《里斯本条约》，联合裁军行动、军事顾问、

---

① 1996年10月18日法德两国外长赫维·德夏雷特（Hervé de Charette）与克劳斯·金克尔男（Klaus Kinkel）向政府间会议提交的共同倡议，见Woyke 2004，241–245。

② de Villepin and Fischer 2002.

③ Diedrichs and Jopp 2003，29.

④ de Villepin and Fischer 2002，2–3.

⑤ 1996年12月9日科尔与希拉克致欧盟轮值主席的联署信件，见Woyke 2004，245–251；Weske 2006，32。

⑥ Bulletin des Presse – und Informationsamtes der Bundesregierung, No. 12, February 5, 1997, 117–120.

援助任务以及冲突后稳定任务也被列入共同防务的单子之中（art. 43, TEU）。

直到1998年12月在圣马洛（Saint Malo）举行的法英双边峰会上，西欧联盟才得以与欧盟合并——英国直到此时方放弃抵抗，认可防务可列为欧盟的一项政策领域。这为欧洲安全与防务政策的建立打开了大门，《里斯本条约》（*Treaty of Lisbon*）将它重新命名为"共同安全与防务政策"（Common Security and Defence Policy，CSDP）。因此，欧盟可以接管西欧联盟的任务和资产，后者目前已经解散。

在圣马洛，英国第一次支持这样一种观点："为了应对国际危机，欧盟必须拥有自主行动的能力，得到可靠的军事力量的支持，它可决定使用这些力量的手段，并去做这样的准备。"法国也改变了自己对待北约的立场，接受与其重新结盟，并赞同欧洲共同防务政策是"有助于一个现代化的大西洋联盟拥有活力，它是各成员国进行集体防御的基础"[1]。法国这样做展现了自己的现实主义，因为它发现自己过去关于"欧洲复兴"，建立一个完全独立于美国的自主欧洲防务体系的想法在欧洲内部没有什么追随者。

德国没有参加《圣马洛倡议》（*Saint Malo initiative*）。但德国在1999年上半年恰好同时担任西欧联盟和欧盟轮值主席国，这使其成为欧盟框架内推动圣马洛倡议的关键力量。[2] 施罗德抓住了这个机会，1999年6月，欧洲理事会科隆峰会为欧洲安全与防务政策提供了制度框架，包括政治与安全委员会、军事委员会和欧盟军事人员，这些制度在2000年尼斯峰会上正式确立。科隆峰会后仅半年，欧洲理事会赫尔辛基峰会就拟定了关于欧洲快速反应部队的"总体目标"，该部队包括6万士兵，可在60天内做好部署准备。《圣马洛倡议》及其后期的迅速发展，是因法国、德国和英国三方领导人将防务政策视为欧盟的任务，它是北约集体防务职能的一个例外。[3] 从法国的角度来看，巴黎—柏林—伦敦的"新欧洲三角"（new European triangle）是防务问题上一种很有前景的新型格局。[4]

---

[1] 法英圣马洛宣言的文本可见于此网址http://www.cfce.eu。
[2] Wagner 2006, 116–122.
[3] Hilz 2005, 233.
[4] Juppé 1999. 关于法德英三边领导的成就与局限，参见Hilz 2005；Schwarzer and Ondarza 2007。

另一个关于三边领导（trilateral leadership）的例子，是法德英提出的发展欧盟军事能力建议。在2003年2月的勒图凯（Le Touquet）双边峰会上，法国和英国提出了建立欧盟战斗群（EU battle groups）的想法。2004年2月，德国同法英两国共同签署了一份"深思文件"（food for thought paper），也搭上了这班列车。为了加强欧盟的预防冲突、维和与"强制执行和平"（peace-enforcement）能力，该文件提议建立一支由约1500名军人组成的欧盟战斗群，特别是可应联合国的要求迅速部署，参与根据《联合国宪章》第七章授权、针对失败或濒临失败国家的自动行动。① 这一理念和计划的提出，是建立在法国领导下，在刚果（金）执行的欧盟代号为"阿特米斯行动"（Artemis operation）的经验之上。② 2004年6月，欧盟部长理事会决定在2007年1月之前建立两支类似的、随时可以进行快速部署的欧盟战斗群。与其他成员国相比，法国和德国更经常参与这些随时待命的战斗群。③

在伊拉克危机的背景下，2003年春，欧盟三大国（法国、德国和英国）达成了一项三方协议——欧盟外交与安全政策高级代表哈维尔·索拉纳（Javier Solana）也参与其中，启动了欧盟成立以来第一份主要战略文件——《欧洲安全战略》（European Security Strategy，ESS）的起草工作。④ 该文件于2003年12月出台，其中概述了泛欧洲战略的一些基本内容。它包括对共同威胁的评估，确定了保证欧盟"睦邻"安全的战略目标，在欧盟东部和南部促进形成"一个治理良好的国家圈"，并提出要维护"以有效多边主义为根基的国际秩序"⑤。

有关20世纪80年代初以来法德防务合作的论述已有很多。⑥ 但关于法德安全与防务双边主义对欧盟层面影响的研究仍然有限。⑦ 实际上，巴

---

① "The Battle Groups Concept: UK/France/Germany Food for Thought Paper", Brussels, February 10, 2004, documented in: *EU security and defence core documents* 2004 (V), Institute for Security Studies, European Union, Paris, 2005 (Chaillot paper No. 75), 10 – 16, http://www.iss.europa.eu/uploads/media/cp076e.pdf.
② 法国提出此项动议的动机，见 Kempin 2004。
③ Major and Mölling 2010, 35.
④ Algieri 2010, 113.
⑤ "A Secure Europe in a Better World: European Security Strategy", Brussels, December 12, 2003, www.consilium.europa.eu/uedocs/cmsUpload/78367.pdf.
⑥ Kaiser and Lellouche 1986; Laird 1989; Leimbacher 1992a.
⑦ Menon 2001.

黎和波恩/柏林成功地启动了法德旅等双边倡议，随着比利时、西班牙和卢森堡的参与，法德旅扩展成为欧洲军团。欧洲军团在1998—2000年增援北约驻波黑多国稳定部队（SFOR），在2000年领导了北约在科索沃维和部队（KFOR）的国际军事行动，2004—2005年领导了驻阿富汗"国际安全援助部队"（ISAF）的国际军事行动。2010年4月，"魏玛三角"（法国、德国、波兰）外长在波恩会晤，启动了计划于2013年建成的"魏玛战斗群"（Weimar Battle group）一体化项目。①

法德军备局（the Franco–German Armaments Agency）是法德发挥领导角色的另一案例，它表明成员国小集团可就防务问题进行更紧密的合作。1995年12月，希拉克总统和科尔总理在巴登-巴登（Baden–Baden）举行的法德首脑会议上决定建立双边军备局，意大利和英国加入"先驱者小组"（precursor team），次年成立了一个欧洲军备机构——欧洲联合军备合作组织（OCCAR，法语为Organisation Conjointe de Coopera-tion en Matière d'Armement）。② 2003年，比利时加入了这个负责联合防务设备计划管理的组织，之后西班牙于2005年加入。不过在这一领域，法德两国以小集团方式综合推进一体化方法（将英国排挤在外或将其边缘化），远不如在货币事务中成功，原因在于德国目前并不具备与法国并肩的军事资源，它也缺乏同法国一道在欧洲安全与防务政策领域中发挥核心作用的政治文化。

因此，欧洲防务政策的重大突破是法英双边协议而非法德双边协议带来的结果——这并非巧合。

> 在欧洲的安全与防务政策领域，英国和法国——而不是法国和德国——分别代表了"大西洋主义者与欧洲人"相互对立的两端，德国处于某种中间地位，试图同时取悦英法两国。只有达成一份新的英法"友好协议"（entente cordiale），才会出现迈向欧洲安全与防务政策的重大飞跃。③

---

① *Der Tagespiegel*, April 22, 2010: Berlin, Warschau und Paris gründen Kampftruppe.

② Menon 2001, 115; 关于欧洲联合军备合作组织的历史和政治运作，以及它的法德源头，参见Krotz 2011, 第6章。

③ Bertram, Schild, Heisbourg, and Boyer 2002, 25. 欧盟各国对北约—欧盟安全与防务政策这对关系的立场光谱和发展演进，参见Howorth 2008, 146–160 and Stahl et al. 2004。

不过，英国人对于建设更加自主欧洲防务的意愿十分有限。伦敦方面一贯认为，欧盟的防务政策只是对北约框架的补充，必须对法德的野心明确设限。2003年，在伊拉克危机最严重的时候，法国、德国和比利时呼吁建立一个欧洲拥有自主权的军事行动总部，让欧洲能够独立策划和实施军事行动。最终，法国、德国和英国在2003年11月的三边协议中就此问题达成了妥协。英国赞同设立欧洲军事行动总部，而法国和德国承认该机构的规模要非常小，地位不能高——这是一项就最低标准达成的妥协。自2007年1月以来，欧盟在欧盟军事参谋部（EU Military Staff）内组建了一个人数很少的欧盟行动中心（EU Operation Centre），它可应理事会要求启动自主行动。2010年4月，巴黎、波恩和华沙建议设立一个永久性的民事—军事协调总部，2011年波兰在担任欧盟轮值主席国期间正式提出了该方案，并得到了时任欧盟外交与安全政策高级代表的凯瑟琳·阿什顿（Catherine Ashton）的支持，但却难逃遭英国否决的命运。[1]

在2008年担任欧盟轮值主席期间，法国试图制定新的欧洲安全战略，并进一步增加欧盟军事能力，但它发现德国对此兴趣不大。法国对德国一直不愿增加防务投入感到失望，因此转向伦敦。最终，法英两国于2010年11月签署了两项关于安全与防务合作的双边协议。法国和英国再次发挥了领导作用。这向德国发出了一个明确的信号，即只要德国和其他国家没有改善其对欧盟军事能力的贡献，法国和英国就愿意在共同安全与防务政策框架之外继续行动。[2] 这可能确实产生了"一种更多允许各国诉诸不同合作框架的菜单式多边主义（a more àla carte multilateralism）"[3]。

欧洲外交政策和ESDP（进行中的）行动

尽管在创建和发展欧盟外交政策体制，以及提升欧盟防务方面，法德两国的领导作用比较凸显，但它们对欧盟外交和安全行为的共同影响则不太明显。

后冷战时期的趋同趋势本使我们认为，在1990年以后法德两国应该比

---

[1] Adebahr 2011; Major and Wassenberg 2011, 2.
[2] Kempin and von Ondarza 2011, 3.
[3] Gomis 2011, 14.

以前更容易找到彼此的共同点。冷战的结束大大降低了德国对美国的安全依赖，使德国更愿意将防务政策纳入欧盟的职权范围；德国联邦宪法法院在1994年做出裁决，减少了原来对德国参与北约防区以外军事干预的限制。法国在马斯特里赫特峰会上也表态愿将其外交政策纳入一个比欧洲政治合作更具约束性的共同外交与安全政策框架，法国在2009年还实现了其北约政策的正常化，这也缩小了与德国的距离。德国安全政策的"欧洲化"（Europeanization）同法国降低其反对北约的态度相呼应。然而，在冷战后的头20年里，法德间依旧存在分歧，继续阻碍法德对欧洲外交与安全政策的确定和执行发挥共同领导力。

德国长期以来的"克制文化"（culture of restraint）以及德国国内政治精英和广大民众对德国在欧洲以外地区进行军事干预的反感，仍然使法德两国之间存在隔阂。从德国拒绝参加1990—1991年海湾战争期间的军事行动，到2011年它拒绝与法国、英国一道共同打击利比亚卡扎菲政权，我们发现法国和德国的立场都处在相对立状态。德国在利比亚事件中的态度，引发了法国对共同外交与安全政策的前景以及对德国是否可以帮助欧盟在世界政治中发挥积极和独立作用的强烈质疑。由于欧盟内部无法协调一致行动，法国和英国只能自己出头。

法德各自的外交和安全政策目标针对的地理范围也不一样。1994年，德国国防部长沃尔克·鲁赫（Volker Rühe）公开澄清，欧洲军团（Eurocorps）绝非一支远征的"非洲军团"（Afrikakorps），而当时法国防长莱奥塔德（Léotard）刚刚宣布德国可能参与非洲军事任务。① 2003年，当巴黎敦促柏林参加在刚果（金）实施的一次欧洲安全与防务政策行动时，德国非常不情愿，仅仅提供了微不足道的贡献。柏林还断然拒绝参加欧盟在乍得东部和中非共和国东北部实施的乍得—中非共和国军事行动（EUFOR Tchad/RCA）行动。法德两国之间存在这些差异的原因可追溯到它们的历史遗产、与非洲目前关系的密切程度以及是否需要在非洲树立外交榜样。

德国国防开支和军事资源不断下降，这是它与法国和英国不同的另一个因素。② 不过尽管存在这些障碍，自2003年以来法国和德国依旧一直是欧洲安全与防务政策实施民事和军事性质任务最积极的推动者和贡献者

---

① Meimeth 2000, 357.
② Wagner 2006.

（见表9.1）。

表9.1　　　　　　　　法国和德国参与的ESDP任务

任务/行动	类型和期限	历任领导国家（目前或之前）	贡献（派出人员/军备数目）	
			法国	德国
"协和"（Concordia）行动；前南斯拉夫马其顿共和国	军事 2003年3月—2003年12月	德国、葡萄牙、法国	√（82人）（2003年12月）	√（4人）
"阿特米斯"（Artemis）行动；刚果（金）	军事 2003年6月—2003年9月	法国、法国	√（1639人）（2003年9月）	[√][7人，仅限于设在巴黎的行动司令部（OHQ）]
代号为"木槿花"（Althea）的欧盟驻波黑维和行动	军事 2004年12月—2012年3月	英国、英国、奥地利、西班牙、德国、意大利、英国	√（4人）（2009年10月）	√（129人）
欧盟多国维和行动刚果（金）	军事 2006年6月—2006年12月	德国、法国	√（975人）（2006年11月）	√（745人）
欧盟驻乍得/中非多国维和行动	军事 2008年1月—2009年3月	爱尔兰、法国	√（2010人）（2009年2月）	[√][4人，仅限于设在巴黎的行动司令部（OHQ）]
欧盟海军行动索马里；代号为"亚特兰大"（ATALANTA）的打击海盗行动	军事 2008年12月—2012年12月	英国领导，德、法任副手；德国、希腊、西班牙、荷兰（轮流）	√（1艘护卫舰；1架侦察机）	√（2艘护卫舰；2008年12月）
欧盟驻索马里军事训练行动（EUTM）	军事 2010年4月—2012年12月	爱尔兰、西班牙、爱尔兰、西班牙	√	√
欧盟驻波黑警务特派团（EUPM）	民事—军事 自2003年1月以来	德国	√	√

第九章　外交与安全政策

续表

任务/行动	类型和期限	历任领导国家（目前或之前）	贡献（派出人员/军备数目）	
			法国	德国
刚果（金）安全部门改革行动（EU-SEC RDC）	民事—军事 2005年6月—2012年9月	法国、葡萄牙	√	√
欧盟支持特派团（AMIS）（达尔富尔）	民事—军事 2005年7月—2007年12月	瑞典、英国	√	√
几内亚比绍安全部门改革行动（EU SSR Guinea Bissau）	民事—军事 2008年6月—2010年9月	西班牙、西班牙	√	√
马其顿"'比邻星'欧盟警察任务"（EUPOL PROXIMA/FYROM）	民事 2003年12月—2005年12月	德国、比利时	√	√
"欧盟驻格鲁吉亚法治特派团"（EUJUST Themis, Georgia）	民事 2004年7月—2005年7月	法国	√	√
欧盟驻金沙萨警察特派团（EUPOL Kinshasa）	民事 2005年4月—2007年6月	葡萄牙	√	—
"欧盟驻伊拉克法律特派团行动"（EUJUST LEX – Iraq）	民事 2005年7月—2012年6月	匈牙利、瑞典、西班牙、英国	—	√
"亚齐监督团"（Aceh Monitoring Mission）	民事 2005年9月—2006年12月	荷兰	√	√
"摩尔多瓦和乌克兰的欧洲边界援助委员会"（EUBAM Moldova/Ukraine）	民事 2005年11月—2009年11月	匈牙利	√	√
欧盟驻拉法口岸边防特派团（EUBAM Rafah）	民事 自2005年11月	法国、意大利	√	√

续表

任务/行动	类型和期限	历任领导国家（目前或之前）	贡献（派出人员/军备数目）	
			法国	德国
"欧盟警察咨询小组"（EUPAT FYROM）前马其顿南斯拉夫共和国	民事 2005年12月—2006年6月	德国	√	√
欧盟驻巴勒斯坦警察特派团（EUPOL COPPS）	民事 自2006年1月	瑞典、英国、英国、英国	√	√
欧盟驻阿富汗警察特派团（EUPOL Afghanistan）	民事 2007年6月—2013年5月	芬兰、丹麦、德国、德国	√	√
欧盟驻刚果（金）警察特派团（EUPOL DR Congo）	民事 2007年7月—2012年9月	比利时	√	√
"欧盟驻科索沃法律特派团"（EULEX Kosovo）	民事 2008年2月—2012年6月	法国、法国、荷兰；副司令：英国、英国	√	√
"欧盟驻格鲁吉亚监督团"（EU MM, Georgia）	民事 自2008年10月	波兰、德国；副司令：瑞典、法国	√	√

资料来源：Asseburg and Kempin 2009；Faria 2004；Grevi, Helly, and Keohane 2009；Pirozzi and Sandawi 2009；Soder 2010；European Union External Action, EU Common Security and Defence Policy：Overview of the missions and Operations of the European Union, March 2012 http：//www.consilium.europa.eu/eeas/security-defence/eu-operations；Overview of German contributions to UN or UN mandated peace missions http：//www.auswaertiges-amt.de/DE/Aussenpolitik/Friedenspolitik/VereinteNationen/Friedensmissionen/Friedensmissionen-D_node.html#doc345504bodyText1；Permanent Mission of France to the United Nations in New York：Peacekeeping Operations, Presence of French troops in foreign theaters of operation http：//www.franceonu.org/spip.php?article3645.

后冷战时代的主要冲突与过去不同。我们发现法德之间的趋同/分歧和领导能力依照不同冲突体现为不同模式。前南斯拉夫战争是法德两国分歧阻碍它们对欧洲发挥共同领导作用的案例，它们没能有效领导欧洲管控危机。在 2002—2003 年的伊拉克冲突期间，法国和德国有共同立场，但这两个公认的领导者却没有多少国家追随，导致欧洲共同外交与安全政策问世以来最严重的分裂。与伊朗在其发展核武器抱负上的冲突，成为法德领导角色对世界政治产生重要影响的唯一案例。事实证明，法国与德国连同英国一道能在欧盟内部发挥建设性领导作用，对该冲突的走向产生了一定影响。

南斯拉夫内战是欧洲自 1990 年后面对的一场最重要的冲突。在此次危机管理行动中，法德关系本身成为问题的一部分，而不是解决方案的一部分。法国和德国对冲突的评估，以及各自倾向选择的补救办法均存在巨大分歧。密特朗认为，这场"部族战争"（tribal war）① 是由种族紧张关系所致，各个分裂的共和国负有主要责任，他试图避免南斯拉夫联邦分裂，并强调边界不可侵犯。科尔政府则认为，这场战争是塞尔维亚民族的政治侵略，斯洛文尼亚和克罗地亚是战争的受害者，他强调的是自决权。因此，波恩强烈要求早日承认克罗地亚和斯洛文尼亚的独立，这导致局势非常紧张，特别是让德国在 1991 年下半年与法国和英国的关系相当紧张。

法国和德国都采取了一些单边行动：1991 年底，德国在执行欧共体的条件性决定时，在协议日程规定之前就先承认了斯洛文尼亚和克罗地亚的独立地位；1996 年，法国以一种"报复犯规"（revenge foul）② 的方式，单方面率先承认了残存的南斯拉夫联邦共和国。虽然德国在早期的国际化推动了冲突，但积极参与联合国驻前南斯拉夫保护部队（UNPROFOR）维和行动的却是法国和英国。由于宪法原因和历史原因，德国国防军（Wehrmacht）曾在第二次世界大战期间对巴尔干地区造成破坏，德国对维和行动比较冷淡。虽然法国与英国希望组建一个国际同盟，并让欧盟在波斯尼亚战争中扮演中立调解者的角色，但德国和美国渐渐地选边支持塞尔维亚扩张主义的受害者，并呼吁取消对被侵略方的武器禁运。③ 欧盟明显处于松散状态，不仅是因为法德之间存在分歧，它也没有进行果断干预的意愿和军事手段，因此它难以实现停火或和平解决此次冲突，遭遇到惨痛失败。

在双方存在深刻分歧的背景下，法德两国外长不断努力发表一些共同

---

① Stark 1992, 340.
② Maull and Stahl 2002, 98.
③ Stark 1995, 172.

声明，试图达成一份书面的妥协方案，最终在 1993 年他们共同提出了"金克尔—朱佩计划"（the Kinkel – Juppé plan）。① 该计划建议提供有军事保障的人道主义援助，为波斯尼亚制订和平方案——保留波斯尼亚，但将其分为三部分，并将塞尔维亚在领土问题做出让步与解除对其制裁相挂勾。这份共同倡议表明在严重双边分歧会威胁到法德双边关系整体框架时，法国和德国对这对双边关系的重视程度。"金克尔—朱佩计划"促使欧盟在 1993 年 11 月通过一份行动计划，它影响到结束波斯尼亚战争的《代顿协定》（the Dayton agreement）。②

在 1998—1999 年的科索沃冲突期间，法国和德国也面临着如何寻求共同立场和协调欧洲应对方式的挑战。德国提出了一些重要倡议，比如在 1999 年 2 月举行的"朗布依埃会议"（Rambouillet conference）是留给外交解决最后的机会，但当时德国发现自己被法国和英国边缘化了。③ 1999 年 4 月 14 日，德国提出了一项名为"菲舍尔计划"（the Fischer plan）的和平解决倡议。此外，在 1999 年上半年德国同时担任欧盟、八国集团（G8）和西欧联盟的轮值主席国，它制订并提出了全面的冲突后稳定计划——《东南欧稳定公约》（Stability Pact for South Eastern Europe）。

    总的来说，法德两国的"共同点更多地建立在言辞而非行动的基础之上……法德双驾马车（Franco – German tandem）在哪一个阶段都没能真正影响到冲突的发展"④。

2002—2003 年的伊拉克危机和战争证明，法德在世界政治重大问题上的趋同并不能保证它们在欧盟共同外交与安全政策中共同发挥领导作用。⑤ 在 2003 年 1 月纪念《爱丽舍宫条约》签署 40 周年之际，希拉克和施罗德公开表达了他们对美国伊拉克政策的共同谴责，而且法德两国还拒绝跟随美国，没有参加打击伊拉克的军事联盟。或许，其他欧洲国家已经将欧洲在这场冲突的深刻分歧视为一种事实。然而，真正让它们感到不安的问题

---

① Pfeiffer 2006, 107 – 112.
② Maull and Stahl 2002, 92.
③ Hofmann 1999.
④ Maull and Stahl 2002, 208.
⑤ 关于此次危机中法德领导力的另一种看法，参见 Müller – Brandeck – Bocquet 2003。

是，希拉克和施罗德被认为是在假装代表欧盟发声，而实际上欧盟在伊拉克危机这场冲突中仅能勉强有一些最低标准的共同立场。① 希拉克和施罗德的公开表态在欧盟内部引发了强烈的反对意见：1月30日以英国和西班牙为首的欧盟一些成员国签署了"八国宣言"（Letter of 8），2003年2月5日申请加入欧盟的中东欧国家签署了"维尔纽斯宣言"（"Vilnius 10" letter）。这两封信都明确表示支持美国的政策。这导致了希拉克发出了对欧盟候选国行为的著名评论——"教养不好，它们失去了一个保持沉默的好机会"。这一指责无益于法德两国在跨大西洋伙伴之间存在分歧之时发挥可被接受的领导作用。②

在这场涉及跨大西洋伙伴关系的重大国际冲突中，德国采取一种"戴高乐主义"的立场，非常罕见地与法国有了一致的理念。但法德两国却发现它们共同属于少数派，这使它们之间的理念趋同变得几乎毫无意义。在共同外交与安全政策陷入瘫痪之际，法国和德国在联合国展开双边外交攻势，以阻止安理会就伊拉克冲突通过第二项决议——要求对萨达姆·侯赛因（Saddam Hussein）政权使用武力的决议。法国和德国成功挫败了美国推动决议通过的企图。然而，此举也付出了很高的代价：对跨大西洋关系造成了很大伤害；对联合国和美国来说，以美国为首的联军在没有得到联合国明确授权的情况下就发动了战争；欧洲通过共同外交与安全政策协调行动的能力遭到质疑；也削弱了法德两国在欧盟内部领导外交政策制定的合法性。

相比之下，法德英三国外长就伊朗核计划提出的"欧盟三大国"（E-3）外交倡议，则是欧洲成功发挥领导作用的一个例子。③ 这种"欧盟三大国"（E-3）模式——欧盟高级代表索拉纳于2004年加入其中，得到了欧盟理事会的支持并被重新贴上"欧盟三大国/欧盟"（E-3/EU）的标签，它在2003—2005年在伊朗与美国间发挥了调解作用。这项调解倡议由英国提出并获得美国支持，促成一揽子协议，暂时中止了伊朗掌握完整的核燃料循环技术的尝试。该协议包括支持伊朗加入世贸组织（WTO），并承诺签订贸易与合作协议以换取德黑兰做出放弃发展核武器的可信承

---

① Dembinski and Wagner 2003, 34.
② 引自 Lewis 2009, 436-437。
③ 关于这场欧盟三大国/欧盟的伊朗斡旋外交，参见 Harnisch 2007；Harinsch 2008；Tocha 2009。

诺。不过，在新任总统艾哈迈迪·内贾德（Ahmadinejad）的领导下，伊朗于2005年8月恢复了铀浓缩活动。美国小布什政府也没有支持"欧盟三大国/欧盟"（E-3/EU）的外交行动，向伊朗提出要约，欧洲的调解最终以失败而告终。[①] 后来，这场外交活动变成所谓的"P5+2"形式，即联合国安理会五个常任理事国再加上德国和欧盟外交与安全政策高级代表。

这种代表欧盟采取行动的小集团，代表着法德两国在对问题的认识、利益和目标方面趋同的情况下发挥领导力的一种新渠道。在一定的条件下，比如局势的发展需要迅速、灵活、保密和持久的外交行动，拥有27个成员国的欧盟理事会显然不适合就某项任务做出决策、而欧盟外交与安全政策高级代表则可能缺乏必要的外交影响力，这时法德两国发挥领导力就能够成为欧盟其他成员国接受的一种合法的外交决策模式；[②] 当然法德这样的小集团行动还须得到欧盟理事会和高级代表的支持，它们行动的总体路径也应获得理事会的认可。

本章小结

外交、安全和防务政策合作不属于法德两国在欧洲扮演领导角色的传统领域。我们发现有一种鲜明的对比。一方面，后冷战时期，法德两国在欧盟外交政策机制的建立和发展过程中发挥了重要作用：是它们积极推动欧盟在防务维度上的发展，它们对原则界定和机制设置方面做出了重要贡献，并为欧盟实施行动提供了政策工具。另一方面，它们共同利用这些机构和工具的能力和意愿却甚为低下。我们发现，法国和德国深度参与了在欧洲安全与防务政策框架下实施的民事与军事性质的行动。然而，在过去20年世界政治发生的重大危机和冲突中，事实也证明法国和德国经常无法在欧盟内部发挥带头作用。

在国内层面上，法德两国因历史遗产、战略背景和总体外交政策取向等方面的长期差异，在许多情况下都出现政策偏好上的分歧。在防务政策领域，法德两国在防务开支和军事资源上的差距不断扩大，这也降低了它

---

① Harnisch 2008, 101 - 102; Tocha 2009, 21.

② Schwegmann 2005, 1.

们发挥欧洲领导角色的综合实力。

不过自冷战结束以来的几十年里，受国际因素的影响，法德之间出现了一定的趋同态势。后冷战时期的国际环境开启了机遇之窗：在发展欧洲防务政策问题上德国逐渐向法国的立场靠近，而法国通过重新回归北约而与德国的偏好趋同。在冷战时期，这两个变化都是不可想象的——因为德国对美国存在安全上的依赖，而北约军事一体化限制了法国国防政策的自主性。

在法德之间偏好趋同的情况下，欧洲层面上的行为体组合却阻碍了它们两国发挥领导力。外交与安全是一个实行全体一致同意规则的政策领域，此领域中存在的多重冲突常常为法德领导和共同行动造就不可逾越的障碍。大西洋主义者反对戴高乐主义者，超国家治理的拥护者反对政府间主义者，在使用武力的问题上拥有长期军事干预历史的国家反对那些在军事行动方面受到国内强烈限制的国家，承担相互防御义务的国家反对中立或不结盟国家。尽管如此，我们还是发现有证据表明：当法德两国组成成员国小集团时，在它们之间利益一致的基础上就有可能发挥领导作用——"欧盟三大国/欧盟"（E–3/EU）对核不扩散政策的影响，就是这样的一个有趣案例。

在外交政策机制建设领域，"代理妥协"的逻辑在很多情况下都得到了体现，法国和德国成功地在对立阵营之间架起了桥梁，并在条约改革的各个阶段促成了这些妥协。但这一逻辑并不完全适用于防务政策，因为法国和德国既不分别代表超国家主义—政府间主义的光谱两端，也不是"大西洋主义—戴高乐主义"（Atlanicist–Gaullist）的两个极端。因此，在建设欧洲安全与防务政策上的突破需要法国和英国之间在圣马洛峰会上达成相互理解。

这种基于法国和德国之间相互交换让步的"代理妥协"逻辑也不太适用实际外交行动。这一领域的变化层出不穷，决策需要随时不断因客观情况调整和修订。因此，双边妥协的结果不可能一劳永逸地压倒各种不断出现的分歧，这就妨碍了欧盟成为一个具有凝聚力的全球角色——尤其是在国际重要冲突之中。

但在利害关系不断升级的时候，我们也找到了强有力的证据说明法国和德国对两国关系的高度重视以及它们对双边关系的依赖程度。南斯拉夫的解体，使得法德之间面临出现更深更持久裂痕的严重风险。日益加剧的双边紧张局势促使法德两国迸发出积极加强协商的动力,它们共同努力确定共同立场,并充分利用了它们的双边政府间网络以应对危机。最终,法国和德国联合制定了一项和平提案,即"金克尔—朱佩计划"。虽然法德两国并没有发挥完全有效的领导作用,但密切的双边协调使两国在其他领域的关系免遭该领域分歧的侵蚀。值得注意的是,在围绕这场冲突的双边紧张关系达到高潮的几个月里——在欧洲历史上的其他时期很可能会将法国和德国拖入对立阵营——法国和德国政府却在充分解决《马约》谈判问题方面进行了密切合作。

结　语

欧洲的嵌入式双边主义

自《爱丽舍宫条约》签署以来，法国和德国之间已经形成了一条持久的双边纽带。我们需要对法德关系——这样一组在欧洲中心牢固确立的特殊双边关系，加以认真分析，它具有值得深思的特点和惊人的韧性，而且两国从过去到如今在共同塑造欧洲政治和欧洲政策方面发挥了重要作用。五十多年来，法德两国对地区事务和欧洲一体化进程的影响是非常关键的。假如法德关系发展成为另一种情况，今天的欧洲则将会是另一番景象。

本书提出的概念和所做的实证研究都重点强调了双边层面，这是现有欧洲一体化和地区政治研究的社会科学方法常常忽视的一点。法德两国之间的双边体制结构具有多方面的政治意义，它让法德两国拴"在一起"（together），并以一系列关系将两国固定在欧洲大陆的核心，从而对欧洲产生了深远影响。这种双边关系在制度上的效果，就体现在欧洲的地区一体化之中。但法德一体化是很特殊的一种一体化，一方面它发生在以布鲁塞尔为中心的多边欧盟框架之外；另一方面它是更广义的多边一体化的重要组成部分。法德关系构成了欧盟最重要的一个子系统。[①] 然而，研究欧洲一体化的学者在很大程度上忽略了对其进行系统研究，或许是因为该领域研究长期以来的关注重点一直是布鲁塞尔。

法德关系和两国在欧洲的强势地位，乃是同一枚硬币的两面。忽视这一点，就无法认识欧洲政治和历史在过去半个世纪里的关键推动力。本书提出的嵌入式双边主义视角，有助于揭示和理解法德这一特殊双边秩序现实，并可以解释法德两国长期以来对欧洲一体化重要的政治影响，尽管它

---

① de Schoutheete 1990.

们的影响力并不均衡。

21世纪欧洲政治的变迁再次凸显了法德双边主义对欧洲的政治意义。尽管欧洲进入危机迭发期，但这种嵌入式双边主义至少到现在阻止了欧洲走上过去它曾踏过的历史道路，让欧洲的未来不同于半个世纪之前的欧洲地区政治。尽管法国和德国之间权力不对称的增加可能对这一双边关系带来新的挑战，但欧盟近年来遭遇的一连串麻烦还是很好地强化了法德关系。

团结在一起：双边关系的韧性和适应性

世界上某些地区团结在一起，并不是自然而然的事情。实际上，20世纪末的历史经验提醒我们切勿假设世界社会的某些部分一定会扭在一起，并当它们团结之时警告我们不要将此视为理所当然的现象。生动的分裂案例可谓比比皆是——从华沙条约组织解散到苏联解体再到前南斯拉夫的分崩离析。曾经团结在一起的某个整体，或许会以令人惊讶的速度崩溃。相比之下，法德之间的关系却历经50多年仍未破裂。

那么，过去半个多世纪以来，为什么法国和德国一直保持着特别紧密的双边关系？

的确，尽管国内不断发生重大变化，区域和国际形势斗转星移，但法德双边关系却历久如常。它经历了法德两国一系列政治、经济和社会危机；见证了欧共体/欧盟从最初的6个创始国扩大到28个成员国；也经受住了欧洲一体化的数次重要深化以及欧盟内部非常复杂的差异化挑战。在经历了柏林墙倒塌、苏联解体、德国统一以及全球化的扩展和美国单极的崛起与明显衰落等事件之后，法德关系依然没有破裂。半个世纪以来法德两国通过一种特别的方式保持了团结，这种方式在1989年欧洲剧变后继续延续，并且在后冷战时期的频繁动荡的年代证明了自己的可行性，向当今21世纪世界政治展示了自己的影响力。

法德双边秩序主要由三个部分组成：（1）一套独特的规制化政府间主义；（2）一系列象征性的行动与实践；（3）广泛而多样的支持国家间关系的准公共联系。每一种互动类型都可产生独立的效果或含义。例如，规制化政府间主义将法德的双边行为标准化，并预先结构化设定双方交往的程序，令双边关系经受住各种国内或国际动荡的考验。象征性的行动与实践则一直灌注法德团结的价值，使它成为法德两国的主导理念，从而塑造出关于法德正常关系的新标准，且为各类相关政策或行动的成败确立了参照依据。最后，法德准公共关系通过深化跨政体的互动活动加强了两国间关系。

这些双边秩序是由一些重要人物提议创立的，但后来它们综合产生的效果却超出了创立者原先的预期，它们的主体建筑让法德双边关系具备了超越历史的韧性，而且也使得法德关系很好地适应了政治上的变化。

数十年来，法德互动及其代表的意义已经深入最高政治领导人、外交官、政府各部官员以及许多准公共交往参加者的逻辑和节奏之中，创造出一种不同于国内治国理政或多边区域一体化事务的另一种层次的政治。这些双边关系模式，具有自身的逻辑和现实表现。它们不能被还原为法国或德国的国内政治、地区性的欧盟事务或更广泛的国际关系。随着时间的推移，这些联系已经具有了自主性和持久性，它们独立保护自己免受国内、欧洲或国际事务变迁的冲击。当政府间主义、象征行动与实践以及准公共模式在自我发展之时，它们并未随波逐流，明显呈现出一定的规律性和稳定性。

法德两国的规制化政府间主义、象征性行动与准公共关系有助于防止两国关系破裂，同时也让法德关系变得更灵活。这三种类型的双边实践塑造了它们周边环境的结构性变化和转型。它们是变化中的连续性、连续性中的变化。总体而言，是它们让法德两国在各种变化之中依旧可以一定方式保持团结。①

当然，法德两国之间有过摩擦、曾相互发火甚至偶尔还会争斗，两国国内在不同时期都会进行重要调整，外部重大冲击常常接踵而至，这些都会给两国关系带来挑战。但法德"双驾马车"并未解体或衰落。两国政府间关系的规制化、一系列象征性行动和实践给双边关系注入并延续的社会意义，以及支持两国双边关系的准公共关系网络，帮助法德始终团结在一起。

在《爱丽舍宫条约》签署50年后，法德关系已成为欧洲稳定的重要支柱，它也是欧洲地区政治中的一根基础性制度支柱。事实上，在谈到法

---

① 表1.6简要回顾了过去50年来的法德双边关系、其三个主要组成部分（和相关实证案例）及其各自的作用，还指出了所有这些实践与行动的整体意义。

德关系时,一位资深的欧洲政治评论家甚至称其为"自(德意志)联邦共和国成立以来法德关系的幸运演变……是20世纪为数不多的一个成功故事"①。

对欧洲政治和政策的影响

法德两国对欧洲政体和欧洲政策的塑造,共同发挥了根本性影响。不过与此同时,法德的影响力的大小也因不同政治领域和不同时段而存在差异。

在某些政策领域和阶段,法德领导角色具有关键意义或发挥了决定性作用。例如,在欧洲货币问题和共同农业政策方面,当共同体在陷入滞胀后的"重启"(relaunching)阶段,通常在政府间决策过程中,以及近年来欧洲深陷危机期间。在上述情况中,法德两国通过设置议程、达成妥协、危机管理和结成次级集团等方式引领欧洲一体化和欧盟政治发展,它们的联合领导作用十分明显(见表10.1)。然而,在外交、安全和防务或扩大政治等领域,法德两国的共同影响与领导作用则并不那么突出。

为什么法德两国对塑造欧洲的共同影响,会随不同类型的政治决策、欧盟政策领域和时间阶段而表现得如此不平衡?

我们的研究结果表明,双边、国内、欧洲区域以及国际等层面上几个因素的不同组合,是导致了此差异的主要原因。这些因素给法德两国的共同影响力设置了条件,并控制了其作用的发挥。②

只有认识到法德两国在欧洲一体化历史中的重要时刻和转折点上共同发挥的作用,才能较好地把握欧共体/欧盟的总体发展轨迹。1969年海牙峰会以及1984年在枫丹白露举行的欧洲理事会会议均结束了欧洲一体化的严重停滞期,打破这两次决策僵局要归功于法德两国,正是它们的协调准备工作才为达成复杂的欧洲一揽子协议铺平了道路。同样地,法德两国在议程设置方面发挥了显著的作用,在建立经济与货币联盟和政治联盟方面达成的双边妥协推动了《马约》的签署——这是1957年以来最重要的一

---

① Weisenfeld 2008,687.
② 表1.9概括了解释法德两国对欧洲政治和政策在不同领域和时间产生不同影响的主要因素。

次条约改革。在欧洲制宪大会谈判期间以及通往《里斯本条约》的过程中，法德两国同样共同做出了重大贡献，它们在关键问题上达成了相互妥协。正如本书第五章到第九章所阐述的那样，在欧盟机制和条约改革的不同阶段，法德两国通过相互让步和交换，对塑造欧盟兼具政府间和超国家特征的政体发挥了决定性影响。

表 10.1　　　　法德领导：类型、方式、资源与行为体组合

领导类型	案例	提供领导能力的方式	领导能力资源	行为体组合
推动一体化	共同农业政策	促成妥协	财政资源；谈判前密切的双边准备工作	法德两国在重大问题上持对立立场
	欧洲货币体系	议程设置与促成妥协	具体的经济资源；谈判前密切的双边准备工作	目标趋同，但法德两国在重大问题上处于对立阵营
	马斯特里赫特—经济与货币联盟	议程设置与促成妥协	具体议题上的经济资源；补偿支付；以排斥相威胁；谈判前密切的双边准备工作	目标趋同，但法德两国在重大问题上处于对立阵营
	马斯特里赫特—政治联盟	议程设置与促成妥协	整体的结构性权力；谈判前密切的双边准备工作；以排斥相威胁	在许多问题上持对立立场；在安全/防务问题上立场相同
结束决策僵局	1969年海牙峰会/1984年枫丹白露峰会	议程设置与促成妥协	整体的结构性权力；谈判前密切的双边准备工作；法国作为轮值主席国的作用	问题相关，将一致和有分歧的偏好混合处理
经济危机管理	主权债务危机	妥协建设，偶尔议程设置	具体资源：经济实力、财政资源；谈判前密切的双边准备工作；形成次级集团	法德两国在重大问题上持对立立场

续表

领导类型	案例	提供领导能力的方式	领导能力资源	行为体组合
建立次级集团	申根协议	以身作则；议程设置；组建联盟	人口与地域	法德拥有趋同偏好/在同一阵营
	欧洲联合军备合作组织（OCCAR）	领导以身作则；议程设置；组建同盟	具体议题上的资源：军费开支	法德拥有趋同偏好/在同一阵营
	欧盟三大国/欧盟（E-3/EU）	小多边的外交合作	具体议题上的资源：外交影响力、经验和手段	法德拥有趋同偏好/在同一阵营

在关键的政策领域，我们的研究也表明法德两国发挥了至关重要的影响。从20世纪70年代欧洲货币合作开始到现在，货币一体化已成为欧盟内法德双边主义最重要的政策领域。除共同农业政策之外，法德两国在其他任何领域都没有发挥如此具有决定性的影响力。在未来十多年里，管理欧元危机、应对危机后果以及彻底改革经济治理结构都将是欧洲政治的主要问题。因此，法德秩序极有可能成为未来欧盟演变的持久特征。

然而，在其他领域——例如欧盟扩大政策或《单一欧洲法令》，法德两国却未能在议程设置方面发挥共同作用，只是在某些时候偶尔达成妥协。在安全与防务政策方面，法德两国协作本来应该非常有益但却未能发挥决定性的作用。在这一领域，是法英两国达成的协议推动了更广泛的欧洲层面上的协作，形成了更广泛的欧洲立场。

此外，自20世纪90年代中期以来，法德两国常常削弱市场改革的力度，例如在电力自由化和服务指令领域。法德两国导致共同体规则空心化的例子也时有发生，例如它们都曾经违反《稳定与增长公约》。

国内层面的因素，有助于解释影响力的差异。例如，不同的政体理念和政策目标阻碍了法德两国在戴高乐时代在机制问题以及外交与安全政策领域发挥共同领导作用。目标一致和经济政策的不断趋同，则解释了两国为什么在20世纪80年代中期共同支持欧洲单一市场，而且也可以部分解释为何法德两国在通往经济与货币联盟的过程中扮演了不容置疑的领导角色。这一案例同许多其他案例一样，法德不同但又互补的国内偏好构成法德双边主义对欧洲一体化进程产生巨大影响的基础。在基本目标方面有共识，但在如何最好实现目标的方式有分歧，使得法德两国能在欧共体/欧盟内部关于经济与货币联盟事务的对立阵营之间搭建桥梁。

正如1999年1月20日德国时任外交部长约施卡·菲舍尔在法国国民议会发表讲话时所说的那样，"正是法德之间的差异才解释了我们两国关系对欧洲的贡献"①。按照"菲舍尔定理"（Fischer theorem）的说法，法国和德国分别占据欧盟内部偏好频谱上对立的两端，但却能够达成让其他成员国可以接受的妥协方案。法德两国实际上也是这样做的，有关例证包括宪政问题（超国家主义—政府间主义分歧）、货币事务和环境问题，等等。然而，"代理妥协"的逻辑并不适用于两国都属于分歧的同一方的情况。例如，在社会规制和税收领域，以及外交和防务政策（如伊拉克战争）等方面，都充斥着两国尝试领导但失败的例子。

当法德两国的偏好在理事会内部遭到强烈反对时，它们就会建立次级小集团，成为差异性一体化的"开门者"（door openers），带领部分成员国在具体政策领域进行合作。这样的例子，包括欧洲货币体系、申根协议、法德旅和欧洲军团、欧洲联合军备合作组织（OCCAR）以及"欧盟—17＋"（EU－17 plus，即欧元区国家加上一些非欧元区成员国）集团签订关于"财政契约"的政府间条约。

另外，欧盟的机制化进程也对法德领导角色产生了影响。在共同体权能较弱的制度环境中（如经济政策协调），法国和德国能够更好地影响欧洲政策；一般在欧洲理事会的政府间类型的决策过程当中，在理事会的作用特别强大而欧洲议会的角色相对较弱的政策领域（如共同农业政策），以及关于条约改革的政府间会议中，情况也是如此。欧洲治理的超国家特征越明显，法德两国的联合作用受到的限制就越多，特别是在政治重要性较低的日常性立法政治中。

在双边层面上，规制化政府间主义制度对法德两国发挥领导能力提供了巨大支撑。在许多重要时刻，法德两国事先进行的预备性谈判都为欧洲尽快达成妥协扫清了障碍。当政治风险很高的欧洲问题已经在政府层级上达到部长、总理和总统时，鉴于它们在政治上的重要性、可能造成扩散性

---

① 此次演讲记录于 http：//www.france-allemagne.fr/Rede-von-Aussenminister-Fischer-in，361.html。

影响，或是对外交极其重要，法德之间的这些双边机制经常会一再启动发挥作用。

法德两国政治领导人所赋予双边关系的内在价值，通过双边关系中的象征性行动得以强化，再加上准公共实践活动而诞生并延续其社会意义。在重要时刻，这些价值和社会意义可使两国领导人避免一味地强硬讨价还价、放弃最大化国家短期利益的选项，走上维持双边关系的长期健康发展之路，并促成在欧洲层面上的妥协。越是在重要的、可能冲击国家、双边或欧洲利益问题上，法德两国在关键的欧洲会议之前为其进行双边预备谈判加以澄清的努力就会越多。法德合作的这种模式，体现在宪制性政治、构造基本机制政体、共同农业政策和贸易政策事务（如 WTO 乌拉圭回合）、电力市场自由化以及近年来的欧洲主权债务危机期间。

如果法德两国领导人中有一方公开破坏双方的建设性磋商与合作，就会导致双边和欧洲层面的紧张。例如，1999 年 3 月德国总理施罗德在柏林举行的欧洲理事会之前要求各国为共同农业政策共同出资，就使法德两国在欧洲层面上的冲突被公开化；后来，在 2000 年的欧盟尼斯峰会之前，施罗德对法德两国在理事会中的平等原则提出了质疑，也妨碍了欧盟内部达成妥协。法德双边关系里的急剧冲突会使欧洲层面的合作表现平平。

许多观察家将《尼斯条约》谈判期间法德两国围绕理事会投票权分配问题所产生的激烈争论解读为是因为德国统一后法德两国之间的权力对比发生变化。的确，法德双方权力分配的不断变化以及德国日益增长的经济、政治和地缘战略重要性影响了两国关系的发展。然而，这种权力转移并未像货币事务或其他问题一样产生一系列后续影响，法德关系的本质没有发生决定性改变。

法国、德国和欧洲的嵌入式双边主义：过去、现在和未来

进入 21 世纪的第二个十年后，欧洲一体化不确定的未来使得法国和德国在欧洲政治中的核心作用再次成为关注焦点。在欧洲一体化面临重大挑战之际，法国和德国在欧洲的联合作用似乎得到了更新和加强。不过，德国相对实力的日益增长，法国处于相对弱势的地位，有可能对双边关系带

来严峻考验。

更新和加强法德双边主义的政治意义

欧元区危机中，法德两国管理、隔离或控制这场危机的举动体现出其领导角色，它们之间的双边磋商或是双边决策却最后转化为欧洲的多边危机政治决策结果，表明法德双边关系在欧洲事务中仍然持续保留重要地位，或许其政治意义还有所增强。在这段动荡时期，没有其他成员国或成员国集团愿意或能够领导大家渡过难关，欧盟委员会等超国家机构也处于弱势或边缘化的地位，它们也不能真正或彻底地起到这种关键作用。

从这个意义上说，常识性总结——欧共体或欧盟内部在欧共体/欧盟框架内，"无德法，事不成，反德法，更不行"（nothing goes without, nothing against Germany and France），或 "法国和德国找到共识基础是关键，否则任何事情都难以推进"——似乎都已强势归来并重获巨大动力。

这点同20世纪90年代和21世纪初做出的许多预测是相矛盾的。当时，许多观察者都注意到法德两国间的相互争吵，再加上欧盟历次成功扩大，认为法德双边主义的重要性、其在欧盟中的作用以及法德两国塑造欧洲事务的能力在逐渐减弱和消退。

危机中塑造欧洲：阻止本地区走上其他历史道路

目前欧洲一体化和整个欧盟面临着自《巴黎条约》和《罗马条约》以来最大的危机，法德双边关系强大的历史韧性和适应政治的能力也因另外一个原因再次回到舞台中央：这就是至少在目前看来，它阻止了欧洲一体化发生现在可想象出来，并非完全不现实的根本性变化。

事实上，在欧洲煤钢共同体成立后的60多年里，"危机"一词与"欧洲一体化"和"欧洲工程"等话语一直相伴相随。不过，目前欧洲面对的并不仅仅是一场危机，而是21世纪初困扰欧洲的一系列危机的影响，是众多危机的积累。当前的欧元区危机是一种主权债务危机，也是欧洲边缘经济体的竞争力危机。这也是一种制度设计的危机，因为欧元区各国的经济发展水平、资本需求、财政能力和财政传统等都有很大不同。与此同时，使用单一货币使得欧元区成员国失去了令其货币贬值的手段，货币贬值本是一国货币政策的一项重要工具，而骤然的内部调整和紧缩政策则引发了重大的社会动荡，加剧了反欧洲思潮的反弹。

当前欧洲的顽症（malaise）也蕴含着发生更多危机的可能，显现出一些灾难迹象。这包括广泛的一体化疲劳症，也包括今日整个政治光谱（political spectrum）中洋溢的形形色色的"反布鲁塞尔情绪"（anti-Brussels sentiment）。这类情绪表现为以下几个方面的观点：(1) 欧盟体制已经变得太经济自由主义化（来自左翼党派的观点）；(2) 欧盟机制已经过于集权化而且太官僚主义（中右翼党派）；(3) 欧盟机制极大地损害了成员国的主权与责任（右翼党派）；以及(4) 欧盟体制总体上干涉太多、扩张性十足、充满了民主赤字和合法性赤字（超越政治光谱分类的共同认识）。

在上述关于危机的所有表现背后，或许是脆弱的欧洲认同（European identity），或许是"集体感"（we-feeling）在欧盟5亿民众中的缺失。普通欧洲人对欧盟的归属感，远远落后于精英对一体化和欧盟层面制度建设的认同。欧洲一体化工程所产生的情感依恋（emotional attachment）或集体认同感，甚至无法超过哪怕是中等水平的民族国家情感，这些早期一体化推动者们所设想的方法、更早的一体化理论所预期的方式均没未能成功。随着欧洲一体化工程已经从英雄主义理想（heroic ideals）演进成为解决问题和危机管理的工具，那些曾经与"欧洲"字眼连在一起的浪漫和热情似乎已经消失了。

一个"欧洲合众国"，或者如新功能主义一体化理论预测的一个拥有真正独立、有力的新政治中心的以布鲁塞尔为中心的政治实体，在至少未来20—30年的时间内都不会出现。同时，一种由27个或28个政治平等国家结成的平等政府间主义（egalitarian intergovernmentalism），即各国在欧盟发展进程中既享有程序上的平等权，同时它们又能对最终政治结果产生同比例的影响，这在未来也几乎不可能成为现实。近年来的欧洲政治案例都不是平等的：有些国家要比其他国家更"平等"，而其他国家则远没有它们那么"平等"。

未来的10—20年，也许是自《罗马条约》《巴黎条约》以及《爱丽舍宫条约》以来的第一次，在欧洲一体化和欧盟事务中的法德"嵌入式双边主义"可能出现两种替代品：(1) 德国成为欧洲地区的霸主，或者欧洲逐渐被作为核心国家的德国以某种形式主宰；(2) 欧洲失速（stalling）或分裂（尽管在不同政策领域的表现可能很不均衡），或者欧洲一体化以某种形式渐渐地衰退。

上述两种可能性的任何一种都已经变得完全可想象，很可能变为现实。事实上，其中任何一种可能或是二者叠加，或许都会导致欧洲在某些方面逐渐滑向 20 多年前约翰·米尔斯海默（John Mearsheimer）的著名论断——"回到未来"（back to the future）所描述的境地。① 进入 21 世纪的第二个十年后，法德关系再次从根本上塑造着欧洲——至少目前如此，因为它阻止了欧洲一体化发生上述任何一种转变，没有开启这两种可能的发展轨迹。德国成为地区霸权或欧洲一体化走向衰退，或者二者在某些政策领域上的结合，也许最终仍会显现。但如果没有法德之间的这种关系，它们出现的概率无疑会更大。

因此，这种双边关系或其在欧洲的嵌入性（embeddedness）如被彻底削弱或破坏，首先被冲击的还不是这次货币事件（欧元区主权债务危机——译者注）及其带来的麻烦，它会拆去过去 50 年以来欧洲事务的宪政构成要素。法德关系一旦发生根本性变化，该关系的一方或双方如果撤出，都有可能终结我们当前这个欧洲历史与政治的特殊时代。那也就意味着，欧洲将进入另外一个不同的时代。这些正是 21 世纪初，在《爱丽舍宫条约》签署半个世纪之后，我们需要面对的问题和风险。

差异性一体化与一个"区分内外的欧洲"

当前危机会产生何种更大、甚至可能是更根本的影响，仍然不确定。这场危机会成为欧洲一体化历史上的一座里程碑？在何种程度上变成一个转折点？从中长期来看，危机是否将导致欧盟及其政治与决策发生（更）深刻而且更持久的重新组合？这些都很难下定论。然而，近年来的危机以及应对危机的各种尝试表明，欧盟内部将越来越可能会进一步分化，欧盟之内的"内部国家"与"外部国家"（"insiders"VS."outsiders"）很可能会需要再定义。

差异性一体化或者更通常所说的内部差异化，并不是什么新鲜事。它以各种形式长期伴随欧洲在各种政策领域的一体化进程：建立申根区、经济与货币联盟或欧元集团，以及以不同方式或在不同层次上选择加入或是拒绝参与共同外交、安全和防务政策事务等，都是相关案例。欧洲一体化的术语中早已包含这一词汇所蕴含的含义，例如"双层欧洲"（two‐tiered Europe）、"多层欧洲"（multi‐tiered Europe）、"多速欧洲"（multi‐speed

---

① Mearsheimer 1990a.

Europe)、"易变的几何体"（variable geometry）、"同心圆"（concentric circles），等等。

然而，不管采用哪一个说法，法国和德国都共同位于核心的地位。事实上，正是由于其规模、政治重要性、联合起来的分量，以及它们的特殊双边关系，它们成为欧盟各个政策领域的"内部国家"（insiders），乃是欧洲的核心。它们的立场和定位，是具体塑造一个更加深入一体化的核心的关键，也给界定何为一体化程度较低的边缘国家确定了标准。法德两国一起可确定留在或进入欧洲一体化核心区的条件，共同为管理欧盟中心区内外国家间复杂关系而创设制度。我们或许会很惊讶地看到，在欧洲内部，法德两国的支柱作用正在出现某种复兴，让人联想到早前只拥有6个、9个或12个成员国的欧洲。

法德双边失衡加剧带来的挑战

但是如果法德关系未在欧盟内部继续占据中心地位，或者重新成为核心的话，法国和德国将不得不面对一种巨大的挑战：由于经济竞争力方面的发展趋势不同，法德权力不平衡状况正在不断加剧。只要经济问题仍因旷日持久的经济和金融危机而是欧洲政治的核心，德国凭借其优势的经济地位和权力资源还会是欧盟层面上的关键角色。这种情况使得法国不得不承受巨大的压力，它需要不断适应德国地位的上升、重新平衡预算，并在国内推进备受争议的结构性改革，以扭转它在相对竞争力方面长期落后于德国的趋势。①

具有讽刺意味的是，这个问题让人回想起本研究所关注的早期阶段的情况。在戴高乐执政初期，新生的法兰西第五共和国为了追求外交上的"伟大"（grandeur），被迫重建其已摇摇欲坠的经济和财政基础。法国要在欧洲发挥领导作用（它只能建在法德嵌入式双边主义这一基础之上），就需要法国深入转型，需要现代化，而德国是其不可回避的一个参照点。

如果法国一直处于"小伙伴"（junior partner）的地位，则很难想象法德间的关系能依旧保持坚韧，法德两国在欧洲内仍可继续发挥或增大其领导作用。挑战已非常明确，但结果却有待人们努力。

---

① 关于法国的相对衰落和经济困境对法德关系以及欧洲的危险，参见 Krotz and Schild 2013；Krotz 2014，348 – 350。

参考文献

Abdelal, Rawi, and Ulrich Krotz. 2014. "Disjoining Partners: Europe and the American Imperium." In Bruce Jentleson and Louis Pauly, eds., Power in a Complex Global System. New York: Routledge: 131 - 147.

Abelein, Manfred. 1963. "Frankreichs Vertrag mit der Bundesrepublik: Vorgeschichte und Bedeutung." Europa Archiv 18/4: 125 - 134.

Adebahr, Cornelius. 2011. "The Comprehensive Approach to Crisis Management in a Concerted Weimar Effort." Genshagener Papiere No. 6. Genshagen: Genshagen Foundation. www. stiftung - genshagen. de/allg_ grafik/genshagenerpapiere/Gensha - gener%20Papiere_ 2011_ 06. pdf.

Adenauer, Konrad. 1967. *Erinnerungen*, 1955 - 1959. Stuttgart: Deutsche Verlags - Anstalt.

Aldrich, Richard. 1998. "British Intelligence and the Anglo - American 'Special Relationship' During the Cold War." *Review of International Studies*, 24/3: 331 - 351.

Algieri, Franco. 2010. *Die gemeinsame Außen - und Sicherheitspolitik der EU*. Wien: Facultas.

Allen, David, and Willian Wallace. 1978. "Der geschichtliche Hintergrund der EPZ - Vom Problemkind zum Musterknaben europäischer Politik." In Reinhardt Rummel, ed., *Die Europäische Politische Zusammenarbeit. Leistungsvermögen und Struktur der EPZ*. Bonn: Europa - Union - Verlag: 51 - 72.

Altwegg, Jürg. 1998. "Ehe zu Dritt: Das deutsch - französische Verhältnis nach Schröders Wahlsieg." *Frankfurter Allgemeine Zeitung*. 27 October.

Anderson, Jeffrey J. 2002. "Europeanization and the Transformation of the Democratic Polity, 1945 - 2000." *Journal of Common Market Studies*, 40/5: 793 - 822.

Anderson, Jeffrey J. 1999. *German Unification and the Union of Europe: The Domestic Politics of Integration Policy*. Cambridge: Cambridge University Press.

Andréani, Gilles. 1998. "The Franco - German Relationship in a New Europe." In David P. Calleo and Eric R. Staal, eds, *Europe's Franco - German Engine*. Washington, D. C.: Brookings Inst. Press.

Archiv der Gegewart. 1984. "Die 43. Deutsch - Französischen Konsultationen in Rambouillet." *Archiv der Gegenwart* 54: 27726 - 27727.

Aron, Raymond. 1965. "Schicksal zweier Völker: Der deutsche Nachbar." *Aus Politik und Zeitgeschichte* 26/65: 3 - 11.

Asseburg, Muriel, and Ronja Kempin, eds. 2009. "Die EU als strategischer Akteur in der Sicheheits - und Verteidigungspolitik: Eine systematische Bestandsaufnahme von ESVP - Missionen und - Operationen." SWP - Studie S 32. Berlin: SWP.

Association Georges Pompidou, ed. 1995. Georges Pompidou et l'Europe: Colloque, 25 et 26 novembre 1993. Brussels: Editions Complexe.

Attali, Jacques. 1993. *Verbatim*, *vol. 1*, *Chronique des années* 1981 - 1986. Paris: Fayard.

Audibert, Dominique. 1998. "France - Allemagne: Une amitié en demi - teinte." *LePoint*. 24 January: 56 - 60.

Augstein, Rudolf. 1996. "Bündnis auf Verdacht." *Der Spiegel*. 17 June: 33.

Auswärtiges Amt and Ministère des Affaires Etrangères, eds. 1996. *Wege zur Freundschaft/Chemins de l'Amitié*:

Adressbuch der deutsch – französischen Zusammenarbeit/Répertorire de la Coopération franco – allemande. Bonn; Paris: Auswartiges Amt/Ministère des Affaires Etrangères.

Ayson, Robert. 2007. "Australia – New Zealand." In Brendan Taylor, ed., *Australia as an Asia Pacific Regional Power: Friendship in Flux?* New York: Routledge.

Azam, Marie – Cécile. 1998. "Annäherungen: Jugendtreffen und Städtepartnerschaften." In Haus der Geschichte der Bundesrepublik, ed., *Vis – à – Vis: Deutschland und Frankreich.* Cologne, Germany: DuMont: 103 – 110.

Baker, James, and Hans – Dietrich Genscher. 1991. *US – German Joint Statement on the Transatlantic Community*, 2 October 1991. Washington, D. C.: US Department of State.

Baldwin, David A. 1998. "Exchange Theory and International Relations." *International Negotiation* 3/2: 139 – 149.

Baldwin, David A. 2002. "Power and International Relations." In Walter Carlsnaes, Thomas Risse, and Beth A. Simmons, eds, *Handbook of International Relations.* London: Sage: 177 – 91.

Balladur, Edouard. 1988. "Mémorandum sur la construction monétaire européenne." *Ecu. Revue trimestrielle*, 3: 17 – 20.

Ball, Desmond. 1986. "The Security Relationship Between Australia and New Zealand." In Desmond Ball, ed., *The ANZAC Connection.* Sydney: Unwin Hyman.

Bange, Oliver. 2000. *The EEC Crisis of 1963: Kennedy, Macmillan, de Gaulle and Adenauer in Conflict.* Basingstoke: Macmillan.

Baring. Arnulf. 1969. *Außenpolitik in Adenauers Kanzlerdemokratie. Bonns Beitrag zur Europäischen Verteidigungsgemeinschaft.* Munich: Oldenbourg.

Barnett, Michael, and Martha Finnemore. 2004. *Rules for the Word: International Organizations in Global Politics*, Ithaca, NY: Cornell University Press.

Barnett, Michael, and Raymond Duvall, eds. 2005. *Power in Global Governance.* New York: Cambridge University Press.

Barzel, Rainer. 1988. *25Ans de Coopération Franco – Allemande: Rapport du Coordinateur pour la coopération Franco – Allemande/25 Jahre deutsch – Französische Zusammenarbeit: Bericht des Koordinators für die deutsch – französische Zusammenarbeit.* Bonn: Presse und Informationsamt der Bundesregierung.

Barzun, Jacques. 2000. *From Dawn to Decadence: 500 Years of Western Cultural Life.* New York: Harper.

Baumann, Ansbert, 2007. "Die Gründung des Institut Saint – Louis." In Ulrich Pfeil, ed., *Deutsch – Französische Kultur – und Wissenschaftsbeziehungen im 20. Jahrhundert: Ein institutionengeschichtlicher Ansatz.* Munich: Oldenbourg: 237 – 255.

Baums, Rainer. 1992. "Die Deutsch – Französischen Beziehungen von 1969 – 1982 unter besonderer Berücksichtigung der Sicherheitspolitik." Ph. D. diss., Germany: Rheinische Friedrich – Wilhelm Universität Bonn.

Baun, Michael J. 2000. *A Wider Europe: The Process and Politics of European Union Enlargement.* Lanham: Rowman & Littlefield.

Baun, Michael J. 1997. "The Geopolitics of European Monetary Union." *Southeastern Political Review* 25/2: 281 – 302.

Baun, Michael J. 1996. "The Maastricht Treaty as High Politics: Germany, France and European Integration." *Political Science Quarterly* 110/4: 605 – 624.

BBC. 2008. *Israel Upgrades Ties with Germany.* http://news.bbc.co.uk/2/hi/mid – die_ east/7300691.stm.

Beach, Derek, and Colette Mazzucelli. 2006. "Introduction." In Derek Beach and Colette Mazzucelli, eds, *Leadership in the Big Bangs of European Integration.* Basingstoke: Palgravve Macmillan: 1 – 21.

Becker, Kurt. 1983. "Eine Vernunftehe aus Neigung: Zwanzig Jahre Deutsch – Französischer Vertrag: Für beide Lander ist er inzwischen zum Kern ihrer Außenpolitik geworden." *Die Zeit.* 14 January: 3.

Becker, Peter, 2011. *Die deutsche Europapolitik und die Osterwieterung der Europäsischen Union.* Baden – Baden: Nomos.

Becker, Peter. 2005. "*Europäsche Daseinsvorsorge. Die Politik der EU zwischen Wettbewerb und Gemeinwohlverpflichtung.*" *SWP* – Studie S 12. Berlin: Stiftung Wissenschaft und politik.

Beisheim, Marianne, Sabine Dreher, Gregor Walter, and Michael Zürn. 1999. *Im Zeitalter der Globalisierung? Thesen und Daten zur gesellschaftlichen und politischen Denationalisierung.* Baden – Baden: Nomos.

Bellanger, Francis. 1996. "Der Schlüssel zum Verständnis: Die interkulturelle Aufgabe des DFJW. La Clé de la Compréhension – La Mission interculturelle de l'OFAJ." *La Tribune Franco – Allemande* Numéro Special, May: 46 – 50.

Berger, Peter L., and Thomas Luckmann. 1966. *The Social Construction of Reality: A Treatise in the Sociology of Knowledge.* New York: Doubleday Anchor Books.

Bernard, Jean – René. 1995. "L'élargissement de la Communauté, vu de Paris." In Association Georges Pompidou, ed., *Georges Pompidou et l'Europe: Colloque, 25 et 26 novembre 1993.* Brussels: Editions Compexe: 237 – 252.

Bertram, Christoph, Joachim Schild, Fançis Heisbourg, and Yves Boyer. 2002. *Starting Over: For a Franco – German Initiative in European Defense.* SWP – Studie November 2002. http://www.swp – berlin.org/fileadmin/contents/products/research_ papers/startingover_ sicher. pdf.

Bieling, Hans – Jürgen, and Marika Lerch, eds. 2006. *Theorien der europäischen Integration*, 2nd edn, Wiesbaden: VS Verl. Für Sozialwissenschaften.

Bini – Smaghi. Lorenzo, Tommaso Padoa – Schioppa, and Francesco Papadia. 1994. *The Transition to EMU in the Maastricht Treaty.* Princeton, NJ: Princeton University.

Binoche, Jacques. 1996. *Histoire des relations franco – allemandes de 1789 à nos jours.* Paris: Masson.

Bitsch, Marie – Thérèse, ed. 2001. *Le couple France – Allemagne et les institutions européennes: Une postérité pour le plan Schuman?* Brussels: Bruylant.

Bitsch, Marie – Thérèse. 2006. *Histoire de la construction européenne de 1945 à nos jours*, 5th edn. Paris: Editions Complexe.

Bitsch, Marie – Thérèse. 2003. "Le sommet de La Haye: L'initiative Française, ses finalités et ses limites." *Journal of European Integration History*, 9/2: 83 – 99.

Bitterlich, Joachim. 2005. *Europa: Mission impossible? Ein Beitrag zur aktuellen Europa – Debatte*, 2nd edn. Dusseldorf: Droste.

Bittner, Gustav A. 1986. "Eine positive Bilanz." In Karl Kaiser and Pierre Lellouche, eds, *Deutsch – Französische Sicherheitspolitik.* Bonn: Europa – Union – Verl.: 113 – 128.

Boche, Jörg. 1993. "Franco – German Economic Relations." In Patrick McCarthy, ed., *France – Germany, 1983 – 1993: The Struggle to Cooperate.* London: Macmillan: 73 – 91.

Bock, Hans Manfred. 1998a. "… 'stillschweigende Kraft der politischen Bemuhungen' …: Zur Gründung des Deutsch – Französischen Instituts vor 50 Jahren." *Dokumente* 54/3: 193 – 200.

Bock, Hans Manfred, Corine Defrance, Gilbert Krebs, and Ulrich Pfeil, eds. 2008. *Les jeunes dans les relations transnationales: L'Office Franco – Allemand pour la Jeunesse 1963 – 2008.* Paris: Presses Sorbonne Nouvelle.

Bock, Hans Manfred, ed. 1998b. *Projekt deutsch – französischer Verständigung: Die Rolle der Zivilgesellschaft am Beispiel des Deutsch – Franzosischen Instituts in Ludwigsburg.* Opladen, Germany: Leske and Budrich.

Bohle, Hermann. 1998. "Ein Motor fur Europa: Deutsch – Französische 'Räte' weisen Wege für die Gemeinschaft: Neue völkerrechtliche Konsequenzen." *Europäische Zeitung.* December: 11.

Bonvicini, Gianni. 1987. "The Genscher – Colombo Plan and the 'Solemn Declaration on European Union'". In Roy Pryce, ed., *The Dynamics of European Union.* London: Croom Helm: 174 – 187.

Bossuat, Gérard. 1995a. "Le choix petite Europe par la France (1957 – 1963): Une ambition pour la France et pour l'Europe." *Relations internationales et stratégiques* 82: 197 – 211.

Bossuat, Gérard. 1995b. "Le président Geogrges Pompidou et les tentatives d'Union économiquen et monétaire." In Association Georges Pompidou, ed., *Georges Pompidou et l'Eruope: Colloque, 25 et 26 november 1993.* Brussels: Editions Complexe: 405 – 447.

Bossuat, Gérard. 2001. "De Gaulle et la seconde candidature britannique aux Communautés européennes

(1966 – 1969). " In Wilfried Loth, ed. , *Crises and Compromises: The European Project 1963 – 1969*. Baden – Baden: Nomos: 511 – 538.
Bossuat, Gérard. 2005. *Faire l'Europe sans défaire la France: 60 ans de politique d'unité européenne des gouvernements et des présidents de la République Française (1943 – 2003)*. Brussels: Lang.
Botschaftder Bundesrepublik Deutschland, Paris. 2002. *40 Jahre Elysée – Vertrag: Kompendium der Deutch – Französischen Zusummenarbeit*. Paris: Ambassade de la République fédérale d'Allemagne.
Bouguereau, Jean Marcel. 1993. "Ein Paar, das gut funktioniert. " *Frankfurter Rundschau*. 21 January: 7.
Boyer, Robert. 2005. "How and Why Capitalisms Differ. " *Economy and Society* 34/4: 509 – 557.
Bozo, Frédéric. 2005. *Mitterrand, la fin de la guerre froide et l'unification allemande: De Yalta à Maastricht*. Paris: Odile Jacob.
Bracher, Karl Dietrich, Wolfgang Jäger, and Werner Link. 1986. *Die Ära Brandt 1969 – 1974*. Stuttgart: Dt. Verl. – Anst.
Brandt, Willy. 1976. *Begegnungen und Einsichten: Die Jahre 1960 – 1975*. Hamburg: Hoffmann und Campe.
Braudel, Fernand. 1980. *On Histroy*. Chicago, IL: University of Chicago Press.
Bredow, Wilfried von. 1996. "Bilaterale Beziehungen im Netzwerk regionaler und globaler Interdependenz. " In Karl Kaiser and Joachim Krause, eds, *Deutschlands neue Außenpolitik*. Munich: Oldenbourg: 109 – 115.
Bremer, H. 1988. "Les consultations franco – allemandes. " *Allemagnes d'Aujourd'hui* 106, October – December: 24 – 36.
Bresson, Henri de. 2011. "Ein unvollendetes Projekt: Der Élysée – Vertrag am Vorabend de 50. Jubiläums. " *Magazin pour l'Europe/Magazin für Europa* 66 – 67, Special Issue, July – August: 26 – 28.
Bresson, Henri de. 1988. "Les rosees et le rosier. " *Le Monde*. 21 January: 4 – 5.
Breton, Olivier. 2011. "Die alte deutsch – französische Beziehung ist tot, es lebe die neue!: Skizze einer Geschichte der deutsch – französischen Beziehungen seit 1945. " *Magazin pour l'Europe/Magazin für Europa* 66 – 67, Special Issue, July – August: 6 – 14.
Brigouleix, Bernard. 1987. "The Franco – German Cement of the EC Edifice. " *European Affairs* 3, Autumn: 62 – 67.
Börzel, Tanja A. , and Thomas Risse. 2003. "Conceptualizing the Domestic Impact of Europe. " In Kevin Featherstone and Claudio M. Radaelli, eds, *The Politics of Europeanization*. Oxford: Oxford University Press: 57 – 80.
Börzel, Tanja A. 2001. *The Domestic Impact of Europe; Institutional Adaptation in Germany and Spain*. New York: Cambridge University Press.
Brzezinski, Zbigniew. 1997. *The Grand Chessboard: American Primacy and its Geostrategic Imperatives*. New York: Basic Books.
Buckley, James, and David J. Howarth. 2010. "Internal Market: Gesture Politics? Explaining the EU's Response to the Financial Crisis. " *Journal of Common Market Studies* 48, Annual Review: 119 – 141.
Bull, Hedley, and Adam Watson, eds. 1984. *The Expansion of International Society*. New York: Oxford University Press.
Bull, Hedley. 1977. *The Anarchical Socitey: A Studey of Order in World Politics*. New York: Columbia University Press.
Bulmer, Simon, and Christian Lequesne. 2005b. "The Euroepan Union and its Member States: An Overview. " In Simon Bulmer and Christian Lequesne, eds, *The Member States of the European Union*. Oxford: Oxford Universtity Press: 1 – 20.
Bulmer, Simon, and Christian Lequesne, eds. 2005a. *The Member States of the European Union*. Oxford: Oxford Universtity Press.
Bulmer, Simon, Charlie Jeffery, and William E. Paterson. 2000. *Germany's European Diplomacy: Shaping the Regional Milieu*. Manchester: Manchester University Press.
Bulmer, Simon. 1983. "Domestic Politics and European Community Policy – Making. " *Journal of Common Market Studies* 21/4: 349 – 363.

Bulmer, Simon. 1997. "Shaping the Rules? The Constitutive Politics of the European Union and German Power." In Peter J. Katzenstein, ed., *Tamed Power: Germany in Europe*. Ithaca, NY: Cornell University Press: 49–79.

Bundesminister der Verteidigung, Informations – und Pressestab, Pressereferat. 1989. *Deutsch – Französischer Rat für Verteidigung und Sicherheit: Material für die Presse*XXVI, 6: 1–4 (18 April).

Bundesministerium der Verteidigung (BMVG), ed. 1988. *Deutsch – Französische Zusammenarbeit: 25 Jahre Elysée – Vertrag*. Bonn, Germany: Druckhaus Neue Presse.

Bundesministerium der Vertiedigung (BMVG). 1992. *Verteidigungspolitische Richtlinien fur den Geschäftsbereich des bundesministers der Verteidigung*. www. asfrab. de/fileadmin/user_ upload/media/pdf/VPR1992. pdf.

Bundesregierung. 1991. *Bericht der Bundesregierung zum Stand der Arbeiten zur Stärkung des Europäischen Parlaments in den Regierungskonferenzen zur Wirtschafts – und Währungsunion und zur Politichen Union*. Deutscher Bundestag, Drucksache 12/999, 27 July 1991.

Bundesregierung der Bundesrepublik Deutschland, Presse – und Informationsamt. 2010. *Deutsch – Französische Agenda* 2020. www. bundesregierung. de/Content/DE/Artikel/2010/02/2010 – 02 – 04 – deutsch – franzoesische – agenda – 2020. html.

Bundesregierung. 1991. *Der deutsche Vertragsentwurf: Konferenz der Vertreter der Regierungen der Mitgliedstaaten— Wirtschafts – und Währungsunion, Brüssel* 26. 2. 1991 (*UEM/29/91*). In Wolfgang Neumann, ed., *Auf dem Weg zu einer europäischen Wirtschafts – und Währungsunion*. Stuttagrt: Dt. Sparkassenverlag: 148–162.

Burley, Anne–Marie, and Walter Mattli. 1993. "Europe before the Court: A Political Theory of Legal Integration." *International Organization* 47/1: 41–76.

Burns, R. Nicholas, and US Department of State, 2006. *International Understanding through Citizen Diplomacy; Keynote Address of the Under Secretary for Political Affairs at the National Council for International Visitors Annual Meeting*. http://2001–2009. stage. gov/p/us/rm/2006/61953. htm.

Byman, Daniel L., and Kenneth M. Pollack. 2001. "Let Us Now Praise Great Men: Bringing the Statesman Back In." *International Security* 25/4: 107–146.

Calleo, David P., and Eric R. Staal, eds. 1998. *Europe's Franco – German Engine*. Washington, D. C.: Brookings Inst. Press.

Calleo, David P. 1993. "Conclusion: France and Germany in the New Europe." In Patrick McCarthy, ed., *France – Germany, 1983 – 1993: The Struggle to Cooperate*. London: Macmillan Press: 183–198.

Calleo, David P. 1998. "Introduction." In David P. Calleo and Eric R. Staal, eds, *Europe's Franco – German Engine*. Washington, D. C.: Brookings Institution Press: 1–19.

Cameron, David R. 1992. "The 1992 Initiative: Causes and Consequences." In Alberta M. Sbragia, ed., *Euro – Politics: Institutions and Policymaking in the "New" European Community*. Washington. D. C.: Brookings Institution Press: 23–74.

Cameron, David R. 2004. "The Stalemate in the Constitutional IGC over the Definition of a Qualified Majority." *European Union Politics* 5/3: 373–391.

Caporaso, James A., and Alec Stone Sweet. 2001. "Conclusion: Institutional Logics of European Integraton." In Alec Stone Sweet, Wayne Sandholtz, and Neil Fligstein, eds, *The Institutionalization of Europe*. Oxford: Oxford University Press: 221–236.

Caporaso, James A. 1998. "Regional Integration Theory: Understanding our Past and Anticipating our Future." In Wayne Sandholtz and Alec Stone Sweet, eds, *European Integration and Supranational Governance*. Oxford: Oxford University Press: 334–351.

CDU/CSU/FDP. 2009. *Wachstum. Bildung. Zusammenhalt: Der Koalitionsvertrag zwischen CDU, CSU und FDP*, 17. *Legislaturperiode*. http://www. cdu. de/doc/pdfc/091026 – koalitionsvertrag – cducsu – fdp. pdf.

Cederman, Lars – Erik. 2001. "Nationalism and Bounded IntegratIon: What it Would Take to Construct a European Demos." *European Journal of International Relations* 7/2: 139–174.

Cerf, Philippe. 2011. "Structures de la coopération franco – allemande au niveau de l'Etat: La coopération administrative et l'échange des fonctionnaires." In Heinrich Siedentopf and Benedikt Speer, eds, *Deutschland* und Frankreich in der Europäischen Integration: "Motor" oder "Blockierer"? /L'Allemagne et la France dans l'intégration européenne: "moteur" ou "frein"? Berlin: Duncker & Hunblot: 71 – 79.

Cerny, Philip G., and Martin A. Schain, eds. 1985. *Socialism, the State and Public Policy in France*. London: Pinter.

Cerny, Philip G. 1989. "The 'Little Big Bang' in Paris: Financial Market Deregulation in a Dirigiste System." *European Journal of Political Research* 17/2: 169 – 92.

Cerny, Philip G. 1980. *The Politics of Grandeur: Ideological Aspects of de Gaulle's Foreign Policy*. Gambridge: Cambridage University Press.

Chang, Michele. 2006. "Reforming the Stability and Growth Pact: Size and Influence in EMU Policymaking." *Journal of European Integration* 28/1: 107 – 120.

Checkel, Jeffrey T., and Peter J. Katzenstein, eds. 2009. *European Identity*. Cambridge: Cambridge University Press.

Checkel, Jeffrey T. 2004. "Social Constructivisms in Global and European Politics: A Review Essat." *Review of International Studies* 30/2: 229 – 244.

Checkel, Jeffrey T. 1998. "The Constructivist Turn in International Relations Theory." *Would Politics* 50/2: 324 – 348.

Chirac, Jacques. 2003a. *Point de presse de MM. Jacques Chirac, Président de la République, et Gerhard Schroeder, Chancelier allemande, sur le rapprochement des propositions francaise et allemande sur la réforme des présidences de la Commission europeenne et du Conseil européen et sur la non participation de l'Allemagne a uneeventuelle interventrion militaire contre l'Irak*, Paris le 14 janvier 2003, http: //discours. vie – publique. fr/notices/037000010. html.

Chirac, Jacques. 2003b. "Mit gebündelter Kraft: 40 Jahre Freundschaft können den Zusammenhalt und die Handlungsfähigkeit der EU stärken." *Rheinischer Merkur*. 15 January: 2.

Chirac, Jacques. 1988. "Das Paar im Herzen Europas." *Die Welt*. 22 January: 2.

Chirac, Jacques. 2000. *Discours pronounce par M. Jacques Chirac, Président de la Ré – publique Française, devant le Bundestag allemande*, 27 Juin 2000. http: //www. bundestag. de/kulturundgeschichte/geschichte/gastredner/chirac/chirac2. html.

Chirac, Jacques. 2002. *Disours de M. Jacques Chirac, Président de la République et candidat à l'élection présidentielle* 2002, *sur la vocation européenne de Strasbourg et la construction européenne*, Strasbourg, le 6 mars 2002. http: //www. cie. gov. pl/futurum. nsf/0/69EB80F2655E1379C1256DA2003D12A1.

Chirac, Jacques. 1998. "Wir mussen unser Verhaltnis neu beseelen: Fur eine Erneuerung der deutsch – franzosischen Beziehungen." *Frankfurter Allgemeine Zeitung*. 29 September: 5.

Cini, Michelle, and Lee McGowan. 2009. *Competition Policy in the European Union*. 2nd edn. Basingstoke: Palgrave Macmillan.

CIRAC et al., eds. 1995. *Handeln für Europa: Deutsch – Französische Zusammenarbeit in einer veränderten Welt*. Opladen: Leske and Budrich.

Clément, Jérôme. 2011. *Choix d'Arte*. Paris: Grasset.

COE – Rexecode. 2011. *Mettre un terme àla divergence de compétitivité entre la France et l'Allemagne. Etude réalisée pour le Ministère de l'Economie, des Finances et de l'Industrie – 14 janvier 2011* www. coe – rexecode. fr/public/content/download/30859/307445/version/2/file/Rapport – competitivite – France – Allemagne – janvier – 2011 – Partie1. pdf.

Cohen, Samy, and Marie – Claude Smouts, eds. 1985. *La politique extérieure de Valéry Giscard d'Estaing*. Paris: Presses de la FNSP.

Cohen, Samy, ed. 1998. *Mitterrand et la sortie de la Guerre froide*. Paris: PUF.

Cole, Alistair. 2008a. "Franco – German Relations: From Active to Reactive Cooperation." In Jack Hayward, ed., *Leaderless Europe*. Oxford: Oxford University Press: 147 – 166.

Cole, Alistair. 2008b. *Governing and Governance in France*. Cambridge: Cambridge University Press.

Cole, Alistair. 2010. "Franco – German Europe." In Kenneth Dyson and Angelos Sepos, eds, *Which Europe?*

The Politics of Differentiated Integration. Basingstoke and Hampshire: Palgrave Macmillan: 156 – 169.

Cole, Alistair. 2001. *Franco – German Relations*. Harlow: Longman.

Conseil des ministers (France). 1990. *Communiqué issued by the French Council of Ministers On the establishment of EMU* (5 December 1990). http://www.cvce.eu/obj/CommUnique_ du_ Conseil_ des_ ministres_ fiancais_ sur_ la_ realisation_ de_ 1_ UEM_ 5_ decembre_ 1990 – fr – dd15ef53 – 0fb1 – 45bl – 9b7c – 43bb9398dd9f. html.

Conseil des ministers Franco – Allemand du 13 mai 2004. *Fiche sur les actions communes franco – allemandes menées depuis* 2003. Unpublished documents, available at the archives of the Frankreich – Biblibthek, Deutsch – Franzosisches Institut, Ludwigsburg.

Conseil Economique et Financier Franco – Allemand. 1994. "Communiqué Officiel du Conseil Economique et Financier Franco – Allemand du 29 Novembre 1994." *Bulletin d'Informations Economiques et Fianciers*, No. 303: B1 – B3.

Constantinesco, Vlad and Ingolf Pernice. 2002. *La question des competences communautaires*: *vues d'Allemagne et de France*. Berlin and Paris: SWP and Notre Europe. www. notre – europe. eu/fileadmin/IMG/pdf/EtuPernice – Constantinesco – fr. pdf.

Couapel, Michel. 1994. "Für friedliche Zusammenarbeit: Franzosen und Deutsche bauen taktische Flugkorper." *Die Welt*. 16 July: 13.

Council of the European Union. 2010. *Introduction to the Fonds of the Central Archives relating to the First Enlargement of the European Ecomomic of Community*, 1961 – 1973. SN 4143/10. www. consilium. europa. eu/uedocs/cmsUpload/archives – Report_ Enlargement. pdf.

Couve der Murville, Maurice. 1988. "Konrad Adenauer und Charles de Gaulle: Die dauerhafen Fundamente der Zusammenarbeit." In Franz Knipping and Ernst Weisenfeld, eds, *Eine ungewohnliche Geschichte*: *Deutschlan – Frankreich seit* 1870. Bonn: Europa – Union – Verl.: 168 – 176.

Couve der Murville, Maurice. 1983. "Partnerschaft statt Rivalitat: Vortrag von Couve de Murville bei der Deutschen Gesellschaft fur Auswartige Politik am 25. Januar 1983." *Europa Archiv* 38/4: 101 – 108.

Cowles, Maria Green, James Caporaso, and Thomas Risse, eds. 2001. *Transforming Europe*: *Europeanization and Domestic Change*. Ithaca, NY: Cornell University Press.

Crawford, Beverly. 2007. *Power and German Foreign Policy*: *Embedded Hegenony in Europe*. Basingstoke: Palgrave Macmillan.

Cremona, Marise, ed. 2008. *Developments in EU External Relations Law*. Oxford: Oxford University Press.

Crespy, Amandine. 2010. "When 'Bolkestein' is Trapped by the French Anti – Liberal Disourse: A Discursive – Institutionalist Account of Preference Formation in the Realm of EU Multi – Level Politics." *Journal of European Public Policy* 17/8: 1253 – 1270.

Cunha, Arlindo, and Alan Swinbank. 2009. "Exploring the Determinants of CAP Reform: A Delphi Survey of Key Decision – makers." *Journal of Common Market Studies* 47/2: 235 – 261.

Cuérot, Ulrike. 1997. "Deutschland, Frankreich und die Währungsunion: Über Diskussion und Metadiskussion." In Deutsch – Französisches Institut et al., eds, *Frankreich – Jahrbuch* 1997. Opladen: Leske + Budrich: 223 – 241.

Dagnis Jensen, Mads, and Peter Nedergaard. 2012. "From 'Frankenstein' to 'Toothless Vampire'? Explaining the Watering Down of the Services Directive Through the Eyes of the Insiders." *Journal of European Public Policy* 19/6: 844 – 886.

Dauvergne, Alain. 2004. *L'Europe en otage? Histoire secrète de la Convention*. Paris: Saint – Simon.

Defrance, Corine, and Ulrich Pfeil. 2007. "Das Projekt einer Deutsch – Französischen Hochschule seit 1963." In Ulrich Pfeil, ed., *Deutsch – Französische Kultur – und Wissenschaftsbeziehungen im 20. Jahrhundert*: *Ein institutionengeschichtlicher Ansatz*. Munich: Oldenbourg: 367 – 380.

Defrance, Corine, Michael Kißener, and Pia Nordblom, eds. 2010. *Wege der Verständigung zwischen Deutschen und Franzosen nach* 1945: *Zivilgesellschaftliche Annaherungen*. Tübingen: Narr.

Dehio, Ludwig. 1948. *Gleichgewicht oder Hegemonie*. Krefeld: Scherpe.

Dehousse, Renaud, Andreas Maurer, Jean Nestor, Jean – Louis Quermonne, and Joachim Schild. 2003. *The Institutional Architecture of the European Union: A Third Franco – German Way? With personal remarks of Jacques Delors*. Reseach and European Issues No. 23. www. notre – europe. eu/uploads/tx_ publication/Etud 23 – en. pdf.

Delattre, Lucas. 1997. "Le double discours franco – allemand." *Le Monde*. 11 December: 12.

Delori, Mathias. 2008. "De la réconciliation franco – allemande à la 'guerre des dieux': Analyse cognitive et discursive d'une politique publique de socialization à la cause de la paix: l'Office Franco – Allemand pour la Jeunesse." Ph. D. diss., Université Pierre Mendès – France at Grenoble.

Delors, Jacques, and Karl Lamers. 1998. "Eine Freundschaft, die mit Leben erfüllt werden muß." *Frankfurter Allgemeine Zeitung*. 22 January: 10.

Delors, Jacques. 1998. *Le partenariat franco – allemand et ses nouvelles tâches*. Ludwigsburg: Deutsch – Französisches Institut.

Delors, Jacques. 2004. *Mémoires*. Paris: Plon.

Dembinski, Matthias, and Wolfgang Wagner. 2003. "Europäische Kollateralschaden: Zur Zukunft der europäischen Außen –, Sicherheits – und Verteidigungspolitik nach dem Irak – Krieg." *Aus Politik und Zeitgeschichte* 53/31 – 32: 31 – 38.

DePorte, A. W. 1991. "The Foreign Policy of the Fifth Republic: Between the Nation and the World." In James F. Hollifield and George Ross, eds, *Searching for thte New France*. New York: Routledge: 221 – 274.

Dessler, David. 1989. "What's at Stake in the Agent – Structure Debate?" *International Organization* 43/3: 441 – 473.

Deubner, Christian. 1999a. "Food for Thought in 'Leftovers': France, Germany and the Coming IGC on Institutional Reform." In Jackson K. Janes, ed., *Franco – German Relations and European Integration: A Transatlantic Dialogue: Challenges for German and American Foreign Policy*; Washington, D. C. 16 September 1999. Washington, D. C.: AICGS: 1 – 14.

Deubner, Christian. 2011a. *Mieux gouverner la zone euro: le fragile compromis franco – allemand*. Note du Cerfa. 82. Paris: IFRI. www. ifri. org/downloads/noteducerfa82c – deubner. pdf.

Deubner, Christian. 1999b. "Frankreich in der Osterweiterung der EU, 1989 – 1997." *Politische Studien* 50/363: 89 – 121.

Deubner, Christian. 2011b. *Saving the Euro – My Way: Competing French and German Visions for Euro Governance*. Berlin: DGAP https: //ip – journal. dgap. org/en/article/18457/printb.

Deubner, Christian. 1982. "West German Attitudes." In Dudley Seers, ed., *The Second Enlargement of the EEC: The Integration of Unequal Partners*. New York: St. Martin's Press: 43 – 56.

Deutsch – Französischer Umweltrat. 2008. 16. *Deutsch – Französischer Umweltrat in Goslar am 4. Februar 2008: Kommunique*. www. bmu. de/files/pdfs/allgemein/application/pdf/umweltrat_ dt_ fr_ 16. pdf.

Deutsch – Französischer Verteidigungs – und Sicherheitsrats. 1989. "Erklärung zum Abschluß der erstenSitzung des Deutsch – Französischen Verteidigungs – und Sicherheitsrates." *Europa Archiv* 40/ 15 – 16: D462.

Deutsch – Französischer Verteidigungs – und Sicherheitsrat, Sekretariat. 2003. *Daten und Fakten zur Deutsch – Französischen Zusammenarbeit im Bereich der Verteidigung und Sicherheit*; *Chronologie 1963 – 2003 (aktualisierte Auflage) / Repères et Faits Marquants de la Coopération Franco – Allemande en Matière de Défense et de Sécurité*. Paris; Sekretariat des Deutsch – Französischen Verteidigungs – und Sicherheitsrates.

Deutsch – FranzösischesHochschulkolleg/Collège Franco – Allemand pour l'Enseignement Supé – tieur, ed. 1992. *Gemeinsame Studienprogramme und integrierte Studiengänge deutscher und französischer Hochschulen*. Mainz: Deutsch – Franzosisches Hochschulkolleg.

Deutsch – FranzösischesInstitut and Deutsche Frankreich – Bibliothek, eds. 1995/ and after. *Deutsch – Französische Konsultationsgespräche seit 1963 (Dokumentation)*. Ludwigsburg: Deutsch – Französisches Institut.

Deutsch – FranzösischesJugendwerk. 2010. *Selbstdarstellung: Das Deutsch – Französisches Jugendwerk (DFJW).*

Berlin: Deutsch – Franzosisches Jugendwerk.

Deutsch, Karl W. 1969. *Nationalism and Its Alternatives*. New York: Knopf.

Deutsch, Karl W. 1953. *Nationalism and Social Communication: An Inquiry into the Fundations of Nationality*. Cambridge, MA: The MIT Press.

Deutsch, Karl W. 1954. *Political Community at the International Level: Problems of Definition and Measurement*. Garden City, NY: Doubleday.

Deutsch, Karl W. , Sidney A. Burrell, Robert A. Kann, Jr, Maurice Lee, Martin Lichterman, Raymond E. Lindgren, Francis L. Loewenheim, and Richard W. Van Wagenen. 1957. *Political Community and the North Atlantic Area: International Organization in the Light of Historical Experience*. Princeton: Princeton University Press.

Deutsch, Karl W. 1963. *The Nerves of Government: Models of Political Communication and Control*. London: Collier – Macmillan.

Diedrichs, Udo, and Mathias Jopp. 2003. "Flexible Modes of Governance: Making CFSP and ESDP Work." *The International Spectator* 38/3: 15 – 30.

Dierkes, Jürgen. 2010. "Freundschaft ohne Grenzen? Die Städtepartnerschaft Borgentreich – Rue (1986)." In Corine Defrance, Michael Kißener, and Pia Nordblom, eds, *Wege der Verständigung zwischen Deutschen und Franzosen nach 1945: Zivilge – sellschaftliche Annäderungen*. Tübingenz: Zarr: 237 – 254.

Direction des Journaux Officiels. 2003. *Séance commune de l'Assemblée nationale et du Bundestag allemande tenue le 22 janvier 2003 au chateau de Versailles àl'occasion du 40e anniversaire du Traité d'amitié franco – allemand*. Paris: Direction des Journaux Officiels.

Dokumente, Documents, and Deutsch – Franzosisches Institut Ludwigsburg. 1993. *Deutschland – Frankreich: Ein neues Kapitel ihrer Geschichte: 1948 – 1963 – 1993. France – Allemange: Un nouveau chapitre de leur histoire: Chronologie – Documentation*. Bonn: Europa – Union – Verl.

Downs, George, and Michael Jones. 2002. "Reputation, Compliance, and International Law." *Journal of Legal Studies* 31/1: S95 – S114.

Dreyfus, Françis – Georges. 1995. "Strasbourg et le Rhin." In Horst Möller and Jacques Morizet, eds, *Allemagne – France: Lieux et mémoire d'une histoire commune*. Paris: Albin Michel: 141 – 152.

Duchêne, Françis. 1982. "Community Attitudes." In Dudley Seers, ed. , *The Second Enlargement of the EEC: The Integration of Unequal Partners*. New York: St. Martin's Press; 25 – 42.

Duechesne, Sophie, und André – Paul Frognier. 1995. "Is There a European Identity?" In Oskar Niedermayer and Richard Sinnott, eds, *Public Opinion and Internationalized Governance*. Oxford: Oxford University Press: 193 – 226.

Dumas, Roland. 2007. *Affaires étrangères*. Paris: Fayard.

Dumas, Roland, and Hans – Dietrich Genscher. 1998. "Proposition franco – allemande sur la politique de sécurité commune, Bruxelles, 4 February 1991." In Pierre Gerbet, Françise de La Serre, Gérard Nafilyan, and France, eds, *L'union politique de l'Europe*. Paris: la Documentation française: 311.

Dumas, Roland. 1989. "Ansprache des französischen Außenministers, Roland Dumas, anläßlich des Austausches der Ratifizierungsurkunden zum Elysée – Vertrag in Paris am 19. April 1989." *Europa Archiv* 40/15 – 16: D461 – D462.

Dumas, Roland. 1996. *Le fil et la pelote: Mémoires*. Paris: Plon.

Dumbrell, John. 2006. *A Special Relationship: Anglo – American Relations form the Cold War to Iraq*, 2nd edn. Houndmills: Palgrave Macmillan.

Dummer, Barbara. 2010. "Die Städtepartnerschaft Frankenthal – Colombes (1958) und die Bedeutung transnationaler Kommunalverbände." In Corine Defrance, Michael Kißener, and Pia Nordblom, eds, *Wege der Verständigung zwischen Deutschen und Franzosen nach 1945: Zivilgesellschaftliche Annäherungen*. Tübingen: Narr: 189 – 204.

Du Réau, Élisabeth, and Robert Frank, eds. 2002. *Dynamiques européennes; Nouvel espace, nouveaux acteurs 1969 – 1981*. Paris: Publ. de la Sorbonne.

Du Réau, Élisabeth. 2006. "Consolidation et élargissement de la construction européenne." In Serge Berstein, ed., *Les années Giscard: Valéry Giscard d'Estaing et l'Europe*, 1974 – 1981. Paris: Colin; 115 – 132.

Dyson, Kenneth, and Kevin Featherstone. 1998. "EMU and Presidential Leadership under Françis Mitterrand." In Mairi Maclean, ed., *The Mitterrand Years: Legacy and Evaluation*. Basingstoke: Macmillan: 89 – 111.

Dyson, Kenneth, and Kevin Featherstone. 1999. *The Road to Maastricht: Negotiating Economic and Monetary Union*. Oxford: Oxford University Press.

Dyson, Kenneth. 1994. *Elusive Union. The Process of Economic and Monetary Union*. London: Longman.

Ecker – Ertle, Heidemarie. 1998. "Der Elysée – Vertrag und seine Folgen." In Haus der Geschichte, ed., *Vis – à – Vir: Deutschland und Frankreich*. Cologne: DuMont: 121 – 130.

Editions Oberlin. 1988. *La Réalité Quotidienne des Echange Franco – Allemands: Praxis des Deutsch – Franzosishen Austausches*. Strasbourg: Editions Oberlin.

Eikeland, Per Ove. 2011. "The Third Internal Energy Market Package: New Power Relations among Member States, EU Institutions and Non – state Actors?" *Journal of Common Market Studies* 49/2: 243 – 263.

Engelhardt, Heinz. 1978. "Weniger Vorurteile durch Partnerschaften." *Dokumente*, Special Issue December: 103 – 112.

Euractiv. 2007. *Sarkozy Threatens to Veto Global Trade Talks*, 30 May 2007. www. euractiv. com/trade/sarkozy – threatens – veto – global – trade – talks/article – 164099.

Eurogroup. 2012. *Agreed Lines of Communication by Euro Area Member States*. Brussels, 30 January 2012. www. consilium. europa. eu/uedocs/cms_ data/docs/pressdata/en/ec/127633. pdf.

European Commission. 2011a. *European Financial Stability and Integration Report* 2010. Commission Staff Working Paper SEC (2011) 489. http://ec. europa. eu/internal_ market/economic – analysis/docs/financial_ integration_ reports/20110412 – efsir_ en. pdf.

European Commission. 2008a. *22nd EU – Russia Summit*, Nice, 14 November 2008. http://ec. europa. eu/external_ relations/russia/sum11_ 08/index_ en. html.

European Commission. 2009a. *Russia*. http://ec. europa. eu/external_ relations/russia/index_ en. html.

European Commission. 2008b. *EU – China Summit*. http://ec. europa. eu/external_ relations/china/summits_ en. htm.

European Commission. 2009b. *Regions of the World*. http://ec. europa. eu/external_ relations/regions/index_ en. htm.

European Commission. 2011b. *Special Eurobarometer* 363: *Internal Market: Awareness, Perceptions, and Impact. Report September* 2011. http://ec. europa. eu/public_ opinion/archives/ebs/ebs_ 363_ en. pdf.

European Commission. 2008c. *Regular Political, Trade and Economic Dialogue Meetings*. http://ec. europa. eu/external_ relations/china/dialogue_ en. htm.

European Commission. 2008d. *EU – LAC Lima Summit*, 16 – 17 May 2008. http://ec. europa. eu/external_ relations/lac/index_ en. htm.

European Commission. 2008e. *The EU and the Rio Group*. http://ec. europa. eu/external_ relations/la/riogroup_ en. htm.

European Commission. 2010. *EU Economic Governance: The Commission Delivers a Comprehensive Package of Legislative Measures*. IP/10/1199. http://europa. eu/rapid/pressReleasesAction. do? reference = IP/10/1199&format = HTML&aged = 0&lange = EN&guiLanguage = en.

European Council. 1995. *Cannes European Council 26 and 27 June 1995 – Presidency Conclusions*. _ www. consilium. europa. eu/uedocs/cms – data/docs/pressdata/en/ec/00211 – C. EN5. htm.

European Union. 2009. *Why EU – US Summits*? www. eurunion. org/partner/summit/Summit9712/whyeuus. htm.

Euro Summit. 2011a. *Euro Summit Statement*, 26 October 2011. http://www. consilium. europa. eu/uedocs/cms – data/docs/pressdata/en/ec/125644. pdf.

Euro Summit. 2011b. *Statement by the Euro Area Heads of State and Government*, 9 December 2011. http://www. consilium. europa. eu/uedocs/cms_ data/docs/pressdata/en/ec/126658. pdf.

Euro Summit. 2012. *Statement Euro Area Heads of State or Government*, 2 March 2012. http://www.

consilium. europa. eu/uedocs/cms_ data/docs/pressdata/en/ec/128521. pdf.

Evangelista, Matthew. 1999. *Unarmed Forces: The Transnational Movement to End the Cold War.* Ithaca, NY: Cornell University Press.

Faria, Fernanda. 2004. *Crisis Managgement in Sub - Saharan Africa: The Role of the European Union.* The EU Institute for Security Studies Occasional Paper No. 51. http://www.iss.europa.eu/uploads/media/occ51.pdf.

Fearon, James, and Alexander Wendt. 2002. "Rationalism and Constructivism: A Skeptical View." In Walter Carlsnaes, Thomas Risse, and Beth A. Simmons, eds, *Handbook of International Relations.* London: Sage: 52 - 72.

Fearon, James D. 1994. "Domestic Political Audiences and the Escalation of International Disputes." *American Political Science Review* 88/3: 577 - 592.

Fearon, James D. 1997. "Signaling Foreitn Policy Interests: Tying Hands versus Sinking Costs." *Journal of Conflict Resolution* 41/1: 68 - 90.

Featherstone, Kevin, and Claudio M. Radaelli, eds. 2003. *The Politics of Europeanization.* Oxford: Oxford University Press.

Featherstone, Kevin. 2003. "Introduction: In the Name of 'Europe'." In Kevin Featherstone and Claudio M. Radaelli, eds, *The Politics of Europeanizaion.* Oxford: Oxford University Press: 3 - 26.

Feaver, Peter D., Gunther Hellmann, Randall L. Schweller, Jeffrey W. Taliaferro, William C. Wohlforth, Jeffrrey W. Legro, and Andrew Moravcsik. 2000. "Correspondence: Brother, Can You Spare a Paradigm? (Or Was Anybody Ever a Realist?)" *International Security* 25/1: 165 - 193.

Febvre, Lucien. 1995. *Der Rhein und seine Geschichte.* Frankfurt a. M.: Campus Verl. Ferguson, Niall. 2011. "Europas schleichende Auflösung: Warum die Währungsunion zwangsläufig zu Desintegration führt." *Der Spiegel,* 45: 132 - 134.

Ferguson, Niall, and Laurence J. Kotlikoff. 2000. "The Degeneration of EMU." *Foreign Affairs* 79/2: 110 - 121.

Fillon, François. 2011. *Discours du Premier ministre Françis Fillon: Inauguration de la foire d'Hanovre.* Hannover: Kongresszentrum Hannover.

Filser, Nicolas. 1996. *La cooperation militaire franco - allemande et le couple Mitterrand - Kohl.* Saint - Cyr: Mémoire, Ecole Speciale Militaire de Saint - Cyr.

Financial Times. 2010. "Lagarde criticizes Berlin policy." 15 March.

Finnemore, Martha. 1996a. *National Interests in International Society.* Ithaca, NY: Cornell University Press.

Finnemore, Martha. 1996b. "Norms, Culture, and World Politics: Insights from Sociology's Institutionalism." *International Organization* 50/2: 325 - 347.

Fischer, Joschka, and Dominique de Villepin. 2002. "French - German Contribution on Economic Governance, 22 December 2002." CONV 470/02, CONTRIB 180. Brussels.

Fischer, Joschka. 2001. "Rede des Vorsitzenden des Rates der Europäischen Union Joschka Fischer, Bundesminister des Auswartigen, vor dem Europäischen Parlament: Straßburg, 12. Januar 1999." In Hartmut Marhold, ed., *Die neue Europadebatte: Leitbilder für das Europa der Zukunft.* Bonn: Europa - Union - Verl.: 30 - 40.

Fischer, Per. 1992. "Un départ difficile: Comment fut élaboré et accueilli le 'Traité du siè - cle'." Documents 48/4/5: 11 - 18.

Françis - Poncet, Jean. 1997. "Rétrospective et réalités franco - allemandes." *Défense nationale* 53/12: 11 - 19.

Frank, Robert. 1995. "Pompidou, le franc et l'Europe." In Association Georges Pompidou, ed., *Georges Pompidou et l'Europe: Colloque, 25 et 26 novembre 1993.* Brussels: Editions Complexe: 339 - 369.

French Government. 1996a. *Mémorandum pour un modèle social européen,* 28 March 1996. http://lesdiscours.vie - publique.fr/pdf/962005800.pdf.

French Government. 1996b. "High Representative for the Common Foreign andSecurity Policy: Document submitted by the French Delegation to the Conference of the Representatives of the Gvoernments of the Member

States at the Meeting on 6 and 7 June 1996 Concerning 'The Capacity to Strengthen External Action'. " CONF 3863/96. www. consilium. europa. eu/uedocs/cms_ data/docs/cig1996/03863en6. pdf.
French Government. 1993. "Franzosisches Memorandum zue Industrie – und Forschungspolitik. " *Europa Archiv*, 24: 695 – 701.
Friend, Julius W. 1991. *The Linchpin*; *French – German Relations*, 1950 – 1990. New York: Praeger.
Friend, Julius W. 2001. *Unequal Partners*: *French – German Relations*, 1989 – 2000. Westport, CT: Praeger.
Frisch, Alfred. 1988. " Le Conseil Economique et Financier: Un instrument de la politique mon – étaire ewuropéenne. " *Documents*, No. 1: 9 – 12.
Frisch, Alfred. 1993. "Les exigences d'une coopération exemplaire. " *Documents*, 3: 7 – 12.
Froehly, Jean – Pierre. 1998. " Der 'neue' deutsch – französische Dialog: Abstimmung in der europäischen Außenpolitik. " *Internationale Politik* 53/9: 26 – 32.
Froment – Maurice, Henri. 1997. "Les relations économiques franco – allemandes. " *Defense Nationale* 53/12: 30 – 43.
Gaddum, Eckart. 1994. *Die deutsche Europapolitik in den 80er Jahren*: *Interessen, Konflikte und Entscheidungen der Regierung Kohl*. Paderborn: Schöningh.
Gareis, Sven Bernhard. 2008. "Die Zusammenarbeit zwischen Deutschland und Frankreich: Ein Uberblick. " In Nina Leonhard and Sven Bernhard Gareis, eds, *Vereint Marschieren—Marcher Uni*: *Die deutsch – französische Streikraftekooperation als Paradigma europaischer Streikräfte*: Wiesbaden: VS Verl. für Sozialwissenschaften.
Garrett, Geoffrey. 1992. "International Cooperation and Institutional Choice: The European Community's Internal Market. " *International Organization* 46 – 2: 533 – 560.
Gaulle, Chales de. 1970a. *Mémoires d'Espoir*, Vol. 1, *Le Renouveau* 1958 – 1962. Paris: Plon.
Gaulle, Chales de. 1970b. *Discours et Messages*, Vol. 3, *Avec le renouveau, mai 1958 – juillet 1962*. Paris: Plon.
Gaulle, Chales de. 1970c. *Discours et Messages*, Vol. 4, *Pour l'effort, août 1962 – décembre 1965*. Paris: Plon.
Gaulle, Chales de. 1970d. *Discours et Messages*, Vol. 5, *Vers le terme, janvier 1966 – avril 1969*. Paris: Plon.
Gauweiler, Peter. 2003. "Bayern in Versailles: Die große Feier zum Jahrestag des Elysée – Vertrages in dem geschichtsträchtigen Schloss Ludwigs XIV. " *Süddeutsche Zeitung*. 23 January: 13.
Gödde – Baumanns, Beate. 2010. "Bürgerschaftliche Annäherung: Die Deutsch – Französischen Gesellschaften – Einblicke in die Praxis. " In Corine Defrance, Michael Kißener, and Pia Nordblom, eds, *Wege der Verständigung zwischen Deutschen und Franzosen nach 1945*: *Zivilgesellschaftliche Annäherungen*. Tübingen: Narr: 137 – 157.
Gehring, Thomas. 1998. "Die Politik des koordinierten Alleingangs: Schengen und die Abschaffung der Personenkontrollen an denBinnengrenzen der Europäischen Union. " *Zeitschrift für Internationale Beziehungen*5/1: 43 – 78.
Genschel, Philipp, Achim Kemmerling, and Eric Seils. 2011. "Accelerating Downhill: How the EU Shapes Corporate Tax Competition in the Single Market. " *Journal of Common Market Studies* 49/3: 585 – 606.
Genscher, Hans – Dietrich. 1995. *Erinnerungen*. Berlin: Siedler.
Genscher, Hans – Dietrich. 1988. " Memorandum zur Schaffung eines europaischen Währungsraumes und einer Europäischen Zentralbank: Eine Diskussionsgrundlage. " *Europäische Zeitung*. April.
George, Alexander L. , and Andrew Bennett. 2005. *Case Studies and Theory Development in the Social Sciences*. Cambridge, MA: MIT Press.
George, Stephen. 1990. *An Awkward Partner*: *Britain in the European Community*. Oxford: Oxford University Press.
Gerbet, Pierre, Françise de La Serre, and Gérard Nafilyan, eds. 1998. *L'union politique de l'Europe*. Paris: la Documentation francaise.
Gerbet, Pierre. 1995. "Georges Pompidou et les institutions européennes. " In Association Georges Pompidou, ed. , *Georges Pompidou et l'Eruope*: *Colloque*, 25 et 26 novembre 1993. Brussels: Editions Complexe: 55 – 83.

Gerbet, Pierre. 1999. *La construction de l'Europe*, 3rd edn. Paris: Imprimerie Nationale.
Gerbet, Pierre. 2001. "Le président Georges Pompidou et les institutions européennes." In Marie – Thérèse Bitsch, ed., *Le coupel France – Allemagne et les institutions européennes: Une post – érité pour le plan Schuman*? Brussels: Bruylant: 355 – 375.
Gerbet, Pierre. 1990. "Le rôle du couple franco – allemand dans la création et le développement des Communautés européennes." In Robert Picht and Wolfgang Wessels, eds, *Motor für Europa? Deutsch – französischer Bilateralismus und europäische Integration*. Bonn: Europa – Union – Verl. : 69 – 119.
Germain, Jérôme. 2008. "Le conseil des ministres franco – allemand, une institution en voie d'affirmation." *La Revue Administrative* 61/364: 417 – 422.
Germis, Carsten. 1997. "Noch ist Jospin nicht im Bunde der Dritte." *Der Tagesspiegel*. 20 September: 3.
Germond, Carine, and Henning Türk, eds. 2008. *A history of Franco – German relations in Europe: From "hereditary enemies" to partners*. New York: Palgrave Macmillan.
Germond, Carine. 2007. "Le couple franco – allemand et la 'crise de la chaise vide', 1965 – 1966." In Katrin Rücker and Laurent Warlouzet, eds, *Quelle (s) Europe (s)? / Which Europe (s)? Nouvelles approches en histoire de l'intégration européenne/New Approaches in European Integration History*, 2nd edn. Brussels: PIE Lang: 79 – 95.
Geyer, Michael. 1991. "Cold War Angst: The Case of West – German Opposition to Rearmament and Nuclear Weapons." In Hanna Schissler, ed., *Miracle Years*. Princeton: Princeton University Press: 376 – 408.
Giddens, Anthony. 1984. *The Constitution of Society*. Bekeley: University of California Press.
Gilpin, Robert. 1981. *War and Change in World Politics*. New York: Cambridge University Press.
Giscard d'Estaing, Valéry. 1978a. "Ansprache des Präsidenten der Französischen Republik bei einem Essen zu Ehren desßundeskanzlers im Krönungssaal des Aachener Rathauses am 15. September." *Bulletin des Presse – und Informationsamtes der Bundesregierung*, 103: 950 – 951.
Giscard d'Estaing, Valéry. 1978b. "Ansprache des Prasidenten der Französischen Republik zum Abschluß der deutsch – französischen Konsultationen in Aachen am 15. September." *Bulletin des Presse – und Informationsamtes der Bundesregierung*, 103: 952.
Goertz, Gary. 2006. Social Science Concepts: A User's Guide. Princeton, NJ: Princeton University Press.
Goetz, Klaus H., and Simon Hix, eds. 2001. *Europeanised Politics? European Integration and National Political Systems*. London: Frank Cass.
Goldstein, Walter. 1991 – 92. "EC: Euro – Stalling." *Foreign Policy*, 85: 129 – 147.
Gomis, Benoit. 2011. *Franco – British Defence and Security Treaties: Entrente While it Lasts*? Chatham – House Programme Paper: ISP PP 2001/01. www. chathamhouse. org/sites/default/files/public/Research/International%20Security – 0311pp_ gomis. pdf.
Gordon, Philip H. 1995. *France, Germany, and the Western Alliance*. Boulder, CO: Westview Press.
Gotz, Roland. 2007. *Germany and Russia—Strategic Partners*; *Geopolitical Affairs*, April. Berlin: SWP http: //www. swpberlin. or/common/get_ document. php? asset_ id = 4646.
Grant, Charles. 1994. *Delors: Inside the House that Jacques Built*. London: Brealey.
Grant, Wyn. 2003. *The Common Agricultura Policy*. Basingstoke: Macmillan.
Grevi, Giovanni, Damien Helly, and Daniel Keohane, eds. 2009. *European Security and Defence Policy: The First Ten Years* (1999 – 2009). Paris: EU Institute for Security Studies.
Grieco, Joseph. 1995. "The Maastricht Treaty, Economic and Monetary Union and the Neo – Realist Research Programme." *Review of International Studies* 21/1: 21 – 40.
Große, Ernst Ulrich. 1996. "Deutsch – französische Beziehungen." In E. U. Große and H. – H. Lüger, eds, *Frankreich Verstehen*. Darmstadt: Wissenschaftliche Buchgesellschaft: 326 – 379.
Groll, Götz von. 1978. "Das Debut auf der internationalen Bühne: Die Neun auf der KSZE." In Reinhardt Rummel, ed., *Die Europäische Politische Zusammenarbeit: Leistungsvermögen und Struktur der EPZ*. Bonn: Europa – Union – Verl. : 121 – 137.
Gros, Daniel, and Niels Thygesen. 1992. *European Monetary Integration: From the European Monetary System to*

European Monetary Union. London: Longman.
Grosser, Alfred. 1986. "France – Allemagne: 1936 – 1986. " *Politique Etrangère* 51/1: 247 – 255.
Grosser, Alfred. 1965. "France and Germany: Divergent Outlooks. " *Foreign Affairs* 44/: 26 – 36.
Grossman, Emiliano, and Cornelia Woll. 2011. "The French Debate Over the Bolkestein Directive. " *Comparative European Politics* 9: 344 – 366.
Guervel, Michel. 1993. "Le BILD: De Jean du Rivau àJoseph Rovan. In Henri Ménudier", ed. , *Le couple franco – allemand en Europe.* Asnières: Publications de l'Institut d'Asnières.
Guinle, Jean – Philippe. 1997. *Les Souverains de la France.* Paris: Larousse Bordas.
Guldner, Erwin. 1989. "Le Traité de l'Elysée et la coopération franco – allemande en matière de défense. " Stratégique 41/1: 133 – 149.
Guérin – Sendelback, Valérie. 1993. *Ein Tandem fur Europa? Die deutsch – französische Zusammenarbeit der achtziger Jahre.* Bonn: Europa – Union – Verl.
Guérin – Sendelback, Valérie. 1999. *Frankeich und das vereinigte Deutschland.* Opladen: Leske and Budrich.
Haas, Ernst B. 1961. "International Integration: The European and the Universal Process. " *International Organization* 15/3: 366 – 392.
Haas, Ernst B. 1958. *The Uniting of Europe: Political, Social, and Economic forces* 1950 – 1957. Stanford, CA: Stanford University Press.
Haas, Peter M. 1992. "Knowledge, Power and International Policy Coordination. " *International Organization* 46/1, Special Issue.
Haftendorn, Helga, Georges – Henri Soutou, Stephen F. Szabo, and Samuel F. Wells, Jr, eds. 2006. *The Strategic Triangle: France, Germany, and the United States in the Shaping of the New Europe.* Washington, D. C. , Baltimore: Woodrow Wilson Center Press: J. Hopkins Universtity Press.
Hager, Wolfgang. 1980. "Germany as an Extraordinary Trader. " In Wilfrid L. Kohl and Giorgio Basevi, eds, *West Germany: A European and Global Power.* Lexington, MA: Heath: 3 – 19.
Haglund, David G. 1991. *Alliance Within the Alliance? Franco – German Military Cooperation and the European Pillar of Defense.* Boulder, CO: Westview Press.
Hall, Peter A. , and David W. Soskice. 2001. "Introduction to Varietites of Captitalism. " In Peter A. Hall and David W. Soskice, eds, *Varietites of Capitalism: The Institutional Foundations of Comparative Advantage.* Oxford: Oxford University Press: 1 – 68.
Hall, Peter A. 1985. "Socialism in One Country: Mitterrand and the Struggle to Define a New Economic Policy. " In Philip G. Cerny and Martin A. Schain, eds, *Socialism, the State and Public Policy in France.* London: Pinter: 81 – 107.
Hallstein, Walter. 1969. *Der unvollendete Bundesstaat: Europäische Erfahrungen und Erkenntnisse.* Düsseldorf: Econ – Verl.
Hamon, Léo, and Conrad Ahlers, eds. 1970. *La coopération franco – allemande/Die Deutsch – Französische Zusammenarbeit.* Bonn: Bundesdruckerei.
Hanimann, Joseph. 1999. "Goethe in der Provinz: Regionale deutsche Kulturinstitute in Frankreich. " *Frankfurter Allgemeine Zeitung.* 30 July: 45.
Harnisch, Sebastian and Hanns W. Maull, eds. 2001. *Germany as a Civilian power? The Foreign Policy of the Berlin Repubic.* Manchester: Manchester University Press.
Harnisch, Sebastian and Siegfried Schieder. 2006. "Germany's New European Policy: Weaker, Meaner, Leaner. " In Hanns W. Maull, ed. , *Germany's Uncertain Power: Foreign Policy of the Berlin Republic.* Basingstoke: New York: Palgrave Macmillan: 95 – 107.
Harnisch, Sebastian. 2006. *Internationale Politik und Verfassung: Die Domestizierung der deutschen Sicherheits – und Europapolitik.* Baden – Baden: Nomos.
Harnisch, Sebastian. 2007. "Minilateral Cooperation and Transatlantic Coalitionbuilding: The E3/EU – 3 Iran Initiative. " *European Security* 16/1: 1 – 27.
Harnisch, Sebastian. 2008. "Minilateralisms, Formal Institutions and Transatlantic Cooperation: The EU – 3

Initiative vis – à – vis Iran's Nuclear Program." In Peter Schmidt, ed., *Beyond NATO: Transatlantic Cooperation in a New Era.* Frankfurt: Peter Lang Verlag: 89 – 111.

Hartmann, Guido. 1997. *Sozio – kulturelle Probleme deutsch – französischer Ministerial – kooperation: Die Zusammenarbeit aus Sicht Französischer und Deutscher Beamter.* Berlin. Wissenschaftlicher Verl. Berlin.

Haywood, Elizabeth. 1993. "The European Policy of Françis Mitterrand." *Journal of Common Market Studies* 31/2: 269 – 282.

Heckmann, Erhard. 1993. "Nach 30 Jahren Elysée – Vertrag: Die deutsch – französische Rü – stungszusammenarbeit." *Wehrtechnik* 25/3: 5 – 10.

Hehn, Jochen. 1994. "Herzog betont besonderes Verhaltnis zu Frankreich." *Die Welt.* 8 July: 3.

Heil, Simone. 2011. *Young Ambassadors: Youth Exchange and the Special Relationship between Germany and the State of Israel.* Baden – Baden: Nomos.

Heinemann, Irmgard. 1997. "Le traite franco – allemand du 22 Janvier 1963 et sa mise en oeuvre sous le Général de Gaulle (1963 – 1969)." Ph. D. diss, Université de Nice.

Heipertz, Martin, and Amy Verdun. 2010. *Ruling Europe: The Politics of theStability and Growth Pact.* Cambridge: Cambridge University Press.

Held, David, Anthony McGrew, David Goldblatt, and Jonathan Perraton. 1999. *Global Transformations: Politics, Economics and Culture.* Stanford, CA: Stanford University Press.

Hellmann, Gunther, Christian Weber, and Frank Sauer, eds. 2008. *Die Semantik der neuen deutschen Außenpolitik: Eine Analyse des außenpolitischen Vokabulars seit Mitte der 1980er Jahre.* Berlin: VS.

Hellmann, Gunther. 1995. "Eine Flucht nach vorn ohne Ende? Die deutsch – franzäosische Achse und die Vertiefung der europäschen Integration." *Aus Politik und Zeitgeschichte* 45/30: 19 – 27.

Hellmann, Gunther. 2000. "Rekonstuktion der 'Hegemonie des Machtstaates Deutschland unter modernen Bedingungen'? Zwischenbilanz nach zehn Jahren neuer deutscher Außenpolitik." Paper presented at the 21st Congress of the German Association for Political Sciene (DVPW), Halle/Saale, 1 – 5 October. www. unifrankfurt. de/fb3/hellmann/mat/hellmann – halle. pdf.

Hendriks, Gisela, and Annette Morgan. 2001. *The Franco – German Axis in European Integration.* Cheltenham; Northampton, MA: Edward Elgar.

Herbst, Axel. 1978. "Kunst des Brückenschlags." *Europäische Zeitung.* January: 4.

Herre, Franz. 1983. *Deutsche und Franzosen: Der lange Weg zur Freundschaft.* Bergisch Gladbach: Lubbe.

Hewel, Lars. 2006. *Hegemonie und Gleichgewicht in der europäischen Integration: Eine Untersuchung der Führungsproblematik im Rahmen der Fortentwicklung der Europäischen Union.* Baden – Baden: Nomos.

Heyer, Georg Walther. 1969. *Das Deutsch – französische Jugendwerk: Ziele, Möglichkeiten, Erfahrungen.* Freudenstadt: Lutzeyer.

Hielscher, Kathleen. 2008. *Die Deutsch – französischen Beziehungen in der Europa – Sicherheits – und Außenpolitik: Kontinuität und Wandel seit 1990.* Saarbrüchen: VDM Muller.

Hilz, Wolfram. 2005. *Europas verhindertes Führungstrio: Die Sicherheitspolitik Deutschlands, Frankreichs und Großbritanniens in den Neunzigern.* Paderborn: Schöningh.

Hix, Simon, and Bjorn Hoyland. 2011. *The Political System of the European Union*, 3rd edn. Basingstoke: Palgrave Macmillan.

Hoffmann, Stanley. 1993. "French Dilemmas and Strategies in the New Europe." In Robert O. Keohane, Joseph S. Nye, and Stanley Hoffmann, eds, *After the Cold War: International Institutions and State Strategies in Europe, 1989 – 1991.* Cambridge, MA: Harvard University Press: 127 – 147.

Hoffmann, Stanley. 1990. "La France dans le nouvel ordre européen." *Politique étrangère* 55 – 3: 503 – 512.

Hoffmann, Stanley. 1966. "Obstinate or Obsolete? The Fate of the Nation – State and the Case of Western Europe." *Daedalus* 95/3: 862 – 915.

Hoffmann, Stanley. 1982. "Reflections on the Nation – State in Western Europe Today." *Journal of Common Market Studies* 20/1 – 2: 21 – 37.

Hoffmann, Stanley. 1964. "The European Process at Atlantic Crosspurposes." *Journal of Common Market Studies*

3/2: 85 – 101.
Hofmann, Gunter. 1999. "Wie Deutschland in den Krieg geriet." *Die Zeit.* 12 May.
Holzinger, Katharina. 2005. "Tax Competition and Tax Co – operation in the EU: The Case of Savings Taxation." *Rationality and Society* 17/4: 475 – 510.
Hooghe, Liesbet, and Gary Marks. 2008. "European Union?" *West European Politics* 31/1 – 2: 108 – 129.
Hooghe, Liesbet, and Gary Marks. 2001. *Multi – Level Governance and European Integration.* Lanham: Rowman and Littlefield.
Howarth, David J. 2007. "Making and Breaking the Rules: French Policy on EU 'gouvernment économique' ". *Journal of European Public Policy* 14/7: 1061 – 1078.
Howarth, David J. 2002. "The European Policy of the Jospin Government: A New Twist to Old French Games." *Modern & Contemporary France* 10/3: 353 – 369.
Howarth, David J. 2001. *The French Road to European Monetary Union.* Basingstoke: Palgrave.
Howorth, Jolyon. 2008. *Security and Defence Policy in the European Union.* 2nd edn. Basingstoke: Palgrave Macmillan.
Héritier, Adrienne, Dieter Kerwer, Christoph Knill, Dirk Lehmkuhl, Michael Teutsch, and Anne – Cécile Douillet. 2001. *Differential Europe: The European Union Impact on National Policymaking.* Lanham, MD: Rowman and Littlefield.
Ikenberry, G. John. 2002. "America's Imperial Ambition." *Foreign Affairs* 81/5: 44 – 60.
Ischinger, Wolfgang. 1993. "Gemeinsame Außen – und Sicherheitspolitik: Thesen zur deutsch – französischen Vorreiterrolle." In Ingo Kolboom and Ernst Weisenfeld, eds, *Frankreich in Europa: Ein deutsch – französischer Rundblick.* Bonn: Europa – Union – Verl: 119 – 128.
Issing, Otmar. 2002. "On Macroeconomic Policy Co – ordination in EMU." *Journal of Common Market Studies* 40/2: 345 – 358.
Jabko, Nicolas. 2006. *Playing the Market: A Political Strategy for Uniting Europe: 1985 – 2005.* Ithaca, NY: Cornell University Press.
Jabko, Nicolas. 2004. "The Imporetance of Being Nice: An Institutionalist Analysis of French Preferences on the Future of Europe." *Comparative European Politics* 2/2: 282 – 301.
Jabko, Nicolas. 2011. *Which Economic Governance for the European Union? Facing up to the Problem of Divided Sovereognty.* Swedish Institute for European Policy Studies Report No. 2/2011. www. sieps. de/sites/default/files/2011_ 2_ 0. pdf.
Jachtenfuchs, Markus, and Beate Kohler – Koch. 2004. "Governnance and Institutional Development." In Antje Wiener and Thomas Diez, eds, *European Integration Theory.* Oxford: Oxford University Press: 97 – 115.
Jachtenfuchs, Markus. 2002. *Dei Konstruktion Europas; Verfassungsideen und institutionelle Entwicklung.* Baden – Baden: Nomos.
Jachtenfuchs, Markus. 2006. "Germany and Relaunching Europe." In Helga Haftendorn, Georges – Henri Soutou, Stephen F. Szabo, and Samuel F. Wells, Jr, eds, *The Strategic Triangll: France, Germany, and the United States in the Shaping of the New Europe.* Washington, D. C.; Baltimore: Woodrow Wilson Center Press; J. Hopkins University Press: 309 – 324.
Jachtenfuchs, Markus. 2001. "The Governance Approach to Euopean Integration." *Journal of Common Market Studies.* 39/2: 245 – 264.
Jachtenfuchs, Markus, Thomas Diez, and Sabine Jung. 1998. "Which Europe? Conflicting Models of a Legitimate European Political Order." *European Journal of International Relations* 4/4: 409 – 445.
Janes. Jackson. 2003. *France and Germany at Versailles: Last Chapter of the Past or First Chapterof the Future?* Washington, D. C.: American Institute for Contemporary German Studies.
Jansen, Thomas. 1988. "Pioniere der Freundschaft: B. I. L. D. —Eine Chiffre für Verständigung." *Rheinischer Merkur.* 29 January: 22.
Jardin, Pierre, and Adolf Kimmel. 2001. *Les relations of franco – allemandes depuis 1963.* Paris: La Documentation Française.

Jeismann, Michael. 1994. "Sichere Wanderer zwischen Welten: Das Freiburger 'Frank – reich – Zentrum' fuhrt vorbildlich aus der Sackgasse der Universitat." *Frankfurter Allgemeine Zeitung*. 12 November: 29.
Jepperson, Ronald L., Alexander Wendt, and Peter J. Katzenstein. 1996. "Norms, Identity, and Culture in National Security." In Peter J. Katzenstein, ed., *The Culture of National Security: Norms and Identity in World Politics*. New York: Columbia University Press: 33 – 75.
Jepperson, Ronald L. 1991. "Institutions, Institutional Effects, and Institutionalism." In W. W. Powell and P. J. DiMaggio, eds, *The New Institutionaliam in Organizational Analysis*. Chicago, IL: The University of Chicago Press: 143 – 163.
Jäger, Wolfgang, and Werner Link. 1987. *Republik im Wandel: Die Ära Schmidt 1974 – 1982*. Stuttgart: Deutsche Verl. – Anstalt.
Jünger, Ernst. 1980/1922. "Der Kampf als Inneres Erlebnis." In Ernst Junger, ed., *Sämtliche Werke: Essays I. Betrachtungen zur Zeit*. Stuttgart: Klett – Cotta: 9 – 103.
Jünger, Ernst. 1978/1921. *In Stahlgewittern*. Stuttgart: Klett – Cotta.
Joerges, Christian, Yves Mény, and Joseph H. H. Weiler. 2000. *What Kind of Constitution for What Kind of Polity? Responses to Joschka Fischer*. San Domenico diFiesole: Robert Schuman Centre for Advanced Studies.
Joffe, Josef. 1993. "Das Glas ist mehr als halb voll." *Süddeutsche Zeitung*. 4 January: 19.
Johnston, Alastair Iain. 1999. "Realism (s) and Chinese Security Policy in the Post – Cold War Period." In Ethan B. Kapstein and Michael Mastanduno, eds, *Unipolar Politics: Realism and State Strategies After the Cold War*. New York: Columbia University Press: 261 – 318.
Jones, Erik. 2001. "Franco – German Economic Relations: From Exchange and Convergence to Collective Action." In Patrick McCarthy, ed., *France – Germany in the Twenty – first Century*. New York: Palgrave.
Jones, Erik. 2010. "Merkel's Folly." *Survival* 52/3: 21 – 38.
Jones, Seth G. 2007. *The Rise of European Security Cooperation*. New York: Cambridge University Press.
Jouhandeau, Marcel. 1980. *Journal sous l'Occupation*. Paris: Gallimard.
Judge, David, and David Earnshaw. 2008. *The European Parliament*, 2nd edn. Basingstoke: Palgrave Macmillan.
Juppé, Alain. 1999. "Paris – Berlin – Londres: Le nouveau trianglke européen." *Politique international* 83, Spring: 23 – 31.
Juppé, Alain. 2004. "Préface." In Stephan Martens, ed., *L'Allemagne et la France: Une entente unique pour l'Europe*. Paris: L'Harmattan: 9 – 10.
Jurt, Joseph, ed. 1993. *Von der Besatzungszeit zur deutsch – französischen Kooperation/De la période d'occupation à la coopération franco – allemande*. Freiburg: Rombach.
Kaehlbrandt, Roland. 1993. "For Ever Young? L'Office Franco – Allemand pour la Jeunesse (OFAJ)." In Henri Ménudier, ed., *Le couple franco – allemand en Europe*. Asnières: Publictions de l'Institut d'Allemand: 123 – 131.
Kaelble, Hartmut. 1991. *Nachbarn am Rhein: Entfremdung und Annaherung der französischen und deutschen Gesellschaft seit 1880*. Munich: Beck.
Kageneck, August Graf. 1994. "Les bons amis." *Die Welt*. 5 March: 2.
Kaiser, Karl, and Pierre Lellouche, eds. 1986. *Deutsch – Französische Sicherheitspolitik: Auf dem Wege zur Gemeinsamkeit?* Bonn: Europa – Union – Verl.
Kaiser, Karl, and Pierre Lellouche, eds. 1986. *Le couple franco – allemand et la défense de l'Europe*. Paris: Editions Economica.
Kaiser, Karl. 1991. *Deutschlands Vereinigung: Die internationalen Aspekte*. Bergisch Gladbach; Bastei Lubbe.
Kaltenbach, Anneliese. 1983a. "Le fonctionement des sommets franco – allemands." *Allemagnes d'Aujourd'hui* 84, April – June: 23 – 30.
Kaltenbach, Anneliese. 1983b. "Le fonctionnement des sommets." *Problèmes Politiques et Sociaux*, 476: 8 – 10.
Kaltenthaler, Karl. 1998. *Germany and the Politics of Europe's Money*. Durham: Duke University Press.
Kapstein, Ethan B., and Michael Mastanduno, eds. 1999. *Unipolar Politics: Realism and State Strategies after*

the Cold War. New York: Columbia University Press.
Katzenstein, Peter J., and Rudra Sil. 2008. "Eclectic Theorizing in the Study and Practice of International Relations." In Christian Reus – Smit and Duncan Snidal, eds, *The Oxford Handbook of International Relations*. New York: Oxford University Press: 109 – 130.
Katzenstein, Peter J. 2005. *A World of Regions: Asia and Europe in the American Imperium*. Ithaca, NY: Cornell University Press:
Katzenstein, Peter J. 1976. *Disjoined Partners: Austria and Germany since 1815*. Berleley: University of California Press.
Katzenstein, Peter J., ed. 1996. *The Culture of National Security: Norms and Identity in World Politics*. New York: Columbia University Press.
Katzenstein, Peter J. 1987. *Policy and Politics in West Germany: The Growth if a Semisovereign State*. Philadelphia, PA: Temple University Press.
Katzenstein, Peter J., Robert O. Keohane, and Stephen D. Krasner. 1998. "International Organization and the Study of World Politics." *International Organization* 52/4: 645 – 685.
Kaufmann, Pascal, and Henrik Uterwedde. 2010. *La France et l'Allemagne face à la crise de l'euro: A la recherche de la convergence perdue*. IFRI. Visions franco – allemandes No. 17. http://www.ifri.org/downloads/vfa17kaufmannuterwedde.pdf.
Keck, Margaret, and Kathryn Sikkink. 1998. *Activists Beyond Borders: Transnatonal Advocacy Networks in International Politics*. Ithaca, NY: Cornell University Press.
Keeler, John T. S. 2005. "Mapping EU Studies: The Evolution from Boutique to Boom Field 1960 – 2001." *Journal of Common Market Studies* 43/3: 551 – 582.
Keizer, Bernard. 1979. *Le modèle économique allemande: Mythes et réalités*. Paris: La documentation Française.
Keßler, Ulrike. 2010. "Deutsche Europapolitik unter Helmut Kohl: Europäische Integration als kategorischer Imperativ?" In Gisela Müller – Brandeck – Bocquet, Corina Schukraft, and Nicole Leuchtweis, eds, *Deutsche Europapolitik: Von Adenauer bis Merkel*, 2nd edn. Wiesbaden: VS Verl. für Sozialwissenschaften: 119 – 171.
Kelleher, Catherine McArdle. 1975. *Germany and the Politics of Nuclear Weapons*. New York: Columbia University Press.
Kempin, Ronja and Nicolai von Ondarza. 2011. "*CSDP on the Brink. The Importance of Bringing France and the United Kingdom Back In.*" *SWP Comments*. 13. Berlin: Stiftung Wissenschaft und Politik. http://www.swp – berlin.org/fileadmin/contents/products/comments/2011C13_ kmp_ orz_ ks.pdf.
Kempin, Ronja. 2004. *Frankreich und die EU – Battlegroups*. SWP – Diskussionspapier der FG3 – 2004/01. Belin: SWP. http://www.swp – berlin.org/fileadmin/contents/products/arbeitspapiere/kmp _ frankreich_ EU_ battlegroups_ mai_ 04_ ks.pdf.
Kiersch, Gerhard. 1991. "De Gaulle und die deutsche Identität." In Wilfried Loth and Robert Picht, eds, *De Gaulle, Deutschland und Europa*. Opladen, Germany: Leske + Budrich: 181 – 192.
Kiersch, Gerhard. 1993. "L'Institut Franco – Allemand de Ludwigsburg: L'abolitionpatiente des 'barrières culturelles'." In Hénri Menudier, ed., *Le couple franco – allemand en Europe*. Asnières: Publications de l'Institut d'Asnières: 320 – 325.
Kinkel, Klaus. 1994. "Erklärung de Bundesregierung zu den Erweiterungsverhandlungen zwischen der Europäischen Union, Österreich, Schweden, Finnland und Norwegen, abgegeben von Außenminister Kinkel vor dem Deutschen Bundestag am 10.3.1994." *Europa Archiv* 49: D307 – D309.
Kölboom, Ingo. 2010. "Deutschland – Frankreich – Polen. Aktuelle Erinnerungen an das 'Weimarer Dreieck' 1991 – 2010." In Lothar Albertin, ed., *Deutschland und Frankreich in der Europaischen Union: Partner auf dem Prüfstand*. Tübingen: Narr – Verl.: 85 – 113.
Klein, Paul, ed. 1990. *Deutsch – Französische Verteidigungskooperation: Das Beispiel der Deutsch – Franozsischen Brigade*. Baden – Baden: Nomos.
Knapp, Andrew, and Vincent Wright. 2006. *The Government and Politics of France*. 5th edn. London:

Routledge.
Knill, Christiph. 2001. *The Europeanoisation of National Administrations: Patterns of Institutional Change and Persistence*. New York: Cambridge University Press.
Knipping, Franz. 2004. *Aufbruch zum Europa der zweiten Generation: Die europaische Einigung* 1969 – 1984. Trier: WVT Wiss. Verl. Trier.
Kocs, Stephen A. 1995. *Autonomy or Power? The Franco – Geman Relationship and Europe's Strategic Choices* 1955 – 1995. Westport, CT: Praeger.
Koenig, Günther. 1997. "Die Strukturen der deutsch – französischen Zusammenarbeit auf dem Gebiet der Sicherheits – und Verteidigunspolitik: Rechtsgrundlagen und Entwichlung." In Christian Tomuschat, ed., *Rechtsprobleme einer Europäischen Sicherheits – und Verteidigungspolitik/Aspects juridiques d'une politique européenne de sécurité et de défense*, Heidelberg: C. F. Müller: 69 – 85.
Kohler, Beate. 1980. "Germany and the Enlargement of the European Community." In Wilfrid L. Kohl and Giorgio Basevi, eds, *West Germany: A European and Global Power*. Lexington, MA: Heath: 151 – 175.
Kohler – Koch, Beate, and Berthold Rittberger. 2006. "The 'Governance Turn' in EU Studies." *Journal of Common Market Studies* 44, 1: 27 – 49.
Kohl, Helmut, and Mitterrand, Françis. 1990. "Text of the Letter addressed to Andreotti by Kohl and Mitterrand." Documented in Finn Laursen and SophieVanhoonacker, eds, *The Intergovernmental Conference on Political Union. Institutional Reforms, NewPolicies, and International Identity of the European Community*. Dordrecht and Norwell, MA: M. Nijhoff Publishers: 313 – 314.
Kohl, Helmut. 1988. "Ansprache (des Bundeskanzlers Helmut Kohl) zum 25. Jahrestag des Deutsch – Französischen Vertrages am 22. Januar in Paris." *Bulletindes Presse – und Informationsamtes der Bundesregierung*, No. 11: 77 – 81.
Kohl, Helmut. 1998. "Rede von Bundeskanzler Dr. Helmut Kohl anläßlich des 200 jährigen Jubiläums der Industrie – und Handelskammer für Rheinhessen am 11. Februar 1998 in Mainz." *Bulletin der Bundesregierung*, No. 21.
Kohl, Helmut. 1992. "Traité de l'Elysée: un fondement pour l'Europe: allocution prononcée àl'occasion de la cérémonie officielle pour le 30ᵉ anniversaire de la signature du Traité sur la coopération franco – allemande." *Documents*, 4 – 5/1992: 19 – 24.
Kohl, Wilfrid L. 1971. *French Nuclear Diplomacy*. Princeton, NJ: Princeton University Press.
Kohn, Theresa. 2011. "Individual Transnationalism, Globalisation, and Euroscepticism: An Empirical Test of Deutsch's Transactionalist Theory." *European Journal of Political Research* 50/6: 811 – 837.
Kolboom, Ingo, ed. 1987. "XIII. Deutsch – Französische Konferenz: Europäische Selbstbehauptung/XIIIᵉ Conférence franco – allemande: L'enjeu européen. Hamburg, 3 – 5 June 1987." Bonn: Forschungsinstitut der Deutschen Gesellschaft für Auswärtige Politik.
Kolliker, Alkuin. 2006. *Flexibility and European Unification: The Logic of Differentiated Integration*. Lanham, MD: Rowman & Littlefield.
Konrad Adenauer Stiftung, ed. 2008. *45ᵉ anniversaire du traité franco – allemand de l'Elysée: Bilan et perspectives*. Bordeaux: Konrad Adenauer Stiftung (Paris Office).
Koopmann, Martin. 2004. *A Driving Force Despite Everything: Franco – German Relations and the Enlarged European Union*. Notre Europe Studies &Research No. 36. www. notre – europe. eu/uploads/tx_ publication/Etud 36 – en. pdf.
Koopmann, Martin. 2000. *Das schwierige Bundnis: Die deutsch – französischen Beziehungen und die Außenpolitik der Bundesrepublik Deutschland 1958 – 1965*. Baden – Baden: Nomos.
Koselleck, Reinhart. 2000a. "Erinnerungsschleusen und Erfahrungsschichten: Der Einfluß der beiden Weltkriege auf das soziale Bewußtsein." In Reinhart Koselleck, ed., *Zeitschichten: Studien zur Historik*. Frankfut a. M.: Suhrkamp.
Koselleck, Reinhart, ed. 2000b. *Zeitschichten: Studien zur Historik*. Frankfurt a. M.: Suhrkamp.
Krasner, Stephen D. 1995. "Power Politics, Institutions, and Transnational Relations." In Thomas Risse –

Kappen, ed. , *Bringing Transnational Relations Back In*: *Non - State Actors*, *Domestic Structures and International Institutions*. New York: Cambridge University Press: 257 - 279.

Kraus, Albert H. V. 1988. "Stationen auf dem Weg zum deutsch - französischen Vertrag. " In Bundesministerium ber Verteidigung, ed. , *Deutsch - französische Zusamme - narbeit*: *25 Jahre Elysée - Vertrag*. Coburg: Druckhaus Zeus Presse: 7 - 26.

Krauthammer, Charles. 1991. "The Unipolar Moment. " Foreign Affairs 70/1: 23 - 33.

Krauth, Günter. 1995. "Das Deutsch - Französische Forschungsinstitut Saint - Louis (ISL) . " *Wihrtechnik*, 10: 76 - 78.

Krautscheid, Andreas, ed. 2009. *Die Daseinsvorsorge im Spannungsfeld von europäischem Wettbewerb und Gemeinwohl*: *Eine sektorspezifische Betrachtung*. Wiesbaden: VS Verl. für Sozialwissenschaften.

Krotz, Ulrich, and James Sperling. 2011. "The European Security Order between American Hegemony and French Independence. " *European Security* 20/3: 305 - 335.

Krotz, Ulrich, and Joachim Schild. 2013. "Le déclin de la France, une menace majeure pour le couple franco - allemand. " *Le Monde*, 22 January 2013, http: //www. lemonde. fr/idees/article/2013/01/22/ le - declin - de - la - france - une - menace - majeure - pour - le - couple - franco - allemand_ 1820454_ 3232. html.

Krotz, Ulrich, and Richard Maher, David M. McCourt and Andrew Glencross, Norrin M. Ripsman, Mark S. Sheetz, and Jean - Yves Haine, and Sebastian Rosato. 2012. "Debating the Sources and Prospects of European Integration. " *International Security* 37/1: 178 - 199.

Krotz, Ulrich, and Richard Maher. 2012. "Europe in the Post - Post Cold War World: Decline or Renewal?" Manuscript, Wetherhead Center for International Affairs, Harvard University.

Krotz, Ulrich, and Richard maher. 2011. "International Relations Theory and the Rise of European Foreign and Security Policy. " *World Politics* 63/3: 548 - 579.

Krotz, Ulrich. 2002a. "Structure as Process: The Regularized Intergovernmentalism of Franco - German Bilateralism. " Program for the Study of Germany and Europe Working Paper 02. 3. Cambridge, MA: Minda de Gunzburg Center for European Studies, Harvard University.

Krotz, Ulrich. 2002b. "Social Content of the International Sphere: Symbols and Meaning in Franco - German Relations. " Program for the Study of Germany and Europe Working Paper 02. 2. Cambridge, MA: Minda de Gunzburg Certer for European Studies, Harvard University.

Krotz, Ulrich. 2002c. "Ties that Bind? The Parapublic Underpinnings of Franco - German Relations as Construction of International Value. " Program for the Study of Germany and Europe Working Paper 02. 4. Cambridge, MA: Minda de Gunzburg Certer for European Studies, Harvard University.

Krotz, Ulrich. 2012. "Embedness and Context: The Vocabulary, Places of Memory, and Personnel of a Bilateral Relationship. " Manuscripe, Weatherhead Center for International Affairs, Harvard University.

Krotz, Ulrich. 2011. *Flying Tiger*: *International Relations Theory and the Politics of Advanced Weapons*. New York: Oxford University Press.

Krotz, Ulrich. 2015. *History and Foreign Policy in France and Germany*. Basingstoke and New York: Palgrave Macmillan.

Krotz, Ulrich. 2009. "Momentum and Impediments: Why Europe Won't Emerge as a Full Political Actor on the World Stage Soon. " *Journal of Common Market Studies* 47/3: 555 - 578.

Krotz, Ulrich. 2007 Parapublic Underpinnings of International Relations: The Franco - German Construction of Europeanizations of a Particular Kind. *European Journal of International Relations* 13/3: 385 - 417.

Krotz, Ulrich. 2010. "Regularized Intergovernmentalism: France - Germany and Beyond (1963 - 2009) . " *Foreign Policy Analysis* 6/2: 147 - 185.

Krotz, Ulrich. 2014. "Three Eras and Possible Futures: A Long - Term View on the Franco - German Relationship a Century after the First World War. " *International Affairs* 90/2: 337 - 350.

Krumeich, Gerd. 1995. "Verdun: un lieu pour une mémoire commune?" In Jacques Morizet and Horst Möller, eds, *Allemagne - France*: *Lieux et mémoire d'une histoire commune*. Paris: Albin Michel: 121 - 139.

Küsters, Hanns Jürgen. 2001. "La controverse entre le chancelier Helmut Kohl et le président Françis Mitterrandà propos d la réforme institutionnelle de la Communauté européenne (1989 – 1990)." In Marie – Thérèese Bitsch, ed., *Le couple France – Allemagne et les institutions européennes: Une postérité pour le plan Schuman*? Brussels: Bruylant: 487 – 516.

Kunstein, Tobias, and Wolfgang Wessels. 2011. "Die Europäische Union in der Währungskrise: Eckdaten und Schlüsselentscheidungen." *Integration* 34/4: 308 – 322.

Laffan, Brigid. 2000. "The Agenda 2000 Negotiations: La Présidence Coûte Cher?" *German Politics* 9/3: 1 – 22.

Lagarde, Christine. 2010. Interviewed by Le Monde, 3 May.

L'Ain, Bertrand de, Marina Girod de l'Ain, and Sylvie Banoun. 1996. "Unverbrüchliche Bande: Partnerstadte und deutsch – französischer Austausch." *Dokumente* 52/2: 122 – 128.

Laird, Robbin Frederick. 1989. *Strangers and Friends: The Franco – German Security Relationship*. London; New York: Pinter; St. Martin's Press.

Lamassoure, Alain. 2002. *The European Union: Four Possible Models*. European Convention CONV 235/02. http://register.consilium.europa.eu/pdf/en/02/cv00/cv00235.en02.pdf.

Lamenie, Brice. 2005. "Les secrétaires généraux ex leurs structures d'appui: Les moyens d'une adaptation institutionnelle de la coopération franco – allemande?" *Allemagne d'aujourd'hui*, No. 171: 121 – 132.

Lamers, Karl. 1998a. "France – Allemagne: Il reste beacoup à faire." *Le Monde*. 22 January: 14.

Lamers, Karl. 1998b. "L'unité que l'avenir attend de nous." In Jacques Delors, ed., *France – Allemagne: Le bond en avant*. Paris, France: Éditions Odile Jacob: 183 – 192.

Lapie, Pierre – Olivier, and Carlo Schmid. 1973. *La coopération franco – allemande*. Paris: La documentation Française.

Lappenluper, Kürich. 2001a. *Die deutsch – französischen Beziehungen* 1949 – 1963: Von der "Erbfeindschaft" zur "Entente Élémentaire." Munich: Oldenbourg.

Lappenluper, Kürich. 2001b. "Ein Europa der Freien und Gleichen': La politique européene de Ludwig Erhard (1963 – 1966)." In Wilfried Loth, ed., *Crises and Copmromises: TheEuropean Project* 1963 – 1969. Baden – Baden: Nomos: 65 – 91.

Laqueur, Walter. 2012. *After the Fall: The End of the European Dream and the Decline of a Continent*. London: Dunne.

La Serre, Françise de. 1975. "La France et l'élargissement des Communautés européennes: La candidature britannique." In Joel Rideau, ed., *La France et les communautés européennes*. Paris: Libr. générale de droit et de jurisprudence; 743 – 774.

La Serre, Françise de. 2004. "La France et l'élargissement à l'Est de l'Est de l'Union europé – enne.' Annuaire Francais des Relations Internationales 5: 506 – 517.

La Serre, Françise de. 1998. "La politique européenne de Françis Mitterrand: Innovante ou r – éactive?" In Samy Colhen, ed., *Mitterrand et la sortie de la Guerre froide*. Paris: PUF: 108 – 125.

Lasserre, René. 1988. "Die Deutsch – französischen Wirtschaftsbeziehungen im europäischen Zusammenhang." In Deutsch – Französisches Kulturzentrum Essen, ed., *Hohen und Tiefen einer Zweierbeziehung*. Essen: Verlag Die Blaue Eule: 121 – 130.

Lasserre, René. 1993. "Le CIRAC: Dix ans d'études et de recherches au service de la coopé – ration franco – allemande." In Henri Ménudier, ed., *Le couple franco – allemand en Europe*. Asniè – res: Publications de l'Institut d'Asnières: 307 – 313.

Lasserre, René, Wolfgang Neumann, and Robert Picht. 1980. *Deutschland – Frankreich, Bausteine zum Systemvergleich*, vol. 1, *Politisches System und Offentlichkeit*. Gerlingen: Bleicher.

La Tribune d'Allemagne: *Revue hebdomadaire de la presse allemande*. 1988. "Unvigoureux rosier (25 Ans Avec le Traité d'Amitié)." 24 January: 1 – 15.

Lübkemeier, Eckhard. 2007. *Führung ist wie Liebe: Warum Mit – Führung in Europa notwendig ist und wer sie leisten kann*. SWP – Studie S 30. Berlin: SWP www.swp – berlin.org/fileadmin/contents/products/studien2007_ S30_ lbk_ ks. pdf [accessed 13 April 2012].

Leblond, Laurent. 1997. *Le couple franco – allemand depuis 1945*: *Chronique d'une relation exemplaire*. Paris: LeMonde Editions/ Marabout.

Lefebvre, Maxime, and Sabine von Oppeln. 2010. "La France et l'Allemagne face à l'é – largissement de l'Union européenne." In Claire Demesmay and Andreas Marchetti, eds, La France et l'Allemagne face aux crises européennes. Bordeaux: Presses University de Bordeaux: 57 – 75.

Le Gloannec, Anne – Marie. 1991. "Mitterrand et l'Allemagne." *French Politics and Society* 9/3 – 4: 121 – 129.

Le Goff, Jacques. 1997. "Reims, ville du sacre." In Pierre Nora, ed., *Les lieux de mémoire*. Paris: Quarto Gallimard: 649 – 733.

Legoll, Paul. 2004. *Charles de Gaulle et Konrad Adenauer*: *la cordiale entente*. Paris et al.: L'Harmattan.

Legro, Jeffrey W., and Andrew Moravcsik. 1999. "Is Anybody Still a Realist?" *International Security* 24/2: 5 – 55.

Lehmbruch, Gerhard. 2003. *Verhandlungsdemokratie*: *Beitrage zur vergleichenden Regierungslehre*. Wiesbaden: Westdt. Verl.

Leimbacher, Urs. 1992a. *Die unverzichtbare Allianz*: *Deutsch – französische sicherheitspolitische Zusammenarbeit 1982 – 1989*, Baden – Baden: Nomos.

Leimbacher, Urs. 1992b. "La coopération franco – allemande: Clé pour l'essor de l'Europe." *Relations Internationales* 70: 221 – 234.

Lenz, Carl Otto, and Helga Wex. 1983. *Die deutsch – französische Zusammenarbeit/ La Coopé – ration Franco – Allemande*. Bonn: Bundesrepublik Deutschland; Presse – und Informationsamt der Bundesregierung.

Lequesne, Christian. 1990. "Formulation des politiques communautaires et procédures de consultation avec la RFA en France." In Robert Picht and Wolfgang Wessels, eds, *Motor für Europa? Deutsch – Französischer Bilateralismus und europäische Integration*: *Le couple franco – allemand et l'integration européenne*. Bonn: Europa Union – Verl.: 123 – 144.

Lequesne, Christian. 2008. *La France dans la nouvelle Europe*: *Assumer le changement d'é – chelle*. Paris: Presse de Sciences Po.

Leuffen, Dirk. 2009. "Does Cohabitation Matter? French European Policy – Making in the Context of Divided Government." *West European Politics* 32/6: 1140 – 1160.

Lewis, Jeffrey. 2009. "EU Policy on Iraq: The Collapse and Reconstruction of Consensus – bases Foreign Policy." *International Politics* 46/4: 432 – 450.

Lieb, Julia, Andreas Maurer, and Nicolai von Ondarza. 2009. *Der Vertrag von Lissabon*: *Kurzkommentar*, 3rd edn. SWP – Diskussionspapier der FGI – 2009/09 &FG2 – 2009/04. Berlin: SWP, www. swp – berlin. org/ fileadmin/contents/products/arbeitspapiere/Vertrag_ Lissabon_ Kur – zkommentar_ 3rd_ edition_ 090421_ KS. pdf.

Lijphart, Arend. 1999. *Patterns of Democracy*: *Government Forms and Performance in Thirty – Six Countries*. New Haven, CT: Yale University Press.

Linden, Marcel. 1981. "Das 'deutsche' Modell in franzosischer Sicht." *Dokumente* 37/2: 159 – 165.

Link, Werner. 2006. *Auf dem Weg zu einem neuen Europa*: *Herausforderungen und Antworten*. Baden – Baden: Nomos.

Link, Werner. 1997. "Die europäische Neuordnung und das Machtgleichgewicht." InThomas Jäger and Melanie Piepenscheider, eds, *Europa 2020*: *Szenarien politischer Entwicklungen*. Opladen: Leske and Budrich: 9 – 31.

Lippert, Barbara. 2001. "Die EU – Erweiterungspraxis nach 1989: Konzeptionen und Praxis der Regierungen Kohl und Schröder." In Heinrich Schneider, Mathias Jopp, and Uwe Schnalz, eds, *Eine neue deutsche Europapolitik? Rahmenbedingungen – Problemfelder – Optionen*. Bonn: Europa – Union – Verl.: 349 – 392.

Loriaux, Michael. 1999. "Realism and Reconciliation: France, Germany, and the European Union." In Ethan B. Kapstein and Michael Mastanduno, eds, *Unipolar Politics*: *Realism and State Strategies after the Cold*

War. New York: Columbia University Press: 354 – 384.

Loriaux, Michael. 1993. "The Riddle of the Rhine: France, Germany, and the Geopolitics of European Integration." In Meredith Woo – Cumings and Michael Loriaux, eds, *Past as Prelude: History in the Making of a New World Order*. Boulder, CO: Westview Press: 83 – 110.

Loth, Wilfried. 1991a. "De Gaule und Europa: Eine Revision." *Historische Zeitschrift* 253, December: 629 – 660.

Loth, Wilfried. 2001a. "Français et Allemands dans la crise institutionnelle de 1965." In Marie – Thérèse Bitsch, ed., *Le couple France – Allemagne et les institutions européennes: Une post – érité pour le plan Schuman?* Brussels: Bruylant: 229 – 243.

Loth, Wilfried, and Robert Picht, eds. 1991. *De Gaulle, Deutschland und Europa*. Opladen: Leske + Budrich.

Loth, Wilfried. 1991b. "Einleitung." In Wilfried Loth and Robert Picht, eds, *De Gaulle, Deutschland und Europa*. Opladen: Leske + Budrich: 7 – 18.

Ludlow, Peter. 2005. "Die Führung der Europäischen Union durch den Europäischen Rat." *Integration* 28/1: 3 – 15.

Ludlow, Peter. 1982. *The Making of the European Monetary System: A Case Study of the Politics for the European Community*. London: Butterworth.

Ludlow, Peter. 2004. *The Making of the New Enurope: The European Councils in Brussels and Copenhager 2002*. Brussels: EuroComment.

Lukes, Steven. 1974. *Power; A Radical View*. Basingstoke et al.: Macmillan.

Maes, Ivo B. J. 2002. *Economic Thought and the Making of European Monetary Union: Selected Essays of Ivo Maes*. Cheltenham: Elgar.

Maes, Ivo B. J. 2004. "On the Origins of the Franco – German EMU Controversies." *European Journal of Law and Economics* 17/1: 21 – 39.

Magnette, Paul, and Kalypso Nicolaidis. 2003. *Large and Small Member States in the European Union: Reinventing the Balance*. Research and European Issues No. 25. http://www.cie.gov.pl/futurum.nsf/0/A557B8EB43C3BF62C1256D2E0034D364/ $ File/Etud25 – en. pdf.

Major, Claudia, and Christian Mölling. 2010. *EU – Battlegroups: Bilanz und Optionen zur Weiterentwicklung europäischer Krisenreaktionskräfte*. SWP – Studie S 22. Berlin: SWP. http://www.swp – berlin.org/fileadmin/contents/products/studien/2010_ S22_ mjr_ mlg_ ks. pdf.

Major, Claudia, and Florian Wassenberg. 2011. *Warsaw's Ambitious CSDP Agenda: Polish Council Presidency Seeks Progress on Weimar Triangle Initiative*. SWP – Comments 25. Berlin: SWP. http://www.swp – berlin.org/fileadmin/contents/products/comments/2011C25_ mjr_ wsb_ ks. pdf.

Major, John. 1999. *The Autobiography*. London: Harper Collins.

Manac'h, Bérénice, Dieter Menyesch, and Joachim Schild. 1994. *France – Allemagne: Relations internationales et interdépendances bilatérales: Une bibliographie 1983 – 1990. /Deutschland – Frankreich: Internationale Beziehungen und gegenseitige Verflechtung: Eine Bibliographie 1983 – 1990*. Munich: KG Saur.

Mandret – Degeilh, Antoine. 2009a. "Symbolik/Symbolique." In Astrid Kufer, Iseabelle Guinaudeau, and Christophe Premat, eds, *Handwörterbuch der deutsch – französischen Beziehungen*. Baden – Baden: Nomos: 187 – 192.

Mandret – Degeilh, Antoine. 2009b. "Erinnerungsorte/Lieux de mémoire." In Astrid Kufer, Isabelle Guinaudeau, and Christophe Premat, eds, *Handwörterbuch der deutsch – französischen Beziehungen*. Baden – Baden: Nomos: 71 – 73.

March, James G., and Johan P. Olsen. 1989. *Rediscovering Institutions: The Organizational Basis of Politics*. New York: The Free Press.

March, James G., and Johan P. Olsen. 1998. "The Institutional Dynamics of International Political Orders." *International Organization* 52/4: 943 – 969.

March, James G., and Johan P. Olsen. 1984. "The New Institututionalism: Organizational Factors in Social

Life." *American Political Science Review* 78/3: 734 – 749.

Markovits, Andrei S., and Simon Reich. 1993. "Should Europe Fear the Germans?" In Michael G. Huelshoff, Andrei S. Markovits, and Simon Reich, eds, *From Bundesrepublik to Deutschland: German Politics after Unification*. Ann Arbor: The University of Michigan Press: 271 – 289.

Marks, Gary, Liesbet Hooghe, and Kermit Blank. 1996. "European Integration from the 1980s: State – centric v. Multi – level Governance." *Journal of Common Market Studies* 34/3: 341 – 378.

Marshall, James. 1949. "Citizen Diplomacy." *American Political Science Review* 43/1: 83 – 90.

Marsh, David. 2009. *The Euro: The Politics of the New Global Currency*. New Haven, CT: Yale University Press.

Martens, Stephan, 2006 "De l'Erbfeindschaft àla reconciliation: Le traité de l'Elyséeportée et limites." *Allemgne d'Aujourd'hui*, Special Issue, May: 36 – 50.

Martens, Stephan, ed. 2004. *L'Allemagne et la France: Une entente unique pour l'Europe*. Paris: L'Harmattan.

Martinotti Guido, and Sonia Stefanizzi. 1995. "Europeans and the Nation State." In Oskar Niedermayer and Richard Sinnott, eds. *Public Opinion and Internationalized Governance*. Oxford: Oxford Universtiy Press: 163 – 189.

Maull, Hanns W., and Bernhard Stahl. 2002. "Durch den Balkan nach Europa? Deutschland und Frankreich in den Jugoslawienkriegen." *Politische Vierteljahres – schrift* 43/1: 82 – 111.

Maull, Hanns W. 1990. "Germany and Japan: The New Civilian Powers." *Foreign Affaris* 69/5: 91 – 106.

Maull, Hanns W. 2001. "Germany's Foreign Policy, Post – Kosovo: Still a 'Civilian Power'?" In Sebastian Harnisch and Hanns W. Maull, eds, *Germany as a Civilian power? The Foreign Policy of the Berlin Republic*. Manchester: Manchester University Press: 106 – 127.

Maurer, Andreas, and Simon Schunz. 2004. *Die Textur der Krise: Eruopas Verfassungsgebungsprozeß in der Verlangerung*. SWP – Diskussionspapier der FG1 – 2004/02. Berlin: SWP. http://www.swp – berlin.org/fileadmin/contents/products/arbeitspapiere/TexturKS.pdf.

Maurer, Andreas, and Thomas Grunert. 1998. "Der Wandel in der Europapolitik der Mitgliedstaaten." In Mathias Jopp, Andreas Maurer, and Heinrich Schneider, eds, *Europapolitische Grundverständnisse im Wandel: Analysen und Konsequenzen fur die politische Bildung*. Bonn: Europa – Union – Verl.: 213 – 300.

Maurer, Andreas. 2003. *Die Rollendefinition des Europäischen Rates in der EU – Verfassung*. Berlin: SWP. http://www.swp – berlin.org/fileadmin/contents/products/arbeitspapiere/RollendefKS.pdf.

Mazzucelli, Colette. 1997. *France and Germany at Maastricht: Politics and Negotiations to Create the European Union*. New York: Garland.

Mazzucelli, Colette, Ulrike Guerot, and Almut Metz. 2006. "Cooperative Hegemon, Missing Engine or Improbable Core? Explaining the French – German Influence in European Treaty Reform." In Derek Beach and Colette Mazzucelli, eds, *Leadership in the Big Bangs of European Integration*. Basingstoke: Palgrave Macmillan: 158 – 177.

McCarthy, Patrick, ed. 2001. *France – Germany in the Twenty – first Century*. New York: Palgrave.

McCarthy, Patrick, ed. 1993. *France – Germany, 1983 – 1993: The Struggle to Cooperate*. Basingstoke: Macmillan.

McCarthy, Patrick. 1999. "France, Germany, the IGC and Eastern Enlargement." In Douglas Webber, ed., *The Franco – German Relationship in the European Union*. London: Routledge: 41 – 57.

Mearsheimer, John J. 1990a. "Back to the Future: Instability in Europe after the Cold War." *International Security* 15/1: 5 – 56.

Mearsheimer, John J. 1990b. "Why We Will Soon Miss the Cold War." *The Atlantic Monthly* 266/2: 35 – 50.

Mearsheimer, John J. 1994/1995. "The False promise of International Institutions." *Internationa Security* 19/3: 5 – 49.

Meimeth, Michael. 1993. *Frankreichs Sicherheitspolitik nach dem Ende des Ost – West – Konflikts*. Sankt Augustin: Konrad – Adenauer Stiftung.

Meimeth, Michael. "La France et l'avenir de la sécurité européenne après la fin de la Guerre Froide: Une perception allemande." *Annuaire Français des Relations Internationales* 1: 351 – 359.

Menon, Anand. 2001. "Security Relations: Mehr Schein als Sein." In Patrtick McCarthy, ed., *France – Germany in the Twenty – first Century*. New York: Palgrave: 109 – 124.

Menyesch, Dieter, and Bérénice Manac'h. 1984. *France – Allemagne: Relations internat. et interdé – pendences bilatérales; une bibliogr. 1963 – 1982*. Munich: Saur.

Menyesch, Dieter, and Henrik Uterwedde. 1978. "Der Deutsch – Französische Vertrag und seine Verwirklichung." *Dokumente*, Special Issue, December: 34 – 38.

Mercer, Jonathan. 1996. *Reputation and International Politics*. Ithaca, NY: Cornell University Press.

Merkel. Angela, and Nicolas Sarkozy. 2010a. *Conférence de presse conjointe de Mme Merkel et de M. Sarkozy, Berlin le 14 juin 2010*. http://www.france – allemagne.fr/Conference – de – presse – conjointe – de, 4227.html.

Merkel. Angela, and Nicolas Sarkozy. 2010b. *Letter to the President of the Commission*, José Manuel Barroso. Paris, Berlin, 8 June.

Merkel. Angela. 2010. *Speech by Federal Chancellor Angela Merkel at the Opening Ceremony of the 61" Academic Year of the College of Europe in Bruges on 2 November 2010*. http://notre – europe.eu/fileadmin/IMG/pdf/Speech.Merkel – english.pdf.

Messerlin, Patrick A. 1996. "France and Trade Policy: Is the 'French exception' passée?" *International Affairs* 72/2: 293 – 309.

Meyer, John W., John Boli, George M. Thomas, and Francisco O. Ramirez. 1997. "World Society and the Nation – State." *American Journal of Sociology* 103/1: 144 – 181.

Meyer – Kalkus, Reinhart. 1994. *Die akademische Mobilität zwischen Deutschland und Frankreich (1925 – 1992)*. Bonn: Deutscher Akdemischer Austauschdienst.

Miard – Delacroix, Hélène. 2001. "Helmut Schmidt et les institutions européennes." In Marie – Thérèse Bitsch, ed., *Le couple France – Allemagne et les institutions européennes: Une post – érité pour e plan Schuman?* Brussels: Bruylant: 419 – 434.

Miard – Delacroix, Hélène. 1993. *Partenaires de choix? Le chancelier Helmut Schmidt et la France (1974 – 1982)*. Berne: Lang.

Mildner, Stormy. 2009. *Die Doha – Runde der WTO: Stolpersteine auf dem Weg zu einem erfolgreichen Verhandlungsabschluss*. SWP – Studie S1. Berlin: SWP. http://www.swp – berlin.org/de/publikationen/produkt – detail/article/doha_ runde_ der_ wto.html.

Milin, Eric. 2009. "Government Positions on the EU Services Directive in the Council: National Interests or Individual Ideological Preferences." *West European Politics* 32/5: 943 – 962.

Ministère de l'Economie des Finances et du Budget. 1990. "Comuniqué du 26 avril 1990/Sc No 1085. Coopération franco – allemande" *Les Notes Bleues* 489: 1 – 2.

Mitterrand, Françis. 1989a. "Allocution de voeux de M. Françis Mitterrand, Président de la Ré – publique." http://www.basedoc.diplomatie.gouv.fr.

Mitterrand, Françis. 1989b. "Frankreich – Deutschland – Europa: Einige Klarstellungenvon Staatspräsident Mitterrand." *Dokumente. Zeitschrift für den deutsch –französischen Dialog* 45/4: 351 – 352.

Mitterrand, Françis. 1988. "Ihr Deutschen seid ein großes Volk: Bewahrt Eure Indentität." *Die Welt*. 18 January: 7.

Mitterrand, Françis. 1991. *Interview Radio France Internationale*. 12 June.

Mitterrand, Françis. 1983. "Rede anläßblich des zwanzigsten Jahrestags der Unterzeichnung des Vertrags über die deutsch – französische Zusammenarbeit." *Europa Archiv* 38/5: D145 – D155.

Mitterrand, Françis. 1986. *Réflexions sur la politique extérieure de la France: Introduction àvingt – cinq discours (1981 – 1985)*. Paris: Fayard.

Müller – Brandeck – Bocquet, Gisela. 2003. "Der deutsch – französische Gleichklang in der Irak – Krise: Ausgangspunkt für weitere außen – und sicherheitspolitische Gemeinsamkeiten?" *Politische Studien* 54/392: 41 – 49.

Müller – Brandeck – Bocquet, Gisela. 2012. "Deutschland – Europas einzige Führungsmacht?" *Aus Politik und Zeitggeschichte* 62/10: 16 – 22.

Müller – Brandeck – Bocquet, Gisela. 2004. *Frankreichs Europapolitik*. Wiesbaden: VS Verl. für Sozialwissenschaften.

Möller, Horst, and Klaus Hildebrand, eds. 1997. *Die Bundespublik Deutschland und Frankreich: Dolumente 1949 – 1963*. Munich: Saur.

Möller, Horst, and Maurice Vaïsse, eds. 2005. *Willy Brandt und Frankreich*. Munich: Oldenbourg.

Möller, Horst. 1998. "Lieux de Mémoire – Orte der Erinnerung." In Hans der Geschichte der Bundesrepublik Deutschland, ed., *Vis – à – vis: Deutschland und Frankreich*. Cologne, Germany: DuMont: 53 – 64.

Müller – Roschach, Herbert. 1980. *Die deutsche Europapolitik: 1949 – 1977: Eine politische Chronik:*. Bonn: Europa – Union – Verl.

Münchhausen, Thankmar von. 1997. "Jeder an seinem Platz: Keine Pariser Kohabitation ist wie die andere." *Frankfurter Allgemeine Zeitung*. 21 June: 14.

Ménudier, Henri. 1993b. "Le traité de l'Elysée." In Henri Ménudier, ed., *Le couple franco – allemand en Europe*. Asnières: Publications de l'Institut d'Allemand: 79 – 90.

Ménudier, Henri. 1982. "Deutsch – Französische Beziehungen und Europäische Integration." In Robert Picht, ed., *Das Bündnis im Bündnis: Deutsch – französische Beziehungen im internationalen Spannungsfeld*. Berlin: Siedler: 140 – 168.

Ménudier, Henri. Ed. 1993a. *Le couple franco – allemand en Europe*. Asnières: Publications d'Institut d'Allemand d'Asnières.

Moberg, Axel. 2002. "The Nice Treaty and Voting Rules in the Council." *Journal of Common Market Studies* 40/2: 259 – 282.

Montferrand, Bernard de, and Jean – Louis Thiériot. 2011. *France – Allemagne: L'heure de vérité*. Paris: Tallandier.

Moravcsik, Andrew. 2000a. "De Gaulle between Grain and Grandeur: The Political Economy of French EU Policy, 1958 – 1970 (Part 1)." *Journal of Cold War Studies* 2/2: 3 – 43.

Moravcsik, Andrew, and Milada Anna Vachudova. 2005. "Preferences, Power and Equilibrium." In Frank Schimmelfennig and Ulrich Sedelmeier, eds, *The Politics of European Union Enlargtement*; *Theoretical Approaches*. London: Routledge: 198 – 212.

Moravcsik, Andrew. 1999. "A New Statecraft? Supranational Entrepreneurs and International Cooperation." *International Organization* 53/2: 267 – 306.

Moravcsik, Andrew. 2000b. "De Gaulle between Grain and Grandeur: The Political Economy of French EC Policy, 1958 – 1970 (Part 2)." *Journal of Cold War Studies* 2/3: 4 – 68.

Moravcsik, Andrew. 1991. "Negotiating the Single European Act: National Interests and Conventional Statecraft in the European Community." *International Organization* 45/1: 19 – 56.

Moravcsik, Andrew. 1993. "Preferences and Power in the European Community: A Liberal Intergovernmentalist Approach." *Journal of Common Market Studies* 31/4; 473 – 524.

Moravcsik, Andrew. 1997. "Taking Preferences Seriously: A Liberal Theory of International Politics." *International Organization* 51/4: 513 – 553.

Moravcsik, Andrew. 1998. *The Choice for Europe: Social Purpose and State Power from Messina to Maastricht*. Ithaca, NY: Cornell University Press.

Moreau Defarges Philippe. 1985. " '…J'ai fait un rêve…' Le Président Françis Mitterrand, artisan de l'Union européenne." *Politique étrangtère* 50/2: 359 – 375.

Morizet, Jacques, and Horst Möller. 1995. "Avant – Propos" In Jacques Morizet and Horst Möller, eds, *Allemagne – France: Lieux et mémoire d'une histoire commune*. Paris: Albin Michel: 9 – 13.

Morizet, Jacques, and Horst Möller, eds. 1995. *Allemagne – France: Lieux et mémoire d'une histoire commune*. Paris: Albin Michel.

Morizet, Jacques. 1988. "Der Deutsch – Französische Vertrag vom 22. Januar 1963." In Deutsch – Französisches

Kulturzentrum Essen, ed. , *Deutschland – Frankreich*; *Höhen und Tiefen einer Zweierbeziehung*. Essen: Verl. Blaue Eule: 193 – 202.
Morizet, Jacques. 1997. "Wozu ein deutsch – französisches Kulturgipfel?" *Dokumente* 53/2: 116 – 122.
Moscovici, Pierre. 2001. *L'Eruope, une puissance dans la mondialisation*. Paris: Éd. Du Seuil.
Moïsi, Dominique. 1998. "Die Mark und die Bombe." *Die Zeit*. 9 December.
Moïsi, Dominique. 1995. "L'Amerique dans les relations franco – allemandes." In Hans Stark, ed. , *Agir pour l'Europe*: *Les relations franco – allemandes dans l'après – guerre froide*. Paris: Masson; 61 – 68.
Myard, Jacques. 2007. *France – Allemagne, implantations communes de missions diplomatiques et de postes consulaires*: Rapport fait au nom de la commission des affaires étrangères sur le projet de loi, adopté par le Sénat (Assemblée Nationale Rapport No. 166). Paris: Assemblée Nationale. http://www.assemblee-nationale.fr/13/pdf/rapports/r0166.pdf.
Nass, Klaus Otto, ed. 1994. *Elsie Kühn – Leitz*: *Mut zur Menschlichkeit*: *Vom Wirken einer Frau in ihrer Zeit*. Bonn: Europa – Union – Verl.
Neumann, Wolfgang. 1991. *Auf dem Weg zu einer europäischen Wirtschafts – und Währungsunion*. Stuttgart: Dt. Sparkassenverl.
Newhouse, John. 1967. *Collision in Brussels*: *The Common Market Crisis of 30 June 1965*. London: Faber Faber.
Nonnenmacher, Günther. 1997a. "Außen – und Sicherheitspolitik." In Friedrich – Ebert – Stiftung Paris, ed. , *Les Relations franco – allemandes*: *Scène de ménage ou divorce?* /*Die deutsch – französischen Beziehungen*: *Ehekrach oder Scheidung?* Paris: Plump: 32.
Nonnenmacher, Günther. 1997a. "In Weiar." *Frankfurter Allgemeine Zeitung*. 20 September: 1.
Nonnenmacher, Günther. 1993. "Ein besonderes Verhältnis: Vor dreißig Jahren wurde der deutsch – französische Vertrag unterzeichnet." *Frankfurter Allgemeine Zeitung*. 21 January: 10.
Nonnenmacher, Günther. 1998. "Politik mit Symbolen." *Frankfurter Allgemeine Zeitung*. 1 December: 1.
Nora, Pierre, ed. 1997. *Les lieux de mémoire*. Paris: Quarto Gallimard.
Nugent, Neill. 2006. *The Government and Politics of the European Union*, 6th edn. Basinstoke; Palgrave Macmillan.
Nye, Joseph S. 1990. "*Soft Power*." *Foreign Policy* 80, Autumn: 153 – 171.
Nye, Joseph S. 2004. *Soft Power*: *The Means to Success in World Politics*. New York: Public Affairs.
Nye, Joseph S. 2008. *The Powers to Lead*. New York: Oxford University Press.
Oberkirch, Thomas. 2008. Die neue Rolle des Europaischen Parlaments im Mitentscheidungsverfahren am Fallbeispiel der EU – Dienstleistungsrichtlinie. Working Papers on European Integration No. 3. http://edoc.vifapol.de/opus/volltexte/2012/3503/.
Office Franco – Allemand pour la Jeunesse/Deutsch – Französisches Jugendwerk. 1996. Deutsch – Französische Hochschukooperation: Studentenmobilität. Bad Honnef: Deutsch – Französisches Jugendwerk.
Ohm, Martina. 1993. "Auf der öffentlichen Bühne gibt es keinen Knatsch: Im deutsch – französischen Wirtschaftsrat wird der Gleichschritt geubt." *Der Tagesspiegel*. 3 November: 3.
Ohnmacht, Michael, and Melanie Rosselet. 2011. "Auf einem guten Weg: Die Umsetzung der Deutsch – Franzosischen Agenda 2020." *ParisBerlin*: *Magazin pour l'Europe/Magazin fur Europa* 66 – 7, July – August: 29.
Olsen, Johan P. 2002. "The Many Faces of Europeanization." *Journal of Common Market Studies* 40/5: 921 – 952.
Overhaus, Marco. 2009. *Die deutsche NATO – Politik. Vom Ende des Kalten Krieges bis zum Kampf gegen den Terrorismus*. Baden – Baden: Nomos.
Pacchiano, Florence. 2010. "Le jumelag Bordeaux – Munich (1964): liens historiques et poids des intérêst économiques." In Corine Defrance. Michael Kißener, and Pia Nordblom, eds, *Wege der Verständigung zwischen Deutschen und Franzosen nach 1945*: *Zivilgesellschaftliche Ann – äherungen*. Tübinen: Narr: 223 – 236.
Pajon, Christophe. 2006. *La coopération militaire franco – allemande au concret*; *cultures, structures et acteurs*.

Les Documents du C2SD No. 82. Paris: Centre d'Études en Sciences Sociales de la Défense.
Palayet, Jean – Marie. 2001. "Les décideurs français et allemands face aux questions institutionnelles dans la négociation des Traités de Rome 1955 – 1957." In Marie – Thérèse Bitsch, ed., *Le couple France – Allemagne et les institutions européennes: Une postérité pour le plan Schuman*? Brussels: Bruylant: 105 – 150.
ParisBerlin. 2012. "Baromètre de la relation France – Allemagne/Barometer der deutsch – französischen Beziehungen." *ParisBerlin: Magazin pour l'Europe/Magazin fur Europa* 73, February: 6 – 15.
Parsons, Craig. 2003. *A Certain Idea of Europe*. Ithaca, NY: Cornell University Press.
Patel, Kiran Klaus. 2009. "Europeanization àcontre Coeur: West Germany and Agricultural Integration, 1945 – 1975." In Kiran Klaus Patel, ed., *Fertile Ground for Europe? The History of European Integration and the Common Agricultural Policy since 1945*. Baden – Baden: Nomos: 139 – 160.
Paterson, William E. 2008. "Did France and Germany Lead Europe? A Retrospect." In Jack Hayward, ed., *Leaderless Europe*. Oxford: Oxford University Press: 89 – 110.
Paterson, William E. 2011. "The Reluctant Hegemon? Germany Moves Center Stage in the European Union." *Journal of Common Market Studies* 49, Annual Review: 57 – 75.
Pederson, Thomas. 1998. *Germany, France and the Integration of Europe: A Realist Interpretation*. London: Pinter.
Petermann, Sandra. 2010. "Orte des Triumphes oder Stätten der Versohnung? Gedenkräume der Schlacht von Verdun." In Corine Defrance, Michael Kißener, and Pia Nordblom, eds, *Wege der Verständigung zwischen Deutschen und Franzosennach 1945: Zivilgesellschaftliche Annäherungen*. Tübingen: Narr: 273 – 289.
Peterson, John. 1995. "Decision – making in the European Union: Towards a Frame – work for Analysis." *Journal of European Public Policy* 2/1: 69 – 93.
Pevehouse, Jon, Timothy Nordstrom, and Kevin Warnke. 2004. "The Correlates of War 2 International Governmental Organizations Data Version 2.0" *Conflict Management and Peach Science* 21/2: 101 – 119.
Pfeiffer, Susanne. 2006. *Die deutsch – französische Partnerschaft: störanfällig, aber strapazierfähig? Eine Analyse im Bereich der Außen –, Sicherheits – und Europapolitik (1990 – 2000)*. Frankfurt a. M.: Lang.
Pfeil, Ulrich. 2010. "Alles began mit der Jugend': Die Städtepartnerschaft zwischen Saint – Étienne und Wuppertal (1960)." In Corine Defrance, Michael Kißener, and Pia Nordblom, eds, *Wege der Verständigung zwischen Deutschen und Franzosennach 1945: Zivilgesellschaftliche Annäherungen*. Tübingen: Narr: 205 – 222.
Pfeil, Ulrich, ed. 2007. *Deutsch – Französische Kultur – und Wissenschaftsbeziehungen im 20. Jahrhundert: Ein institutionengeschichtlicher Ansatz*. Munich: Oldenbourg.
Picht, Robert, and Henrik Uterwedde. 1998. "Europäische Zukunft gestalten: Neue Aufgaben für das Deutsch – Französische Institut." *Dokumente* 54/3: 185 – 192.
Picht, Robert, and Wolfgang Wessels, eds. 1990. *Motor für Europa? Deutsch – französischer Bilateralismus und europäische Integration*. Bonn: Europa – Union – Verl.
Picht, Robert, ed. 1978. *Deutschland, Frankreich, Europa: Bilanz einer schwierigen Partnerschaft*. Munich: Piper.
Picht, Robert, Vincent Hoffmann – Martinot, and René Lasserre, eds. 1997. *Fremde Freunde: Deutsche und Franzosen vor dem 21. Jahrhundert*. Munich: Piper.
Picht, Robert. 1996. "Welches Europa soll es sein? Unterschiedliche Wahrneh – mungsmuster deutscher und französischer Europapolitik." In Deutsch – Franzosisches Institut et al., ed., *Frankreich – Jahrbuch* 1995. Opladen: Leske + Budrich: 175 – 186.
Pierson, Paul. 1996. "The Path to European Integration: A Historical Institutionalist Analysis." *Comparative Political Studies* 29/2: 123 – 163.
Pijpers, Alfred, Elfriede Regelsberger, and Wolfgang Wessels, eds. 1989. *Die Europäische Politische Zusammernarbeit in den achtziger Jahren: Eine gemeinsame Außenpolitik für Westeuropa*? Bonn: Europa – Union – Verl.
Pirotte, Olivier. 1997a. "Introduction." In O. Pirotte, ed., *Les Politiques de Défense Franco – Allemandes*.

Paris: Librairie de la Documentation Française: 9 – 11.

Pirotte, Olivier, ed. 1997b. *Les politiques de défense franco – allemandes*. Paris: Librairie de la Documentation Francaise.

Pirozzi, Nicoletta, and Sammi Sandawi. 2009. "Military and Civilian ESDP Missions: Ever Growing and Effective?" Documenti IAI 09/29. http://www.iai.it/pdf/DocIAI/iai0929.pdf.

Pisani – Ferry, Jean. 2006. "Only One Bed for Two Dreams: A Critical Retrospective on the Debate over the Economic Governance of the Euro Area." *Journal of Common Market Studies* 44/4: 823 – 844.

Pleuger, Gunter. 2002. European Convention, Working Group VII "External Action." WD 17, "Double Hat," by Gunter Pleuger, temporary Member of the Convention, 5 November 2002. Brussels.

Poidevin, Raymond, and Jacques Bariéty. 1977. *Les relations franco – allemandes, 1815 – 1975*. Paris: Armand Colin.

Pollack, Mark A. 2003. *The Engines of European Integration: Delegation, Agency, and Agenda Setting in the EU*. Oxford: Oxford University Press.

Pollack, Mark A. 2005. "Theorizing the European Union: International Organization, Domestic Polity, or Experiment in New Governance?" *Annual Review of Political Science* 8: 357 – 398.

Prate, Alain. 1995. *La France en Europe*. Paris; Economica.

Prédidence de la République. 2010. *Agenda* 2020. http://www.france – allemagne.fr/Unprogramme – ambitieux – pour – les, 5812.html.

Presse – und Informationsabteilung der Französischen Botschaft. 1998. "Das Deutsch – Französische Offiziersanwärteprogramm der Deutschen Marine und der Marine Nationale." *Frankreich – Info* 58, June: 1 – 2.

Presse – und Informationsamt der Bundesregierung. 1989a. "53. Deutsch – Franzosische Konsultationen in Paris." *Bulletin des Press – und Informationsamtes der Bundesregierung*, 37: 313 – 315.

Presse – und Informationsamt der Bundesregierung. 1989b. "54. Deutsch – Franzosische Konsultationen in Bonn: Verleihung des Adenauer – de Gaulle Preises." *Bulletin des Presse – und Informationsamtes der Bundesregierung*, 121: 1037 – 1049.

Presse – und Informationsamt der Bundesregierung. 1988. "Fünfundzwanzig Jahre Deutsch – Französisher Freundschaftsvertrag: Jubiläumsfeierlichkeiten in Paris am 22. Januar 1988." *Bulletin des Presse – und Informationsamtes der Bundesregierung*, No. 11: 77 – 88.

Presse – und Informationsamt der Bundesregierung, Referat Außen – und Sicherheitspolitik. 1997. "Die Deutsch – Franzosische Zusammenarbeit in der Sicherheitspolitik." *Press – und Infromationsamt der Bundesregierung: Referat Außen – , Sicherheits – und Europapolitik*, February: 1 – 28.

Presse – und Informationsamt der Bundesregierung, Referat Außen – und Sicherheitspolitik. 1995. "Die Deutsch – Franzosische Zusammenarbeit in der Sicherheitspolitik." *Press – und Infromationsamt der Bundesregierung. Referat Außen – und Sicherheitsplitik*, May.

Preston, Christopher. 1997. *Enlargement and Integration in the European Union*. London: Routledge.

Puchala, Donald J. 1970. "Integration and Disintegration in Franco – German Relations, 1954 – 1965." *International Organization* 24/2: 183 – 208.

Puhl, Detlef. 1989. "Schrittmacher der Zusammernarbeit: Seit 30 Jahren betreiben Deutsche und Franzosen wehrtechnische Zusammenarbeit." *Stuttgarter Zeitung*. 5 December: 4.

Putnam, Robert D. 1988. "Diplomacy and Domestic Politics: The Logic of Two – Level Games." *International Organization* 42/3: 427 – 460.

Quilès, Paul, and Günter Verheugen. 1997. "Partner in und für Europa: Was Frankreich und Deutschland gemeinsam leistenmüssen." *Frankfurter Allgemeine Zeitung*. 11 July: 10.

Radaelli, Claudio M. 2003. "The Europeanization of Public Policy." In Kevin Featherstone and Claudio M. Radaelli, eds, *The Politics of Europeanization*. New York: Oxford University Press: 27 – 56.

Raimond, Jean – Bernard. 1993. *Rapport d'information sur l'état d'avancement des négociations en vue de l'élargissement*. Assemblée nationale, Délégation pour les Communautés européennes. Paris, 23 June.

Rat der Geneinden und Regionen Europas, Deutsche Sektion. 2012. http://www.rgre.de/wir_ueber_uns.

html.

Regelsberger, Elfriede. 1989. "Die EPZ in den achtziger Jahren: Ein qualitativer Sprung?" In Alfred Pijpers, Elfriede Regelsberger, and Wolfgang Wessels, eds, *Die Europäische Politische Zusammenarbeit in den achtziger Jahren: Eine gemeinsame Außenpolitik für Westeuropa*? Bonn: Europa – Union – Verl.: 21 – 70.

Reus – Smit, Christian. 1999. *The Moral Purpose of the State*. Princeton, NJ: Princeton University Press.

Rühl. Lothar. 1976. *La politique militaire de la cinquième république*. Paris: Presses de la FNSP.

Rinke, Andreas. 2007. "Rosen gegen Handküsse." *Handelsblatt*. 5 May: 7.

Rinke, Andreas. 2012. "Stunde der Entscheidung. Wie 'Merkozy' die Grundlagen eines neuen Europa schufen." *Internationale Politik (Online)* (Januar – Feburar) https: //zeitschrift – ip. dgap. org/de/ip – die – zeitschrift/themen/europeische – union/stunde – der – entscheidung.

Risse – Kappen, Thomas. 1995a. "Bringing Transnational Relations Back in: Introdduction." In Thomas Risse – Kappen, ed. , *Bringing Transnational Relations Back in: Non – State Actors, Domestic Structures and International Institutions*. New York: Cambridge University Press: 3 – 33.

Risse – Kappen, Thomas. 1995b. "Structures of Governance and Transnational Relations: What Have We Learned" In Thomas Risse – Kappen, ed. , *Bringing Transnational Relations Back In: Non – State Actors, Domestic Structures and International Institutions*. New York: Cambridge University Press: 280 – 313.

Risse – Kappen, Thomas. 1995c. *Cooperation among Democracies: The European Influence on US Foreign Policy*. Princeton, NJ: Princeton University Press.

Risse – Kappen, Thomas, ed. 1995d. *Bringing Transnational Relations Back in: Non – State Actors, Domestic Structures and International Institutions*. New York: Cambridge University Press.

Risse, Thomas. 2010. *A Community of Europeans? Transnational Identities and Public Spheres*. Ithaca, NY: Cornell University Press.

Risse, Thomas, Daniela Engelmann – Martin, Hans – Joachim Knopf, and Klaus Roscher. 1999. "To Euro or Not to Euro? The EMU and Identity Politics in the European Union." *European Journal of International Relations* 5/2: 147 – 187.

Risse, Thomas. 2002. "Transnational Actors and World Politics." In Walter Carlsnaes, Thomas Risse, and Beth Simmons, eds, *Handbook of International Relations*. London: Sage: 255 – 274.

Rittberger, Berthold. 2005. *Building Europe's Parliament: Democratic Representation Beyond the Nation State*. Oxford: Oxford University Press.

Rivasseau, Françis, and Andreas Michaelis. 2002. "Après le Traité de Nice: L'harmonisation du discours franco – allemand àtravers le Processus de Blaesheim." *Annuaire français de relations internationales* 3: 419 – 424.

Rosamond, Ben. 2000. *Theories of European Integration*. New York: St. Martin's Presss.

Rosato, Sebastian. 2011a. "Europe's Troubles: Power Politics and the State of the European Project." *International Security* 35/4: 45 – 86.

Rosato, Sebastian. 2011b. *Europe United: Power Politics and the Making of the European Community*. Ithaca, NY: Cornell University Press.

Rosenzweig, Luc. 1988. "Quand un français représente la RFA dans les réunions internationals." *Le Monde*. 21 January: 4.

Ross, George. 1995. *Jacques Delors and European Integration*. Cambridge: Polity Press.

Rothenberger, Liane. 2008. *Von elitär zu populär? Die Programmentwicklung im deutsch – französischen Kulturkanal Arte*. Konstanz: UVK – Verlagsgesellschaft.

Roussel, Eric. 1984. *Georges Pompidou*. Paris: Lattes.

Rozenberg, Olivier. 2011. "Playing Softly with Euroscepticism: The 2009 European Elections in France." In Robert Harmsen and Joachim Schild, eds, *Debating Europe. The 2009 European Parliament Elections and Beyong*. Baden – Baden: Nomos, 51 – 68.

Ruano, Lorena. 2005. "Institutions, Policy Communities and Enlargement: British, Spanish and Central European Accession Negotiations in the Agricultural Sector." In Frank Schimmelfennig and Ulrich Sedelmeier, eds,

The Politics of European Union Enlargement: *Theoretical Approaches*. London: Routledge: 258 – 276.

Ruggie, John Gerard. 1998a. "Introduction: What Makes the World Hang Together? Neo – Utilitarianism and the Social Constructivist Challenge." In John Gerard Ruggie, ed., *Constructing the World Polity*: *Essays on International Institutyionalization*. London: Routledge: 1 – 39.

Ruggie, John Gerard. 1998b. "What Makes the World Hang Together? Neo – Utilitarianism and the Social Constructivist Challenge." *International Organization* 52/4: 855 – 885.

Ruggie, John Gerard. 1998c. "Social Time and Ecodemographic Contexts." In John Gerard Ruggie, ed., *Constructing the World Polity*. New York: Routledge: 155 – 171.

Ruggie, John Gerard. 1993. "Multilateralism: The Anatomy of an Institution." In John Gerard Ruggie, ed., *Multilateralism Matters*: *The Theory and Praxis of an Institutional Form*. New York: Columbia University Press: 3 – 47.

Rummel, Reinhardt, and Wolfgang Wessels. 1983. "Federal Republic of Germany: New Responsibilities, Old Constrainsts." In Christopher Hill, ed., *National Foreign Policies and European Political Cooperation*. London: Allen& Unwin: 34 – 55.

Ruvalcaba Garcia, Aldonza. 2007. *How Television Failed to Integrate Europe*. Geneva: Institut Européen de l'Université de Genève, Euryopa: Etudes vol. 45 – 2007. http://www.unige.ch/ieug/publications/euryopa/ruvalcaba.pdf.

Ruyt, Jean de. 1987. *L'acte unique européen*: *Commentaire*. Brussels: Ed. De l'Université de Brusses.

Sandholtz, Wayne, and Alec Stone Sweet, eds. 1998. *European Integrationand Supranational Governance*. Oxfrod: Oxford University Press.

Sandholtz, Wayne, and John Zysman. 1989. "1992: Recasting the European Bargain." *World Politics* 42/1: 95 – 128.

Sandholtz, Wayne. 1992. *High Tech Europe*: *The Politics of International Cooperation*. Berkleley: University of California Press.

Santini, André. 1993. "Les jumelages franco – allemands." In Henri Ménudier, ed., *Le couple franco – allemand en Europe*. Asnières: Publications de l'Institut d'Allemand d'Asnières: 333 – 336.

Sarkozy, Nicolas, and Angela Merkel. 2012. *Conférence de presse conjointe de M. le Président de la République et de Mme Angela Merkel Chanceliere de la République Fédérale d'Allmagne*, Palais de l'Elysée, 6 February 2012. http://www.elysée.fr/president/root/bank/pdf/president – 12958.pdf.

Sattler, Martin J. 1976. *Der Deutsch – Französische Zusammenarbeitsvertrag*: *Eine Untersuchung zur Vertragsmacht des Bundes und der Länder*. Meisenheim am Glan: Verlag Anton Hain.

Sauder, Axel. 1997. "Frankreichs Europakonzeptionen und das vereinte Deutschland: Die schwierige Balance zwischen Einbindung und Selbsteinbindung." In Gottfried Niedhart, Detlef Junker, and Michael W. Richter, eds, *Deutschland in Europa*: *Nationale Interessen und internationale Ordnung im 20. Jahrhundert*. Mannheim: Palatium – Verl. : 202 – 232.

Sauder, Axel. 1995. *Souveranität und Integration*: *Französische und deutsche Konzeptionen europäischer Sicherheit nach dem Ende des Kalten Krieges (1990 – 1993)*. Baden – Baden: Nomos.

Saunier, Georges. 2008. "A Special Relationship: Franco – German Relations at the Time of Françis Mitterrand and Helmut Kohl." In Carine Germond and Henning Turk, eds, *A History of Franco – German Relations in Europe*: *From "Hereditary Enemies" to Partners*. Basingstoke: Palgrave Macmillan; 235 – 247.

Saunier, Georges. 2001. "Prélude àla reliance de l'Europe: Le couple franco – allemand et les projets de reliance communautaire vus de l'Hexagone 1981 – 85." In Marie – Thérèse Bitsch, ed., *Le couple France – Allemagne et les institutions européennes*: *Une postérité pour le plan Schuman?* Brussels: Bruylant: 463 – 485.

Savadogo, Louis. 2006. "Quelques observations sur le conseil des ministres franco – allemand." *Revue Française de Droit Constitutionnel* 67/3: 571 – 583.

Scharpf, Fritz W. 1997. *Games Real Actors Play*: *Actor – centered Institutionalism in Policy Research*. Boulder, CO: Westview Press.

Scharpf, Fritz W. 1996. "Negative and Positive Integration in the Political Economy of European Welfare

States." In Gary Marks, ed., *Governance in the European Union*. London: Sage: 15 – 39.
Scharpf, Fritz W. 2001. "Notes Toward a Theory of Multilevel Governing in Europe." *Scandinavian Political Studies* 24/1: 1 – 26.
Scharpf, Fritz W. 2002. "The European Social Model: Coping with the Challenges of Diversity." *Journal of Common Market Studies* 40/4: 645 – 670.
Scharpf, Fritz W. 1988. "The Joint – Decision Trap: Lessons from German Federalism and European Integration." *Public Administration* 66/3: 239 – 278.
Schäfers, Manfred, Christian Schubert, and Werner Mussler. 2011. *Merkozy: Berlin und Paris übernehmen die Führung*. http://www.faz.net/aktuell/wirtschaft/merkozy – berlin – und – paris – uebernehmen – die – fuehrung – 11549225.html.
Schieder, Siegfried. 2011. "Germany: Problematizing Europe, or Evidence of an Emergent Euroscepticism?" In Robert Harmsen and Joachim Schild, eds, *Debating Europe: The 2009 European Parliament Elections and Beyond*. Baden – Baden: Nomos: 33 – 50.
Schild, Joachim. 2001a. "'Den Rhein vertiefen und erweitern'? Deutsch – französische Beziehungen nach dem Nizza – Gipfel." *Aktuelle Frankreich – Analysen* 17: 1 – 11.
Schild, Joachim. 2010a. "Mission impossible? The Potential fro Franco – German Leadership in the Enlarged EU." *Journal of Common Market Studies* 48/5: 1367 – 1390.
Schild, Joachim. 2003a. *The 40th Anniversary of the Elysée – Treaty: The Franco – German Jubilee as Catalyst for Bilateral Relations and European Policy*. SWP – Comments No. 5. Berlin: SWP. http://www.swp – berlin.org/fileadmin/contents/products/comments/swpcomment2003_05_sicher.pdf.
Schild, Joachim. 2003b. *"Ganz normale Freunde": Deutsch – französische Beziehungen nach 40 Jahren Elysée – Vertrag*. SWP – Studie. S1. Berlin: SWP.
Schild, Joachim. 2001b. "National v. European Identities? French and Germans in the European Multi – Level System." *Journal of Common Market Studies* 39/2: 331 – 351.
Schild, Joachim. 2010b. "Pariser Pragmatismus. Französische EU – Vertragsreformpolitik von Amsterdam bis Lissabon." In Olaf Leiße, ed., *Die Europäische Union nach dem Vertrag von Lissabon*. Wiesbaden: VS Verl. Für Sozialwissenschaften: 23 – 41.
Schild, Joachim. 1997. "Durchbruch in der deutsch – französischen Sicherheitskooperation? Das gemeinsame Sicherheits – und Verteidigungskonzept." *Aktuelle Frankreichanalysen* 3: 1 – 12.
Schild, Joachim. 2009. "Europapolitik in einer verunsicherten Gesellschaft." In Joachim Schild and Henrik Uterwedde, Uterwedde, eds, *Die verunsicherte Französische Republik: Wandel der Strukturen der Politik und der Leitbilder?* Baden – Baden: Nomos: 193 – 218.
Schild, Joachim. 1992. "Frankreich und die Europäische Union. Außen – und Sicher – heitspolitik im EG – Rahmen?" In Deutsch – Französisches Institut et al., eds, *Frankreich – Jahrbuch 1992*. Opladen: Leske and Budrich: 79 – 101.
Schild, Joachim. 2004. *La France, l'Allemagne et la Constitution européenne: Un bilan mitigé, un leadership contesté*. Notes du Cerfa 10. Paris: IFRI. http://www.ifri.org/files/Cerfa/NoteCerfa_10.pdf.
Schild, Joachim. 1994. "La France, l'Allemagne et l'élargissement de l'Union européenne aux pays de l'AELE." *Relations internationales et stratégiques* 15, Autumn: 48 – 62.
Schild, Joachim. 2013. "La France, l'Allemagne et l'évolution institutionnelle de l'UE depuis 1990." In Hans Stark, Martin Koopmann, and Joachim Schild, eds: Les relations franco – allemandes dans une Europe unifiée. Réalisation det défis. Bordeaux: Presses Universitaires de Bordeaux: 21 – 40.
Schild, Joachim. 2002. "Politische Kulturen im Wandel: Systemunterstützung und Einstellungen der Bürger zu Parteien und Politikern in Deutschland und Frankreich." In Bernhard Kramann und Manfred Schmeling, eds, *Frankreich – Forum: Jahrbuch des Frankreich – Zentrums der Universität des Saarlandes*, Vol. 3/1999 – 2000, Unheimliche Ähnlichkeiten – Gesellschaft un dIdentität in Frankreich und Deutswchland. Opladen: Leske and Budrich: 139 – 163.
Schild, Joachim. 2011. "Quel leadership franco – allemand en matière de gouvernance économique

éuropéenne?" Annuaire Français des Relations Internationles 12: 493 – 510.
Schimmelfennig, Frank, and Ulirich Sedelmeier, eds. 2005a. *The Europeanization of Central and Eastern Europe*. Ithaca, NY: Cornell University Press.
Schimmelfennig, Frank, and Ulrich Sedelmeier. 2005b. "Introduction: Conceptualizing the Europeanization of Central and Eastern Europe." In Frank Schimmelfennig and Ulrich Sedelmeier, eds, *Europeanization of Central and Eastern Europe*. Ithaca, NY: Cornel University Press: 1 – 28.
Schimmelfennig, Frank. 2001. "The Community Trap: Liberal Norms, Rhetorical Action, and the Eastern Enlarement of the European Union." *International Organization* 55/1: 47 – 80.
Schmaltz, Uwe. 2001. "Die europäisierte Macht – Deutschland in der europäischen Außen – und Sicherheltspolitik." In Heinrich Schneider, Mathias Jopp, and Uwe Schmalz, eds, *Eine neue deutsche Europapolitik? Rahmenbedingungen – Problemfelder – Optionen*. Bonn: Europa – Union – Verlag: 515 – 580.
Schmid, Carlo. 1988. "Allemagne, France, Europe." *Documents*, 5: 75 – 81.
Schmid, Dorothee. 2009. "L'Union pour la méditerranée, coup d'essai dela diplomatie sarkozyenne?" *Annuaire Français des Relations Internationales*, 10: 139 – 152.
Schmidt, Helmut. 1978. "Ansprache des Bundeskanzlers bei einem Abendessen zu Ehren des französichen Staatspresidenten anläßlich der deutsch – französischen Konsultationen in Aachen am 14. September 1978." *Bulletin des Presse – und Informationsamtes der Bundesregierung*, 103: 949 – 950.
Schmidt, Helmut. 1987. *Menschen und Mächte*. Berlin: Siedler.
Schmidt, Helmut. 1990. *Menschen und Mächte*, vol. 2, *Die Deutschen und ihre Nachbarn*. Berlin: Siedler.
Schmidt, Helmut. 1996. "Nicht ohne Paris: Frankreich ist für uns wichtigerals Amerika." *Die Zeit*. 20 December: 1.
Schmidt, Helmut. 1999. "Patrioten setzen auf Europa: Die deutsch – französische Entente liegt im beiderseitigen Interesse." *Die Zeit*. 12 August: 8.
Schmidt, Susanne K. 1998. *Liberalisierung in Europa: Die Rolle der Europäischen Kommission*. Frankfurt a. M.: Campus Verl.
Schmidt, Susanne K. 1999. "Mastering Differences: The Franco – German Alliance and the Liberalisation of European Electricity Markets." In Douglas Webber, ed., *The Franco – German Relationship in the European Union*. London: Routledge: 58 – 74.
Schmidt, Vivien A. 2002. *The Futures of European Capitalism*. Oxford: Oxford University Press.
Schmitter, Philippe C. 2000. *How to Democratize the European Union··· and Why Bother?* Lanham: Rowman & Littlefield.
Schönberger, Christoph. 2012. "Hegemonie wider Willen: Zur Stellung Deutschlands in der Europäischen Union." *Merkur: Deutsche Zeitschrift für Europäisches Denken* 66/1: 1 – 8.
Schönfelder, Wilhelm and Elke Thiel. 1996. *Ein Markt – eine Währung. Die Verhandlungen zur Europäischen Wirtschafts – und Währungsunion*. 2nd edn. Baden – Baden: Nomos. Actor Preferences, Bargaining and Institutional Choice. Leiden: Nijhoff: 133 – 161.
Scholl, Bruno. 2006. *Europas symboische Verfassung*. Wiesbaden: VS Verl. für Sozialwissenschaften.
Scholl – Latour, Peter. 1988. *Leben mit Frankreich: Stationen eines halben Jahrhunderts*. Stuttgart: Deutsche Verl. – Anstalt.
Schout, Adriaan, and Sophie Vanhoonacker. 2006. "France: Presidency Roles and National Interests." In Finn Laursen, ed., *The Treaty of Nice: Actor Preferences, Bargaining and Institutional Choice*. Leiden: Nijhoff: 133 – 161.
Schoutheete Philippe de, and Wallace, Helen. 2002. "The European Council." Paris: Notre Europe. http://www.note – europe.eu/uplaods/tx_ publication/Etud19 – en.pdf.
Schoutheete Philippe de. 1990. "The European Community and Its Sub – Systems." In William Wallace, ed., *The Dynamics of European Integration*. London: Pinter: 106 – 124.
Schoutheete Philippe de. 2006. "The European Council." In John Peterson, ed., *The Institutions of the European Union*, 2nd edn. Oxford: Oxford University Press: 37 – 59.

Schröder, Gerhard. 2000. *Regierungserklärung von Bundeskanzler Gerhard Schröder zum Europäischen Rat in Nizza*: Stenographischer Bericht des Deutschen Bundestages, 14. Wahlperiode, 135: Sitzung am 28. November 2000, p. 13026sq.

Schäuble, Wolfgang, and Lamers, Karl. 1994. Überlegungen zur europäischen Politik. http://www.cducsu.de/upload/schaeublelamers94.pdf.

Schunck, Peter. 1998. *Charles de Gaulle: Ein Leben für Frankreichs Große*. Berlin: Propyläen.

Schunck, Peter. 1991. "De Gaulle und seine deutschen Nachbarn bis zur Begegnung mit Adenauer." In Wilfried Loth and Robert Picht, eds, *De Gaulle, Deutschland und Europa*. Oplanden: Leske and Budrich: 21–43.

Schwarzer, Daniela, and Nicolai von Ondarza. 2007. *Drei Zylinder für einen neuen Integrationsmotor? Voraussetzungen und Herausforderungen für eine Britisch–deutsch–franzö–sische Führungsrolle in der ESVP*. Berlin: Stiftung Wissenschaft und Politik. http://www.swp-berlin.org/common/get_document.php?asset_id=4307.

Schwarzer, Daniela. 2008. *France–Allemange: si loin, si proche*? Paris: Fondation Robert Schuman. http://www.robert-schuman.org/ouvrage.php?num=113.

Schwarz, Hans–Peter. 1985. *Adenauer und Frankreich: Die deutschfranzösischen Beziehungen 1958–1969*. Bonn: Bouvier.

Schwarz, Hans–Peter. 2005. "Der deutsche Weg zum Elysée–Vertrag." In Corine Defrance and Ulrich Pfeil, eds, *Der Elysée–Vertrag und die deutsch–französischen Beziehungen*. Munich: Oldenbourg: 49–60.

Schwarz, Hans–Peter. 1990. *Eine Entente élémentaire: Das deutsch–französische Verhältnis im 25. Hahr des Elysée–Vertrages*. Bonn: Europa–Union–Verl. (Arbeitspapiere zur internationalen Politik: 47)

Schwarz, Hans–Peter. 1991. "Präsident de Gaulle, Bundeskanzler Adenauer und die Entstehung des Elysée–Vertrages." In Wilfried Loth and Robert Picht, eds, *De Gaulle, Deutschland und Europa*. Oplanden: Leske and Budrich: 169–179.

Schwarz, Jürgen. 1978. "Nationalstaat versus international Föderation: Divergenzen und Konvergenzen in der französischen und deutschen Europapolitik." In RobertPicht, ed., *Deutschland, Frankreich, Europa: Bilanz einer schwierigen Partnerschaft*. Munich: Piper: 139–187.

Schwegmann, Christoph. 2005. *Kontaktgruppen und EU–3–Verhandlungen*. SWP–Aktuell No. 62. Berlin: SWP. http://www.swp-berlin.org/fileadmin/contents/products/aktuell/aktuell2005_62_swm_ks.pdf.

Scott, W. Richard, and John W. Meyer, eds. 1994. *Institutional Environments and Organizations: Structural Complexity and Individualism*. Thousand Oaks, CA: Sage Publications.

Searle, John R. 1995. *The Construction of Social Reality*. New York: The Free Press.

Secrétariat du Conseil Franco–Allemand de Défence et de Sécurité/Sekretariat des Deutsch–Französischen Verteidigungs–und Sicherheitsrates, ed. 1993. *30 années de coopération franco–allemande en matière de défense et sécurité/30 Jahre Deutsch–Französische Zusammenarbeit im Bereich der Verteidigung und Sicherheit*. Paris, France: Secrétariat du Conseil Franco–Allemand de Défense et de Sécurité/Sekretariat des Deutsch–Französischen Verteidigungs–und Sicherheitsrates.

Sedelmeier, Ulrich, and Helen Wallace. 2000. "Eastern Enlargement: Strategy or Second Thoughts?" In Helen Wallace and William Wallace, eds, *Policy–Making in the European Union*, 4th edn. Oxford: Oxford University Press: 427–460.

Sedelmeier, Ulrich. 2005. "Eastern Enlargement: Risk, Rationality and Role–Compliance." In Frank Schimmelfennnig and Ulrich Sedelmeier, eds, *The Politics of European Union Enlargement: Theoretical approaches*. London: Routledge: 120–141.

Selck, Torsten J. and Michael Kaeding, 2004: "Divergent Interests and Different Success Rates: France, Germany, Italy, and the United Kingdom in EU Legislative Negotiations." *French Politics* 2: 81–95.

Seydoux, Françis. 1977. *Dans l'intimité franco–allemande: Une mission diplomatique*. Paris: Ed. Albatros.

Seydoux, Françis. 1975. *Mémoires d'outre–Rhin*. Paris: Bernard Grasset.

Siegers, Pascal. 2009. "Rhein/Rhin." In Astrid Kufer, Isabelle Guinaudeau, and Christophe Premat, eds, *Handwörterbuch der deutschfränzösischen Beziehungen*. Baden–Baden: Nomos: 162–164.

Sil, Rudra, and Peter J. Katzenstein. 2010. *Beyond Paradigms: Analytic Eclecticism in the Study of World Politics*. Basingstoke: Palgrave Macmillan.

Simmons, Beth A., and Lisa L. Martin. 2002. "International Organizations and Institutions." In Walter Carlsnaes, Thomas Risse, and Beth A. Simmons, eds, *Handbook of International Relations*. London: Sage: 192 - 211.

Simonian, Haig. 1985. *The Privileged Partnership: Franco - German Relations in the European Community 1969 - 1984*. Oxford: Clarendon Press, Oxford University Press.

Singer, J. David. 1961. "The Level - of - Analysis Problem in International Relations." *World Politics* 14/1: 77 - 92.

Sinz, Dagmar. 1994. "Das Deutsche Historische Institut in Paris." *Dokumente* 50/5: 416 - 417.

Skålnes, Lars S. 2005. "Geopolitics and the Eastern Enlargement of the European Union." In Frank Schimmelfennig and Ulrich Sedelmeier, eds, *The Politics of European Union Enlargement: Theoretical Approaches*. London: Routledge: 213 - 233.

Slaughter, Anne - Marie. 2004. *A New World Order*. Princeton, NJ: Princeton University Press.

Slaughter, Anne - Marie. 1997. "The Real New World Order." *Foreign Affairs* 76/5: 183 - 197.

Smith, Michael E. 2004. *Europe's Foreign and Security Policy: The Institutionalization of Cooperation*. New York: Cambridge University Press.

Soder, Kirsten. 2010. *EU Military Crisis Management: An Assessment of Member States' Contributions*. Draft for the COST Action meeting on 10 June 2010. http://www.peacekeeping-cost-is0805.eu/siteweb/images/ACTIVITIES/Publications/100331%20-%20+Aritcle+Soder.pdf.

Solingen, Etel. 1998. *Regional Orders at Century's Dawn: Global and Domestic Influences on Grand Strategy*. Princeton, NJ: Princeton University Press.

Soutou, Georges - Henri. 1996. *L'alliance incertaine: Les rapports politico - stratégiques franco - allemands, 1954 - 1996*. Paris: Fayard.

Sozialdemokratische Partei Deutschlands. 2007. *Hamburger Programm: Das Grund - satzprogramm der SPD*. http://www.spd.de/linkableblob/1778/data/hamburger_programm.pdf.

Sozialdemokratische Partei Deutschlands. 2001. *Parteitag der SPD in Nürnberg, 19. Bis 22. November 2001: Beschlüsse*. http://www.spd.de/linkableblob/1840/data/beschlussbuch_bundesparteitag_nuernberg_2001.pdf.

Sperling, James. 2001. "Neither Hegemony nor Dominance: Reconsidering German Power in Post - Cold War Europe." *British Journal of Political Science* 31/2: 389 - 425.

Spiegel Online International. 2011. "If the Euro Fails, Europe Fails-Merkel Says EU Must Be Bound Closer Together." http://www.spiegel.de/international/germany/0,1518,784953,00.html.

Stabreit, Immo. 1997. "France et Allemagne: Liens étroits et rélations cordiales." *Défense Nationale* 53: 5 - 10.

Stahl, Bernhard. 2006. *Frankreichs Identität und außenpolitische Krisen: Verhalten und Diskurse im Kosovo - Krieg und der Uruguay - Runde des GATT*. Baden - Baden: Nomos.

Stahl, Bernhard, Henning Boekle, Jörg Nadoll, and Anna Johannesdottir. 2004. "Understanding the Atlanticist - Europeanist Divide in the CFSP: Comparing Denmark, France, Germany, and the Netherlands." *European Foreign Affairs Review* 9/3: 417 - 441.

Stark, Hans. 1992. "Deissonances franco - allemandes sur fond de guerre serbo - croate." *Politiqueé - trangère* 57/2: 339 - 347.

Stark, Hans. 1995. "La France et l'Allemagne face àl'Est: le cas yougoslave." In Hans Stark, ed., *Agir pour l'Europe. Les relations franco - allemandes dans l'après - guerre froide*. Paris: Masson: 165 - 176.

Steenbergen, Marco R., and Gary Marks. 2004. "Introduction: Models of Political Conflict in the European Union." In Gary Marks and Marco R. Steenbergen, eds, *European Integration and Political Conflict*. Cambridge: Cambridge University Press: 1 - 10.

Stein. Eric. 1981. "Lawyers, Judges, and the Marking of a Transnational Constitution." *American Journal of*

International Law 75: 1-27.

Stein, George. 1990. *Benelux Security Cooperation: A New European Defence Community*. Boulder, CO: Westview.

Stimac, Valerie. 1996. *L'image de la France auprès de la jeunesse allemande dans la région Rhin/Main*. Frankfurt a. M.: Consulat Général de France de Francfort – sur – de – Main.

Stone Sweet, Alex, Wayne Sandholtz, and Neil Fligstein, eds. 2001. *The Institutionalization of Europe*. Oxford: Oxford University Press.

Story, Jonathan. 1998. "The Launching of the EMS: An Analysis of Change in Foreign Economic Policy." *Political Studies* 36: 397-412.

Susini, Jean – Luc. 1995. "Reims lieu de mémoire." In Jacques Morizet and Horst Möller, eds, *Allemagne – France: Lieux et mémoire d'une histoire commune*. Paris: Albin Michel: 175-185.

Sutton, Michael. 2007. *France and the Construction of Europe, 1944-2007: The Geopolitical Imperative*. New York: Berghahn Books.

Svendsen, Adam. 2010. *Intelligence Cooperation and the War on Terror: Anglo – American Security Relations after 9/11*. New York: Routledge.

Sverdrup, Bjorn Otto. 1994. "Institutionalising Co – operation: A Study of the Elysée Treaty and Franco – German Co – operation 1963-1993." Unpublished masters thesis, Department of Political Science, University of Oslo.

Tallberg, Jonas. 2008. "Bargaining Power in the European Council." *Journal of Common Market Studies* 46/3: 685-708.

Tannenwald, Nina. 2005. "Ideas and Explanation: Advancing the Theoretical Agenda." *Journal of Cold War Studies* 7/2: 13-42.

Tewes, Henning. 1998. "Between Deepening and Widening: Role Conflict in Germany's Enlargement Policy." *West European Politics* 21/2: 117-133.

Tewes, Henning. 2002. *Germany, Civilian Power and the New Europe: Enlarging Nato and the European Union*. Basingstoke: Palgrave.

Thadden, Rudolf von. 2003. "Privilegierte Partnerschaft: Der Elysée – Vertrag gestern – heute – morgen." *Internationale Politik* 58/1: 45-48.

Thatcher, Margaret. 1993. *The Downing Street Years*. London: Harper Collins.

The Econnomist. 2008. "How the Netherlands Fell Out of Love with Europe." 3 May.

The Jerusalem Post. 2008. Israel, Germany, Approve Joint Projects. http://www.jpost.com/servlet/Satellite?pagename = JPost%2FJPArticle%FShowFull&cid = 9780199660087.

Thomas, George M., John W. Meyer, Francisco O. Ramirez, and John Boli, eds. 1987. *Institutional Structure: Constituting State, Society, and the Individual*. Newbury Park, CA: Sage Publications.

Tocha, Monika. 2009. *The EU and Iran's Nuclear Programme: Testing the Limits of Coercive Diplomacy*. EU Diplomacy Papers No. 1 Bruges: College of Europe. http://www.coleurop.be/file/content/studyprogrammes/ird/research/pdf/EDP2009/EDP_1_2009_Tocha.pdf.

Traynor, Ian. 2012. *Angela Merkel casts Doubt on Saving Greece from Financial Meltdown*. The Guardian online, 25 January 2012. http://www.guardian.co.uk/world/2012/jan/25/angela – merke – greece – financial – meltdown.

Türk, Henning. 2006a. "'To Face de Gaulle as a Community': The Role of the Federal Republic of Germany during the Empty Chair Crises." In Jean Marie Palayret, ed., *Visions, Votes, and Vetoes: The Empty Chair Crisis and the Luxembourg Compromise Forty Years On*. Brussels: P. L. E. – Lang: 113-127.

Türk, Henning. 2006b. *Die Europapolitik der Großen Koalition 1966-1969*. Munich: Schriftenreihe der Vierteljahrshefte für Zeitgeschichte.

Türk, Henning. 2007. "The Grand Coalition in West Germany and Great Britain's Second Application to Join the European Communities, 1966-1969." *Journal of European Integration History* 13/1: 49-68.

Troouille, Jean – Marc. 1999. "La coopération industrielle franco – allemande face à la mondialisation." *Docu-*

ments, 2/1999: 51 – 60.
Tsebelis, George. 1994. "The Power of the Parliament as a Conditional Agenda Setter." *American Political Science Review* 88/1: 128 – 142.
Tsoukalis, Loukas. 1993. *The New European Economy: The Politics and Economics of Integration*. Oxford: Oxford University Press.
Tsoukalis, Loukas. 1977. *The Politics and Economics of European Monetary Integration*. London: Allen& Unwin.
Underdal, Arild. 1994. "Leadership Theory: Rediscovering the Art of Management." In I. William Zartman, ed., *International Multilateral Negotiation: Approaches to the Management of Complexity*. San Francisco, CA: Jossey – Bass Publ.: 178 – 197.
Ungerer, Horst. 1997. *A Concise History of European Monetary Integration: From EPU to EMU*. Westport, CT: Quorum Books.
Université Franco – Allemande/Deutsch – Französische Hochschule. 2011a. *Integrierte Deutsch – Französische Studiengänge* 2011/2012. http://www.dfh – ufa.org.
US Department of State. 2007. *Diplomacy in Action, Bureau of Near Eastern Affaris (October)*, "Background Note: Israel." http://www.state.gov/r/pa/ei/bgn/3581.htm.
Uterwedde, Henik. 2008. "Deutsch – Französische Wirtschafts – und Währungsbeziehungen seit 1945." In Ingo Kolboom, Thomas Kotschi, and Edward Reichel, eds, *Handbuch Französisch: Sprache – Literatur – Kultu – Gesellschaft*. Berlin: Schmidt: 690 – 697.
Uterwedde, Henrik. 1988. *Die Wirtschaftspolitik der Linken in Frankreich*. Frankfurt a. M.: Campus Verl.
Vaillant, Jérôme. 2003. "Franoc – German Relations in the Context of the Elysée Treaty of 1963: Expectations, Achievements, Disappointments and Prospects." *East – West Dialog*ue 8/1: 1 – 24.
Vaillant, Jérôme. 1988. "Introduction: 25 ans d'échanges et de rencontres franco – allemandes." *Allemagnes d'Aujourd'hui* 106, October – December: 3 – 6.
Vaisse, Maurice. 2009. *La puissance ou l'influence? La France dans le monde depuis* 1958. Paris: Fayard.
Valance, Georges. 1990. *France – Allemagne: Le retour de Bismarck*. Paris: Flammarion. van Deenen, Bernd, and Georges Koch. 1993. "La F. A. F. A." In Henri Ménudier, ed., *Le couple franco – allemand en Europe*. Asnières: Publications de l'Institut d'Asnieres: 314 – 319.
Varin, Violaine. 2007. *Partenariats Franco – Allemands: Villes Principales, Länder/Régions*. Berlin: Ambassage de France.
Vaïsse, Maurice. 1995. "Changement et continuité dans la politique européenne de la France." In Association Georges Pompidou, ed., *Georges Pompidou et l'Europe: Colloque*, 25 *et* 26 *novembre* 1993. Brussels: Editions Complexe: 29 – 43.
Vaïsse, Maurice. 1998. *La grandeur: Politique étrangère du général de Gaulle* 1958 – 1969. Paris: Fayard.
Vaïsse, Maurice. 1993/94. "La réconciliation franco – allemande: Le dialogue de Gaulle – Adenauer." Politique étrangère 58/4: 963 – 972.
Védrine, Hubert, and Jean Musitelli. 1991. "Les changements des années 1989 – 1990 et l'Europe de la prochaine décennie." Politiue étrangère 56/1: 165 – 177.
Védrine, Hubert. 1998. *Conférence des ambassadeurs: Discours du Ministre des Affaires étrangères, M. Hubert Védrine*, 27 August.
Védrine, Hubert. 1997. "La relation franco – allemande." Documents 52/3: 66 – 69.
Védrine, Hubert. 1996. *Les mondes de Françis Mitterrand: A l'Elysée* 1981 – 1995. Paris: Fayard.
Verheugen, Günter. 1999. *Rede des Staatsministers im Auswärtigen Amt vor dem Deutschen Bundestag*. Plenarprotokoll 14. Wahlperiode, 41. Sitzung. Deutscher Bundestag, 8 June.
Vernet, Daniel. 1994. "Die französische Europapolitik." Europäische Rundschau, 4: 45 – 52.
Vernet, Daniel. 2000. "Europe, la fin du jardin àla française." *Le Monde*. 15 December.
Vernet, Daniel. 2003. Mitterrand, l'Europe et la réunification allemande. Politique étrangère 68/1: 165 – 179.
Veser, Thomas. 1995. "Ziel ist die Begegnung von Ost und West: Ein Jahr Deutsch – Französisches Forschung-

szentrum für Sozialwissenschaften in Berlin. " *Die Welt*. 7 January: 4.

Villepin, Dominique de, and Joschla Fischer. 2002. *Contribution by Mr Dominique de Villepin and Mr Joschka Fischer, Members of the Convention, Presenting Joint Franco – German Proposals for the Euorpean Convention in the Field of European Security and Defence Policy*. CONV 422/02, Contrib 150. European Convention. Brussels, 22 November.

Villepin, Dominique de, and Joschla Fischer. 2003. *Franco – German Contibution to the European Convention Concerning the Unions Institutional Architecture, Contribution submitted by Mr Dominique de Villepin and Mr Joschka Fischer*. CONV 489/03, Contrib 192. European Convention. Brussels, 16 January.

Voegelin, Eric. 1941. "Some Problems of German Hegemony. " *Journal of Politics* 3/2: 154 – 168.

Vollaard, Hans. 2008. "A Theory of European Disintegration. " Paper presented at the Fourth Pan – European Conference on EU Politics, Riga, 25 – 27 September 2008.

Wagner, Wolfgang. 2002. *Die Konstruktioneiner europäischen Außenpolitik: Deutsche, französische und britische Ansätze im Vergleich*. Frankfurt a. M. : Campus – Verl.

Wagner, Wolfgang. 2006. "Missing in Action? Germany's Bumpy Road from Institution – Building to Substance in European Security and Defence Policy. " In Gunther Hellmann, ed. , *Germany's EU Policy on Asylum and Defence: De – Europeanization by Default?* Basingstoke: Palgrave Macmillan, 91 – 155.

Wallace, Helen. 1986. "Bilateral, Trilateral and Multilateral Negotiations in the European Community. " In Roger Morgan and Caroline Bray, eds, *Partners and Rivals in Western Europe: Britain, France and Germany*. Aldershot: Gower: 156 – 174.

Walt, Stephen M. 1987. *The Origins of Alliances*. Ithaca, NY: Cornell University Press.

Waltz, Kenneth N. 1959. *Man, the State, and War: A Theoretical Analysis*. New York: Columbia University Press.

Waltz, Kenneth N. 1993. "The Emerging Structure of International Politics. " *International Security*, 18/2: 44 – 79.

Waltz, Kenneth N. 1979. *Theory of International Politics*. New York: McGraw – Hill.

Warlouzet, Laurent. 2011. "De Gaulle as Father of Europe: The Unpredictability of the FTA's Failure and the EEC's Success (1956 – 58). " *Contemporary European History* 20/4: 419 – 434.

Wattin, Alexandre. 2002. *10 ans de sommets franco – allemands 1990 – 2000*. Nice: Alandis.

Wattin, Alexandre. 2009. *Rétrospectives franco – allemandes: Les consultations bilatérales de 1991à2003*. Paris: L'Harmattan.

Webber, Douglas. 1999a. "Introduction. " In Douglas Webber, ed. , *The Franco – German Realtionship in the European Union*. London: Routledge: 1 – 19.

Webber, Douglas. 1999b. "Franco – German Bilateralism and Agricultural Politics in the Eueopean Union: The Neglected level. " *West European Politics* 22/1: 45 – 67.

Webber, Douglas. 1999c. "Conclusion. " In Douglas Webber ed. , *The Franco – German Relationship in the European Union*. London: Routledge: 167 – 181.

Webber, Douglas. 1998. "High Midnight in Brussels: An Analysis if the September 1993 Council Meeting on the GATT Uruguay Round. " *Journal of European Public Policy* 5/4: 578 – 594.

Weber, Max. 1972/1921. *Wirtschaft und Gesellschaft*. Tübingen: J. C. B. Mohr; Paul Siebeck.

Wehrtechnik. 1993. " '…um Gemeinsamkeiten zu definieren' : Fragen an Staatssekretar Jorg Schonbohm. " *Wehrtechnik* 2/3: 13 – 14.

Weidenfeld, Werner, ed. 1994. *Maastricht in der Analyse: Materialien zur Europaischen Union*. Gutersloh: Verl. Bertelsmann – Stiftung.

Weinachter, Michèle. 2004. *Valéry Giscard d'Estaing et l'Allemagne: Le double rêve inachevé*. Paris: L'Harmattan.

Weinachter, Michèle. 2001. "Valéry Giscard d'Estaing et les institutions européennes. " In Marie – Thérèse Bitsch, ed. , *Le couple France – Allemagne et les institutions europeennes: Une post – érité pour le plan Schuman?* Brussels: Bruylant: 435 – 460.

Weisenfeld, Ernst. 2008. "Deutsch – Französische Beziehungen 1945 – 2007. " In IngoKoloom, Thomas Kotschi, and Edward Reichel, eds, *Handbuch Französisch: Sprache – Literatur – Kultur – Gesellschaft*. Berlin: Schmidt: 677 – 690.

Weizsächer, Richard von. 1994. "Chance und Verpflichtung der deutsch – französischen Partnerschaft. " Festakt anläßlich der Einweihung des neuen Gebäudes für das Deutsche Historische Institut in Paris. *Bulletin des Press – und Informationsamtes der Bundesregierung*, 53: 497 – 498.

Wendt, Alexander. 1992. "Anarchy is What States Make of It: The Social Construction of Power Politics. " *International Organization* 46/2: 395 – 421.

Wendt, Alexander. 1998. "On Constitution and Causation in International Relations. " *Review of International Studies* 24/5: 101 – 117.

Wendt, Alexander. 1999. *Social Theory of International Politics*. New York: Cambridge University Press.

Wenger, Klaus. 1993. "Kulturà al Arte: Tele – Visionen für Europa. " In Ingo Kolboom and Ernst Weisenfeld, eds, *Frankreich in Europa: Ein deutsch – französischer Rundblick*. Bonn: Europa – Union – Verl. : 257 – 77.

Werner, Karl Ferdinand. 1995. "Aix – la – Chapelle. " In Horst Möller and Jacques Morizet, eds, *Allemagne – France: Lieux et mémoire d'une histoire commune*. Paris, France: Albin Michel: 43 – 74.

Werner, Karl Ferdinand. 1983. "France et Allemagne – dix Siècles d'histoire. " In Klaus Manfrass, ed. , *Paris – Bonn: Eine dauerhafte Bindung schwieriger Partner*. Sigmaringen: Thorbecke: 25 – 46.

Werner, Michael. 2008. "Deutsch – Französische Kulturbeziehungen. " In Ingo Kolboom, Thomas Kotschi, and Edward Reichel, eds, *Handbuch Französisch: Sprache – Literatur – Kultur – Gesellschaft*. Berlin: Schmidt: 705 – 716.

Werner Report. 1970. *Report to the Council and the Commission on the Realization by Stages of Economic and Monetary Union in the Community. Luxembourg*; Council and Commission of the European Communities, 8 Octorber 1970. http: // ec. europa. eu/economy_ finance/emu_ history/documentation/chapter5/19701008en72 realisationbystage. pdf.

Weske, Simone. 2006. *Deutschland und Frankreich: Motor einer europaischen Sicherheits – und Verteidigungspolitik?*, Baden – Baden: Nomos.

Wessels, Wolfgang. 1980. *Der Europaische Rat: Stabilisierung statt Integration? Geschichte, Entwicklung und Zukunft der EG – Gipfelkonferenzen*. Bonn: Europa – Union – Verl.

Wessels, Wolfgang. 2005. "Die institutionelle Architektur des Verfassungsvertrags: Ein Meilenstein in der Integrationskonstruktion. " In Mathias Jopp and Saskia Matl, eds, *Der Vertrag über eine Verfassung für Europa: Analysen zur Konstitutionalisierung der EU*. Baden – Baden; Nomos: 45 – 85.

Wiegel, Michaela. 2009. "Schnelle Freundschaft: Angela Merkels Besuch in Paris. " *Frankfurter Allgemeine Zeitung*. 29 October: 2.

Wiener, Antje, and Thomas Diez, eds. 2009. *European Integration Theory*, 2nd edn. Oxford: Oxford University Press.

Wilkens, Andreas. 2001. "Relance et réalités: Willy Brandt, la politique européenne et les institutions communautaires. " In Marie – Thérèse Bitsch, ed. , *Le couple France – Allemagne et les institutions européennes: Une postérité pour le plan Schuman?* Brussels: Bruylant: 377 – 418.

Wilkens, Andreas. 2002. "Une tentative prématurée? L'Allemagne, la France et les balbutiements de l'Europe monétaire (1969 – 1974). " In Elisabeth Du Réau and Robert Frank, eds, *Dynamiques européennes: Nouvel espace, nouveaux acteurs 1969 – 1981*. Paris: Publ. de la Sorbonne: 77 – 103.

Wilkens, Andreas. 2005. " Willy Brandt, die deutsch – französischen Beziehungen und die Europaolitik (1969 – 1974). " In Horst Möller and Maurice Vaïsse, eds, *Willy Brandt und Frandreich*. Munich: Oldenbourg: 199 – 214.

Willis, F. Roy. 1965. *France, Germany, and the New Europe 1945 – 1963*. Stanford and London: Stanford University Press: Oxford University Press.

Winandy, Thea. 1978. "Ein Hauch von Reims am Thron des Großen Karl. " *Frankfurter Allgemeine Zeitung*. 16 September: 3.

Wohlforth, William C. 1999. "The Stability of a Unipolar World." *International Security* 24/2: 5 – 41.
Wouters, Jan, and Maarten Vidal. 2008. "Towards a Rebirth of Benelux?" Working Paper No. 2, January. *Leuven*, Belgium: Leuven Centre for Global Governance Studies, Katholieke Universiteit Leuven.
Woyke, Wichard. 2004. *Deutsch – Französische Beziehungen seit der Wiedervereinigung: Das Tandem fasst wieder Tritt*, 2nd edn. Wiesbaden VS Verl. für Sozialwissenschaften.
Woyke, Wichard. 2000. *Deutsch – Französische Beziehungen seit der Wiedervereinigung: Das Tandem fasst wieder Tritt*. Opladen: Leske and Budrich.
Woyke, Wichard. 1989. "Le Conseil Franco – Allemand de Défense et de Sécurité." *Ares: Paix et Sécurité Internationale* 11/2: 162 – 168.
Young, Alasdair. 2007. "Trade Politics Ain't What It Used to Be: The European Union in the Doha Round." *Journal of Common Market Studies* 45/4: 789 – 811.
Young, Oran R. 1991. "Political Leadership in Regime Formation: On the Development of Institutions in International Society." *International Organization* 45/3: 281 – 308.
Ziebura, Gilbert. 1978a. "Die Entstehung." *Dokumente*, Special Issue, December: 9 – 16.
Ziebura, Gilbert. 1978b. "Überzogene Perspektiven auf dem geduldigen Papier: Zerfällt die 'organnische Verbindung'?" *Europäische Zeitung*. 4 January.
Ziebura, Gilbert. 1997. *Die deutsch – französischen Beziehungen seit 1945: Mythen und Realitäten*. Stuttgart: Neske.
Zielonka, Jan. 2007. *Europe as Empire: The Nature of the Enlarged European Union*. Oxford: Oxford University Press.
Znined – Brand, Victoria. 1999. *Deutsche und französische auswärtige Kulturpolitik: Eine Vergleichende Analyse*. Frankfurt a. M.: Peter Lang.

缩略语

缩略语	外文全称	中文（简称）
ANZAC	Australian and New Zealand Army Corps	澳大利亚和新西兰陆军部队
BILD	Bureau International de Liaison et de Documentation	国际联络和文献局
BMF	Bundesministerium der Finanzen	德国联邦财政部
BRIC	Brazil, Russia, Insia, and China	"金砖四国"
CAP	Common Agricultural Policy	共同农业政策
CDU	Christlich Demokratische Union	德国基督教民主联盟（简称：基民盟）
CEE	Central and Eastern Europe	中东欧
CEEC	Central and Eastern European Countries	中东欧国家
CFAES	Collège Franco – Allemand pour l'Enseignement Supérieur	法德学院
CFSP	Common Foreign and Security Policy	共同外交与安全政策
COSAC	Conference of European Affairs Committees	欧洲事务委员会会议
CSCE	Conference for Security and Co – operation in Europe	欧洲安全与合作会议
CSU	Chrislich – Soziale Union	德国基督教社会联盟（基社盟）
DFH	Deutsch – Französische Hochschule	德法大学
DFHK	Deutsch – Französisches Hochschulkolleg	德法学院
DFI	Deutsch – Französisches Institut	德法研究所
DFJW	Deutsch – Französisches Jugendwerk	德法青年办公室
DG	Directorate – General	总司
DGB	Deutscher Gewerkschaftsbund	德国工会联合会
DM	Deutsche Mark	德国马克
EBRD	European Bank for Reconstruction and Development	欧洲复兴与开发银行
EC	European Community	欧洲共同体

续表

缩略语	外文全称	中文（简称）
ECB	European Central Bank	欧洲中央银行（欧央行）
ECJ	European Court of Justice	欧洲法院
Ecofin	Economic and Financial Affairs Council	经济与金融事务委员会
ECSC	European Coal and Steel Community	欧洲煤钢共同体
ECU	European Currency Unit	欧洲货币单位
EDC	European Defence Community	欧洲防务共同体
EDF	Électricité de France	法国电力公司（法电）
EDP	Excessive Deficit Procedures	过度赤字程序
EEA	European Economic Area	欧洲经济区
EEC	European Economic Community	欧洲经济共同体
EFSF	European Financial Stability Facility	欧洲金融稳定基金
EFSM	European Financial Stabilisation Mechanism	欧洲金融稳定机制
EFTA	European Free Trade Association	欧洲自由贸易联盟
EMS	European Monetary System	欧洲货币体系
EMU	Economic and Monetary Union	经济与货币联盟（经货联盟）
ENA	École Nationale d'Administration	法国国家行政学院
EP	European Parliament	欧洲议会
EPC	European Political Cooperation	欧洲政治合作
ERM	Exchange Rate Mechanism	汇率机制
ESCB	European System of Central Banks	欧洲中央银行体系
ESDP	European Security and Defence Policy	欧洲安全与防务政策
ESM	European Stability Mechanism	欧洲稳定机制
ESPRIT	European Strategic Programme on Research in Information Technology	欧洲信息技术研究与发展战略计划
ESRB	European System Risk Board	欧洲系统性风险委员会
EU	European Union	欧盟
EUFOR	European Union Force	欧盟部队
Eureka	European Resarch Coordination Agency	欧洲研究协调机构（尤里卡）
FAFA	Fédération des Associations Franco–Allemandes pour l'Europe	法德协会欧洲联合会
FDP	Freie Demokratische Partei	德国自由民主党（自民党）

续表

缩略语	外文全称	中文（简称）
FRG	Federal Republic of Germany	德意志联邦共和国（联邦德国或西德）
GATT	General Agreement on Tariffs and Trade	关税及贸易总协定
GDP	Gross Domestic Product	国内生产总值
GDR	German Democratic Republic	德意志民主共和国（民主德国或东德）
GüZ	Gesellschaft für übernationale Zusammenarbeit	跨国合作协会
IGC	Intergovernmental Conference	政府间会议
IIA	Interinstitutional Agreements	机构间协议
IMF	International Monetary Fund	国际货币基金组织
INGO	International Nongovernmental Organization	国际非政府组织
INSEE	Institut National de la Statistique et des Études Économiques	法国统计局
ISAF	International Security Assistance Force	国际安全援助部队
ISL	Institut franco – allemand de recherches de Saint – Louis	法德圣路易斯研究所
JHA	Justice and Home Affairs	司法与内政
KFOR	Kosovo Force	北约驻科索沃维和部队
LAC	Latin America and the Caribbean	拉丁美洲和加勒比地区
MCA	Monetary Compensatory Amount	货币补偿额
MEP	Member of the European Parliament	欧洲议会议员
MLF	Multilateral Force	多边力量
MLG	Multi – level Governance Approach	多层次治理方法
MS	Member State	成员国
NATO	North Atlantic Treaty Organization	北大西洋公约组织（北约）
OEEC	Organization for European Economic Co – operation	欧洲经济合作组织
OFAJ	Office Franco – Allemand pour la Jeunesse	法德青年办公室
PHARE	Polonge – Hongrie：Assistance pour la Restructuration Economique	扶持中东欧发展基金计划（"法尔计划"）
PS	Parti Socialiste	法国社会党
QMV	Qualified Majority Voting	有效多数表决机制

续表

缩略语	外文全称	中文（简称）
RACE	Research and Development in Advanced Communications Technologies in Europe	欧洲先进通信技术研究与开发计划
SDI	Strategic Defense Initiative	战略防御计划（"星球大战计划"）
SEA	Single European Act	《单一欧洲法令》
SEM	Single European Market	欧洲单一市场
SFOR	Stabilisation Force	稳定部队
SGP	Stability and Growth Pact	《稳定与增长公约》
SIPRI	Stockholm International Peace Research Institute	斯德哥尔摩国际和平研究所
SIS	Schengen Information System	申根信息系统
SPD	Sozialdemokratische Partei Deutschlands	德国社会民主党（社民党）
TEC	Treaty establishing the European Community	《建立欧洲共同体条约》
TFEU	Treaty on the Functioning of the European Union	《欧洲联盟运行条约》
UDF	Union pour la Démocratie Française	法国民主联盟
UFA	Université Franco – Allemande	法德大学
UK	United Kingdom	英国
UNPROFOR	United Nations Protection Force	联合国保护部队
UNSC	United Nations Security Council	联合国安理会
US	United States	美国
VDFG	Vereinigung Deutsch – Französischer Gesellschaften in Deutschland und Frankreich	在德国和法国的德法社团协会
WEU	West European Union	西欧联盟
WTO	World Trade Organization	世界贸易组织（世贸组织）

致　　谢

众多优秀的朋友和同事对本书的不同章节或部分以及写作期间的构思做出了评论。本书的部分研究和思考可以回溯至十年之前或更早的时间，我们有幸并感激获得了很多优秀学者的陪伴并为我们提供了时间、思想和建议。很高兴能够借此机会感谢 Rawi Abdelal，Peter Becker，Jens Bechert，Andreas Daum，Christian Deubner，Andreas Foloesdal，Peter Hall，Patrice Higonnet，Peter Katzenstein，Mareike Kleine，Andrew Moravcsik，Katherine Pence，William Phelan，Jonas Pontusson，Karthika Sasikumar，Uli Sedelmeier，Henry Shue，Gabriele Spilker，Nina Tannenwald 以及 Cornelia Woll。三位来自牛津大学出版社的匿名专家对帮助本书最后完稿提出了建设性意见，我们表示感谢。

我们感谢 Sarah Bremm，Nikolas Elias，Elise – Fraulin，Xavier Froidevaux，Chris Hohne，Michael Jackson，Richard Maher，Bérénice Manac'h Thomas Oberkirch，Steffen Rimner，Ursula Schröder 与 Julia Simon——他们在过去几年里从很多方面为本书写作提供了有价值的研究帮助。尤其要感谢 Joanna Ardizzone 作为研究馆员的技能、工作品质以及她友善设置的标准。

乌尔里希·克罗茨感谢哈佛大学"韦瑟黑德国际事务中心"（Weatherhead Center for International Affairs）提供的资料和时间使他能够专心完成研究并撰写了本书的部分内容。感谢 Karl Kaiser，Steven Bloomfield，Michelle Eureka 和 Tom Murphy 让这段研究经历既富有成效又充满愉快。感谢德国"弗里茨—蒂森基金会"（Fritz Thyssen Foundation）的慷慨支持，感谢哈佛大学"明达—德冈茨堡欧洲研究中心"（Minda de Gunzburg Center for European Studies at Harvard）——许多年之前，本书第二章至第四章的初步框架雏形就是在这里最初完成的。感谢"普林斯顿国际与地区研究所"（PIIRS）——本书中难以计数的想法得以在此拥有充足的时间来完善。

约阿希姆·希尔德感谢位于柏林的"德国国际与安全事务研究所"（SWP）和他在特里尔大学的多位同事提供了富有启发的工作氛围以及就本书中很多问题进行讨论的机会。

我们两人希望向位于路德维希堡的"法德研究所"（DFI）表示特别的感谢。没有该机构的图书和资料及其杰出的员工，本研究中的很多内容几乎不可能写成——至少不会达到目前的深度。

Dominic Byatt 是牛津大学出版社负责本书的编辑，他让共事成为真正的乐趣。我们深深地感谢他自始至终对本书写作过程和出版的支持。

最后，我们要感谢那些在本书完稿之前的长期过程中通过各种方式提供支持的人们。Sarah Tarrow 拥有出色的编辑水平而且常常面临时间的压力，以超人的勇气不但阅读了整个书稿，而且还多次阅读了其中的很多部分。在"韦瑟黑德国际事务中心"期间，Bjorn Seibert 在本书稿的最后完成阶段提供了巨大的研究支持。在本书即将完稿之际，Masha Hedberg 使我们这本书受益于她很高的语言技能以及她非凡的格式感。

我们还要向其他很多人——恕不在此一一列举——表达感激之情，他们的精神贯穿于本书之中。

乌尔里希·克罗茨　约阿希姆·希尔德
美国马萨诸塞州剑桥　德国特里尔

译者后记

2018年4月，中国社会科学院欧洲研究所国际关系研究室主任赵晨研究员访欧归来即向我推荐了这本由两位德国学者——乌尔里希·克罗茨教授和约阿希姆·希尔德教授合著的《锻塑欧洲：法国、德国和自〈爱丽舍宫条约〉到21世纪政治的嵌入式双边主义》。我们共同认为，该书值得被翻译、介绍给中文读者。

如今，终于可以将本书中文译本奉献给读者，希望有助于对战后法德合作与欧洲一体化未来等问题的思考与探索。

本书的翻译、出版得到了中国社会科学院欧洲研究所"登峰计划'中欧关系'优势学科"项目的资助。感谢中国社会科学院欧洲研究所所长兼党委书记吴白乙研究员、前所长黄平研究员、副所长田德文研究员和副所长陈新研究员以及欧洲研究所前党委书记兼副所长罗京辉等各位领导和老师们的鼓励与支持。感谢赵晨研究员审校本书译稿，他阅读了每一个字甚至不放过每一处标点，这样的专业与细致令人敬佩；感谢国际关系研究室的曹慧副研究员、张超助理研究员以及欧洲社会文化研究室主任张金岭研究员、欧洲政治研究室的贺之杲助理研究员等同事的热情帮助。感谢中国社会科学出版社副总编辑王茵女士为本书出版付出的大量心血。

感谢乌尔里希·克罗茨教授和约阿希姆·希尔德教授在本书翻译过程中提供的宝贵支持和巨大帮助。为更好地推进本书翻译工作、进一步了解当前的欧洲形势与一体化进程，在"登峰计划'中欧关系'优势学科"项目的资助下，我于2019年5月12—31日赴欧洲大学学院（EUI）罗伯特·舒曼高级研究中心（RSASC）进行了学术交流与实地调研。在意大利期间，同乌尔里希·克罗茨教授多次就有关学术问题、翻译与出版等事宜进行了深入探讨。他的严谨治学态度与热情待客之道给我留下了深刻印象，该研究中心行政助理Mia Saugan女士的耐心与细致让人感动。感谢意大利国际研究所/洛伦佐·德·梅第奇学院（LDM）副教授法比奥·马西莫·帕兰蒂（Fabio Masimo Parenti）、意大利国际研究中心（CESI）亚太事务分析师弗朗切斯卡·玛南缇（Francesca Manenti）等专家学者分享关于法德关系与欧洲一体化、中欧关系等方面的观点。能够分别在佛罗伦萨、罗马再次见到他们，要特别感谢外交学院领事教研室主任任远喆副教授。

感谢上海国际问题研究院的叶江研究员。有幸师从先生攻读硕士和博士学位，还被推荐赴德国柏林自由大学深造。师恩如海，铭刻在心。

感谢家人一直以来的默默付出。每念及此，常感愧疚。

没有这一切，这本译著的面世难以想象。

囿于水平有限，本书翻译虽已付出了极大努力仍恐难免不逮之处，敬请方家不吝指正。

赵纪周
2020年6月　北京